Martin Meyer

ALBERT CAMUS

Die Freiheit leben

Carl Hanser Verlag

2 3 4 5   17 16 15 14 13

ISBN 978-3-446-24353-8
Alle Rechte vorbehalten
© Carl Hanser Verlag München 2013
Satz: Satz für Satz. Barbara Reischmann, Leutkirch
Druck und Bindung: CPI – Ebner & Spiegel, Ulm
Printed in Germany

MIX
Papier aus verantwortungs-
vollen Quellen
FSC® C006701
FSC
www.fsc.org

Inhalt

*Für Megan –
und für Michael*

Vorwort

Unter den großen Schriftstellern des 20. Jahrhunderts nimmt Albert Camus eine besondere Stellung ein. Er ist sowohl der Frühbegabte, der als junger Autor mit seinen Romanen »Der Fremde« und »Die Pest« rasch die öffentliche Aufmerksamkeit erreicht, wie auch der Frühverstorbene, dem es nicht vergönnt war, die volle Ernte seiner literarischen und philosophischen Gedanken einzubringen. Kontinuität ist da. Doch wird sie jäh und tragisch durchbrochen. Der Lebensfaden reißt ab, und es ist die kalte Sinnlosigkeit eines Unfalls, die als Spiegelbild der Absurdität im Dasein scheinbar das letzte Wort behält.

Dieses Unglück ist von den Biographen ausführlich geschildert worden. Anfang Januar 1960 reist Camus von Lourmarin in Südfrankreich, wo er vor kurzem ein Haus der Abgeschiedenheit erworben hat, zurück nach Paris. Er hat die Fahrkarte für den Zug bereits gekauft, als ihn seine Freunde Michel und Janine Gallimard überreden, mit ihnen im Auto zu fahren. Nach einer Übernachtung bei Mâcon im Burgund wird der Weg auf der Nationalstraße am 4. Januar fortgesetzt. Ein Mittagessen in Sens sorgt für eine Ruhepause. Dann: Auf der schnurgeraden Landstraße bei dem Dorf Villeblevin gerät Gallimards Facel Vega plötzlich ins Schleudern und prallt nach heftigem Zickzackkurs in einen Baum. Camus wird gegen das Rückfenster geworfen und ist sofort tot. Michel Gallimard stirbt ein paar Tage später im Spital. Janine und die achtzehnjährige Anne Gallimard überleben unverletzt. Die technischen Gründe für das Fanal bleiben ungeklärt, aber Kenner sind sich einig, dass der starke Wagen diverse Gefahren in sich barg.

In seinen Tagebüchern kommt Camus wiederholt darauf zu sprechen, dass ein Unfalltod im Verkehr als besonders sinnwidrig zu begreifen wäre: als höhnische Tücke des Seins gegenüber einem Leben, das ohnehin vergeblich auf die Transzendenz späterer Erlösung hofft. So verklammert sich Camus' hartnäckiges und differenziertes Nachdenken über das Absurde in der Welt und die Unbehaustheit des

Menschen in ihr auf dramatische Weise mit seiner eigenen Vita. Deren Gewinn aber ist in einem Werk gerettet, das weit über die französische Literatur hinaus bis heute den Geist erregt. Was die *condition humaine* meint und mit welchen produktiven Beunruhigungen sie umgehen muss, hat Camus in faszinierenden Parabeln, aber auch in Texten ausgeruhter Erzählkunst zu Ausdruck und Form gebracht. Die Freiheit ist hierbei ein Leitbegriff. Sie wird zur Losung für den Einzelnen, sich seiner Chancen ohne Furcht vor den übermächtigen Instanzen – heißen sie Gott, nennen sie sich die Geschichte – mit Selbstbewusstsein zu versichern.

Dieses Buch will den Büchern und Themen nachgehen, die Albert Camus uns hinterlassen hat. Es versteht sich als Lesekompass und vergegenwärtigt dabei die Herausforderungen, die in Camus' Œuvre teils offener, teils verdeckter angelegt sind. Es interpretiert sowohl im Detail wie im Kontext und zieht das spezifisch Ästhetische wie auch das Politische, das Gesellschaftliche und wichtige Stationen der Biographie heran. Wenn Camus' Aktualität wie seine Kunst jenseits der Zeiten im Jahr seines hundertsten Geburtstags erneut transparent werden, hat es sein Ziel erreicht.

Zürich, im Februar 2013

I.
Der Sprung ins Absurde

Am 7. November 1913 wird in Mondovi Albert Camus geboren. Der Ort liegt im Nordosten Algeriens, das damals noch dem französischen Kolonialreich zugehört. Lucien Camus, der Vater, ist Landarbeiter, stammt aus Frankreich. Er stirbt am 11. Oktober 1914 nach einer tödlichen Verwundung bei der Schlacht an der Marne im Militärspital von Saint-Brieuc. Die Familie der Mutter, Catherine Camus, stammt ursprünglich aus Menorca. Madame Camus versieht den Haushalt und kann zeit ihres Lebens weder lesen noch schreiben. Albert und sein Bruder, der ebenfalls Lucien heißt, wachsen in Algier unter bescheidensten Verhältnissen auf. Die Großmutter mütterlicherseits dominiert die Familie, ein Onkel fügt sich in die Runde. – Früh zeigt sich die wache Intelligenz des Knaben. Sie wird gefördert insbesondere von dem Lehrer Louis Germain sowie später von dem Philosophieprofessor und Schriftsteller Jean Grenier, der Albert mit der Literatur seiner Zeit vertraut macht. Erste Artikel verfasst Camus seit 1932, als Leser bewundert er Malraux und Gide. Ab 1933 studiert er Philosophie und Literatur an der Faculté des Lettres von Algier, der Abschluss erfolgt im Juni 1935 mit einem Lizentiat in Philosophie. 1936 liegt auch die Diplomarbeit zum Thema »Métaphysique chrétienne et Néoplatonisme« vor. Schon damals manifestiert sich eine Lungenkrankheit; sie wird Camus während Jahrzehnten verfolgen.

In die dreißiger Jahre fallen: eine erste Heirat, der Eintritt in die Kommunistische Partei, der Camus bis 1936 zugehört, Arbeit als Schauspieler und Regisseur beim »Théâtre du Travail« und dem »Théâtre de l'Équipe« von Algier sowie Reisen nach Osteuropa und Italien. Für ein knappes Jahr ist Camus als Assistent am meteorologischen Institut von Algier beschäftigt. Seit 1938 wirkt er als Journalist und Redakteur bei »Alger républicain«. Gleichzeitig laufen diverse literarische Projekte – für Erzählungen, für einen Roman, für Theaterstücke. 1937 erscheint eine Sammlung mit fünf Prosaskizzen unter dem Titel »L'Envers et l'Endroit« (»Licht und Schatten«), zwei Jahre darauf folgt eine weitere des Titels »Noces« (»Hochzeit des Lichts«). Im März 1940 übersiedelt Albert Camus nach Paris, wo er den Posten eines Redaktionssekretärs bei »Paris-Soir« übernimmt. Er geht eine zweite Ehe ein und fristet – unter der deutschen Besatzung Frankreichs – ein bewegtes Dasein zwischen Paris, Lyon und Algerien. Im Mai 1942 veröffentlicht der Pariser Verlag Gallimard Camus' drittes Werk – einen Roman des Titels »L'Étranger« (»Der Fremde«), der bereits im Manuskript die begeisterte Zustimmung André Malraux' gefunden hat. – So formt sich aus ungewissen und wenig verheißungsvollen Anfängen im Arbeitermilieu von Belcourt bei Algier eine Vita, deren gedankliche Stringenz überrascht. Philosophie und Literatur, der Sinn für das Drama und das Auge für das Leben in seiner teils niederdrückenden, teils vitalen Alltäglichkeit – alles ist da, den Weg für einen großen Schriftsteller zu bereiten, dessen Energien sich nach vielen Engagements hin verteilen.

*

Wenige Texte der Weltliteratur haben sich ihrem Publikum so rasch und nachhaltig eingeprägt wie Albert Camus' Roman »L'Étranger«. Als das Buch im Frühjahr 1942 beim Verlag Gallimard in Paris erschien, war die Wirkung unter den französischen Intellektuellen groß. Diese Aufmerksamkeit reflektierte den Geist der Zeit und den Nerv einer Epoche, die sich mannigfachen Bedrohungen, Irritationen und Ängsten ausgesetzt sah. Die Besatzung durch die Deutschen war das eine. Sie bildete den politischen Hintergrund, dessen Ableger auch den Alltag insbesondere in der Metropole dramatisch verändert hatten. Das allgemeine Gefühl einer Zukunft ohne Aussicht auf Besserung war das andere, woraus eine »existentiell« aufgeladene Unsicherheit resultierte. Vorbei der Stolz über den Sieg im Ersten Weltkrieg gegen den alten Widersacher, stattdessen die demütigende Erfahrung einer Revanche, die das Symbol von Versailles ins Gegenteil gewendet hatte. Hinzu trat die Wirtschaftskrise, deren Folgen auch das soziale Gefüge der Nation schwer erschütterten, so dass nationale Identität, den Franzosen aus ihrer langen Geschichte ein verlässliches Kapital, in diversen Fraktionen und wechselseitigen Schuldzuschreibungen auseinanderzubrechen schien. Für das

Ideologische schließlich war ein breites Spektrum gegenläufiger Interessen und Absichten von links bis rechts zu diagnostizieren, wobei die Extreme die Positionen bürgerlicher Mitte zusehends zurückdrängten.[1]

Doch dies alles war mit der Geschichte um den geheimnisvollen Fremden des Namens Meursault höchstens indirekt angesprochen. Weder nahm sie die zeitgeschichtlichen Konstellationen auf, noch öffnete sie sich den vertrauten Lebenswelten, wie sie als spezifische Atmosphäre der Pariser Gesellschaft von Balzac bis zu Proust literarisch gestaltet worden waren. Im Grunde traktierte sie *terra incognita*. Der Verfasser stammte aus dem kolonialen Hinterland, und die Story spielt ebenda, in und um Algier, wo die Sonne auf die Menschen niederbrennt und die Tage gemächlich laufen. Mochte Camus seiner Bildung des studierten Philosophen und eifrigen Lesers viel verdankt haben, das Resultat hat solche Spuren weitgehend gelöscht. Kenner hätten damals nicht nach jenen Vorlagen gesucht, die der französische Gesellschaftsroman so brillant entwickelt hatte, sondern weitaus eher an Tropen und Reflexionen denken müssen, wie sie bei Kafka oder Dostojewski oder den amerikanischen Zeitgenossen aufzuspüren sind. Aber selbst solche Allusionen und Stillagen sind auf überlegene Weise sublimiert – bei bedeutendem spekulativem Überschuss liefert »L'Étranger« zunächst ein minuziöses Porträt der Gewöhnlichkeit im Dasein. Um so massiver und überraschender wirkt dagegen der Einbruch des Unheils oder jedenfalls der Verstörung quer zum Schritt der Banalitäten.

Was ist es denn, noch vor allen Erwägungen zu Sinn und Moral, wovon hier berichtet wird? Ein jüngerer Mann lebt in der Ruhe seines Alltags. Er arbeitet im Büro, genießt die Wärme des Landes, geht am Wochenende zum Strand, pflegt vage Kontakte mit den Nachbarn, unterhält eine Liaison und berichtet darüber, als ob es nichts geben könnte, worüber man sich wundern sollte. Alles ist »normal«. Die Kategorie solcher Normalität versagt sich jeder möglichen Intermission durch den Zustand der Ausnahme, selbst dann, als Meursault – zu Anfang seiner Geschichte – darüber unterrichtet wird, dass seine Mutter gestorben ist. Die berühmten ersten Sätze des »Fremden« lauten bekanntlich mit lakonischer Knappheit: »Heute ist Mama gestorben. Vielleicht auch gestern, ich weiß nicht. Ich habe ein Telegramm vom Heim bekommen: ›Mutter verstorben. Beisetzung morgen. Hochachtungsvoll.‹ Das will nichts heißen. Es war vielleicht gestern.« (F, 7) Man muss diese Ouvertüre im Wortlaut des Originals zitieren, um ihre revolutionär unterkühlte Melodie angemessen hören zu können. *Aujourd'hui, maman est morte. Ou peut-être hier, je ne sais pas. J'ai reçu un télégramme de l'asile: ›Mère décédée. Enterrement demain. Sentiments distingués.‹ Cela ne veut rien dire. C'était peut-être hier.*« (I, 141)

Auf vier Zeilen der Konzentration aufs Wesentliche präsentiert der Autor ein Ineinander von Vergangenheit, Gegenwart und Zukunft, während das kurzerhand eingeschobene »Das will nichts heißen« den Schleier von Gleichgültigkeit über die Ereignisdichte zu legen scheint. – Der dynamische Kern der Handlung freilich findet sich erst viel später. Im zweiten Teil des »Fremden« geschieht es, dass Meursault, vom Licht des Nachmittags geblendet, am Strand von Algier einen Araber erschießt. Dies nun macht, wenn man so will, den Skandal: Dass einer, weder von Hass noch von Gier noch von Eifersucht getrieben, im Grunde genommen *contre cœur*, zum Mörder geworden ist. Über Generationen hinweg bewegt sich seither das Interpretieren um Fragen nach Sinn und Un-Sinn, nach Schuld und Sühne dieser Tat, die aus dem unauffälligen Protagonisten des Beginns einen Verbrecher hat werden lassen. Wie weit ist die Lektüre allegorisch zu nehmen? Wo laufen die Bruchlinien zwischen dem Normalen und seiner Abweichung ins Pathologische? Kann der Täter als Typus des modernen Menschen ohne Gewissen und Bedauern verstanden werden? Repräsentiert er doch irgendwie – aber wie genau? – den Geist seiner Zeit?

Als Camus den Text in der Fassung des Manuskripts seinem ehemaligen Lehrer für Philosophie Jean Grenier zeigt, war dieser nicht sonderlich davon angetan. Tatsächlich deutete vieles darauf hin, dass der glänzende Schüler nun scheinbar leichthin überspielte und verwarf, was ihm noch kurz zuvor der sorgfältigen Erwägungen wert gewesen war – mit einem Wort: den Ernst aus Reflexionen zu den großen Problemen der Metaphysik.[2] 1936 hatte Albert Camus dafür mit seiner Diplomarbeit an der Universität von Algier den Beweis erbracht. Der quellennah sondierende Essay über christliche Metaphysik und Neoplatonismus untersucht nicht nur deren Verhältnis zueinander, sondern behandelt auch ausdrücklich die Problematik des Bösen und wie dieses nach antiken Vorstellungen in die Welt gekommen ist. – Jetzt freilich tritt der Fremde als dessen denkbarer Agent in eine Wirklichkeit, die ihrerseits um das Höhere sich keine Gedanken mehr macht, weshalb Meursault ohne Schwierigkeiten als eine Gestalt aus der Gottferne der Epoche begriffen werden konnte. Ein anderer Leser der ersten Stunde reagierte freilich positiv. André Malraux, dessen Romane – insbesondere »La Condition humaine« (»So lebt der Mensch«) – bei Camus auf starkes Echo gestoßen waren, zeigte sich begeistert und trug entscheidend dazu bei, dass der Roman ins Verlagsprogramm von Gallimard aufgenommen wurde.[3] Zu Beginn des Jahres 1943 dann ließ Jean-Paul Sartre, damals noch erst unterwegs zu Statur und Renommee des vielbeachteten Mandarins, seine Deutung unter dem Titel »Explication de L'Étranger« in der Zeitschrift »Cahiers du Sud« publizieren. Die scharfsinnig und detailliert vorgetriebene Analyse leistete den Auftakt zur Kanonisierung des Texts.[4]

Ein »Held« in der Indifferenz seines Tuns, eine Realität der stetig gleich gewichteten Tage, ein Milieu der kleinen Leute ohne Anspruch auf Erhöhung, dazu die Fernwelt der Küste von Nordafrika im Brand der Sonne – dies alles, doch allerdings plötzlich gebrochen durch einen ungerichteten Mord, wurde zum Faszinosum. Natürlich war es »nur« Literatur – ein kühnes, schnörkelloses Arrangement aus Wörtern und Sätzen, das sich querstellte zur Ästhetik französischer Erzähltradition. Anderseits berührte die Botschaft, wie immer sie letztlich zu verstehen gewesen wäre, Wesensfragen nach dem Verhältnis von Gut und Böse: Sie trat absichtsvoll in Konflikt mit den herkömmlichen Lesarten von Moralphilosophie und provozierte – aus dem Stoff des Alltäglichen heraus – das Selbstverständnis einer Gesellschaft, die sich aufgeklärt wähnte und der sozialen Vernunft verpflichtet.

Als Einzelgänger ohne feindliche Gefühle gegenüber seiner Mitwelt schien Meursault überdies eine Figur des ziellosen Daseins zu verkörpern, dessen Mission nur darin bestanden hätte, niemals je eine gehabt zu haben. Dazu passte, wie er dem Rhythmus der Monotonie frönt, nämlich in der ungerührten Hinnahme der Ereignisse und Verpflichtungen, die zumeist von außen andrängen und andere Reaktionen eingefordert hätten, als sie der Fremde erbringt. – Anders gesagt, den Zeitgenossen dieser literarischen Premiere konnte nicht verborgen bleiben, dass der Autor seinem Roman eine Art von Lehre unterlegt hatte, die selbst so gewichtige Themen wie Sterben und Tod oder Gewissen und Schuld kräftig gegen den Strich kämmte. Wissende glaubten freilich zu erkennen, dass dieser kurze Roman bei aller »Exotik« der Schauplätze seine gedankliche Leistung aus der seit wenigen Jahren in Mode gekommenen Strömung der Existenzphilosophie bezog. Hatten nicht Jaspers und Heidegger im Rückbezug auf Kierkegaard und Nietzsche der heroisch zu bestellenden Einsamkeit eines authentischen Lebens wider Masse und Konvention das Wort geredet? War hier nicht – und noch vor seiner Formation ins Konzept einer auserwählten Herrenrasse – der »Übermensch« verlangt, der ebendarin und insofern zu sich selbst gelangt wäre, als er bei gleichzeitiger Akzeptanz zufallender Realität die innere Distanz des Unbetroffenen um sich legte?[5] Allerdings fügte sich Meursault schlecht in die Entwürfe solcher »Entschlossenheit« – der Angestellte einer Firma für Seefracht erweist sich als das Gegenteil eines kühnen Pathetikers. Ein einziges Mal bezeichnet ihn der Untersuchungsrichter im Verlauf des Prozesses als »Monsieur l'Antéchrist« – der ironische Nachklang ist unüberhörbar.

Unzweifelhaft blieb, dass dem jungen Albert Camus nach ein paar frühen Versuchen in literarischer Prosa mit seinem »Étranger« ein Wurf, ja Außerordentliches gelungen war. Der Roman durfte tatsächlich als eine Apologie der Fremdheit gelesen werden, wie sie zum Ereignis wird, wo nur einer da ist, der Welt der Illusionen und Täuschungen die Zustimmung zu verweigern. Aber damit hatte Camus auch ein Programm erfüllt. Denn der Text war nicht weniger als die vorläufige Summe aus Erkenntnissen, die schon den Studenten, dann den Theatermacher und schließlich den tastenden Erzähler umgetrieben hatten. Man nimmt der ästhetischen Kraft des »Fremden« nichts von ihrer Frische, wenn man daran erinnert, dass ihre Genealogie viel weiter zurückreicht. Tod und Erlösung, Ich- und

Weltverhalten, Zuversicht und Skepsis figurieren seit den Anfängen des Schriftstellers als prominente Themen unter wechselnder Beleuchtung.

Dieses Variieren schlägt sich nieder in drei Ausdrucksformen, die sich zyklisch bis zuletzt wiederholen: auf der Bühne im dramatischen Gewand, mit dem Essay auf der Ebene der Reflexion, in der Prosa für das Ineinander von »Realismus« und Allegorie. Das Tagebuch endlich fungiert seit seinem Auftakt vom Mai 1935 bis in die Tage vor dem tödlichen Auto-Unfall im Januar 1960 als Ort einer ordnenden und prüfenden Instanz, die fortlaufend überholt und präzisiert, was bisher geleistet wurde und was weiterhin der Ausführung harrt. Wenige Schriftsteller wären zu nennen, die hierin so bewusst und genau dem Haushalt der Lebenszeit die Pensen der Autorschaft ausrechnen. Kunst, für Camus weit über alles Politische hinaus die einzige mögliche Quelle von Befreiung aus den Zumutungen der Existenz, ist in ihren Voraussetzungen nicht nur ein Testat der Inspiration, sondern ebenso und mitunter überaus quälend ein Produkt der Arbeit. Sie ist inneren und äußeren Krisen abgerungen, in der Frühzeit gegen die Forderungen des Tages insbesondere im Journalismus zwischen Algier und Paris, später erfahren als Resultat aus Widrigkeiten, die sich einerseits einer wachsenden Feindschaft der Pariser Intelligenz gegenüber dem Abtrünnigen verdanken, anderseits einhergehen mit Phasen der Depression und der Angst, des Schreibens nicht mehr mächtig zu sein und den eigenen Ansprüchen kaum noch zu genügen. Davon wird ausführlicher zu berichten sein.[6]

*

Im Jahr 1936 legt Albert Camus der Universität von Algier seine Diplomarbeit vor. In diese Zeit fällt die Mitgliedschaft in der kommunistischen Partei, das Engagement für das von Studenten betriebene »Théâtre du Travail«, die Mitautorschaft an dem Stück »Révolte dans les Asturies« sowie die Arbeit an zwei Prosatexten – der erste ein Kompendium von fünf kurzen Illuminationen unter dem Sammeltitel »L'Envers et l'Endroit« (»Licht und Schatten«), der zweite konzipiert als größerer Roman, »La Mort heureuse« (»Der glückliche Tod«).[7] So verschränkt der junge Mann diverse Aktivitäten, ohne dass daraus bereits eine Programmatik ersichtlich würde. Die stärkste intellektuelle Präsenz beansprucht indessen das »Diplôme d'études supérieures«. Es wird von drei Juroren bewertet, unter denen auch Jean Grenier, der langjährige Mentor und Förderer, figuriert. Der Titel gibt die Absicht vor: »Métaphysique Chrétienne et Néoplatonisme«. Mit anderen Worten, Camus behandelt das Verhältnis zwischen der frühchristlichen Metaphysik der ersten Jahrhunderte und der griechischen Philosophie des Neuplatonismus.[8]

Dieses Thema entspricht zunächst dem Prozedere, wie es damals an französischen Hochschulen auch in den Kolonien gefordert ist: Philosophische Qualifikationen sollen sich an »klassischen« Fragestellungen und unter Prüfung der entsprechenden Quellen orientieren. Entscheidend für Camus' Werdegang ist allerdings anderes. Indem Camus zu klären versucht, wie sich frühe christliche Theologie und neoplatonische Ansätze gegenseitig beeinflusst haben, schärft sich sein eigener Blick auf die Pflicht zur Deutung des Weltgeschehens vor dem Hintergrund möglicher Sinnvermittlung. Leitend dafür ist das *factum brutum* der Sterblichkeit der Menschen sowie deren Erfahrung, dass hienieden nicht – wie ursprünglich im Paradies der Genesis – das Gute herrscht, sondern das Böse interveniert. Dies macht das Ärgernis einer Schöpfung, die ihr Gott ursprünglich als ein Reich des unbefragten Glücks in der Fülle seiner ebenso unbefragten Zuwendungen installierte, derweil mit dem Sündenfall die Zeiten des Entzugs in eine Zukunft unter Mühsal und Tränen mündeten. Fortan gilt bekanntlich: Das irdische Dasein ist der Erlösung bedürftig. In Jesus Christus erkennen die Gläubigen ihren Messias kraft seiner Fleischwerdung.

Die Camus-Philologie hat längst herausgefunden, dass sich viele Ergebnisse des Zweiundzwanzigjährigen aus der Sekundärliteratur ableiten und die Stellen der Primärquellen nicht immer korrekt zitiert sind.[9] Doch darum geht es nicht. Der Diplomand hat ein Thema gefunden, das ihn weit über die wissenschaftlichen Implikationen hinaus auch persönlich affiziert: Aus katholischem Milieu entstammend, aufgewachsen unter einer mehrheitlich muslimischen Bevölkerung und Auge in Auge mit den römischen Altertümern, die als

Ruinen bei Tipasa und anderswo die Küstenstriche Algeriens säumen, entdeckt er mit seiner Arbeit eine parallele Landschaft im Geiste, in der solcher Synkretismus vorgebildet ist. Die Originalität der Studie erweist sich darin, dass Camus nicht bloß die Substanz reflektiert, sondern weiter nach den Funktionen forscht, die als Erleichterungen im Umgang mit der menschlichen Endlichkeit verstanden werden müssen. Die Erde bietet wenig Grund zur Freude; folglich suchen die Irdischen nach Entlastungen.

Leitend ist hierbei aus metaphysischer Sicht die Verstörung, dass der Mensch in eine Welt ohne Gott geworfen sein könnte. Der Tod hätte damit ein Schicksal besiegelt, das ohne Ausweg ist. Die Evangelien treten dem entgegen mit der Botschaft des Heilands, die zugleich das Himmelreich verspricht und den Sündenfall korrigiert, sofern Einkehr und Buße geleistet werden. Paulus bekräftigt den Plan des Heils, indem er ausdrücklich verkündet, dass Gott die Menschen retten will – nirgends wird dies evidenter als in der Menschwerdung des Sohnes, dessen Leiden am Kreuz die Erfüllung besiegelt. Alles, worauf es nunmehr für die christliche Gemeinschaft auf dem Weg der Erlösung ankommt, ist der Offenbarungsglaube. – Es sind, nach der Lesart des Interpreten, griechische Einflüsse, die später dazu beitragen, dass sich das »primitive« Christentum der Anfänge auch den Kategorien der Vernunft allmählich öffnet. Die »Universalisierung« gelingt, weil Gott fortan über seine Person hinaus als Geist gedacht wird. Oder umgekehrt formuliert: Will das Christentum aus dem inneren Kreis seiner Getreuen in die Welt hinaus missionieren, bedürfen seine Lehren sowohl der »Humanisierung« wie der »Intellektualisierung« in die Richtung griechischer Philosophie qua Metaphysik.

Interessant ist, wie Camus ein Kapitel einschiebt, das die Erzählung von der Heilsgeschichte als *success story* unterläuft: nämlich mit dem Hinweis auf die »gnostische Häresie«. Die Gnostiker überdenken den christlichen Schöpfungsentwurf und stellen ihn da auf die Probe, wo ihnen eine Erklärungslücke auffällt – sie betrifft das Böse und ineins damit die Wahrnehmung von der Hässlichkeit der Welt. Will der eine Gott noch immer anerkannt und ins Recht gesetzt sein, so müsste er sich gänzlich außerhalb und fernab von seiner

Creatio aufhalten. Mehr noch: Er hätte sie wohl gar nicht selbst ver-
antwortet, sondern – aus welchen Gründen immer – einem schlechten Demiurgen überlassen. Jesu revolutionäre Mission aber bestünde
darin, den Kampf gegen diesen Erschaffer zweiten Grades aufgenommen zu haben, um diesen Wurf zu korrigieren. Für Gnostiker
wie Marcion (85–160) empfiehlt sich – mit solchem Wissen über die
wahre Beschaffenheit der Welt – nur eines: Abkehr von den irdischen
Dingen und Askese, spirituelle Einübung in die unvermeidbare Gewissheit, dass die Welt missraten ist. Woraus jedoch umgekehrt auch
abgeleitet werden könnte, dass sie in einer neuerlichen »demiurgi-
schen« Konzentration der Kräfte neu, das heißt besser einzurichten
wäre. Der mythische Held einer solchen Weltgeschichte *à rebours*
hieße Prometheus, der nur deshalb leidet, weil er aus der Ordnung
der Menschen hinausgetreten ist, es mit den Göttern aufzunehmen.
Seinen *retour offensif* wird die aufgeklärte Neuzeit im Zeichen der
modernen Geschichtsphilosophie in die Wege leiten, indem sich die
Menschen seither selber als Subjekte und Agenten des Fortschritts in
Position bringen. Doch diese Mythe der großen Selbstbemächtigung
ist dem jungen Universitätsabsolventen noch nicht wirklich bewusst
geworden – sie wird ihn später beschäftigen, und unter kritischen
Vorzeichen.[10]

Im dritten Kapitel rekonstruiert Camus die Stellung von Plotin
als des zentralen Urhebers des Neoplatonismus. Auch Plotin stellt
sich der Herausforderung, welche die christliche Theologie der Rettung des Menschen aus seiner irdischen Fatalität in Umlauf gebracht
hat. Jetzt geht es energisch um eine Verschränkung ihrer Metaphysik mit dem griechischen Erbe aus der Philosophie des Platon. Dieser
hatte bekanntlich die Einheit des Weltganzen gelehrt, ohne schon
gnostischen Zweifeln Raum zu geben. Allerdings bot sich ihm die
Sphäre der erscheinenden Realität immer nur als dessen unvoll-
kommenes Abbild dar: Das Urbild, gefasst im Ideenkosmos, sollte für
die irdischen Verhältnisse nur in Ableitungen zur Kenntlichkeit gelangen.

Plotin ging – inspiriert durch die frühchristliche Theologie –
einen Schritt weiter. Was als Göttlichkeit zu begreifen ist, setzt sich
zusammen aus dem Einen, der intelligiblen Kraft und der Weltseele,

woran die menschliche Seele insofern Anteil hat, als sie sich ekstatisch darauf bezieht. Gott zu begehren heißt zugleich, der Erinnerung an das verlorene Vaterland sich anheimzugeben – oder anders: der Vereinigung mit dem *Unum* sich zu öffnen. Nach Camus nimmt das Konzept der plotinischen Vernunft – der ganze Prozess des Strebens nach der Rückkehr zu »Gott« ist nicht einfach ein mystisches Verlangen, sondern Konsequenz aus dem Denken – das Herz von Pascal vorweg. Damit manifestiert sich der Einfluss des Neuplatonismus auf die christliche Heilslehre als Methode der griechischen Metaphysik. Das Böse erweist sich kategorial darin, dass es zu begreifen ist als eine Art von Privation oder Störung im noch unvollendeten Anschluss an das Eine.

Dass diese Wende ihre Wirkung auf die Länge verfehlt, hat damit zu tun, dass Augustinus sie einerseits assimiliert, anderseits auf die strikte Wahrheit der christlichen Offenbarung zurücklenkt. Der Kirchenvater – in Camus' Darstellung besessen von der Idee des Bösen und des Todes – setzt das Faktum der Erbsünde und der menschlichen Verworfenheit wieder ins Recht. Der Mensch ist kraft seiner Natur verdammt. Aber Gott hat dafür gesorgt, dass das Heil in die Welt kommt – mehr noch: zur Welt kommt –, ihn zu erlösen. Das Wort ward Fleisch. In der Erscheinung von »Geist« und »Sohn« erreicht den Sünder die Gnade, und sie hat zu gelten als eine Enthüllung der trinitarischen Wahrheit.

Für Camus bleibt es ein Paradox, dass die Fusion zwischen griechischer Metaphysik und christlicher Theologie überhaupt gelingen konnte. Denn den Griechen waren Postulate wie die Providenz, Geschichtsphilosophie, die Geste der Unterwerfung und andere wesensfremd – sie vertrugen sich nicht mit jener Naivität, die Schiller der griechischen Antike zugutegehalten hatte.[11] Licht, Heiterkeit, die Einwilligung in die Endlichkeit, schließlich das Ungemach, das die Götter unter sich selber und für die Sterblichen inszenieren, dies alles wäre grundsätzlich nicht einzubringen in die Lehre von Schuld und Sühne im Verstand des Neuen Testaments und seiner theologischen »Erweiterungen«. Als Erklärung für die fortdauernde Macht des Christentums bietet sich Camus freilich eine Funktionsgleichung an: Es offeriert für lange Zeit die einzige Hoffnung, dass das Unglück in der Welt weder kontingent noch endgültig zu sein braucht. Im System der katholischen Kirche erreicht das Heilsverlangen sowohl die Drohung gegenüber den Ungläubigen wie die Rettung derer, die ihre Sünden bekennen und dem Wort Gottes vertrauen.

Camus' Diplomarbeit liest sich zunächst wie eine Hermeneutik aus der Pflicht, das Thema den Quellen entlang und unter Einbezug der Sekundärliteratur auseinanderzufalten. Nichts anderes war von Seiten der Universität und der Professoren verlangt. Im Subtext allerdings macht sich – noch unauffällig – der Widerstand bemerkbar, der sich insbesondere an der christlichen Doktrin entzündet. Innerlich hat der Adept bereits Abstand genommen von Strategien der Welterklärung, die das Dasein hienieden als verfehlt betrachten und seiner Erlösung im Jenseits überlassen. Camus' Parteinahme ist schon entschieden: Sie geht auf das frühe Griechentum, dessen *amor fati* bis auf Nietzsche einwirkt als eine Haltung der Hinnahme der je eigenen Existenz sowie als Einwilligung in die Endlichkeit des Daseins. Diese gleichsam ästhetisch zu leben und zu gestalten ist das Prinzip als Freiheit gegenüber sich selbst. Alles, was der Schriftsteller fortan leistet und variiert, ist zu verstehen als der kreative Protest wider eine Welt, die vorausbestimmt sein soll. Noch die spätere Kritik am Marxismus als einer säkularen Religion des Wissens über Verlauf und Ziel der Geschichte ist in der Schrift »Métaphysique Chrétienne et Néoplatonisme« gedanklich und atmosphärisch antizipiert.[12] Man kann es auch so sagen: Es gibt nur diese eine Welt in Schönheit und Elend ihrer Lebenswelten. Was ihr als »Sinn« aufgezwungen wird, ist das Resultat des Ungenügens an der Wirklichkeit. Der Mensch – um es pathetisch zu formulieren – ist freilich dazu verurteilt: Mit der Fähigkeit, über sich hinauszudenken, entstehen die Projektionen von Gegen- und Überwelten, in denen aufgehoben werden soll, was als Schicksal ohne Ausweg empfunden wird. Freiheit wäre indessen für Camus da erreicht, wo Raum und Zeit des Irdischen als zureichende Bedingung der Möglichkeit akzeptiert sind, sich selber zu finden.

*

Insofern darf schon der Titel von Camus' Erstem – und erst posthum publiziertem – Roman als programmatisch gelesen werden.[13] »La Mort heureuse«, zu Deutsch »Der glückliche Tod«, soll die Geschichte eines Helden sein, der gegenläufig zu sozialen und moralischen Gesetzen seinen eigenen Bedürfnissen und Instinkten folgt. Der Stoff verdankt sich einerseits dem Erfahrungshorizont des jungen Autors: Manche Begebenheiten wären zu verstehen als wenig kaschierte Transpositionen aus der Biographie. Anderseits greift er – hierin verdeckter – auch Ideen und Reflexe auf, die damals den philosophisch bewegten Verfasser der Diplomarbeit über christliche Metaphysik und Neoplatonismus umtreiben: freilich im Revers zu den metaphysischen Projekten von Erlösung und mit dem Motto »Nimm die Welt, wie sie ist«.

Ohnehin verdichten sich seit Mitte der dreißiger Jahre diverse Ideen und Konzepte, deren gemeinsamer Nenner bei Abweichungen im Einzelnen als eine Philosophie vom Leben bezeichnet werden könnte. 1935 schreibt Camus an den Parabeln von »L'Envers et l'Endroit«. Im Mai desselben Jahres beginnt er, seine eigene Vita – allerdings hauptsächlich von der gedanklichen Seite her – in »Carnets« oder Tagebüchern zu beobachten. Als neues Mitglied der Kommunistischen Partei wird er mit Propaganda-Aufträgen im muslimischen Milieu betraut. Im Frühling 1936 verbringt er seine Tage öfters in einem Haus über Algier, das zwei Freundinnen gemietet und mit dem poetischen Namen »La Maison devant le Monde« versehen haben. Im Sommer desselben Jahres fährt er mit seiner ersten Frau, Simone Hié, nach Innsbruck und Salzburg, wo er mit ihr bricht. Die Reise führt weiter nach Prag, Dresden und Wien und über Venedig, Vicenza und Verona nach Genua mit Einschiffung zurück nach Algier. Dort engagiert sich Camus weiterhin am »Théâtre du Travail«, auch als Schauspieler. Im Januar 1937 notiert er ins Tagebuch: »Caligula ou le sens de la mort. 4 Actes.« (II, 812) Mit diesem Stück wird er 1945 in dem Pariser »Théâtre Hébertot« als Dramatiker debütieren. Und im August 1936 wälzt er erste Pläne für den Roman »La Mort heureuse«.[14]

Dieses Pensum entwickelt sich als ein Weg ins Ungewisse. Die Kurzprosa – auch die vier Stücke unter dem Titel »Noces« (1939) –

bietet wenig Hindernisse: Der junge Autor beherrscht nicht nur den Stil einer beschreibenden, nah an den Phänomenen laufenden Technik, sondern auch die essayistisch-reflektierenden Einlassungen, die aus den Texten den Charakter von Meditationen über Zeit und Raum, Natur und Kultur, Leben und Vergehen gewinnen. Ein Roman indessen verlangt nach komplexeren Dispositionen und einem Handlungsgefüge, das den Gang des Erzählens einsichtig macht. Wenn Camus als Rezensent von Sartres Roman »La Nausée« (»Der Ekel«) im Oktoberheft 1938 von »Le Salon de lecture« der Zeitung »Alger républicain« feststellt: »Un roman n'est jamais qu'une philosophie mise en images«, so trifft dies zwar zusammen mit einer Selbstanleitung für das eigene Vorgehen, doch kann die »Lösung« noch lange nicht darin liegen, ein Lehrstück bloß mit passenden Bildern auszustatten.[15] Der Überschuss des Ästhetischen gegenüber allen möglichen Theorie erweist sich in der Mehrdeutigkeit von Literatur, welche diesen Titel verdient.

Man erkennt schnell, dass »Der glückliche Tod« schon Passagen und Erlebnisse vorwegnimmt, die etwas später in den »Étranger« Eingang finden. Während aber »Der Fremde« jene vieldeutige Sinnstruktur wie aus einem Guss präsentiert und insofern über die früheren Arbeiten entschieden hinausdrängt, empfiehlt sich sein – längerer, weiter ausholender – Vorläufer als Testat von deutlich traditionellerer Faktur. Auch da ist nicht einfach »Realismus« in Szenen gesetzt. Aber in der Mixtur aus Erfahrungen mit der Wirklichkeit und Begegnungen mit der »Transzendenz« ließe sich der Erstling ohne Zwang mit den frühen Romanen von Julien Green vergleichen. Camus hätte noch mehr gewollt. Was es gewesen sein könnte, macht erst »Der Fremde« evident, weshalb der Verfasser von »La Mort heureuse« (»Der glückliche Tod«) auch davon absah, ihn zu seinen Lebzeiten publizieren zu lassen. Er wird dem Leser erst 1971 zugänglich.

Wie dann »Der Fremde« zerfällt »Der glückliche Tod« in zwei Teile. Beide sind in je fünf Kapiteln angeordnet. Die Symmetrie trägt den beiden ideellen Polen Rechnung: Der erste Teil ist mit »Der natürliche Tod« überschrieben, der nachfolgende mit »Der bewusste Tod«. Die Moral von der Geschicht' kreist folglich um zwei Modalitäten oder Daseinsweisen im Verhältnis zum Lebensende, wie

auch der Tod selbst nur daraus seine Bedeutung erhält. Und schließlich lebt sich der Held durch diese Phasen – anders als Meursault im
»Étranger« – mit den Forderungen und Prämien einer *éducation sen-
timentale*: zuerst als Täter, danach als Opfer. Was der »Étranger« gerade von sich weist, erfüllt sich hier nicht nur zwischen den Zeilen:
die Bestimmung als Entwicklungsroman.

Was geschieht? Ein junger Mann, kräftig, vital, getrieben vom Verlangen nach Schönheit und Glück, sucht sich zu verändern. Patrice
Mersault – noch nicht *Meursault* – funktioniert als Angestellter einer
Firma für Seefracht, ohne dass ihn die Alltäglichkeit seines Daseins
irgend zufriedenstellen könnte. Es fehlt, oberflächlich betrachtet, sowohl an Geld wie – daraus abgeleitet – an Freiheit. So gibt Mersault
zu Beginn des Romans einer Verlockung nach, die sich ihm ohne Kosten oder Sanktionen anbietet. Er tötet an einem schönen Apriltag seinen Bekannten Roland Zagreus, der als reicher und verkrüppelter
Eremit sich von der Welt zurückgezogen hat. Mersault erschießt den
Donator seiner Befreiung in dessen Haus, während ein Trompeten-
stoß den Lieferwagen des Metzgers annonciert, legt sich darauf zu
Hause schlafen und tummelt sich später, als ob nichts geschehen
wäre, auf den gewohnten Bahnen, im Quartier Belcourt bei Algier,
wo er wohnt, oder im Restaurant von Céleste, wo er Stammgast ist,
oder mit Freunden oder Mädchen, die ihm zugetan sind.

Der Verfasser zeichnet das Milieu mit virtuosem Strich. Mersault
agiert, wie es heißt, »in einer schattenhaften Umgebung«, wozu gut
passt, dass der Protagonist in der Wohnung seiner verstorbenen Mutter haust, am Samstag ein Ei in die Pfanne schlägt, zum Zeitvertreib
die Inserate aus Zeitungen ausschneidet und in ein Heft klebt und
dem Treiben in der Stadt eher teilnahmslos ausgeliefert scheint. Dieses Geschehen ist nun in der Rückschau angesetzt: Es soll erklären
helfen, weshalb der kleine Angestellte zum Mörder geworden ist. Offenbar war auch Eifersucht im Spiel, denn seine Freundin, die von
erregender Schönheit ist, habe einmal auch ein Verhältnis mit Zagreus gehabt, wie sie gesteht. Liebe ist für Mersault das Nahe und das
Fremde ineins. »Was ihn an der Liebe wunderte, war – beim ersten
Mal wenigstens – die schreckliche Intimität, mit der die Frau sich
abfand, die Bereitschaft, den Leib eines Unbekannten in ihren Leib

aufzunehmen. In diesem Geschehenlassen, dieser Hingabe und diesem Rausch offenbarte sich ihm die überwältigende und erniedrigende Macht der Liebe. Und diese Intimität stellte er sich als Erstes zwischen Marthe und ihrem Liebhaber vor.« (GT, 36)[16] – In einem Akt von »Übertragung« wäre demnach zu vollstrecken, was dem Helden auch an sich selbst als Widerwille der Preisgabe an den anderen emporsteigt: den Rivalen zu ermorden, der noch den Vorteil des Reichtums mitbringt.

Tatsächlich entfaltet sich zwischen Mersault und seinem späteren Opfer zuvor eine seltsame Intimität. Eine zweite Rückblende erzählt vom Verhältnis der beiden zueinander. Zagreus ist, kein Zweifel, ein philosophischer Kopf. Der Krüppel hat viel Muße, über sich selbst und die menschliche Existenz insgesamt nachzudenken, und über den beschränkten Spielräumen einer beschädigten Physis ist er zum Zyniker geworden. Als ihm Mersault von seiner Unzufriedenheit berichtet – »Ich habe Lust, zu heiraten, mir das Leben zu nehmen oder *L'Illustration* zu abonnieren. Irgendeine verzweifelte Geste, was weiß ich!« –, holt er ihn auf das Realitätsprinzip zurück. (GT, 42) Mersaults Grundfehler liege darin, dass er erstens arm sei und zweitens die Armut akzeptiere. Er, Zagreus, hätte viel eher Berechtigung zu klagen, doch solange er nur die Flamme fühle, die sein lebendiges Ich bekunde, sei der Wille zum Dasein noch gänzlich ungebrochen. – Camus gibt mit dieser Szene einen frühen Beleg für die Ironie, die seinem eigenen Verständnis nach der Welt innewohnt. Was Zagreus dem Besucher unbewusst anbietet, indem er ihn auf die Lücken im Dasein stößt, ist nicht weniger als die eigene Ermordung. Die »verzweifelte Geste«, von der Mersault geträumt hat, stellt sich unter jenen moralischen Imperativ, den ihm Zagreus so formuliert hat: »Sie aber, Mersault, mit Ihrem Körper – Sie haben einzig die Pflicht, zu leben und glücklich zu sein.« Noch mehr: Wo der Sinn des Daseins verborgen bleiben muss, gilt nur eine Ableitung, nämlich das Glück zu erhaschen. »Wir haben keine Zeit, wir selber zu sein. Wir haben einzig Zeit, glücklich zu sein.« (GT, 44)

In dem Dialog, der theatralisch auflädt, was Camus an »Lebensphilosophie« bei Nietzsche und Dostojewski gefunden hat, erweist sich Mersault nach und nach als Bekenner seiner Aspirationen. Ein

Rollenspieler sei er, doch die Arbeit hindere ihn daran, seine Passionen zu verwirklichen. Besäße er die Freiheit, zu tun und zu lassen, wie ihm beliebe, so hätte seine Existenz ganz andere Ausdrucksformen zu gewärtigen. »Ich weiß, welchen Grad von Leben ich erreichen würde. Ich würde kein Experiment aus meinem Dasein machen. Ich selber würde das Experiment meines Daseins sein.« (GT, 46) So viel Pathos braucht der gegen seine tristen Konditionen Revoltierende, damit reüssieren kann, was er alsbald an die Hand nimmt. Er denkt und redet sich in jene Trance hinein, die den Mord an Zagreus als Notwendigkeit und als Beiläufigkeit ausweisen wird. – Später beobachtet der Erzähler seinen Helden nochmals bei den Geschehnissen des Alltags, will heißen: Die Mutter stirbt, Mersault lebt mit der Schwester zusammen, er geht ins Café, verbringt den Abend mit einem Fassbinder. Dann heißt es mit entwaffnender Lakonik: »Am nächsten Tage tötete Mersault Zagreus, kehrte nach Hause zurück und schlief den ganzen Nachmittag.« (GT, 59)

Da könnte sich schon die Atmosphäre des »Étranger« bemerkbar gemacht haben. Doch Camus will – noch – einen Entwicklungsroman, weshalb er Mersault im zweiten Teil zunächst reisen lässt. In Prag begegnet er dem finstren Barock eines Katholizismus, der Gott so präsentiert, dass er zu fürchten ist. In Wien hat er's mit einer Prostituierten, die ihm ihre Liebe bekennt. Über Genua kehrt er nach Algier zurück, und jetzt erst und eher beiläufig erinnert er sich erstmals an Zagreus. »Er erkannte in sich jene Fähigkeit zu vergessen, die nur dem Kind, dem Genie und dem Unschuldigen zu eigen ist. Unschuldig, überwältigt von Freude, begriff er endlich, dass er für das Glück geschaffen war.« (GT, 88)

Dieses Glück lässt Camus zu Beginn des dritten Kapitels in der Zeitform des Präsens erscheinen. Die epische Struktur der Geschichte ist durchbrochen – zugunsten einer Gegenwärtigkeit, die als Medium mystischer Schau auf das Leben fungiert. Licht, Sonne, Wärme, Natur definieren das Ambiente, und ein Haus auf den Hügeln von Algier, das »Haus vor der Welt«, gibt den Schauplatz für die heiteren Freuden und Tage mit drei jungen Frauen. Mersaults Lob des Weiblichen verlangt dessen »Schönheit ohne Geist« und erkennt darin »etwas Göttliches«. Der weite Himmel erhöht die Einsamkeit der Sterblichen, ohne dass die Beunruhigung irdischer Verlorenheiten, wie sie Pascal ausgesprochen hatte, das Bewusstsein stört. Wenn sich Camus nun selber an jene Vorgaben hält, die er als Rezensent von Sartres »La Nausée« der Kunst des Romans überantwortet hat: dass dieser nichts anderes sei als die Verbildlichung einer Philosophie, so heißt es nun entsprechend im Kommentar auf das Geschehen: »Die Welt sagt immer nur ein und dasselbe. Auf diese geduldige Wahrheit aber, die von einem Stern an den anderen weitergegeben wird, gründet sich eine Freiheit, die uns von uns selbst entbindet, doch auch auf jene andere geduldige Wahrheit, die Tod mit Tod verbindet.« (GT, 105)

Freiheit ist gewonnen, wo der Mensch akzeptiert hat, dass die Welt zwar nicht schweigt, aber in ihren Wiederholungen an keinerlei »Transzendenz« gebunden ist: Sie lädt den Sterblichen allein das Dasein im Hier und Jetzt auf, worauf der Tod als »glücklich« zu begreifen wäre – nach ihm ist Nichts. – Der Rest der *story* ist schnell erzählt. Mersault heiratet ein Mädchen, Lucienne, das er nicht liebt, und besteigt eines Tages mit den Gespielinnen des Hauses vor der Welt den Berg Chenoua. Als ihn Catherine fragt, ob er glücklich sei, weist Mersault bloß in die Landschaft. Dann, erklärend, sagt er ihr, worauf es einzig ankomme, sei der Wille zum Glück, »eine Art von umfassendem und stets gegenwärtigem Bewusstsein«. Nietzsches ewige Wiederkehr als Bejahung des Daseins unter dem Diktat seiner Wiederholung ist hier der Leitgedanke, der sich im übrigen auch in der Lebenswelt materialisiert. Mersault, der sich in ein einsames Haus an der Küste zurückgezogen hat, ist seit der Bergbesteigung erkrankt. Eine Rippenfellentzündung ist der *morbus mortis*, ohne dass sich der Patient dagegen wehrt. Um ihn herum aber laufen die Jahreszeiten im Rhythmus von Erblühen und Vergehen. Camus verwendet größte Sorgfalt auf die Beschreibung dieser vegetativen Gleichgültigkeit gegenüber der menschlichen Existenz, als ob die Natur auch vor dieser keinerlei Ausnahme duldete. »In der Unschuld seines Herzens nahm er diesen grünen Himmel und diese liebesfeuchte Erde mit dem gleichen Beben der Leidenschaft und des Verlangens hin, mit dem er in der Unschuld seines Herzens Zagreus getötet hatte.« (GT, 138)

Der Geist verneint den Geist. Das ist die Lehre einer Philosophie, die den Menschen einstimmen will auf seine Glückseligkeit im Reflex auf sein vergängliches Wesen. Mersault schüttelt ab, was ihm seine Bildungsreise quer durch Mitteleuropa noch hätte beibringen mögen an Idealismen für eine höhere Welt, und ebenso trennt er sich schließlich von den Verlockungen einer Gesellschaft, die über den Genuss am Physischen diverser Couleur hinaus ihm nichts offenbart. Alle Kategorien des Sozialen münden nur in der Gegenwärtigkeit, mit welcher sie der Einzelne für sich selbst absorbiert. – Es wäre nicht schwer, diese Geschichte als Paraphrase in Teilen auf die Biographie ihres Autors zu lesen. Die gescheiterte erste Ehe mit Simone Hié wäre ebenso im Hintergrund präsent wie die Liaison mit verschiedenen Geliebten und der Auftakt zur Ehe mit seiner zweiten Frau, Francine Faure. Mersaults Krankheit zum Tode wäre das Spiegelbild der Tuberkulose, die Camus seit seiner späteren Jugend über Jahrzehnte hinweg beschwert. Mersaults Nichtstun hätte Parallelen zu Camus' Zeit der wechselnden Tätigkeiten ohne feste Verpflichtung.[17]

Doch dies besagt nicht viel. Wesentlich ist, dass der Verfasser von »La Mort heureuse« gegen alle Erlösungsversprechen, wie sie akademisch in der Diplomarbeit zu analysieren waren, einen *élan vital* einfordert, der mit der Preisgabe aller bürgerlichen Werte auch die traditionelle Moral auf den Kopf stellt. Dem Publikum blieb der Skandal verborgen, und auch Camus selber erlebte dessen Rezeption nicht mehr. Dass Geld glücklich machen könnte, jedenfalls das Glück erst ermöglichte, indem es Freiheit gewährt, wäre ebenso irritierend gewesen wie die Feststellung, dass der Mörder Mersault ein »reines Herz« besitzt und in allem, was er tut, die Unschuld lebt. – Camus erkennt freilich, was aus ästhetischer Sicht zu Vorbehalten führt. Die »Psychologie« des Romans, die sich gegen den Stoff gleichwohl behauptet, schmälert die Kraft der Parabel. Erst der Meursault des »Fremden« wird, ohne komplizierte Wege zur eigenen Bewusstwerdung, das Dasein eines wirklich Fremden rein verkörpern: Er ist von Anfang an – und als sein Erzähler – ins Präsens einer Zeit ohne Vergangenheit und Zukunft gestellt.

*

Man spekuliert nicht zu viel, wenn man behauptete, dass die Publikation von »La Mort heureuse« die Durchführung des Projekts vom »Étranger« verhindert hätte. Hier wie dort eine leitende Figur, die zum Täter wird, die der Indifferenz gegenüber Normen und Werten der Gesellschaft gehorcht und damit auch erratisch »fremd« sich in der Welt bewegt. Ein zweiter Anlauf, wenngleich unter verschobenen Vorzeichen, wäre deshalb schon aus ästhetischen Erwägungen nicht mehr einsichtig gewesen. Innerhalb der frühen Prosa erweist sich »Der glückliche Tod« indessen als Ausnahme, sowohl der Form wie dem Inhalt nach. Camus ist noch nicht der erprobte Epiker, und insbesondere die kurzen Texte sowohl von »L'Envers et l'Endroit« wie von »Noces« zeigen, dass Verdichtungen von Situationen und Eindrücken, die gleich intelligiblen Bildern den Leser überraschen wollen, den Künstler beschäftigen. Ohnehin sei ein Menschenwerk »nichts anderes … als ein langes Unterwegssein, um auf dem Umweg über die Kunst die zwei oder drei einfachen, großen Bilder wiederzufinden, denen sich das Herz ein erstes Mal erschlossen hat«.

So schreibt Camus in einem Vorwort zur Wiederveröffentlichung von »L'Envers et l'Endroit« im Jahr 1958.[18] Die Programmatik mag *ex post* denn deutlich ausgewiesen sein, doch ist sie den Texten durchaus inhärent. Die Sammlung wird erstmals 1937 in Algier im Verlag Edmond Charlot veröffentlicht und ist dem Mentor und Freund Jean Grenier dediziert.[19] Der deutsche Titel »Licht und Schatten« metaphorisiert, was im Französischen abstrakter einfach die Seite und ihre Kehrseite meint. Dies ließe allerdings nicht – wie Camus rückblickend formuliert – die »gierige Glut« erahnen, die den Stücken innewohnen soll. Im Transitorischen das Beständige aufzuspüren, in flüchtigen Augenblicken ein Allgemeines herauszulesen, darum ist es dem Autor – nur sehr indirekt auf der Fluchtlinie von Baudelaire – zu tun. Der erste Text ist mit »Ironie« überschrieben. Drei Menschen suchen Anschluss an ihresgleichen, bleiben aber durch die Ungunst des Schicksals auf sich selbst zurückgestoßen. Die alte Frau, der Alte, die Großmutter – sie alle binden sich an Gott oder an die Jungen oder an die Liebe, während die Hoffnung auf Zuneigung im Drama der Einsamkeit verkümmert. »Zwischen Ja und Nein«, das zweite Stück, schöpft aus Camus' eigener Biographie. Das Erzähler-

Ich reflektiert über verlorene Paradiese, versenkt sich in die Betrachtung der Natur, pflegt unbestimmte Sehnsucht, hadert mit dem Gewicht des Lebens, derweil »draußen«, im entfernten Gegenüber, »die Gleichgültigkeit und die Ruhe des Unvergänglichen« walten. Die Mutter hält den jungen Mann zum Studium an, der frühe Tod des Vaters schweißt die beiden zusammen, weil aber die Mutter von Krankheit gezeichnet ist, ist um sie herum nur »ein großer Garten des Schweigens«. Zwischen Ja und Nein: dies meint nun Erinnerungen an entschwundene Tage und den Wunsch, »die Durchsichtigkeit und Einfachheit« der *paradis perdus* »in ein Bild« zu fassen. Als Bild solcher Qualität erscheint dem Gedächtnis ein Dialog, in welchem absichtslos Banales die Stimmung liefert und der Sohn von der Mutter erfährt, dass der Vater, noch ehe er in das Leben seines Kindes treten konnte, in der Schlacht an der Marne verwundet wurde und kurz darauf verstarb.[20]

Hier bereits ist mit knappster Gestik verdichtet, was Camus erst zwanzig Jahre später in seinem letzten Werk, dem Roman »Le Premier Homme« (»Der erste Mensch«), in den Tiefen seiner Vita recherchieren wird – Herkunft und Jugend, das Verpasste und gerade dagegen Erreichte. – Liebe und Leben, Tod und Vergänglichkeit grundieren auch die drei weiteren Stücke. Keines führt nochmals so nahe an Camus' persönliche Situation der späten dreißiger Jahre heran wie »Tod im Herzen«. »Ich kam um sechs Uhr abends in Prag an.« So beginnt dieses Exerzitium in Selbsterfahrung, aufgeladen mit der trostlosen Enklave des Hotelzimmers, dann mit Streifzügen an die Moldau. »Sobald ich ins Freie trat, war ich ein Fremder.« (LuS, 80) Die Quintessenz des Texts, dessen Mikrogramm in dem Roman vom »Glücklichen Tod« wiederkehrt als weiter ausgelegte Szene, da Mersault sich in den Düsternissen der böhmischen Barockstadt verliert, kulminiert in der Frage, ob das Leben »als Ganzes« zu verwerfen oder anzunehmen sei. Die Sonne Italiens gibt die Antwort: Tod und Licht gehören zusammen. Der eine ist die Kehrseite des zweiten, und solange der *amor vitae* noch irgend Kraft äußert, wäre die Verzweiflung zwar nicht aus der Welt geschafft, aber an ihren Ort gerückt. Die Position, die intellektuell zu halten ist, beschreibt Camus als Ironie. Sie ist, mit dem Wort von Maurice Barrès, eine »Bürgschaft der Freiheit« – nämlich immer unter dem Zeichen des »Als ob« zu leben: als ob es das Dasein gegen die Einsicht in seine Endlichkeit und im Angesicht einer sinnlosen Schöpfung doch wert wäre, gelebt worden zu sein.[21]

Im Vorwort für die Ausgabe von 1958 – nur zwei Jahre vor seinem Tod – taucht Camus die Texte von »Licht und Schatten« ins Zwielicht zwischen Gelingen und Misslingen. Die Form sei, stellt er nun fest, »schwerfällig«. Anderseits seien die »Quellen« nicht zu revidieren – jene Tatsachen und Einsichten, die ihn damals zum Schreiben inspirierten: hier die Armut, dort das befreiende Licht des Mittelmeers, hier die Geschichte, die »nicht alles« ist, solange die Sonne für Vitalität sorgt. Die eigene Krankheit der Tuberkulose hätte demnach für Beschwernis gesorgt, ohne dass das Ressentiment oder die Missgunst weltanschaulich triumphierten. – Man liest diese Justifikation einer Haltung wie einen Kommentar zu später Stunde. Der Schriftsteller, der inzwischen allen Lorbeer der Gesellschaft gewonnen hat, resümiert seinen Blick auf die Welt. Er dringt zur Wahrheit – auch gegen den Jahrmarkt der Pariser Eitelkeiten – vor, indem er Arbeit am Elementaren leistet. Eine alte Frau, eine wortlose Mutter, Armut und daneben Liebe und Licht – das war damals zu sehen und zu erfühlen und folglich zu Bildern zu bringen. Wenn eine »Theorie« solche Einstellung leitet, hat sie die Erkenntnis erreicht, dass nichts an Sinn ist außerhalb der Existenz.

*

Diese Erkenntnis nimmt Camus auf, indem er sie auch mit den Mitteln der Dramaturgie als Haltung vorweist. Das frühe Resultat ist das Theaterstück »Caligula«. Schon im Jahr 1937 notiert der Autor ins Tagebuch: »Caligula ou le sens de la mort. 4 Actes.« (II, 812) Doch zunächst arbeitet er mit der Truppe des »Théâtre du Travail« an anderen Stoffen, die auf der Bühne vorgeführt werden – an einer Inszenierung von Aischylos' »Entfesseltem Prometheus« und an Puschkins »Don Juan«. Im Jahr darauf beginnt er mit Skizzen zu »Caligula«, im Sommer 1939 ist das Stück vollendet. Eine revidierte Fassung kommt im Februar 1941 zum Abschluss, gleichzeitig mit der Fertigstellung des Essays »Le Mythe de Sisyphe« (»Der Mythos des Sisyphos«). Am 21. Februar heißt es im Tagebuch hierzu: »Terminé *Sisyphe*. Les trois Absurdes sont achevés. Commencements de la liberté.« (II, 920)[22] Das dritte Werk der Gruppe meint den »Étranger«, der ebenfalls im Juli 1939 begonnen und im Frühjahr 1941 beendet wurde.

So firmieren, wie es seit längerem beschlossen war, ein Roman, ein Theaterstück und eine Abhandlung unter dem Zeichen des »Absurden«. Die Trias soll das Thema aus verschiedenen Perspektiven gestalten, einmal mit erzählerischen Mitteln, zweitens in dramatischer Manier, schließlich *more philosophico*, wobei jede Form ihre spezifischen ästhetischen Kategorien zur Darstellung bringt. Dass »Caligula« erst 1945 im Pariser »Théâtre Hébertot« zur Uraufführung gelangt – sogar etwas später als das danach entstandene Stück »Le Malentendu« (»Das Missverständnis«) –, hat politische Gründe. Unter der deutschen Besatzung wäre die Premiere nicht denkbar gewesen: Die Moritat um den römischen Soldatenkaiser, dessen exzentrische Grausamkeiten jedem Bildungsbürger wenigstens in Anflügen bekannt waren, hätte einschlägige Assoziationen hervorgerufen. Auch Hitler zeigte bekanntlich das Gegenteil eines aufgeklärten Despoten.[23]

Doch »Caligula« soll nicht primär als Paraphrase auf die Zeitgeschichte verstanden werden, auch wenn eine solche Lesart ins epochale Milieu zu passen schien. Es geht um mehr und um Grundsätzliches. Die Vorlage liefert Camus Suetons »Leben der Caesaren«. Dort ist im Wesentlichen niedergelegt, was die Welt seither von dem Tyrannen weiß – dass er bedenkenlos mordete, den Sadismus mit bösartiger Heiterkeit verband und darüber immer verrückter wurde.[24] – Camus schreibt freilich kein Historienstück. Er zeichnet einen Charakter, der am Leben irre wird, weil ihm Liebe und Hass, der Ekel und die Sehnsucht nach Erfüllung zum dissonanten Ineinander geraten. Das ist, wenn man so will, der Skandal: Nicht nur das lichtlos Böse hätte diesen Täter bestimmt, sondern ein unbestimmtes Verlangen nach »Leben«, worin er als Träumer figuriert.

Den Anfang macht, zeitlich vorausgelagert, der Tod der Drusilla. Seit ihm die geliebte Schwester gestorben ist, geht der junge Kaiser mit dem Unglück schwanger, mit Folgen für sich selbst und für die Umgebung. Da ihm die Sterblichkeit schmerzlich bewusst wird, sucht er das Unmögliche – etwas, was nicht von dieser Welt sein soll, zum Beispiel den Mond. Schon hier wird fasslich, dass die Leitmelodie aufs Surreale hin gestimmt ist. Das »Bedürfnis nach dem Unmöglichen«, so meinen seine Freunde, weise Caligula als einen Idealisten aus, den es nunmehr gegen seine aberwitzigen Intentionen zu retten gelte. Der Despot setzt Enterbungen und Exekutionen aus, Regieren ist für ihn ein weitschweifiger Raubzug, und weil die Welt ohne Bedeutung sei, dürfe er auch, wie er bekennt, eine grenzenlose Freiheit erproben. »Ich übernehme ein Reich, dessen Herrscher Unmöglichkeit heißt.« (C, 28) Daraus folgt ein Fest ohne Maß als Revers zur Liebe, wie sie unter Menschen zu praktizieren wäre. Da die Menschen sterben, ohne glücklich gewesen zu sein, forciert Caligula mutwillig die Wahrheit: das Unglück.

Der erste Akt schafft also die gedankliche Vorbereitung auf die folgenden drei, welche drei Jahre später angesetzt sind. Inzwischen hat sich der Phantast zum Täter entwickelt. Deshalb läuft auch eine Verschwörung. Der Kreis der Aufständischen will nicht länger zusehen müssen, wie der Sinn des Lebens aufgelöst wird. Einer, Cherea, hat Angst »vor dieser unmenschlichen Schwärmerei«, alle fürchten »die mörderische Macht der Poesie«. Und tatsächlich: Wie später Nero gebärdet sich sein Vorfahr als Künstler des Ausnahmezustands, der mit immer neuen Einfällen danach trachtet, seine Untertanen wie Puppen in den Abgrund zu stürzen. Bald legt er selber Hand an den greisen Mereia, was wie alles andere im Übrigen »keinerlei Bedeutung« habe. In einem Dialog mit seinem Gegner Scipio, der über die Natur geht, bekennt der Herrscher nicht ohne Stolz: »Du bist rein im Guten, wie ich rein bin im Bösen.« (C, 45) Daraus leitet sich Caligulas wachsende Einsamkeit ab. Zuletzt bleibt ihm nur die Verachtung alles Seienden.

Sorgt – im Gegenzug – der dritte Akt für kräftiges Spektakel. Caligula betätigt sich als Schauspieler, in diesem Augenblick in der Rolle der Venus. Die Patrizier reagieren mit Abscheu und wagen sich zugleich vor mit einer Art von Gebet. Hier ist ein vorgerücktes Stadium der Ironie erreicht: »Gib uns die Wahrheit dieser Welt zu erkennen, die da ist, dass sie keine hat ...« (C, 48) Doch die Götter bleiben stumm, und der Kaiser erhebt sich seinerseits zum Gott ohne

Gnade. Nachdem ihm sein Gefährte Helicon die Verschwörung offenbart hat, sieht er sich in seinen Zielen doppelt bestätigt. Die Logik, die entfesselt wurde, muss weitergehen, die Macht ausgeschöpft werden, bis alles vollbracht ist. – Der letzte Akt verdichtet die Motive. Von Seiten der Verschwörer wird eingeräumt, dass Caligula immerhin zur Auseinandersetzung, das heißt: zum Denken, zwinge. Der Tyrann bestätigt dies unwillentlich mit einer Replik auf die Aufgeregtheit der Patrizier. »Träumerisch«, wie es in der Regieanweisung heißt, lässt er deren Schar wissen, dass seine Regierung bisher »eine zu glückliche Zeit« gewesen sei. »Weder weltverheerende Pest noch grausame Religion, nicht einmal ein Staatsstreich, kurzum nichts, das euch der Nachwelt überliefern könnte.« Folglich müsse er nunmehr »die Zurückhaltung des Schicksals« wettmachen. Der Schlüsselsatz, der »mit einem leisen Lachen« zu intonieren ist, lautet: »Nun, ich trete gewissermaßen an die Stelle der Pest.« (C, 64.)

Man verstünde erst in Kenntnis des späteren Romans »La Peste« (»Die Pest«) die volle Bedeutung dieser Selbstaufforderung.[25] Einem Naturereignis gleich, soll das Wüten des Machthabers die irdischen Verhältnisse ihrer Kenntlichkeit aussetzen. Die heuchlerische Feigheit der Untertanen im Umgang mit dem Verderben ist dabei ebenso angesprochen wie die blinde Gewalt, die dem Dasein innewohnt und nun ihren Agenten gefunden hat. »Es gibt keinen Himmel ...«, erklärt Caligula seiner Geliebten Caesonia, und deshalb ist selbst der Schmerz sinnlos – will sagen: ohne Aussicht auf irgendeine Kompensation. Das Glück aber ist eine Funktion vitaler Energien, für Caligula nichts anderes als das Glück der Mörder. Alles andere bleibt abstrakt: der Mond, der ihm nicht zum Geschenk gereicht wird, die Liebe, die Chimäre bleibt. »Wenn ich den Mond bekommen hätte, wenn die Liebe genügte, wäre alles anders. Aber wo diesen Durst löschen? Welches Herz, welcher Gott besäße für mich die Tiefe eines Sees?« Weinend und schreiend fällt der Tyrann in sich zusammen, nähert sich darauf einem Spiegel, erkennt den Doppelgänger, schleudert einen Schemel ins Glas und ruft dabei: »In die Weltgeschichte, Caligula, in die Weltgeschichte!« Als der Spiegel zerbirst, nähern sich durch die Türen die bewaffneten Verschwörer. Ihnen ruft der Sterbende trotzig zu: »Noch lebe ich!« (C, 72f.)

Als »Tragödie der Erkenntnis« wird Camus in seinem Vorwort zur Ausgabe sämtlicher Stücke von 1959 das Werk bezeichnen und zugleich in Abrede stellen, dass es sich dabei um ein intellektuelles Drama mit entsprechender »Philosophie« gehandelt habe. Was allein gelte, könne in einen einzigen Satz gefasst werden: »Die Menschen sterben, und sie sind nicht glücklich.« Dazu ergänzend, dies wäre »eine bescheidene Ideologie«.[26] – Doch man darf sich von diesem Selbstkommentar, der – wie häufig – zentrale Motive und Botschaften unterspielt, nicht täuschen lassen. Aufschlussreicher ist der Hinweis im Tagebuch, dass »Caligula« in den Kreis des »Absurden« gehört. Es ist hier nichts anderes als die den Menschen offenbarte Sinnlosigkeit von Dasein und Geschichte, solange das Bedürfnis vorherrscht, der Konstitution von »Sinn« Raum zu geben. Insofern ist der Kaiser eine – eher zufällige, allerdings wirkungsreiche – Inkarnation der Geschichte, pathetischer und von ihm selber angerufen: der Weltgeschichte.

Die List des Stücks erweist sich freilich darin, dass Caligula als Meteor aus Himmeln, die kein Gott geschaffen hat, zur Person geworden ist. Dieser irdische Gott wandelt in der Rolle des Provokateurs des Bösen unter seinesgleichen und trägt nun die Last dessen, was Menschen möglich ist. Das Mögliche ist beschränkt. Indem es aber immer wieder ans Unmögliche rührt, bestätigt es das Absurde – den Riss, der zwischen dem Konstrukt von Weltordnung und der Erfahrung ihres Gegenteils läuft. Moral und Tugend sind damit nicht Illusion. Sie erfassen – wie der Roman von der Pest dann zeigen wird – das Naheliegende: das Zusammensein unter Menschen im täglichen Rhythmus des Diesseits. Sie versagen jedoch unter dem Anspruch auf ein Ganzes, das über das Hier und Jetzt hinaus Geborgenheit zu stiften vermöchte. Einsam ist Caligula deshalb, weil er mit der Kehre zur Radikalisierung seiner Existenz die metaphysische Leere erkannt hat. Der Tod, dem der Kaiser am Ende entgegenblickt, wäre wiederum ein glücklicher Tod – und insofern eine gelungene Variation auf das Leben.

*

»Wenn das Unmögliche möglich würde ...« – der unerfüllbare Traum des Tyrannen ist nun aber der wirklich gewordene Alptraum seiner Untertanen. Jenseits von Logik und Widerspruch herrscht mehr als bloß periodisch eine Realität, die dem Bedürfnis der Vernunft nach Ordnung und Zuversicht den Garaus macht. – Als Camus an seinem »Caligula« schreibt, hat er bereits ein Stück entworfen, das diese Grunderfahrung des Absurden auf der Ebene des Alltags von Kleinbürgern ansiedelt. »Das Missverständnis« (»Le Malentendu«) darf verstanden werden als Variation auf den Stoff im antiken Gewand aus der Perspektive der Jetztzeit. Das Allegorische umgeht alle politischen Anspielungen, und bereits 1944, kurz nach dem Ende der deutschen Besatzung von Paris, kommt das Stück im »Théâtre des Maturins« zur Uraufführung. Das Publikum kann noch nicht von »Caligula« wissen und begegnet einem Drama, dessen Anschaulichkeit den spekulativen Überschuss zurückbindet. Die Grundlage bietet eine Geschichte, die Camus aus der Lektüre einer Zeitung gewonnen haben will.[27]

Sie ist rasch erzählt. Ein Sohn, der anderswo reich geworden ist, kehrt in seine Heimat zurück. Er besucht als anonymer Gast die Herberge, wo Mutter und Schwester die Reisenden bewirten. Das muss die Überraschung sein: dass der Fremde sich erst später und zu aller Freude mit seiner wahren Identität zu erkennen gibt. Aber es kommt anders. Denn die beiden Frauen haben sich seit langem darauf eingerichtet, wohlhabende Menschen auszurauben und umzubringen. Was folgt, steht unterm Verdikt des »Zu spät«. Zu spät, nachdem der Heimkehrer schon als Leiche im Wasser liegt, erkennen die Mörderinnen, dass sie ihr eigen Fleisch liquidiert haben. Eine bittere und verzweifelte Abrechnung der Abrechnung setzt den Punkt.

Das klingt nach Schauermär und archaischer Schicksalslaune und hat, aus dramaturgischer Optik gesehen, den Vorteil der Plastizität. Doch auch hier hält die Handlung eine Botschaft bereit, die tief und verstörend in Camus' früher Anschauung von Welt und Dasein gründet. Denn wiederum ist die – unerfüllte, unerfüllbare – Sehnsucht nach dem besseren Leben der Stachel der Motivationen. Martha, Tochter und Schwester, träumt von der Sonne und vom Meer – das Fortkommen aus dem trüben Dasein in den böhmischen Wäldern regiert ihr Tun, und Geld – inzwischen schon etliches Ersparte – soll es möglich machen. Die Mutter, geplagt vom schlechten Gewissen, hat sich derweil in religiöse Gedanken geflüchtet: Sie wünscht sich nun Frieden und Frömmigkeit. Als der Sohn in der Schenke auftaucht, erhält er statt des herzlichen Empfangs zunächst Bier gegen Bezahlung.

Ein Wort der Aufklärung hätte genügt, die Spirale des Unheils zu stoppen. Doch der Ahnungslose richtet sich in seinem Zimmer ein, verliert sich nicht ohne ein stilles Vergnügen in dunklen Andeutungen und rechnet noch immer damit, dass das Herz die Herzen öffnet. Grimmig wird ihm beschieden: »Das Herz hat hier nichts zu suchen.« Und weiter: »Für das Herz vermögen wir nichts.« (M, 89f.) Freilich, der Plan der Frauen läuft bereits, auch wenn die Mutter mutmaßt, dass dieser Gast anders sei als die üblichen Gäste. Die Alte ist müde, versieht das bevorstehende Geschäft nicht mehr »mit der nötigen Gleichgültigkeit«, während ihr Martha gereizt entgegnet, es gehe weiterhin nur um die Übersiedlung in den Süden und in das erträumte Haus am Meer. Die beiden besäßen das Glück bereits, denn der Sohn könnte es ohne Schwierigkeiten finanzieren. – Das ist die Ironie.

In »Caligula« werden, doch nur zwischen den Zeilen, die Götter angerufen. Sie antworten nicht. In »Le Malentendu« geht es deutlicher zu Gott hin, vor allem da, wo die Protagonisten ihre Einsamkeit begreifen. »Gott wird helfen.« Er hilft nicht. Auch als Jan, der Sohn, in seinem Inneren forscht, wie er die Botschaft des Heimgekehrten anbringen könnte, sucht er den Großen Verbündeten: »Ach Gott, mach, dass ich die rechten Worte finde …« (M, 99) Es kommt nie so weit. Endlich quittiert seine Schwester die Offenbarung des Brudermords mit einer unbeherrschten Invektive. »Oh, ich hasse diese Welt, in der wir auf Gott angewiesen sind!« (M, 110) – Dies Letzte aber darf sich verstehen lassen als eine dramatisch verschärfte Paraphrase auf jene Recherchen, die der Absolvent der Universität von Algier mit seiner Diplomarbeit unternommen hatte. Nämlich, das Bedürfnis nach Heil und Gewissheit, wie es die christliche Metaphysik im Gegenzug zur antiken Philosophie des Schicksals artikuliert, erfährt hier eine grimmige Revision: »Diese Welt«, die nur dadurch lebbar sein soll, dass sie dem Plan der Erlösung folgt, ist erbärmlich. Was Martha in einer späten Aufwallung von vitaler Selbstbehauptung verkündet, statuiert solche Abhängigkeit *ex negatione*. Dazu passt, wie sie das alte Europa wahrnimmt – als einen Kontinent, der den »Geruch des Elends« und die Richtung zum Sterben mit sich trägt. Das Gegenteil heißt Afrika, meint Sonne und Licht.

So durchdringen sich die Motive des Frühwerks auf spannungsvolle Weise. Die Gier nach Glück und Leben, in der Geschichte um Mersault (»Der glückliche Tod«) ein Drehpunkt für dessen Mord an Zagreus, kehrt wieder, und wieder soll das Geld als Funktion der Erfüllung seinen Anteil leisten. Doch mehr noch aus den Tiefen existentieller Geworfenheit schöpft das Thema des verlorenen Sohns. Anders als in der biblischen Geschichte bleibt er unerkannt, paradigmatisch ein Fremder, doch wieder anders als Meursault im »Étranger« ohne die Attribute des Täters: Jan trägt das Zeichen des Opfers, ohne darüber aufgeklärt worden zu sein. Bis zuletzt weiß er nicht, was und wie ihm geschieht, denn der Schlaftrunk taucht seine finalen Stunden zuerst in Müdigkeit und Schwäche, dann in die Bewusstlosigkeit.

Damit tragen Mutter und Schwester die Last der Erkenntnis – jene mit einem Schmerz, der ihr das Leben durch das Nicht-mehr-leben-Wollen noch einmal zurückruft, diese mit dem Neid der Tochter, die sich um die Liebe der alten Frau geprellt sieht: Die Komplizenschaft von früher ist gesprengt, die beiden sind sich Feindinnen geworden. In einem großen, ausholenden Monolog beklagt Martha ihrerseits das Schicksal. Niemals wäre anzunehmen, dass sie ihres Bruders Hüter gewesen sei. Nun nimmt sie zu einer Formel Zuflucht, die bereits in »La Mort heureuse« und in »Caligula« kursiert und darauf Meursaults Einstellungen zu den Vorkommnissen in seiner Lebenswelt begleitet – Jans Tod habe »keine Bedeutung«. – Die Schöpfung, wenn sie überhaupt noch diesen Titel verdiente, wehrt alle Signifikanten ab, zurück bleibt einmal mehr die Macht des Absurden. Es offenbart sich hier, ironisch abgefärbt, als Missverständnis. Als Martha Jans Frau Maria empfängt, die fassungslos nach Gründen für das Fanal sucht, repliziert sie ihr kämpferisch: »Wenn Sie es durchaus wissen wollen: es war ein Missverständnis. Und wenn

Sie die Welt nur ein bisschen kennen, wird Sie das nicht verwundern …« Für alle Beteiligten aber gelte, dass sie in eine Ordnung eingetreten seien, »in der keiner je erkannt wird«. (M, 112ff.)

So viel Pessimismus überbietet sowohl die Schattenseiten von »La Mort heureuse« wie den Furor des Irrsinns, den der römische Kaiser Caligula entfesselt. Die Welt des Stücks ist zusammengeschrumpft auf finstere Enge, die weder dem Zauber der Natur noch dem Spiel unter Akteuren ein Gegengewicht einräumt. Freiheit ist zur Karikatur geworden – am Saum der Träume angebracht, die der fanatisch getriebenen Tochter und Schwester ein Glück an südlichen Gestaden verheißen wollten. Niemals mehr wird sich Camus eine Ausweglosigkeit von ähnlicher Kompaktheit vornehmen. Als hätte er mit den Mitteln des Kammertons alles gesagt, was zum *worst case scenario* aus Intimität und Verbrechen, aus Schuld und Sühne zu illustrieren ist, geht er im Folgenden andere Wege.

*

Die erste gedanklich-philosophische Arbeit, die überhaupt das Traktandum des Absurden aus den literarischen Fassungen herauslöst, ist der Essay »Le Mythe de Sisyphe« (»Der Mythos des Sisyphos«). Nach Camus' eigenem Verständnis zählt er zu der Trias, die es aus verschiedenen Perspektiven umkreist. Damit geht, wenn man so will, erstmals auch der Denker an die Öffentlichkeit und stellt sich, nicht durchwegs nur zu seiner Freude, der Kritik. Es ist eines, auf den Spuren von Malraux und Montherlant das Genre des Romans zu erproben, wie es »La Mort heureuse« beabsichtigte. Es ist ein zweites, im Chor der zeitgenössischen Stimmen um Begriffe wie Dasein und Schicksal, Geworfenheit und Existenz, Freiheit und Kontingenz eine eigene Position darzulegen. Zwar werden »Le Mythe de Sisyphe« und der »Étranger« dank ihrer engen zeitlichen Nachbarschaft als Varianten auf Grundfragen des Menschlichen wahrgenommen. Doch für die Rezeption des Essays ist nicht ohne Belang, dass die französische Philosophie seit den frühen dreißiger Jahren sich energisch jene Autoren assimiliert, die auch für Camus' Beschäftigung mit der Metapher von Sisyphos von Einfluss sind: Heidegger, Jaspers, die Auslegung von Kierkegaard und Nietzsche, das kräftige Interesse an Dostojewski und im Hintergrund die bald durch Alexandre Kojève angestoßene Auseinandersetzung mit Hegel, schließlich der Marxismus und daneben immer noch Bergsons Lebensphilosophie.[28] Dies alles bleibt nicht einfach der Entdeckung durch einen jungen Schriftsteller vorbehalten, sondern ist entschieden im akademischen Milieu von Paris angekommen. Mehr noch: Philosophen wie Jean-Paul Sartre und Maurice Merleau-Ponty, die zur gleichen Zeit sich einen Namen zu erstreiten versuchen, sind weitere Protagonisten im Wettbewerb um Anerkennung unter der Intelligenzija bei ähnlichen Intentionen, die Sinnfrage des Menschlichen zu beantworten.[29]

Camus' Essay, seinem damaligen Weggefährten Pascal Pia zugeeignet, beginnt mit einem Paukenschlag. Der erste Satz des ersten Kapitels lautet:»Es gibt nur ein wirklich ernstes philosophisches Problem: den Selbstmord.« (MS, 11) Diese apodiktische Ouvertüre will radikal beiseiteräumen, wovon Philosophie über die Jahrtausende als Disziplin gezehrt hat, nämlich das Seiende zu begreifen in den Modi der theoretischen Erkenntnis. Hier aber ist die Wende zu einer Anthropologie angesagt, die den Menschen unmittelbar, wenn man will existentiell betrifft. Der nächste Satz liefert die Erklärung. »Sich entscheiden, ob das Leben es wert ist, gelebt zu werden oder nicht, heißt auf die Grundfrage der Philosophie antworten.« (a.a.O.) Camus legiert Kierkegaards Lehre von der Entscheidung mit Nietzsches Aufruf, authentisch sich seiner selbst gewahr zu werden, und alles Weitere – ob sich etwa die Erde um die Sonne dreht oder umgekehrt – soll nachgesetzter Theorie überlassen sein: Es ist sekundär. – Damit ist die dringlichste aller Fragen aufgeworfen, jene nach dem Sinn des Lebens. Der Suizid erweist sich hierbei als die äußerste Scheidelinie, indem er als Geständnis gegen das Leben aufgefasst wird. Plötzlich wird dessen Sinnlosigkeit offenbar, sei es in den Verrichtungen leerer Betriebsamkeit, sei es in einem Leiden, das keinerlei höheren Nutzen zur Seite legt.

Doch der Zwischenraum zwischen Leben und Tod hält eine weitere Erkenntnis parat. In dem Hin und Her der Entzweiung vom Dasein wird die Absurdität der Existenz erfahren. Dieses Gefühl, dem letztlich ein Streben nach dem Nichts eigne, steht umgekehrt im Widerspruch zum Befinden des Körpers, der seiner Natur gemäß die Vernichtung scheut. Als Ausweg aus dem Dilemma bot sich für das abendländische Denken bisher die Hoffnung an, dass man nicht nur für das Leben selbst lebe, sondern für das Jenseits oder für irgendwelche Ideen. – Diese Fiktion hat Camus mit Blick auf die christliche Metaphysik von der Erlösung erkundet. Jetzt wird sie auf der Stufe der Selbstreflexion erstmals als solche beim Namen gerufen. Der »Sinn« des Lebens ist ein Konstrukt.

In vier Kapiteln will Camus das Problem erläutern. Das erste trägt den Titel »Eine absurde Betrachtung« und untersucht neben den Bedeutungen des Selbstmords für das Verstehen des Absurden insbesondere die absurde Freiheit. Die Methode bedient sich – auf den Spuren von Heideggers »Sein und Zeit« – eines wesentlich phänomenologischen Ansatzes, wo er darum geht, das alltägliche Weltverhalten vor der Folie geschärfter Beobachtung zu lesen. Grundsätzlich beweist sich dann das Gefühl der Absurdität »an jeder Straßenecke«. Erste Signale melden sich mit Eindrücken von der Leere, vom Zusammenstürzen von Kulissen, von der Monotonie aus Arbeit, Essen und Verkehr. Folgt für den empfänglichen Geist ein »Erwachen«, sei es mit dem Entschluss zum Selbstmord, sei es im Medium einer »Sorge«, die aller Bewusstheit Anfang ist, dass das Paradies verloren ist und die Welt in ihrer Feindseligkeit begegnet. Wie es Tage gebe – so lautet eine berühmte Stelle des Essays –, an welchen einen das Gesicht der geliebten Frau in die Fremde verweise, so wird die Welt insgesamt dicht und fremd, unbegriffen und unbegreifbar. »... diese Dichte und diese Fremdheit der Welt sind das Absurde.« (MS, 25) Eine Metapher aus der Lebenswelt für das Unverstandene und Trennende zwischen Menschen wäre der Anblick eines Mannes, der aus einer Telefonzelle mit jemandem redet, ohne dass dem draußen Stehenden irgendeine Botschaft verständlich würde – das Mienenspiel bleibt gänzlich sinnlos.[30]

Versichert sich der Mensch seines Daseins, so setzt er dem Bewusstsein von seiner Sterblichkeit die wechselnden Ideale kompensatorischer Absichten entgegen – das Jenseits, das große Eine, historisch später auch die Geschichte, deren Zielbestimmung auf die säkulare Erlösung hin programmiert sein soll. Für den Essayisten in der Rolle des Aufklärers handelt es sich dabei lediglich um fingierte Wahrheiten.[31] Camus schlägt deshalb – wie bereits in den Stücken um Caligula und das Missverständnis und dort freilich unter literarischer Maskierung – den Weg der Ideologiekritik ein: Doch nicht nur im Medium der Theorie, mehr noch aus der Perzeption des Gewöhnlichen wird die Lehre von der Sinnlosigkeit des Weltentwurfs gezogen. Vorherrschend ist dabei für die menschliche Existenz ihre prinzipielle Fremdheit gegenüber jedem möglichen Versprechen auf das Heil. Das Denken, das sich solcher Erkenntnis stellt, ist entsprechend mit Ohnmacht geschlagen, und wo es danach verlangt, die Entäußerungen des Irrationalen mit den Kategorien der Klarheit zu binden, wird es – ehrlicherweise – wiederum mit dem Absurden konfrontiert.

Anders gesagt: Das Absurde ist nicht an sich. Es erweist sich im Fortgang des Essays als eine Verhältnisgröße. Es stellt sich ein oder geistert im Hintergrund unter der Voraussetzung, dass die Menschen – gegen ihre Kondition und »Natur« – einen Sinn der Welt und mithin auch ihres Daseins behaupten, an dem sie – daraufhin – notwendigerweise irre werden müssen. Deshalb kann Camus den Begriff der Vernunft mit jenem der Wahrheit substituieren: Während Vernunft um Ordnung bemüht ist und Denken und Sein zur Kongruenz zu bringen versucht, ist Wahrheit lediglich das richtige Echo auf die Erfahrungen des Daseins. Zu Zeugen solcher Wende von der klassischen Metaphysik qua Ontologie zur Philosophie des Lebens ruft der Autor nacheinander Heidegger, Jaspers, Schestow, Kierkegaard und Husserl auf. Sie alle hätten wider die Sicherheiten der Welterklärung die Stellung des Subjekts in dieser Welt neu und schlagend umdefiniert – im Medium von Sorge und Angst, in der Anerkennung des Irrationalen und Triebhaften im menschlichen Verhalten, in der Zuwendung zur Phänomenologie mit dem Vorrang des Sehens vor dem Denken.[32] »An diesem Punkt seiner Bemühungen steht der Mensch vor dem Irrationalen. Er fühlt in sich sein Verlangen nach Glück und Vernunft. Das Absurde entsteht aus diesem Zusammenstoß zwischen dem Ruf des Menschen und dem vernunftlosen Schweigen der Welt.« (MS, 41)

Unter der Prämisse, dass die Welt nicht nur in ihrer Kontingenz wahrgenommen wird, sondern sich auszeichnen soll, sei es im emphatischen Sinn von Schöpfung, sei es als intelligibles Ganzes, muss sie ihren Bewohner grundsätzlich enttäuschen. Denn er erlebt an ihr bei höhergetriebenem Bewusstsein vorzugsweise den Bruch mit aller gewünschten Harmonie. Enttäuschung ist die Vorstufe, Einsicht in die Absurdität das Ende seiner Reflexion zur menschlichen Existenz. Camus treibt den Verdruss über so viel Ungefügtes weit über die gelassene Erörterung des Problems hinaus. Wenn er den Hiatus zwischen Hoffnung und Leere ausdrücklich zum »Drama« krönt, sind die Mittel der Kunst, dies zu erfassen und darzustellen, angemessener als der rein theoretische Diskurs. Alles kommt hier darauf an, die Stellung des Menschen im Kosmos als eine gewissermaßen pathologische zu begreifen. Im Begriff von der Existenzphilosophie, welchen der Verfasser des Essays zum ersten Mal in dem Unterkapitel über den philosophischen Selbstmord zitiert, schwingt das so beschriebene Verhängnis mit: Existenz ist mehr und unergründlicher, als es die Schulphilosophie bisher verstanden habe.[33]

Aber auch die kopernikanische Wende von der Welt zum Subjekt ist dabei mitgedacht. Dies impliziert die Bemerkung, dass es außerhalb des menschlichen Geistes nichts Absurdes gebe, ja dass das Absurde mit dem Tod endige. Noch geht Camus nicht so weit, die Einsicht in die Sinnlosigkeit des Lebens ihrerseits als Konstrukt unter den Bedingungen unerfüllbarer Hoffnungen zu klassifizieren. Das Gewicht – wenn man will: das Pathos – der frühen Schrift über Sisyphos liegt ganz darauf, den absurden Menschen in seinem Kampf ohne Hoffnung zu präsentieren, keineswegs als den nunmehr doppelt aufgeklärten Stoiker, der weiß, dass jede Wahrheit fingierten Charakters ist, das Leben irgend »verstehbar« zu machen, und sei es mit Rekurs auf seine Unvernunft. Die Verneinung von Sinn richtet sich an Religionen des Glaubens, ihn zu besitzen. Insofern freilich wäre der absurde Mensch seinerseits – noch – religiös.

Vom Ungenügen an der wirklichen Welt war, wie der Autor seiner Diplomarbeit entfaltete, schon die Gnosis erfüllt. Camus transformiert nun den gnostischen Verdruss in die Lebensrealitäten des modernen Menschen. Das zweite Kapitel des »Mythos des Sisyphos« behandelt das Thema »Die absurde Freiheit«. Damit ist der Kern der Bemühung um das Verhältnis zwischen Welt und Existenz erreicht. Es geht darum, die »Einstellungen« des absurden Menschen zu seinem Dasein zu erörtern, die darin sich zu bewähren hätten, dass dieser von der Auflehnung gegenüber dem Absurden zu dessen Akzeptanz gelangt. Es gibt kein Morgen. Unter solcher Annahme verwandelt sich das Leben ins Jetzt: Es wird insofern frei und beweglich gegenüber sich selbst, als es über die Kreise seines Daseins hinaus keine Erwartungen mehr hegt. Es vermag sich sogar den Blick der Fremde auf das eigene Sein zu leisten, darf dabei feststellen, dass er – gleichsam jenseits von Gut und Böse – den Status und die Prämien der »Unschuld« genießt. Kein moralisches System von unbedingter Geltungskraft existiert, das ihn entsprechend beurteilen könnte.

Doch die Erkenntnisreise des absurden Menschen ist damit nicht abgeschlossen. Sind die Grundlegungen für eine sinnlose Welt einmal gestiftet, ist weiter das Verhalten in ihr angepeilt. Konsistent lebt nun derjenige, der »das Brot der Gleichgültigkeit« zu seiner Nahrung gemacht hat. Will heißen, er begegnet den Wechselfällen mit der Indifferenz dessen, der sich auch von allem, was ihm widerfährt, nicht mehr irritieren lässt. Die Formel »Es spielt keine Rolle.« – im Original jeweils »Çela ne vaut rien« –, die refrainartig sowohl in »La Mort heureuse« wie in die Dramen und die kurzen Parabeln eingesprengt ist, findet im »Mythos des Sisyphos« endlich ihre theoretische Beglaubigung. Sie impliziert nichts anderes als die Tatsache, dass jeder Verweis auf eine höhere Bedeutung, von der her sich das je Geschehende bewerten ließe, einer Illusion unterliegt.

Es gibt nur dieses Leben. Es markiert den Anfang wie das Ende der Existenz. Doch gegen den Verdacht, es sei seinerseits der Verachtung auszusetzen, forciert Camus im Revers zur Kritik an den metaphysischen Spekulationen im Gegenteil dessen Wert. Weil es nur dieses Leben gibt, soll es entsprechend intensiv gelebt werden. Wie eine schicksalhafte Vorahnung des eigenen unzeitigen Tods auf der Nationalstraße Richtung Paris vom Januar 1960 liest sich die Bemerkung, das einzige Defizit im Konzentrat des Daseins auf das Hier und Jetzt wäre ein verfrühter Abschied. Denn nur der Tod prellt den absurden Menschen um die Ausschöpfung seiner Möglichkeiten. – Ein eigentümlich selbstreferentieller Vitalismus erhebt hier seine Stimme. Er fügt sich eher sperrig in die gedankliche Landschaft rund um den Abschied von allen Hoffnungen auf transzendente Entlöhnung, schließt freilich ideengeschichtlich bei den alten Griechen und jenem *amor fati* an, den Nietzsche für seine Lehre von der ewigen Wiederkehr des Gleichen zum Verhaltenskodex des Übermenschen erkor. In Camus' Version:»zukunftslose Freuden« sind die authentischen und insofern auch berechtigten Wünsche des absurden Menschen.

Sie zählen zu den Prämien, wie sie der Verfasser im Kapitel »Der absurde Mensch« in einer Reihe von Typisierungen und Konstellationen beschreibt. Ausgangspunkt ist Dostojewskis Ausspruch, den der Schriftsteller seinem Iwan Karamasow in den Mund legt:»Alles ist erlaubt.« »Diese Unschuld ist fürchterlich«, kommentiert Camus den Satz, ohne sich philosophisch davon distanzieren zu wollen. (MS, 90) Eine akzeptablere Passung auf die Erkenntnis, dass es keinen Gott mehr geben kann, der solche Selbstermächtigung noch zu ahnden vermöchte, bietet die Figur des Don Juan. Denn der prototypische Eroberer hält sich an dieselbe Maxime im Umgang mit der Liebe, der er zur eigenen Befriedigung frönt, ohne an die Gefühle seiner Opfer zu denken. Das Gesetz heißt erobern, lieben, besitzen, ausschöpfen. Auch hier also zukunftslose Freuden, diktiert vom Augenblick und von den Chancen, die sich eröffnen.[34]

Nun darf man solche Radikalisierungen der *condition humaine* nicht ausschließlich und im Sinne von Lebenspraxis beim Wort nehmen. Die untergründige Ironie, die bereits den Hintergrund für einen anderen Meister der momentanen Genüsse – Caligula – stellte, ist unüberhörbar. Das vertieft sich zumal da, wo Camus über das Theater reflektiert. Er identifiziert den Schauspieler mit einem »absurden Schicksal« – einerseits herrsche er im Vergänglichen, anderseits lebe er dabei seinen Ruhm. Die Bühne präsentiert freilich einen »Drei-Stunden-Weg«, wofür der Mensch im Parkett sein ganzes Leben brauche. Anders und wiederum mit Nietzsche argumentiert, wichtiger als die Quantität ist die Qualität von Lebenszeit: statt des ewigen Lebens suche der Mensch die ewige Lebendigkeit. Ausdrücklich aber insistiert Camus darauf, dass alle seine Ausführungen keiner Moral dienten, sondern Beiträge oder Erläuterungen zu einem Lebensstil seien. Sie könnten sogar von Leuten eines geregelten Alltags verstanden werden, sofern sich diese als »Beamte ohne Schirm« begreifen würden.

Auch Witz muss sein, und er legt sich hier und anderswo immer wieder quer zur Gravitas des Themas zwischen die Zeilen. Wichtig ist zu sehen, dass Camus einer Epoche kräftiger Umwertungen unter den Bedingungen der Renaissance des Irrationalen – hervorgetrieben geschichtlich durch das vierjährige Fanal des Ersten Weltkriegs sowie seiner Fortsetzung seit 1939 unterm Zeichen totalitärer Weltbeherrschungsphantasien – auch einen ästhetischen Kommentar zumutet. Das eine ist die Welt ohne Generalvernunft, ohne Anschluss an Gott, ohne Kapital von »Sinn«. Daraus resultiert für die Existenz deren Sprung ins Absurde. Das andere ist oder wäre tatsächlich ein neuer Stil, solchem Entzug in Freiheit zu antworten. Freiheit ist dabei keine Kategorie des Politischen, sondern eine von innen nach außen gestaltende Kompetenz der Unbelangbarkeit gegen die Mächte des Schicksals. Camus statuiert – im Schatten von Nietzsche – die Drehung ins Ästhetische im dritten Kapitel des Essays unter dem Titel »Das absurde Werk«.

Leitend ist die Überlegung, wie die Einsicht in die Absurdität der Welt in eine Art von metaphysischem Glück zu verwandeln wäre. Hier, wo also mit dem Absurden nach dessen Entdeckung einvernehmlich zu leben wäre, hält der Künstler eine privilegierte Position. Warum? Weil er kraft seiner spezifischen Arbeit das Fingierte schafft. Er ist per se Konstrukteur, nicht einfach Ausleger, und dabei gelingt es ihm im besten Fall, der einen und einzigen Welt die Paraphrasen von verschiedenen Welten angedeihen zu lassen. Das geht von der Inszenierung von Possenspielen – man mag an die komödiantischen Intermissionen von »Caligula« denken – über intensiv phänomenale Erkundungen von Landschaft und Natur bis zum kindlichen Umgang mit imaginierten Situationen. Im Gegenzug zur platonisch inspirierten Aufgabe, der urbildlich uneinsehbaren Welt deren Abbilder zu schenken, soll die Einbildungskraft triumphieren. Nichts schlimmer als eine erklärende Literatur, die allem und jedem den Ort zuweist, nichts wünschbarer als ein Zeugnis ausgedeuteter, ästhetisch weitläufiger Erfahrung. »Wenn die Welt klar wäre, gäbe es keine Kunst.« (MS, 129) Die Funktion des ästhetischen Scheins legitimiert sich in ihren Annäherungen an das Dasein, ohne dass daraus Protokolle über die Realität gewonnen würden. Marcel Proust zum Beispiel dient als Kronzeuge des Gelingens; sein Werk ist das Gegenteil eines Substrats aus Thesen.[35]

Gleiches gelte für die Romane von Dostojewski. Sie erschließen ihrem Leser die existentielle Dimension des Daseins, und wenn sie auch nicht primär das Absurde thematisieren, macht sich dieses gleichsam gegen den Strich bemerkbar: Die tragischen Helden des Russen agieren im dramatischen Widerspruch zur Welt, während sie noch immer die Hoffnung auf Erlösung aus dem Diesseits mittragen. Auflehnung gegen das Leben, Freiheit für die Selbsterkenntnis, Niederlage im Gefecht mit der Wirklichkeit – daraus formt sich hier und anderswo eine Kunst, die Camus als Medium »ohne Zukunft« bezeichnet. Gemeint ist die Absage an die Moral der gesellschaftlichen Veränderung. – Die Bedeutung des Essay-Titels wird erst im letzten Kapitel fasslich. Was soll uns – im Licht des Absurden – der Mythos von Sisyphos kenntlich machen? Das treibende Element ist zunächst das Verhältnis zu den Göttern. Es bestimmt sich durch die Verachtung, die ihnen der Steinwälzer, hierin ein Bruder des Prometheus, entgegenbringt. Diese Verachtung nährt sich aus dem Hass auf den Tod und aus einem obsessiv gesteigerten Willen zum Leben. Nicht der Kraftakt als solcher interessiert nun den Interpreten.[36] Wider die herkömmliche Lesart, die sich an der ins Ewige repetierten Mühsal als Chiffre für das menschliche Dasein orientiert, will Camus den Gequälten dort aufsuchen, wo er vom Berg wieder in die Ebene heruntersteigt, um darauf den Brocken erneut zu stemmen. In diesen Momenten der Pause schlägt ihm »die Stunde des Bewusstseins«. Sisyphos wird seiner rebellischen Natur gewahr, begreift, dass sein Schicksal das menschliche par excellence ist und nimmt es als solches an. Das Schweigen des Universums verstärkt bloß das Pathos im Bewusstsein einer Bestimmung, an der es nichts zu ändern gibt. Die Folge ist Bejahung. Das berühmte, zunächst wie ein Paradox zu lesende Finale des Essays lautet deshalb: »Der Kampf gegen Gipfel vermag ein Menschenherz auszufüllen. Wir müssen uns Sisyphos als einen glücklichen Menschen vorstellen.« (MS, 160)[37]

Mit diesem Abspann sorgt der junge Camus wirkungsvoll für jene Aufmerksamkeit, die der Ingress über den Selbstmord vorbereitet hat. Es ist nun auch klar, dass das Motiv des Suizids für die Argumentation des Essays vorzüglich eine heuristische Funktion besitzt: Es präpariert das Terrain des existentiellen Ernsts, mit dem das Weltverhalten des Menschen behandelt wird, und gleicht zugleich der Leiter, die mit dem Fortgang der Erkenntnis ihre Aufgabe verloren hat. Sisyphos ist das Inbild humaner Präsenz in einem Ambiente, das ihr keinerlei Hoffnungen geben kann. Aber aus der denkbaren Verzweiflung über so wenig Tröstendes formt sich ein Widerstand, der nicht nur den Heroismus des Standhaltens und die Affirmation des Lebens erwirkt, sondern auch die scheinbare Wüste des Alls in seiner Gottlosigkeit zu bewundern vermag. Die Schönheit des gestirnten Himmels fordert nicht mehr den Schrecken des verlorenen Betrachters, sie wird ihm zum Gegenstand ästhetischer Verweil. Das ist das überraschende Resultat »mediterraner« Arbeit am Mythos: Freiheit gegenüber der Kontingenz unter der Voraussetzung ihrer Anerkennung.

*

Diese Einsicht wüsste Meursault alias der Fremde zwar nicht von der intellektuellen Seite her zu stützen, doch verbindet sie sich seiner Lebenshaltung. Früh wurde erkannt, dass »Le Mythe de Sisyphe« und »L'Étranger« zwei Seiten einer Medaille bilden; mehr noch, dass die in dem Essay zum Wesen des absurden Kunstwerks geäußerten Gedanken den Roman als ein solches ausweisen wollen.[38] Auf die Kategorie kommt es schließlich nicht an, allerdings trägt der Fremde mit größtmöglicher Nonchalance die Insignien eines Verhaltens zu Dasein und Welt, wie sie im pathetischen Großformat der mythische Sisyphos nach Camus vorzeigt: Meursault ist dessen moderner Nachfahre als Adept der Akzeptanz von Kontingenz.

Die Szenerie ist ganz unmythisch ausgelegt. Meursault, ein jüngerer Mann ohne Ambitionen, arbeitet in einer Agentur für Seefracht in Algier. Seine Freizeit verbringt er am Strand oder im Kino oder in den Cafés. Was in »La Mort heureuse« noch zur Dramatik neigte –

der Mord an einem reichen Krüppel, die Sehnsucht nach dem Höheren, eine lebenshungrige Erotik und zuletzt die Krankheit zum Tode – ist hier geglättet und aufs Essentielle reduziert. Hieß der Protagonist in dem unpublizierten Roman Mersault – was im Französischen eine Konjunktion von Meer und Sprung assoziieren lässt –, so lautet der Name des »Étranger« Meursault: Die Sprung-Metapher verknüpft sich der Konjugation von *mourir*, womit der Anklang an Sterben und Tod unüberhörbar wird.

Sterben und Tod sind Leitmotive des »Fremden«. Sie grundieren insbesondere den ersten Teil der zweiteiligen Geschichte, die, wie wir wissen, zu Beginn vermeldet, dass Meursaults Mutter gestorben ist. Der Sohn nimmt es lakonisch zur Kenntnis. Er bittet den Chef um Urlaub, damit er zum Begräbnis fahren kann, und entschuldigt sich mit dem Satz: »Es ist nicht meine Schuld.« Von Schuld und Rechtfertigung ist öfters die Rede, doch meist im Modus der Verneinung. Das zählt zu der untergründigen Ironie des Textes, der immer in der Schwebe hält, ob das Gewissen überhaupt Zuständigkeit dafür beanspruchen darf, was hier geschieht. Meursault braucht sich, anders als sein Vorgänger Mersault, weder gegen die eigene Natur noch gegen die gesellschaftliche Moral aufzulehnen: Er nimmt sie hin, ohne sie zu teilen. Die Busreise nach Marengo, die Wache am Bett der Toten, die Zigarette mit dem Pförtner des Altersheims, der Trauerzug zum Grab unter gleißender Sonne, die Hitze und die Routine – all das gleicht einer Abwicklung, die mit einem kurzen Wort des Ich-Erzählers zu kommentieren wäre: »Es war ausweglos.« (F, 27)

Ausweglos, doch keineswegs tragisch. Dass Meursault vor, während und nach der Abdankung nicht die korrekten Gefühle von Trauer und Schmerz gezeigt hat, wird ihm erst viel später bewusst, als das Gericht über den Mord an dem Araber verhandelt und ihn zum Täter ohne Empathien kürt. – Am nächsten Wochenende beginnt Meursault eine Liebschaft mit einer früheren Sekretärin. Er tummelt sich mit ihr am Strand, später besuchen die beiden einen Film mit Fernandel, und da Marie die Meldung vom Tod der Mutter leicht irritiert quittiert, berichtet Meursault dem Leser: »Ich hätte ihr am liebsten gesagt, dass es nicht meine Schuld wäre, habe aber an mich gehalten, weil ich dachte, dass ich es schon zu meinem Chef

gesagt hatte. Das bedeutete nichts. Man ist sowieso immer ein bisschen schuldig.« (F, 31)

»Çela ne signifiait rien.« Für den Sohn hat sich überdies auch
nichts geändert. Meursault berichtet von seiner Arbeit, dann von
einem Treffen mit dem Nachbarn, der sich als Lagerverwalter aus-
gibt, in Wahrheit aber von Prostituierten lebt. Dieser verwickelt ihn
bald in ein Abenteuer. Man plant ein gemeinsames Wochenende in
einem Strandhaus in der Nähe von Algier. Gleichzeitig erzählt der
neue Freund davon, dass er von einer Gruppe von Arabern verfolgt
werde, die seine Aggressionen gegenüber seinem Maurenmädchen
rächen wollten. Als ihm der Chef eine Stelle in Paris in Aussicht
stellt, reagiert Meursault mit Indifferenz. Es sei ihm egal, repliziert
er, und zu sich selbst: Im Grunde sei er glücklich und sehe keinen
Anlass, das Leben zu ändern.

Das Leben ändert sich, anders als erwartet. Camus erhöht das
sechste Kapitel des ersten Teils zum Scharnier, das alles Weitere auf
plötzlich gespenstische Weise öffnet. Es ist Sonntag. Meursault wacht
mit Mühe auf, das einbrechende Tageslicht trifft ihn wie eine Ohr-
feige. Mit dem Bus fährt er zusammen mit Marie an den Strand.
Dort verbringt die Freundesgruppe die Stunden mit Schwimmen,
Essen und Schlafen. Der erste Gang am Meer führt Meursault und
seine beiden Kumpel bis ans Ende des Strandes, wo zwei Araber lagern. Es kommt zu Auseinandersetzung und Kampf, bei dem Raymond, der Lagerist, durch ein Messer an Arm und Mund verwundet
wird. Nachdem ihn ein Arzt versorgt hat, ziehen die drei nochmals
los. Raymond hat einen Revolver eingesteckt. Wieder treffen sie die
Araber, deren einer auf einer Flöte spielt. Doch bevor es zu einer
neuerlichen Konfrontation kommt, verziehen sich die Gegner hinter
die Felsen. Weitere Zeit vergeht. Schließlich geht Meursault, nun
allein, zum dritten Mal in die Richtung der Araber. Die Hitze ist unerträglich, Meursault dröhnt der Kopf. Nochmals trifft er auf die
Araber, und als er einen Schritt näher tut, zieht der eine ein Messer.
Das Licht reflektiert die Klinge, die Augen tränen, Meursault zieht
den Revolver, den ihm Raymond vorher gegeben hat, und schießt.
Im Wortlaut läuft die Szene so ab: »Diese glühende Klinge zerfraß
meine Wimpern und wühlte in meinen schmerzenden Augen. Und

da hat alles gewankt. Das Meer hat einen zähen, glühenden Brodem verbreitet. Es ist mir vorgekommen, als öffnete sich der Himmel in seiner ganzen Weite, um Feuer herabregnen zu lassen. Mein ganzes Sein hat sich angespannt, und ich habe die Hand um den Revolver geklammert. Der Abzug hat nachgegeben, ich habe die glatte Einbuchtung des Griffes berührt, und da, in dem zugleich harten und betäubenden Knall, hat alles angefangen. Ich habe den Schweiß und die Sonne abgeschüttelt. Mir wurde klar, dass ich das Gleichgewicht des Tages zerstört hatte, die außergewöhnliche Stille eines Strandes, an dem ich glücklich gewesen war. Da habe ich noch viermal in den leblosen Körper geschossen, in den die Kugeln eindrangen, ohne dass man es ihnen ansah. Und es war wie vier kurze Schläge, mit denen ich an das Tor des Unglücks hämmerte.« (F, 86f.)

Über mehrere Stufen führt dieses Drama bis zum erlösenden Schuss. Die Natur ist der Seitenspieler, indem sie alles mobilisiert, den Protagonisten in die Rolle des Täters zu drängen – den Sand, der plötzlich rot erscheint, das Meer, das wie kochendes Metall aufglimmt, die Sonne, deren Strahlen auf den Strandgänger niederfällt. Während Camus vorher das Medium eines lakonischen Erzählens kaum variierte, mutet er, ganz unerwartet, dem Berichterstatter hier eine andere Tonart zu: Es ist mit deutlichen Assoziationen an die Apokalypse des Johannes ein Fanal der mächtigsten Orchestrierung, das sich Meursault bereitet. Nicht ob es tatsächlich so war, ist von Belang, sondern dass er's so sieht und begreifen muss aus dem Rückblick in der Todeszelle.

Kennern Kafkas bliebe die Metaphorik nicht verborgen, die mit den Schüssen zugleich das Klopfen an der Pforte des Unheils indiziert – die Verwandtschaft mit der Parabel »Der Schlag ans Hoftor« vom April 1917, die ähnlich Absicht und Zufall vermählt, ist unübersehbar.[39] Und unübersehbar ist auch die formale Anlage: Wie bei Kafka schreibt der Ich-Erzähler erinnernd aus dem Gefängnis, was gleichfalls erst und überraschend am Schluss zur Mitteilung gelangt. Hätte aber eine metaphysische Sorge daran Anteil gehabt, so würde sie im Fortlauf des »Étranger« nun laufend zersetzt. Im zweiten Teil des Romans ist der Täter – der Mörder? – in Haft. Er berichtet davon, jetzt wieder mit der Ruhe des Lakonikers, der mit seinem Anwalt spricht, ein einziges Mal den Besuch von Marie empfängt und die intellektuellen Einlagen aus Gesprächen mit dem Untersuchungsrichter bestreitet. Meursault betrachtet seine Sache als »einfach«. Er findet es bequem, dass sich die Justiz um alles kümmert, und wie der Richter meint er, dass das Gesetz »gut« sei. Die sympathische Erscheinung des Magistraten lässt den Angeklagten anfangs noch vergessen, was er überhaupt getan hat. »Im Hinausgehen wollte ich ihm sogar die Hand geben, aber mir ist noch rechtzeitig eingefallen, dass ich einen Menschen getötet hatte.« (F, 92)

So viel zur Ironie. Sie unterlegt die Haft mit ihren Befragungen, dann den Prozess mit einem eigentümlichen Charakter von Spiel, als ob eine unwirkliche Realität die Regie übernommen hätte. Erste Zeichen von Gefahr setzt Meursaults Verteidiger, da er den Sohn daran erinnert, dieser habe bei der Beerdigung seiner Mutter »Gefühllosigkeit an den Tag« gelegt. Die Attribution ist im Text selbst in Anführungsstriche gebracht – noch ein Hinweis darauf, dass die Causa so ernst nicht sein dürfte. – Eine härtere Gangart schlägt dann freilich der Untersuchungsrichter ein. Bei der nächsten Sitzung fragt er Meursault, weshalb er viermal auf eine Leiche geschossen habe. Dessen Schweigen bringt ihn dazu, ein silbernes Kruzifix aus der Schublade zu ziehen. Doch erst Meursaults Bekenntnis, dass er nicht an Gott glaube, bringt ihn aus der Fassung. Für ihn, den Richter, hätte ein Leben ohne den Glauben an Gott keinen Sinn. »›Wollen Sie‹, hat er ausgerufen, ›dass mein Leben keinen Sinn hat?‹ Meiner Ansicht nach ging mich das nichts an, und ich habe es ihm gesagt.« Diese und weitere Verhöre beendet der Inquisitor mit einer Formel, die bei Meursault so etwas wie Freude hinterlässt. Sie lautet: »Für heute ist Schluss, Herr Antichrist.« (F, 102)

Die Formel bekräftigt nur, was fortan zwar praktische Folgen für Meursault hat, doch im ideellen Gehäuse des Romans zwei Welten miteinander konfrontiert. Hier die Gesellschaft mit ihren Werten und Messsystemen, dort die erst dadurch herbeigeführte Not eines Mannes, der seine Tat mit gänzlich anderen Augen betrachtet: Sie ist ihm viel mehr widerfahren, als dass er sie bewusst vollstreckt hätte. Genau so verbringt er auch seine elf Monate in der Zelle. Anfangs sind sie schwierig zu bestehen, später macht sich Eingewöhnung breit – sechzehn bis achtzehn Stunden Schlaf auf dem Strohsack, hin und wieder Gelüste nach einer Frau und als einzige nennenswerte Einsicht die Erkenntnis, dass ein Tag des freien Lebens hundert Jahre im Gefängnis aufwiege. Es ist einzig die Freiheit, die durch ihren Entzug Schmerzen bereitet. Camus spannt die ironische Brechung des Geschehens so weit, vermittels einer literarischen *mise en abîme* aus früheren Werken zu zitieren: nämlich einen Zeitungsausschnitt, den Meursault in der Zelle zu Gesicht bekommt. Ein Mann kehrt nach langer Zeit zurück in den Kreis der Familie. Mutter und Schwester erkennen ihn nicht, berauben ihn und schlagen ihn tot. »Le Malentendu«, das zum Theaterstück erhobene Missverständnis, meldet sich zurück, derweil Meursault gar noch einen Kommentar zu der Moritat vermeldet. »Ich habe diese Geschichte wohl Tausende Male gelesen. Einerseits war sie unwahrscheinlich. Anderseits war sie normal. Jedenfalls fand ich, dass der Reisende es ein bisschen verdient hatte und dass man nie spielen soll.« (F, 114)

Die Zeit vergeht, zwischen Licht und Dunkelheit. Draußen herrscht die pralle Sonne, drinnen läuft der Prozess. Nicht ohne Neugier beobachtet der Angeklagte, wie ihm widerfährt. Die Geschworenen erscheinen ihm wie auf der Bank einer Straßenbahn plaziert. Die anwesenden Journalisten verbreiten Clubstimmung. Einzelne Zeugen werden vorgeladen und schildern den Richtern zu Meursaults Überraschung dessen vielfache Indifferenz: dass er seine Mutter in ein Heim weggeschickt, vor der Beerdigung geraucht, während der Totenwache geschlafen und später mit der Geliebten im Kino einen Film mit Fernandel angeschaut habe. Der Staatsanwalt triumphiert – wer sich so verhalte, habe das Herz eines Verbrechers. – »Alles lief ohne mein Zutun ab.« (F, 140) So ist es, und unverständlich bleibt dem Angeklagten, dass man harmlose Begebenheiten heranzieht, ihn als vorsätzlichen Mörder zu präsentieren. Das einzige Zugeständnis, das er der Institution und ihren Repräsentanten insgeheim macht, lautet: »Ich bereute meine Tat nicht sehr.« (F, 143) Zufälle verwandeln sich vor den Schranken der Justiz in Ursachen, die das schwer Erklärliche des Verbrechens, insbesondere der vier Schüsse auf eine Leiche, sinnfällig machen sollen. Draußen tönt die

54

Trompete des Eismanns.[40] Im Saal fordert der Staatsanwalt »im Namen des französischen Volkes« die Todesstrafe.[41]

Und so kommt es auch. Nur kurz überlegt sich Meursault, ob ihm irgendeine Fluchtmöglichkeit offen wäre – »ein Sprung aus dem unerbittlichen Ritus heraus, ein wahnsinniger Lauf«. Bald fügt er sich in das Schicksal, so dass ihm die verbleibende Frist zum Meditationsraum wird. Er denkt an den Vater, den er nie gekannt hat, weil er im Ersten Weltkrieg gefallen ist, philosophiert über die Französische Revolution und den Terror, der mit der Guillotine vollstreckt wurde, er erwartet das Morgengrauen, während sein Ohr tausend Geräusche vernimmt. Das Gnadengesuch seines Anwalts wird abgelehnt, die letzte Hoffnung ist erloschen. »Aber jeder weiß, dass das Leben nicht lebenswert ist.« (F, 162) – Hier findet die Kehre zum Absurden statt, dessen Gehalt zuvor niemals Thema war: Meursault mochte es in seinem Verhalten gegenüber Welt und Gesellschaft vorgewiesen haben, doch ohne Willen oder Anstrengung, stattdessen instinktiv. Jetzt sorgt der bisher stets ausgeschlagene Besuch des Anstaltsgeistlichen für einen letzten großen Auftritt. Zum einzigen Mal gerät der Verurteilte in Zorn und Wut, als ihn der Mann Gottes zu Reue und Buße anhält. So weit kann es nicht kommen – weder existiert Gott, noch sei der Priester, wie ihm Meursault heftig eröffnet, sein Vater. Meursault packt den Widersacher an der Soutane, will ihm seine Gewissheiten austreiben. Dann: »Nichts, nichts wäre von Bedeutung, und ich wüsste genau, warum nicht. Er wüsste es auch. Aus der Tiefe meiner Zukunft stiege während dieses ganzen absurden Lebens, das ich geführt hätte, ein dunkler Atem zu mir auf, durch Jahre hindurch, die noch nicht gekommen wären, und dieser Atem machte auf seinem Weg all das gleich, was man mir in den genauso unwirklichen Jahren böte, die ich lebte.« (F, 172)

Dieser Anfall hat kathartische Wirkung. »Als hätte diese große Wut mich vom Bösen geläutert, von Hoffnung entleert, öffnete ich mich angesichts dieser Nacht voller Zeichen und Sterne zum ersten Mal der zärtlichen Gleichgültigkeit der Welt.« (F, 174) Der letzte Satz lautet, in seltsamer Anspielung auf Christi Kreuzigung im Sinne der Erfüllung der Schrift, so: »Damit sich alles erfüllte, damit ich mich weniger allein fühlte, brauchte ich nur zu wünschen, dass am Tag meiner Hinrichtung viele Zuschauer da sein würden und dass sie mich mit Schreien des Hasses empfangen.« (F, 174) – Aber keine Heilsgeschichte erfüllt sich. Was der endgültigen Beglaubigung bedarf, ist die Gemeinschaft im Widerspruch – hier der Täter, der zum Opfer geworden ist, weil ihm die Moral alle Attribute des Menschlichen gestrichen hat, und dort die »Zuschauer«, die nicht aushalten konnten, dass das Sinnlose und der Zufall im Leben Regie führen. Aus dieser Reibung entspringt die Absurdität des Daseins. Es sucht nach Bedeutungen, die keine sein können.

II.
Eine Welt von Unheil

Albert Camus ist noch nicht dreißig Jahre alt, als der Roman »Der Fremde« den jungen Schriftsteller über Nacht bekannt macht. Zu den Kollegen, die die Publikation beim renommierten Pariser Verlag Gallimard unterstützt haben, zählen André Malraux, André Gide und Camus' ehemaliger Professor Jean Grenier, der zugleich ein beachteter Schriftsteller ist. Camus ist überrascht und irritiert zugleich. Der Skeptiker fühlt sich noch kaum heimisch als Autor im Milieu der Pariser Mandarine. Anderseits kümmert ihn nicht allzu sehr, was man dort von ihm denkt und hält. Im August 1942, drei Monate nach Erscheinen des »Étranger«, verlässt er mit seiner zweiten Frau Francine Algier in Richtung Frankreich.

Er installiert sich im »Panelier«, einer alten Burg bei Chambon-sur-Lignon, und arbeitet an diversen Projekten, insbesondere an dem Theaterstück »Das Missverständnis« sowie an dem Roman »Die Pest«. Im Tagebuch finden sich überdies bereits erste Notizen zu seinem letzten Roman »Der erste Mensch«, der erst posthum und als Fragment erscheinen wird. Im Oktober 1942 publiziert Gallimard den Essay »Der Mythos des Sisyphos«. Im Juni des nächsten Jahres kehrt Camus zurück nach Paris, wo er Sartre und Simone de Beauvoir anlässlich der Premiere von Sartres Stück »Les Mouches« (»Die Fliegen«) begegnet. Eine schwierige Freundschaft entwickelt sich. Im November 1943 wird Camus Lektor beim Verlag Gallimard. Kurz darauf beteiligt er sich regelmäßig zuerst als freier Mitarbeiter, dann auch als Redakteur an der klandestinen Zeitschrift »Combat«, die als Sprachrohr des Widerstands fungiert. Im Juni 1944 findet die Uraufführung des Dramas »Das Missverständnis« am Pariser »Théâtre des Maturins« statt. Am 25. August 1944 wird die Hauptstadt befreit. Im Juni 1945 reist Camus nach Deutschland und Österreich, und im März 1946 schifft er sich ein zu einer längeren Reise in die Vereinigten Staaten von Amerika, wo er Vorträge hält und Diskussionen bestreitet. Die Lungenkrankheit zwingt ihn Ende des Jahres zu einem Kuraufenthalt in Briançon in den

*französischen Alpen. Im Juni 1947 trennt er sich endgültig von der Re-
daktion von »Combat« – die Zeitung vertritt Positionen, die er nicht zu
teilen vermag.*

*Nach langen Jahren der Arbeit wird am 10. Juni 1947 der große Ro-
man »Die Pest« ausgeliefert. Der Erfolg ist schlagend: Bis zum September sind bereits 96 000 Exemplare verkauft, das Echo ist fast durchwegs
positiv. Camus ist nun nicht mehr nur bekannt, sondern berühmt. Doch
diese Rezeption stimmt den Autor eher trübsinnig. Camus bleibt –
durchaus auch aus eigenem Willen – weiterhin ein Außenseiter, der die
Gepflogenheiten der Hauptstadt wenig liebt. Erste Konflikte mit der
Linken und ihren intellektuellen Wortführern brechen auf. Am 27. Oktober 1948 findet in Paris die Uraufführung des Stücks »Der Belagerungszustand« statt, das Motive der »Pest« aufgreift und die Handlung
nach Spanien verlegt. Diesmal ist die Öffentlichkeit enttäuscht.*

*

Camus' »Étranger« reflektiert das Leben des Einzelnen unter der Bestimmung seiner absolut gewordenen Kontingenz. Alles Menschen-
mögliche kann geschehen, ohne dass darüber ein höheres Sein waltet.
Was wir Sinn nennen, verbleibt im Geviert von Konstrukten, den
Verdacht der Sinnlosigkeit abzuwehren. Hoffnung auf das Jenseits
soll ins Künftige verschieben, was auf Erden vergebliche Mühe blieb.
Solche Radikalisierung des Irdischen war zur Zeit zwischen den Weltkriegen längst nichts Neues mehr.[1] Doch was dem jungen Schriftsteller mit dem »Fremden« gelungen war, lag im Charakter einer Parabel, die mit sparsamsten literarischen Mitteln verdichtete, wovon die
Epoche sich affizieren ließ – den Kampf ums Dasein aus den Angeln
der Transzendenz zu lösen. Mit der Kategorie des Absurden verfeinert
und differenziert Camus die Philosophie des Nihilismus. Während
Nietzsche daraus jene Befreiung schlug, die den Übermenschen als
mitleidlosen Gestalter im Dienst des Lebens inthronisierte, sucht der
Verfasser des »Fremden« und des »Mythos des Sisyphos« die Lücke
auf, die zwischen Mensch und Welt klafft, nachdem wir begriffen
haben sollen, dass Freiheit nur aus der Einwilligung ins Zufällige
erwächst. Kein einsamer Heroismus ist vonnöten, das Glück einzufor-

dern, sofern es Produkt der Einsicht ist, dass die Welt ein Format der Gleichgültigkeit ist. Jetzt erst kann sie in ihren Erscheinungen genossen werden. Sie zeigt ihre phänomenalen Seiten.

Dass hier ein bedeutender Text vorliege, bemerkt die interessierte Öffentlichkeit sogleich.[2] Und wenn sie sich an den versteckten Blasphemien stößt, so erkennt sie doch ihr eigenes Porträt. Die deutsche Besetzung verhindert jene Rezeption in die Breite, die später »La Peste« (»Die Pest«) auslösen wird. Gleichwohl ist der Roman ein Erfolg, wie ihn Camus bisher nicht gesehen hat. Aus einem tastenden und die verschiedenen Gattungen erprobenden Anfänger ist ein Meister geworden. Hierzu trägt auch die Kritik bei. Keine Rezension leuchtet so sehr in die Tiefen der Geschichte um Meursault und seine absonderliche Tat wie der Essay, den Jean-Paul Sartre dem Buch 1943 in der Zeitschrift »Cahiers du Sud« angedeihen lässt. Hierzu ist Folgendes zu wissen. Fünf Jahre zuvor hat Sartre seinen ersten Roman publiziert. »La Nausée« (»Der Ekel«) erzählt im Stil eines fiktiven Tagebuchs, was seinem Autor widerfährt, da er in einer mittelgroßen französischen Stadt historischen Studien frönt. Antoine Roquentin entdeckt an sich einen Ekel, der zuerst aus der Berührung mit gewissen Gegenständen, dann auch mit Menschen entsteht. Weshalb? Ebendies versucht der Forscher herauszufinden. Das Resultat ist erschütternd: Der physische Widerwillen ist nur ein gleichsam metaphorischer Auswuchs der Entdeckung, dass alles, was existiert, der Abscheu unterliegt. Es ist überflüssig, ein gestaltloses Zuviel, dem nur mit Distanz und einer grenzenlosen Freiheit begegnet werden kann. Aus dieser neu gewonnenen Optik inspiziert Roquentin alsbald seine Umwelt, will heißen das kleinbürgerlichverlogene Treiben in Bouville. Der Ekel steigert sich bei genauerer Bestandsaufnahme zum Grauen, und als Fazit solch pessimistischer Erkenntnis bleibt bloß der Rekurs auf die Kunst. Sie allein kompensiert den verlorenen Idealismus, dass die Welt von Sinn erfüllt ist, indem sie die Realitäten des Gegenteils beschreibt. Darin liegt – oder läge – ihre reinigende Funktion.[3]

Als Camus im »Mythos des Sisyphos« von den Freiheiten des Ästhetischen handelt, hat er diese Perzeption nicht nur geteilt, sondern auch ausdrücklich auf Sartres Roman verwiesen.[4] Wenn nun

Sartre seinerseits dem Kollegen die Referenz erweist, so geschieht dies auch unter dem Eindruck, dass sich damit zwei junge Schriftsteller gefunden haben: Beide revoltieren gegen die Ordnung des sozialen Lebens, beide entlarven die Chimären vom Weltensinn, beide vermuten in der künstlerischen Darstellung dessen, was ist, die einzige authentische Geste, sich seiner Freiheit schöpferisch zu versichern. Dabei gerät das Trennende kurzzeitig aus dem Blick. Denn Camus hat Sisyphos zum glücklichen Menschen erkoren, indem dieser sein Schicksal angenommen hat, und Gleiches gilt für den Fremden unter der Bedingung der Akzeptanz, dass sich das schweigende Sein um sein Schicksal nicht kümmert. Diese dialektisch gewonnene *joie de vivre* ist Sartres Held nicht gegeben.

Sartres Essay trägt den Titel »Explication de l'Étranger«.[5] Am Wort von der Explikation wird sich Camus stoßen, sobald er der Rezension ansichtig wird.[6] Sartre, der Profession wie dem Temperament nach zuvorderst Philosoph, sucht freilich nicht die Aura des Kunstwerks in seiner Mehrdeutigkeit zu verstehen; es geht ihm tatsächlich um Interpretation als Erklärung. Dass der Roman ein Fremdling aus südlichen Gegenden inmitten der kühlen Luft der französischen Gegenwart sei, soll schon zu Beginn seine besondere Stellung anzeigen. Dann kommt Sartre auf den Essay über den Mythos des Sisyphos zu sprechen. Dieser sei der genaue Kommentar zu Camus' bisherigem Œuvre, das den absurden Menschen zu beschreiben trachte. Der Rezensent hat keine Mühe, die Botschaft zu entschlüsseln: Das Absurde ist das Produkt der Begegnung zwischen Mensch und Welt, genauer noch, die Erkenntnis, dass Existenz und Ewigkeit niemals zur Deckung gelangen. Sartre hat recht, wenn er darin nichts Neues zu sehen vermag. Camus wandelt auf den Spuren des klassischen Pessimismus, dessen Übervater für die französische Philosophie bekanntlich Pascal ist und dessen Tradition von den Moralisten fortgesetzt wurde. Auch der Stil des »Fremden« erinnere an die »Geometrie der Leidenschaft«, wie sie schon Pascal, dann Rousseau entworfen habe. Das Absurde als Begleitmusik der *condition humaine* – es manifestiert sich nun im »Étranger« als die leer gewordene Alltäglichkeit repetierter Rhythmen: aufstehen, arbeiten, unterwegs in der Straßenbahn, sich vergnügen, schlafen. Kurz, ein Universum ohne Licht und ohne Illusionen, und daraus das Gefühl der Fremde in der Welt. Sartre erhebt es gleichsam zum Universale moderner Geworfenheiten bei wachsendem Bewusstsein eines Daseins ohne Gott. »Tout est permis, puisque Dieu n'est pas et qu'on meurt.«[7]

Weil Gott nicht existiert, ist alles erlaubt. Dieser Schluss kann freilich nur zutreffen, wenn mit dem Tode Gottes auch die moralisch-ethischen Normen der Gesellschaft in ihren Letztbegründungen brüchig werden. Wenn der Fremde als unschuldig zu bezeichnen ist, so übernimmt er eine Haltung, wie sie Dostojewski seinem Fürsten Myschkin zumutet. Kein Gesetz wird anerkannt, das die gewissenlose Freiheit zur Räson zu rufen vermöchte. − Sartre bestätigt dem »Étranger« − gleichsam gegen die eigene Intention, ihn analytisch zu lesen −, dass er nicht erkläre, sondern beschreibe. Wie eine Übung in surrealistischem Terrorismus vermesse er die Grenzen der menschlichen Vernunft, weshalb der Roman auch eine »großartige Sterilität« zum Ausdruck bringen wolle. Weiter noch, Meursault sei daher eine Kunstfigur, die den Theorien aus dem Essay über Sisyphos zur Anschaulichkeit verhelfe, indem er eine »Grazie des Absurden« beanspruchen dürfe. Sartre geht − zum späteren Verdruss von Camus − so weit, der Chronologie der Publikation der beiden Bücher eine Logik von der Kunst hin zu ihrer Rechtfertigung zu unterlegen: Während der »Étranger« das Klima des Absurden erzeuge, kläre der Essay darüber auf. Beispielhaft werde dies fassbar mit den Szenen vor Gericht − Meursault glaubt, dass man über einen anderen Menschen verhandelt, derweil die Richter den »Sinn« des Geschehenen herzustellen versuchen.

Für den ersten Teil des »Fremden«, der gleichsam aus dem Schweigen heraus »übersetzt« worden sei, erkennt Sartre eine ganz am Irdischen orientierte Gegenwärtigkeit. Deshalb wäre der Verweis auf das mögliche Vorbild Kafka unergiebig: Meursaults Drama findet statt unter der Absenz jeglicher Transzendenz. Dieser absurde Mensch ist nach Sartre ein »Humanist«, insofern er seiner Natur folgt und den Genüssen nachhängt − »il ne connaît que les biens du monde«. Folglich wäre eher auf Hemingway zu verweisen und auf die amerikanische Technik einer Pluralität von Momenten. Der Interpret treibt seine Analytik bis in die Observation der Zeitformen und der häufig gebrochenen Verben vor, um zeigen zu können, dass Camus den Rekurs auf die Signifikanten aufgekündigt hat: Bedeutung stellt sich immer nur für einzelne Sequenzen her. Das Fazit ist: Mit jedem Pulsschlag gießt sich diese Welt von neuem aus und sorgt für eine Vielzahl von Wiedergeburten, ohne ein Kontinuum zu beabsichtigen. Erst am Schluss und im Sinn der Pointe kehrt Sartre die Argumentation um. Das Resultat ist bemerkenswert. Denn der Philosoph des Ordnungsdenkens mag dem Schriftsteller am Ende doch nicht so weit folgen, dessen Einsicht in die Bedeutungslosigkeit, die zwischen Dasein und Welt herrschen soll, zu übernehmen. Und so heißt es mit unterschwelligem Trotz: »L'Étranger est une œuvre classique, une œuvre d'ordre, composée à propos de l'absurde et contre l'absurde …«[8] In letzter Konsequenz bewiese sich Camus damit als Autor eines kurzen Romans im Stil der französischen Moralisten, und die Geschichte vom Fremden gemahnte an eine Erzählung von Voltaire. – Vermutlich hätte Jean Grenier, Camus' Lehrer, solche Lesart geteilt, die *more dialectico* retten soll, was doch gegenläufig zu allen Bedürfnissen nach »Moral« und Fabellehre angelegt ist.

Doch darf man Sartres in vielem hellsichtige und für die spätere Rezeption des »Fremden« einflussreiche Interpretation noch vor anderem Hintergrund lesen. Denn wie ein Palimpsest adressiert sie sich nicht nur auch an den Verfasser des »Mythos des Sisyphos«, wo »La Nausée« zustimmend erwähnt ist, sondern weitergehend an den Rezensenten dieses Romans. Am 20. Oktober 1938 hat Camus unter der Rubrik »Le Salon de Lecture« in der Zeitung »Alger républicain« das frühe Werk des Kollegen besprochen, dessen Weltsicht damals der seinen nahezustehen scheint. Die Rezension von »La Nausée« hebt mit dem statuarischen Satz an, dass ein Roman nichts anderes sei als eine in Bilder gebrachte Philosophie. »Un roman n'est jamais qu'une philosophie mise en images.«[9] Für Camus ist allerdings entscheidend, ob sich die Kraft der Imagination gegen das theoretische Gerüst zu behaupten vermag oder ob sie – negativ aufgefasst – im bloß illustrierenden Sinn nebenherläuft. Ebendies macht ihm das Fragwürdige von Sartres Projekt aus: Während viele einzelne Szenen glänzend gemeistert seien, halte sich im Ganzen ein Ungleichgewicht zwischen Idee und Anschauung zuungunsten der Kunst. Zwar erkenne Sartre die fundamentale Absurdität aller menschlicher Verrichtungen, woraus der Ekel gegenüber solchem Leben entstehe, doch dürfe man sich damit nicht zufriedengeben. »Constater l'absurdité de la vie ne peut être une fin, mais seulement un commencement.« Mehr noch: Sogar Sartres Einsicht, dass die einzige Hoffnung gegen das Absurde im Widerstand seiner ästhetisch-literarischen Bewältigung liege, genüge nicht. Die cartesianische Formel »J'écris, donc je suis« hätte sich demnach nur damit abgefunden, gewisse Konstellationen des Ungenügens am Dasein zu beschreiben, ohne den Leser bis zum Ziel zu bringen. Um welches Ziel handelt es sich dabei? Um die Präsentation eines Entwurfs, der das Tragische des Schicksals mitsamt seiner nach griechischem Vorbild kathartischen Wirkung gestaltet, statt bei Stationen aus der Schäbigkeit des Alltags zu verweilen.

Diese Katharsis soll der »Étranger« dann leisten – mit dem Hinweis darauf, dass die Anerkennung der Absurdität im Wirklichen den Menschen befreit, ja glücklich zu machen vermag. – Sartres Antwort darauf ist listig: Nun soll nach dem Verständnis seines Rezensenten auch der »Fremde« eine Theorie illustrieren, am Ende gar eine Doktrin im Stil von Voltaire, nämlich das Plädoyer gegen das Absurde. Camus kann und darf das nicht hinnehmen. Man kann so weit gehen, diesen ästhetisch-spekulativen Konflikt um das Wesen von Kunst, dargelegt an zwei Romanen und ihren Exegesen, als die Keimzelle zu betrachten, die alle nachfolgenden Auseinandersetzungen zwischen den beiden Autoren *in nuce* enthält. Zur Problematik um die »richtige« Deutung des »Étranger« äußert sich Camus zunächst noch verhalten in seinem Tagebuch. Er zitiert dort kurz nach dessen Publikation aus einem Brief, den er einem Verständigen geschrieben hat und worin er den Dualismus zwischen der Alltäglichkeit des ersten und der Problemstellung des zweiten Teils schildert: »Der Sinn des Buches liegt gerade in der Parallelität der beiden Teile. Schlussfolgerung: die Gesellschaft braucht Leute, die bei der Beerdigung ihrer Mutter Tränen vergießen; oder auch: man wird nie für das Verbrechen verurteilt, für das man verurteilt zu werden erwartet. Übrigens sehe ich noch zehn andere mögliche Schlussfolgerungen.«[10] Später wird sich der Autor wiederholt über die Bedeutungsfelder des »Fremden« äußern, ohne dass damit dessen Aura ausgeschöpft würde. Selbst im Fall eines so reflektierten und genau organisierenden Schriftstellers gilt: Der Text ist mehr als die Summe der Absichten, das Kunstwerk, das diesen Namen verdient, lebt im Medium seiner Offenheit.

*

An dieser Stelle ist einer Sammlung von kurzen Prosaskizzen die Reverenz zu erweisen. Sie scheint sich vordergründig kaum in die Atmosphäre des »Étranger« zu fügen, erweitert jedoch den Horizont jener Welt des Absurden ohne Ausweg um die Dimension geschichtlicher, ja geschichtsphilosophischer Besinnung. 1939 erscheint sie unter dem Titel »Noces« fast unbemerkt und in kleiner Auflage, 1945 dann nochmals und für ein Publikum, dem der Verfasser bereits bekannt ist.[11] Die Entstehung ist auf das Jahr 1937 zu datieren. Der Titel des ersten Stücks – »Noces à Tipasa« – liefert die Vorlage für alle vier, wobei »Noces« metaphorisch zu verstehen ist. Hochzeit meint eine Vermählung von Existenz und Welt im Sinne hymnischer Anrufung des Mittelmeers und einer Reihe von Orten und Städten, denen der junge Autor seine Anschauungen verdankt: Tipasa, Djémila, Algier. Nur der letzte Text bringt – gegen Assoziationen, die mit der Überschrift »Le Désert« (»Die Wüste«) entstehen könnten – noch einen anderen Kulturkreis ins Bewusstsein, nämlich die Toskana.

Leitend ist eine Dialektik, deren Spannung sich am In- und Gegeneinander von Mensch und Sein entzündet. Folglich gilt es Dasein und Sterblichkeit gegen Natur und Ewigkeit, Liebe und Tod gegen Schönheit und Schweigen, das Individuelle gegen das Allgemeine, Sehnsucht und Hoffnung gegen die Leere des Himmels. Im Dazwischen solcher Pole gestaltet sich die Geschichte. Sie lenkt das einzelne Schicksal in weitere Zusammenhänge, beansprucht dadurch Dauer und verzehrt sich gleichwohl und zyklisch im Vergänglichen. Auch da ist für einen Betrachter aus paganem Geiste die Ironie im Spiel: Sosehr der Mensch danach strebt, als geschichtliches Wesen der Erde seine Spuren einzudrücken, so unerbittlich verwandelt die Zeit solchen Aufwand in Ruinen. Das Bild der Ruine trägt deshalb weiter, als es die Malerei der Romantik intendierte. Nicht nur ein ästhetisches Erschauern vor Größe und Verfall soll evoziert werden, sondern ein Innewerden des Daseins mit der Absicht seiner Befreiung von falschen Erwartungen. Glück heißt Einverständnis mit dem Hier und Jetzt.[12]

»Hochzeit in Tipasa« variiert diese Erkenntnis mit beiläufiger Leichtigkeit. Der Ich-Erzähler feiert den Frühling, und während die Trompeten und Glocken der Metzger deren Kundschaft avisieren, geht er den Weg zu den römischen Ruinen. Liebe und Begehren schießen ihm durch den Kopf, ohne dass er daraus ein Bekenntnis zu ziehen versucht; die Libertinage von Landschaft und Meer absorbiert das Empfinden, aus den Trümmern wächst die Natur, als ob Historie und Vergangenheit seit langem getilgt wären. Man könne der Welt nicht nahe genug kommen, lässt der Wanderer verlauten. Das heißt, im Einklang mit den Phänomenen verflüssigt sich, was je eigene Identität beansprucht, und selbst Nietzsches berühmter Satz »Werde, der du bist« büßt seine imperative Forderung ein: Darauf kommt es nun nicht mehr an, stattdessen auf die Bereitschaft, die Wahrheit von Sonne und Tod in Lebensfreude zu verwandeln.

Es ist ein Fatalismus der Heiterkeit, den Camus so in Worte setzt und im zweiten Prosastück zu einer Meditation über die Hinfälligkeit der Imperien erweitert. Wieder dominieren Wind, Sonne und Licht. Sie geben die Begleitung für das namenlose Schweigen, das in der toten Stadt zirkuliert. Wie eine Epiphanie der Dissoziation stellt sich eine einsame Säule in den Raum und erweist damit das Lächerliche aller menschlichen Träume, Imperien der Unvergänglichkeit errichten zu wollen. »Le monde finit toujours par vaincre l'histoire.« (I, 115) Dass es der Welt immer gelinge, die Geschichte zu besiegen, hat in der Begegnung mit Tipasa und Djémila eine gleichsam vortheoretische Gewissheit erhalten. Alles, was Camus künftig zum Verhältnis von Mensch und Geschichte erörtern wird, gründet in der Nähe zu solchen Illuminationen. Bewusste Gegenwart ist stets die – für den empfänglichen Beobachter: verwirrende – Gleichzeitigkeit des Ungleichzeitigen, ein häufig schwer, mitunter unmöglich zu entzifferndes Konglomerat von Zeitschichten, woran sich bricht, was als Fortschritt von Früherem zu Späterem zu beglaubigen wäre. Das andere ist, dass der Tod, wie es der Erzähler sagt, eine geschlossene Türe signalisiert. Seine Endgültigkeit lässt bloß wünschen, dass er in seiner Faktizität anerkannt wird: Gäbe es überhaupt Progress für die Zivilisationen, so läge er allein in dieser Erkenntnis. Als emotionale Kompensation bietet sich eine Form von Transfer an, die nicht auf das Leben im Jenseits hofft, sondern sich den Dingen vermählt. »Noces« erhält eine im Wortsinn präzise Applikation, wo den Verfasser das Selbstvergessen übermannt und ihn mit den Elementen vereint: »... je suis ce vent et dans le vent ...« (I, 112)

Man muss diesem Gestus nicht ohne Einspruch folgen, um gleichwohl zu sehen, wie einem tastenden Erkunden des In-der-Welt-Seins die entscheidenden Einsichten aufgehen. Wenn sich der dritte Text auch der sozialen Wirklichkeit öffnet, übertragen sie sich auf das Verhalten. »Ce pays est sans leçons.« (I, 117) Algerien hält keine Lehren bereit. »Sommer in Algier« referiert es mit Verweis auf die Mixtur aus Glanz und Elend, die das Land dominiert. Was neben den Sorgen des Alltags und der Armut bleibt, ist ein Genießen aus den Empfindungen des Körpers – Strand, Schwimmen, die Liebe, das Vergnügen, während sich das Leben verbrennt und man schnell ins Alter kommt. Dazu die Angst, hier sterben zu müssen, in einem absoluten Diesseits ohne Aussichten auf das Heil. Alles läuft in Bodennähe ab, »sur la terre«. Der Präsenz des Irdischen entspricht ein Gefühl von Unschuld, dem der Begriff der Sünde unverständlich bleibt. – Die Summe des Ganzen gestaltet der letzte Teil von »Noces«. Ausgehend von den florentinischen Meistern des späten Mittelalters, die er als »romanciers du corps« bezeichnet, reflektiert Camus nochmals über die Körperlichkeit des Menschen. Dieses Gehäuse birgt in sich sowohl den Antrieb des Verschwindens ins Nichts wie die Aufforderung zur Erfüllung, bevor die Stunde schlägt. Ein Gott, der leiden lässt und dazu schweigt, eine strafende Hölle als ewige Gegenwart des Schreckens – das ruft nach der Revolte. Besser wäre es, im Revers dazu dem Rhythmus der Erde zu folgen, um ihrer Schönheiten gewahr zu werden. Die Welt ist schön, und außer ihr kein Heil. »Le monde est beau, et hors de lui, point de salut.« (I, 135)

*

Mit der Preisgabe des Erlösungskonzepts, wie es die christliche Kirche in der Auseinandersetzung mit dem Neuplatonismus entworfen und für Jahrhunderte im Bewusstsein ihrer Gläubigen festgeschrieben hat, verändert sich einerseits das Leben im Verhältnis zu sich selbst. Es wird nicht einfacher; im Gegenteil. Doch umgekehrt ist der Mensch nunmehr dazu bestimmt, es in seinem Absolutismus wahrzunehmen und vor sich selbst zu verantworten. Anderseits verdampfen jene Kategorien, die der jüdisch-christlichen Theologie dazu dienten, das Moralische als von oben her reguliert vorzuweisen und insbesondere im Sinne metaphysischen Schuldigseins den Seelen einzusenken. Nietzsches Zertrümmerung dieses Kosmos hat auch bei Camus ihre Spuren hinterlassen. Doch was dort in die pathetische Vision vom Übermenschen eingelaufen war, verändert sich hier zur Bescheidenheit hin: zur Genügsamkeit im Umgang mit der Lebenszeit, die nur ein flüchtiger Augenblick ohne Zukunftswissen sein kann.[13] Den großen Roman, der die Stellung des Menschen in der Welt unter den Herausforderungen des Widersinnigen und Bösen diesseitiger Provenienz zu erkunden sucht, beginnt Camus wenige Jahre nach »Noces« und in Erweiterung der Philosophie vom »Fremden«. Der Titel, der anfänglich noch mit der Variante »Die Gefangenen« spielt, lautet schließlich »La Peste« (»Die Pest«). Mehr als fünf Jahre benötigt der Autor für die Abfassung, bis er endlich am 27. Dezember 1946 Louis Guilloux die Beendigung mitteilen kann.[14]

Niemand – und zuletzt Camus selber – wollte in Abrede stellen, dass dieses weitläufig-konzentrierte Epos um die Seuche, die eines Tages unerwartet und plötzlich die Hafenstadt Oran überfällt, auch aus Erfahrungen geboren ist, die den Autor mit diversen Formen des Exils konfrontieren. Die deutsche Besatzung Frankreichs, die nach der Landung der Alliierten in Nordafrika noch auf die Südzone von Vichy übergreift, zwingt zu Monaten der Trennung von Francine und zur Verborgenheit im Panelier oder in den Hotels von Paris.[15] Vor allem aber manifestiert sich in diesen Jahren das Gesicht einer Diktatur, die jede Form von Freiheit und Meinungsäußerung liquidiert und nur ein Volk der Untertanen kennt. Der Kerker hat viele Gewölbe und Gänge, und neben dem physischen unterjocht er auch das geistige Leben. Jeder Widerstand ist ein Wagnis unter Todesdrohung, jede Solidarität im gemeinsamen Leiden riskiert ihre Strafe. Endlich hat sich auch die Perspektive auf einen denkbaren »Sinn« der Geschichte in die Richtung der Unvernunft verdunkelt, der selbst marxistische Dialektik nur unter gedanklichen Verrenkungen beizukommen vermöchte. Besser scheint die Lage jenes Philosophieren zu treffen, das im Zeichen des Existentialismus den Begriff von der Geworfenheit ins Dasein fruchtbar macht. Doch Camus denkt noch weiter und darüber hinaus. Für ihn ist die Befreiung vom Joch der Invasoren keineswegs Anlass zum Optimismus. Der Streit um die Verfassung der Vierten Republik und zuvor schon auch die Aufstände in Algerien nähren die Skepsis gegenüber dem Fortschritt in der Historie. Sie hat sich in »Noces« den Schönheiten der Natur und der *unio mystica* zwischen Mensch und Erde zugewandt. Jetzt muss sie sich unterm Druck der Epoche auch dem Politischen stellen.

Gleichwohl ist »La Peste« kein politischer Roman. Was spätere Kritiker von links – und unter ihnen insbesondere Roland Barthes – monieren, dass der Roman das Solidarische nach politischer Lesart vermissen lasse, geht an den Absichten des Schriftstellers vorbei.[16] Erlaubt, ja befördert »Die Pest« ein Verständnis allegorischen Zuschnitts mit Blick auf die jüngste Vergangenheit und das Verhalten in der Knechtschaft, so spannt sie den Horizont zugleich wesentlich weiter. Für die Erzähltechnik steht Melvilles »Moby Dick« Pate, mit dem sich Camus seit dem April 1938 beschäftigt. Die Collage von »Faits divers« oder knappen Resumees im Stil der Chronik profitiert von der Lektüre Stendhals. Medizinische Kenntnisse erwirbt sich der Autor aus der Fachliteratur und zumal aus einer großen Studie von Prousts Vater Adrien Proust.[17] Weiter bezweckt das Epos auch eine intensive Erörterung des Bösen vor der Folie der christlichen Heilslehre, und endlich ist abermals die Grundfrage nach der Stellung und den Aufgaben des Einzelnen in einer Welt aufgeworfen, die sich diesem als ein Drama des Absurden zu erkennen gibt. Neu und in entwickelter Distanz zum »Étranger« verläuft indessen der Weg vom Individuum zum kollektiven Bewusstsein. Eine Tagebuchnotiz von Ende August 1942 bestätigt es. »Der Fremde beschreibt die Blöße des Menschen dem Absurden gegenüber. Die Pest beschreibt die tiefe Gleichwertigkeit der individuellen Standpunkte demselben Absurden gegenüber. Es ist ein Fortschritt, der in den anderen Werken deutlicher werden wird. Aber außerdem demonstriert *Die Pest*, dass das Absurde einen nichts lehrt. Das ist der endgültige Fortschritt.«

Die Philologie hat erschlossen, wie intensiv sich die Arbeiten und Projektstudien gestalteten. Camus veränderte das Personal mehrmals, verwarf eine erste Fassung, nachdem die Deutschen im November 1942 in der Südzone Frankreichs einmarschiert waren, und legte sich schließlich auf jene Struktur fest, die aus fünf Kapiteln oder Teilen besteht. Figuren wie Philippe Stephan, die in der ersten Version noch deutliche Individualität beanspruchen sollten, verschwinden in der Endfassung – aus Stephan wird Cottard, der als Geschäftemacher und verhinderter Selbstmörder ins Leben tritt. Psychologie als Erforschung innerer Zustände und »Geschichten« schwächt sich dabei ab: Die Realität der Pest soll andere Eigenschaften ins Licht rücken.[18] Camus' temporäre Trennung von seiner Frau wiederum fließt als Motiv nun ein sowohl im Dasein von Rambert, dem Journalisten, wie von Rieux, dem Arzt. Die Frauen halten in beiden Fassungen den Status von Statistinnen; eine Ausnahme macht Rieux' Mutter. Dazu notiert Camus in sein Tagebuch: »Peste: c'est un monde sans femmes et donc irrespirable.« (II, S. 1059) Erst spät löst der Verfasser auch das Problem der Rolle des Erzählers, der von sich selbst nur in der dritten Person spricht. Kurz vor der Fertigstellung des Romans kommt es zur Enthüllung, dass dieser Chronist niemand anderer ist als Bernard Rieux.

Ein Motto von Daniel Defoe eröffnet die Story. »Es ist ebenso unvernünftig, eine Art Gefangenschaft durch eine andere darzustellen, wie irgendetwas, was wirklich existiert, durch etwas, was nicht existiert.« (P, 5) Diese Introduktion, die wohl viele Leser im Unklaren ließe, darf – wie im Verlauf der Geschichte anderes mehr – der Ironie zugeschlagen werden. Denn welche Gefangenschaft wäre die wirkliche? Wäre die Realität der Seuche in Oran gemeint, so verböte sich die allegorische Lesart auf das Politische hin. Hätte Camus aber den Kerker der Besatzungszeit schildern wollen, so hätte dessen Verbildlichung zur Pest hin die Unvernunft solchen Unterfangens entblößt.

Die Antwort muss offenbleiben. Unmissverständlich ist, dass zunächst alles Geschilderte auf den Realismus hin fokussiert. Die »seltsamen Ereignisse«, die in den vierziger Jahren des 20. Jahrhunderts eine harmlose Hafenstadt heimsuchen und damit in Opposition zum Gewöhnlichen treten, das in Oran sonst dominiert, wollen im Stil einer Chronik referiert sein. So waren die Plagen der Pest von Athen über Genua bis in die Provence dokumentiert worden, und so will es auch der Verfasser für deren jüngste Erscheinung. – Oran ist hässlich. Schöne Tage kommen im Winter, während der Sommer die Vegetation eintrocknet und ein scharfer Wind durch die Straßen fegt. Die Bevölkerung lebt vom Handel und fristet ein Dasein ohne exquisite Vergnügungen: Am Wochenende lockt das Meer, abends trifft man sich im Café. Davon, nämlich von einem Leben im grauen Auf und Ab der Alltäglichkeit, hat schon der »Étranger« berichtet. Dieses Dekor ohne Glanz kehrt nun wieder.

Oran ist eine Stadt »ohne Ahnungen« und hierhin, wie es heißt, »modern«. Zu solcher Modernität gehört ein Wirklichkeitssinn, der sich an den unmittelbaren Bedürfnissen von Leben und Überleben orientiert. »Ein Kranker ist hier sehr allein.« (P, 10) Dies hat Camus bereits für das Porträt von Algier in den vier Prosaskizzen von »Noces« festgestellt. Und ebenfalls in Parallele dazu ist die »unvergleichliche Kulturlandschaft« gesetzt, die auch Oran umgürtet. Doch die Menschen bleiben davon unberührt und frönen ihren Verrichtungen ohne Blick auf die Schönheiten der Natur noch auf die Zeugnisse der Geschichte, die als Ruinen das *memento mori* lehren könnten. So sieht es der Erzähler, der sich rasch als Beobachter präsentiert, dem mehr an den Fakten als an ihrer Deutung liegt. Zwar sei er »zwangsläufig in alles verwickelt«, wovon bald die Rede sein wird, aber ebendeshalb will er sich der Objektivität befleißigen. Die eigentliche Chronik beginnt mit dem Datum des 16. April. An diesem Morgen stolpert der Allgemeinpraktiker Bernard Rieux auf der Treppe des Mietshauses über eine tote Ratte. Der Zwischenfall riefe dem Gebildeten Kafkas »Verwandlung« oder auch den unheimlichen Ingress zum »Prozess« in Erinnerung, während er im Grunde bloß eine Banalität vermeldet. Im Fortgang des Erzählens erfährt man, dass Rieux' Frau krank ist und zur Kur in ein Sanatorium muss. Die Mutter des Arztes ist deshalb angereist, ihm den Haushalt zu besorgen: Ein Telegramm meldet ihre Ankunft – und zitiert so beiläufig sich selbst als Figur der Wiederholung. Zu Beginn des »Fremden« wird Meursault auf vergleichbare Weise der Tod der Mutter bekanntgegeben. Mit Rieux' Ehe steht es freilich nicht zum Besten. Er hofft daher auf einen Neubeginn, nachdem seine Frau geheilt zurückgekehrt wäre. Er verabschiedet sie auf dem Bahnhof. Inzwischen sind weitere tote Ratten aufgetaucht. Dem Richter Othon, dem er auf der Station begegnet, antwortet Rieux, dies sei nicht schlimm. Kein Grund zur Sorge.

Wirklich nicht? Bevor das Drama langsam an Dynamik gewinnt, bringt Camus weitere Protagonisten ins Spiel – oder eher auf die Bühne: Denn »Die Pest« lässt sich in vielem wie ein Theaterstück verstehen, das nach Raum und Zeit hin dem Prinzip der Verdichtung folgt. Rieux lernt einen Journalisten kennen – Rambert –, der aus Frankreich gekommen ist, um die hygienischen und sozialen Verhältnisse in Oran zu erforschen. Wenig später taucht Jean Tarrou auf, dessen Neigungen im Unklaren belassen werden, der allerdings seinerseits bald zu Papier bringen wird, was in Oran geschieht. Der Concierge, Monsieur Michel, zeigt sich beunruhigt über die Häufung toter Ratten. Als er erkrankt, scheint noch immer Normalität zu herrschen. Dazu kommentiert Rieux' Mutter lakonisch: »So etwas kommt vor.« Erst nachdem über hundert Rattenkadaver gezählt sind, kehrt Beunruhigung ein. Die »widerliche Invasion« endige in einem apokalyptischen Sterben in der Nähe der Menschen, heißt es. Oder in den Worten des Berichterstatters, der hier das Terrain der Sachlichkeit erstmals verlässt und zu Vergleichen aus der Naturgeschichte greift: »Man hätte meinen können, dass die Erde selbst, auf die unsere Häuser gestellt waren, sich von ihrer Ladung Körpersäfte entschlacke, dass sie Furunkel und Eiterwunden an die Oberfläche aufsteigen ließ, die bisher in ihrem Inneren gärten.« (P, 26)

Solch biomorphes Vergleichen, wie es bekanntlich Proust zur Meisterschaft erhob, findet sich im Roman der Pest sonst nicht. Und dennoch gewährt Camus der Seuche den Status und die Verhaltensweisen eines Subjekts. Sie agiert und vagiert nach eigenem Gutdünken, tritt heftig in Erscheinung, zieht sich scheinbar zurück, scheint endlich besiegt und stößt dennoch überraschend wieder hervor. So bleibt ihr der aktive Part überlassen, das Agens einer Hydra, die ih-

ren Trieben folgt, was noch mehr dazu angetan ist, den von ihr Ge-
geißelten das Zeichen der Opfer aufzudrücken: Hilflosigkeit ist das
Attribut der Menschen in Oran. Damit ist allerdings jene »politische« Lesart begünstigt, die aus der Invasion der Plage den Schluss
auf die deutschen Besatzer ziehen darf. Hier wie dort hält der Täter
die Fäden in der Hand, und was dagegen zu mobilisieren ist, bewegt
sich an den Grenzen der Ausweglosigkeit. Literarisch hat der Autor
solchem Schicksal bereits vorgespurt, nämlich mit der tragisch-iro-
nischen Farce um Caligula.[19]

Aber wir greifen vor. Am 28. April, zwölf Tage nachdem die Chronik eröffnet worden ist, meldet die ortsansässige Nachrichtenagen-
tur bereits achttausend tote Ratten. Sie liegen im Randstein und in
den Kellern, auf den Treppen und am Hafen oder in Kisten, gesammelt und zur Seite gebracht. In der Nähe des Hauses stützt sich der
Concierge schwer auf den Arm eines Priesters, der als Pater Paneloux
und als streitbarer Jesuit kurz vorgestellt wird. Rieux inspiziert den
Kranken und stellt knotige Schwellungen fest. Dieses Fugato, in dessen Verlauf schon wichtige Figuren und Vorkommnisse auf- und wieder abtauchen, dient der Exposition des Stoffes. Die virtuose Dramaturgie arbeitet mit Schnitten, als ob es anders nicht möglich wäre,
den Realitäten beizukommen – nur selten läuft eine Szene länger
als ein paar Minuten, Rastlosigkeit ist der Modus des Erzählens. Ein
nächstes Bild präsentiert zwei neue Protagonisten. Grand, ein Beamter der Stadtverwaltung, hat Rieux zu einem Nachbarn gerufen, von
dem man annehmen muss, dass er sich umgebracht hat. An der Ein-
gangstüre zur Wohnung steht mit roter Kreide geschrieben: »Herein,
ich habe mich aufgehängt.« (P, 30) Das Menetekel darf sich aus-
nahmsweise als satirische Einlage präsentieren. Cottard, der Kandi-
dat, ist bei dem Versuch gescheitert und berichtet den beiden Besuchern, es sei bloß »ein Augenblick der Verwirrung« gewesen, der ihn
zu der unbedachten Tat getrieben habe. Tatsächlich hat ihn Grand
noch rechtzeitig vom Seil geholt.

Als erster stirbt der Concierge an der Pest. Nach zwei Tagen und
Nächten der Qualen ist er dahingerafft, während draußen Blumen-
duft und Frühlingsbrise darauf hoffen ließen, dass alles nur ein böser
Spuk gewesen sei. Die Bestürzung changiert zur Panik, und die Angst

forciert das Nachdenken. An diesem Punkt darf der Erzähler einen Kollegen einführen, der seinerseits Buch führt über die Begebenheiten in Oran, doch aus verschiedener Optik oder, wie er es formuliert, »durch ein umgekehrtes Fernglas«. Der gutmütige Tarrou ist dazu ausersehen, intermittierend das banal Alltägliche aufzuzeichnen, »der Geschichtsschreiber dessen zu sein, was keine Geschichte hat«. (P, 38) Folglich verfasst Tarrou seine Berichte entlang einer Linie, die Gewöhnliches registriert: Gespräche in der Straßenbahn, Szenen wie jene, da ein alter Mann von seinem Balkon aus die Katzen mit Papierschnipseln lockt und sie dann bespuckt, Beobachtungen aus dem Hotel, zu Beginn seines Tagebuchs auch Schilderungen von Oran und der »absurden« Anlage der Stadt, dazu die Befriedigung, sich an so hässlichem Ort aufhalten zu können. Aus einem Gespräch mit dem Nachtportier wird kenntlich, dass allein »inneren Frieden zu finden« Tarrous wirkliches Interesse sei. – Camus zeichnet diese Figur mit besonderer Sorgfalt. Tarrou ist neben Rieux der Hauptakteur, der seine Person asketisch zurücknimmt, um sich um so entschiedener dem Unglück der anderen zu stellen – als Registrator des Elends, als Organisator der Hilfstruppen, als Glaubender ohne Gott. Man darf das auch so verstehen: Was Geschichte von oben, und sei sie für metaphysisch Bewegte aus unerforschlichem Ratschluss veranlasst worden, in der Welt verfügt, ist immer und elementar auch das Leiden da unten. Selten findet es Gehör, noch seltener eine Stimme, die es zum Zeugnis erhöht. In Tarrou gestaltet Camus das Echo einer Historiographie, die dem Vergessen entgegentritt und insofern im eigentlichen Sinn des Worts soziale Geschichte ist.

Dem fügt sich das Porträt von Rieux spiegelbildlich an. Man hat sich den Arzt als einen Mann in den mittleren Dreißigern vorzustellen, stämmig »wie ein sizilianischer Bauer«, als Autofahrer zerstreut, im Dienst ohne Nachlassen, kein Redner, vordergründig sachlich, nach innen nicht ohne lyrische Gedanken. – Das Wetter schlägt um, und ineins damit empfinden sich die Stadtbewohner als Gefangene des Himmels. Dass sich eine Epidemie vorzuschieben beginnt, ist nicht mehr zu leugnen, im Gespräch mit einem älteren Kollegen, Castel, kommt Rieux zum Schluss: Die Pest geht um. Das Wort ist zum ersten Mal gefallen. »Plagen sind ja etwas Häufiges, aber es ist schwer, an Plagen zu glauben, wenn sie über einen hereinbrechen. Es hat auf der Welt genauso viele Pestepidemien gegeben wie Kriege. Und doch treffen Pest und Krieg die Menschen immer unvorbereitet.« (P, 57) So meditiert der Erzähler. Er belässt es nicht dabei. Es folgt eine Kritik an der Dummheit, die nicht wahrhaben will, was wirklich geschieht, und an den »Humanisten«, die nicht an Plagen glauben wollen. »Eine Plage ist nicht auf den Menschen zugeschnitten, daher sagt man sich, dass sie unwirklich ist, ein böser Traum, der vorübergehen wird. Aber er geht nicht immer vorüber, und von einem bösen Traum zum nächsten sterben Menschen, und die Humanisten zuerst, weil sie sich nicht vorgesehen haben.« (P, 58)

Kann man sich gegen die Pest vorsehen? Oder vom Horizont politischer Realitäten her gefragt: Wäre es möglich gewesen, die Invasion des imperialen Aggressors abzuwenden? Das schiene in Kenntnis der Sachlagen wenig wahrscheinlich. Es geht hier um anderes: um die Früherkenntnis des Bösen in der Welt, das kein Humanismus sei es der Ignoranz, sei es der Duldsamkeit aus ebendieser Welt wegzuschaffen vermöchte. In der wie auch immer verzögerten Reaktion auf die *conditio terrena* gründet der Skandal solcher Dummheit. Kein ausdrücklicher Pessimismus ist vonnöten, es festzustellen, da sich diese Moral oder Lehre doch eigentlich von selbst verstünde. Der Roman von der Pest ist – getreu den Forderungen, die der Essay zum Mythos des Sisyphos an die Kunst gestellt hat – kein Text der Erklärung seiner selbst. Doch in minimalen Erweiterungen der Handlung aufs Philosophische hin schält sich nach und nach der Kern der Bedeutungen heraus. Eine erste lautet: Hütet euch vor einer Arroganz, die der Trägheit des Denkens entspringt und sich dabei als Humanismus drapiert. Dieser verwischt die bittere Erkenntnis, dass Freiheit niemals garantiert sein kann, solange es Plagen gibt. Plagen aber gehören zum Grundbestand des Lebens auf Erden.

Die Pest: Schon schien sie aus dem Repertoire der Konditionen, denen sich eine moderne Zivilisation zu stellen hat, verbannt und mithin auch vergessen. Der Arzt erinnert sich an die Geschichte der Epidemie und an die Scheiterhaufen, auf denen nach den Berichten des Lukrez die Toten vom Feuer verzehrt wurden. Das alles scheint längst vorbei, und als mögliches Szenario einer Wiederkehr hält es der Vernunft nicht stand. Rieux öffnet das Fenster, draußen kreischt eine mechanische Säge, ein Signal aus der Normalität. Gewissheit liegt nur in der alltäglichen Arbeit. So legt es sich der Beobachter zurecht, der darüber hinaus sich in der Rolle des Sisyphos im Sinne des Essays begreifen will: »Die Hauptsache war, seinen Beruf gut auszuüben.« (P, 63) – Mehr bleibt ohnehin nicht zu tun. Oran ist eine Stadt der einfachen Verrichtungen, und jeder, der dabei der Moral aus Gewohnheit folgt, verwirklicht den Mythos des Steinerollers, ohne nachzudenken. So auch Grand, der Beamte in der Stadtverwaltung, der die Preislisten der öffentlichen Brausebäder überprüft. Grands einzige Passion, die dazu im Verborgenen läuft, ist die Suche nach dem richtigen Wort. Dies betrifft sowohl dessen Applikation im Umgang mit der Gesellschaft als auch die Setzung in einem Manuskript mit literarischem Anspruch, das freilich über den ersten Satz niemals hinausgelangt. Das Motiv von Grands Freude am Text taucht im Roman mehrmals auf; mit jeder Einblendung steigert Camus die Ironie, die durchaus dazu angetan ist, als Kommentar des eigenen Tuns verstanden zu werden.[20]

Nachdem das Wort »Pest« das Bewusstsein der Menschen erreicht hat, geht es nicht mehr um die Terminologie und ihre Interpretationen, sondern um die Zeit. Der Wettlauf mit der Seuche hat begonnen. Er verändert die Bevölkerung je nach individueller Charakteristik zum Besseren oder zum Schlechteren. Cottard, der verhinderte Selbstmörder, zählt zur zweiten Kategorie. Offiziell ein Vertreter für Weine und Spirituosen, betreibt er nun dunkle Geschäfte – ein Kollaborateur der Seuche, der von ihr profitiert und seine liberalen Ansichten mit der Linientreue vertauscht hat, wie sie die Zeitung von Oran einfordert. Grand berichtet Rieux einiges darüber, auch eine seltsame Szene bei der Tabakwarenhändlerin. Während man sich dort angeregt unterhielt, habe die Frau plötzlich eine Verhaftung erwähnt, die kürzlich in Algier Aufsehen erregt habe. »Es ging um einen jungen kaufmännischen Angestellten, der an einem Strand einen Araber umgebracht hatte.« (P, 83) Worauf sich Cottard fluchtartig entfernt habe. – Mit einem einzigen Satz erlaubt sich Camus das Selbstzitat auf die Geschichte vom Fremden. Die Pointe ist, dass sie vor dem Hintergrund der Pest kaum mehr beanspruchen können soll als das Gewicht einer – freilich ungemütlichen – Anekdote. Cottards Reaktion aber zeigt dessen Unbehagen an dem Thema an, da er seinerseits im Begriffe ist, Schuld auf sich zu laden. – Die Fortsetzung dieses Motivs findet sich ein paar Seiten später. Als Rieux den Schieber in dessen Wohnung besucht, entspinnt sich ein eigentümlicher Dialog. Auf dem Tisch ist ein Kriminalroman aufgeschlagen, doch der Leser verweist den Arzt auf eine parallele Lektüre. Er habe nämlich einen Roman gelesen, der davon handle, wie ein Unglücklicher eines Morgens verhaftet worden sei. »Man beschäftigte sich mit ihm, und er hatte keine Ahnung davon. Man sprach in Büros von ihm, man trug seinen Namen auf Karteikarten ein. Finden Sie das richtig? Finden Sie, man hat das Recht, einem Menschen das anzutun?« (P, 87) Rieux gibt eine ausweichende Antwort.

Während Meursault, der »Fremde«, einen Araber getötet hat, bevor er inhaftiert wird, gerät Josef K. in die Mühlen der Justiz, ohne dass er sich einer Schuld, geschweige denn einer Tat bewusst gewesen wäre. Kafka überbietet das Klima des Absurden, indem dieses ohne Grund auf eine Existenz niederfällt. In metaphorischem Sinne ist hier die Passung auf die Pest geliefert, und mag im Fall von Cottard dessen schlechtes Gewissen den Ausschlag über die Verwunderung gegeben haben, dass solches vorkommt, so gelte dies nicht für den Großteil der Menschen, die der Seuche ausgesetzt sind. – Natürlich drängt sich bei solchen Passagen auch die Assoziation aufs Politische auf. Die Proskriptionen der deutschen Besatzer, Verhaftungen bei Nacht und Nebel, Karteikarten, bürokratische Operationen – das alles fügt sich sinnbildlich in jene Prozesse, die so subjektlos und unberechenbar ablaufen wie die Seuche. [21] Doch macht es die Ambiguität des Romans aus, dass er weit darüber hinaus das Existential im Kollektiv zur Sprache bringt, ein Allgemeingültiges, das sich ohne Anstrengung aus den Verwirrungen epochaler Katastrophen lösen lässt.

Das Wetter stabilisiert sich, der Alltag scheint zurückzukehren. Da stört eine amtliche Depesche des Präfekten den Schein des Friedens. Sie lautet: »Pestzustand erklären. Stadt schließen.« (P, 96) – Jetzt ist der Belagerungszustand erreicht, die Isolation vollzogen. Mit diesem Aufruf endet das erste der fünf Kapitel, das zusammen mit dem noch längeren zweiten Teil mehr als die Hälfte des Stoffes zu Entwicklung und Durchführung bringt. Es wäre nicht unangemessen, Camus' Technik der Präsentation und Vertiefung der Personen, aber auch der Themen und Motive mitsamt ihren Splittern und Verweisen mit der Kunst einer Fuge zu vergleichen. Nichts geht verloren, wiewohl es intermittierend abtaucht und anderem Platz gestattet, während solche Vielstimmigkeit zugleich aus der Architektur des Ganzen hervortritt. Die Handlung macht die Grundlinie, die Dialoge variieren sie, die Aufzeichnungen der Chronisten fügen sich ergänzend bei, und gleichwohl entsteht nie der Eindruck montierter Teile.

*

Während das erste Kapitel die Exposition entwickelt und den Begriff von Welt auch im Wechselverhältnis von innen und außen erkundet, bringt das zweite und längste die Engführung hinter verschlossenen Pforten. Camus meint dies zunächst ganz realistisch und begünstigt dadurch zeitpolitische Erfahrungen. Die Kommunikation über die Stadtmauern hinweg reißt ab. Korrespondenzen sind nur unter den Bewohnern von Oran noch gestattet und unterliegen der Zensur. Briefe nach draußen werden abgefangen. Posten bewachen die Tore und verhindern die Flucht. Schiffe, die der Hafenstadt zusteuern, werden umgelenkt. Das Paket der Maßnahmen soll verhindern, dass sich die Seuche über Oran hinaus verbreitet, doch die Folgen sind klar: »So brachte die Pest unseren Mitbürgern als Erstes das Exil.« (P, 103) Bald hat der Berichterstatter zu melden, dass die Leere der Verlassenheit um sich greift und in richtungslos schwebenden Tagen die Menschen ihres Muts, ihres Willens und ihrer Geduld verlustig gehen. Die Konsequenz ist ein verändertes Bewusstsein von Lebenszeit, »nie an den Zeitpunkt ihrer Erlösung zu denken, sich nicht mehr der Zukunft zuzuwenden und die Augen sozusagen immer gesenkt zu halten«. (P, 105) Schließlich lässt der Chronist die Szene von Platons Höhlengleichnis anklingen, wenn er die Unglücklichen in dem Hin und Her aus Hoffnung und Verzweiflung ansiedelt, in welchem die Freiheit zu Aufbruch und Tat vollkommen erloschen ist. »Und so, auf halbem Wege zwischen diesen Abgründen und diesen Gipfeln gestrandet, schwebten sie mehr als dass sie lebten, richtungslosen Tagen und unfruchtbaren Erinnerungen ausgesetzt, umherirrende Schatten, die nur zu Kräften hätten kommen können, wenn sie bereit gewesen wären, im Boden ihres Schmerzes Wurzeln zu schlagen.« (P, 106)

So viel negative Selbsterfahrung ist diesen Geschlagenen weder zuzutrauen noch zuzumuten. Keine metaphysische Einkehr aus Erkenntnis einer Theologie des Leidens soll kompensieren können, was aus der Banalität des Bösen in Gestalt einer Plage herauswächst. Exil und Gefangenschaft werden allein in den Kategorien eines ausweglosen Diesseits erfahren. Auch Meursault, der Fremde, erfährt seine Existenz im Medium reiner Gegenwart. Von allem Anfang an präsentiert er sich in einem fortgesetzt gleichförmigen Jetzt. Doch anders als die Verfolgten der Pest trägt er solches Verhalten aus freien Stücken und noch da, wo er über Monate hinweg auf seinen Prozess, dann auf die Hinrichtung wartet. Für Oran hat sich die Realität von »Huis Clos« in die Gewalt eines Widerfahrenen verwandelt, das ineins damit die Frage nach Schuld und Strafe obsolet macht – niemand, der solche Sanktionen mit irgendwelchen Taten auf sich gezogen hätte, keiner ein Sündenbock, den die Gemeinschaft erkoren hätte, die Geißel plausibel zu machen.[22] Diese antimetaphysische Wende auch für das Philosophieren über die »Moral« der Pest verlängert den Befund des Absurden in das Leben der Gesellschaft. Wer früher dahingerafft wird, ist besser dran, weil er weniger lang dem allgemeinen Schrecken ausgeliefert war. Wer das Kommende zu verdrängen versteht, erspart sich die Agonie des Wartens. »Wenn zum Beispiel einer von ihnen von der Krankheit hinweggerafft wurde, so geschah es fast immer, ohne dass er darauf achten konnte. Er wurde dann aus diesem langen inneren Gespräch herausgerissen, das er mit einem Schatten führte, und übergangslos in das tiefste Schweigen der Erde geworfen. Er hatte zu nichts mehr Zeit gehabt.« (P, 112)[23]

Der schnelle Tod ohne Vorbereitung und Nachdenken ist nicht das, was Camus selbst als Ideal des Abschieds rühmen würde. Im Gegenteil: Der kalte Schnitt ins Leben bedeutet, wie es die früheren Schriften ausführen, die zugespitzte Sinnlosigkeit im Schicksal der

Sterblichen. Aber für das Vegetieren unter dem Diktat des Ausnahmezustands befreit er von dem, was später in die kollektive Agonie münden wird. Es ist auch nicht so, dass alle Opfer der Pest in größerer oder minderer Unkenntnis ihrer Krankheit und des begleitenden Leidens von dannen ziehen. Für die Dramaturgie des Schmerzes allerdings, wie er erst nach und nach zur Deutlichkeit gelangt, kommt es nun darauf an, die Schraube bedachtsam anzuziehen. Im Fortgang der Geschichte nämlich treten die physischen Symptome der Todgeweihten mit erschreckender Deutlichkeit zutage. – Doch alles zu seiner Zeit. Die zweihunderttausend Einwohner erdulden inzwischen die Gesetze der Rationierung; Lebensmittel und Benzin werden knapp. Dafür blühen die Besuche im Kino, und Freund Cottard, der Geschäftemacher, wird zum Repräsentanten der Profiteure. »Wir werden alle verrückt, das ist sicher.« (P, 118) Der Egoist registriert es mit Genugtuung. – Zur selben Zeit erzählt Grand, der Verwaltungsbeamte, Rieux aus seiner Biographie. Als junger Mann hat er ein armes Mädchen aus der Nachbarschaft geheiratet und darüber sein Studium abgebrochen. Der Rest sei einfach gewesen. Eines Tages habe sie ihn mit einem anderen verlassen. »So ergeht es allen: man heiratet, man liebt noch ein bisschen, man arbeitet. Man arbeitet so viel, dass man darüber das Lieben vergisst.« (P, 120)

Der moderne Sisyphos ist der Mann in der Menge, dessen Unglück aus der unbefragten Akzeptanz alltäglicher Daseinsvorsorge erwächst. Aufstehen, Straßenbahn, Arbeit, Essen, Arbeit, Straßenbahn, Essen, Schlafen: Dieses Fatum hat Camus im »Fremden« nur kurz gestreift. Jetzt erhält es – wieder aus der Sicht eines Betroffenen – den Status der Reflexion. Der Fortschritt beruht genau auf solcher Differenz zur Nachdenklichkeit hin. Sisyphos wird erst glücklich, nachdem er sich dazu entschieden hat, die Last im Bewusstsein der Einwilligung zu schultern, und Grand findet wenn nicht Zufriedenheit, so doch allmählich innere Ruhe, da er das Ungenügen am Leben erkannt hat und nunmehr sich noch entschiedener den Pflichten in der verseuchten Stadt übergibt. Die Devise hieße, nachdem seine Liebe gescheitert ist, Solidarität. – Zum selben Thema gehört, was kurz darauf in einer Diskussion zwischen Rambert und Rieux zur Sprache kommt. Der Journalist hat seine Frau in Paris zurückgelassen. Seit

Wochen sinnt er darüber nach, wie er den Zustand der Belagerung überspringen und die Flucht antreten könnte. Sein wichtigstes Argument gegenüber dem Arzt: Er sei schließlich nicht von hier. Rieux verkörpert ihm nicht nur die Moral des Bleibens, sondern auch den Diskurs von Vernunft und Abstraktion. Das Gespräch geht hin und her, bis Rieux zögernd zugesteht, dass Rambert recht habe mit seiner Sehnsucht nach dem Glück. Bei aller Verantwortung in der und für die Gesellschaft bleibt ein wie immer ungedeckter Anspruch auf das individuelle Wohl, und es wäre vermessen, solche Freiheit im Sinne des »Ganzen« in Abrede zu stellen, schlimmer noch: moralisch zu disqualifizieren. Was die französische Linke ihrem argwöhnisch gewordenen Bruder schon bald zum Vorwurf machen wird – dass er Gefolgschaft im geschichtlich-politischen Auftrag nur unzureichend leiste –, ist hier *in nuce* angelegt. Camus seinerseits will sagen: Der Konflikt zwischen den Rechten und Bedürfnissen des Einzelnen einerseits, den Maßstäben und Diktaten des Kollektivs andererseits ist grundsätzlich nicht lösbar. Am Ende definiert womöglich ein Zufall, wie die Güter gegeneinander abgewogen werden.

In Oran freilich wird alles immer noch schlimmer. Längst hat das Bimmeln der Sanitäter die freundlichen Signale des Eismanns oder des Metzgers abgelöst. Szenen des Irrsinns und des Entsetzens bestimmen die Lebensdichte der Eingeschlossenen. Da passt, dass der Jesuitenpater eine »Betwoche« verkündet. Paneloux hält seine erste große Predigt. Der stämmige, mittelgroße Mann, der früher Vorträge über den modernen Individualismus gehalten hat und sich lieber mit seiner Schrift über Augustinus und die afrikanische Kirche beschäftigen würde, übernimmt die Rolle Savonarolas und hält der Bevölkerung eine Brandrede.[24] Dieser Auftritt in der Kathedrale markiert einen ersten dramaturgisch-gedanklichen Höhepunkt im Roman – eine Gelenkstelle, die dessen philosophisches Gewicht zur Deutlichkeit bringt. »Liebe Brüder, ihr seid im Unglück, liebe Brüder ihr habt es verdient ...« (P, 138)

Der Paukenschlag ist die Ouvertüre für eine lange, rhetorisch ausgreifende Analyse des Bösen in der Welt, das im Augenblick des Nachdenkens fasslich werden soll. Was ist die Pest? Sie ist mit Paneloux' Metapher der »Dreschflegel« in der unermesslichen Scheuer des Universums. So erfasst sie unterschiedslos die Gerechten und die Ungerechten. Doch wäre es falsch, wenn »Heilssucht« das Wirken des Allmächtigen über Gebühr zu beeinflussen versuchte. »Man darf es nicht eiliger haben als Gott, und alles, was die unwandelbare Ordnung, die er ein für allemal eingerichtet hat, beschleunigen soll, führt zur Ketzerei.« (P, 144) Mit diesem theologischen Argument wider die vom Menschen betriebene Beschleunigung zur Erlösung hin setzt der Pater den Kontrapunkt zum Wunsch, die Schöpfung möchte sich nach den Bedürfnissen der Irdischen hin ausrichten lassen. Es gilt entweder die Akzeptanz dessen, was ohne Begründung geschieht, oder Auflehnung dagegen mit dem Verdikt der Ketzerei. Später findet der Untersuchungsrichter Othon das Wort der Irritation über so viel Fatalismus im Angesicht des Elends. Was bedeute die Pest anderes, als »für ein unbekanntes Verbrechen zu einer unvorstellbaren Gefangenschaft verurteilt« zu sein? Der Mann des Gesetzes reflektiert mit den Kategorien von Schuld und Sühne: Es muss etwas Bedenkliches vorgefallen sein, das solche Bestrafung nach sich zieht. Der Pater löst das Böse aus seinen möglichen Herleitungen und stellt es unter Gottes alleinigen Ratschluss. Hier wie dort ist die Seuche das Agens, der blinde Exekutor, und hier wie dort lauert im Hintergrund die Frage nach ihrem »Sinn«. Dabei wäre doch alles viel einfacher. Die Geißel verdankt sich nichts anderem als der Tatsache, dass die Welt kontingent ist – oder »absurd« eben für jene, die davon beunruhigt sind, dass Erfüllung im Dasein und Verweigerung seines Glücks so nahe beisammenliegen. Der Theologe ist diesem Hiatus auf der Spur, doch seine Berufung verbietet es, daraus die letzte Konsequenz zu ziehen. Man darf dem verborgenen Gott seiner fernen Dezisionen nicht mit Vorhaltungen kommen.

Kurz nach der Predigt fällt die große Hitze über die Stadt. Es ist Sommer geworden in Oran. Spezialtrupps erschießen Hunde und Katzen. Rambert treibt die Pläne seiner Flucht im zwielichtigen Milieu der Schieber und Bestecher voran. Als er Plakate sieht, die Cannes als Ferienziel annoncieren, wird er auch der »entsetzlichen Freiheit« gewahr, die ihm versperrt ist. Paneloux' Predigt aber wirkt nach. Sie bietet die Folie für eine lange Unterredung, diesmal zwischen Rieux und Tarrou, dem Chronisten der atmosphärischen Nuancen in Oran. Der Arzt sieht keinen Grund, die Seuche als Kollektivstrafe zu verstehen. Elend, Schmerz, physische und psychische Erniedrigung – alles kein Grund für falschen Fatalismus. Zum ersten Mal verlässt Rieux die Deckung der Diskretion und wird ausdrücklich. Warum sich in blindem Gehorsam aufopfern? Wenn ein Begriff von Schöpfung überhaupt angebracht ist, so lautet die Antwort: Rebellion. Wenn aber eine Ordnung der Welt vorauszusetzen wäre, so hieße das sie begleitende Gefühl: Ekel. Gott und sein schweigender Himmel – vor und unter diesem Konstrukt verbliebe nur, sich so gut wie möglich seines Lebens und des Lebens der Mitmenschen nach bestem Wissen und Gewissen zu versichern.[25]

Was viele frühe Texte erzählerisch oder essayistisch berührt haben: den falschen Konflikt zwischen »göttlichem« Wirken und menschlicher Endlichkeit, revidiert der Doktor nun abermals zugunsten alles Irdischen. Die Folge daraus ist, dass sich Tarrou daranmacht, Arbeitsgruppen aufzustellen, die wenigstens hienieden und mit immer bloß vorläufigen Siegen für Linderung sorgen. Die Losung heißt Kampf. Diese *résistance* darf, die Herausforderungen der Zeit vor Augen, natürlich auch politisch gelesen werden. Aber ihr philosophischer Stachel trifft ins Herz der individuellen und sozialen Existenz. Einerseits stellt die Pest den Einzelnen vor die Entscheidung, trotz ihrer Schrecknisse »richtig« zu leben; andererseits ist sie inzwischen, wie es heißt, »die Sache aller«. Für Rieux – eigentlich jedenfalls hier für Camus – treten die Kategorien von Gut und Böse dabei in den Hintergrund.

Das verdeutlicht sich in einem inneren Monolog des Erzählers, da der Arzt über die Gründe und Absichten menschlichen Handelns nachdenkt. »Das Böse in der Welt geht fast immer von Unwissenheit aus, und der gute Wille kann ebenso viel Schaden anrichten wie die Bosheit, wenn er nicht aufgeklärt ist. Die Menschen sind eher gut als böse, und eigentlich geht es gar nicht um diese Frage.« Und weiter: »Aber sie sind mehr oder weniger unwissend, und das nennt man dann Tugend oder Laster, wobei das hoffnungsloseste Laster das der Unwissenheit ist, die alles zu wissen vermeint und sich deshalb das Recht nimmt zu töten. Die Seele des Mörders ist blind, und es gibt keine wirkliche Güte oder wahre Liebe ohne die größtmögliche

Klarsichtigkeit.« (P, 191f.) – Solches Räsonnement hielte wohl strenger philosophischer Analytik kaum stand. Denn welche Qualität von Wissen wäre geeignet, für jedermann verbindlich das Recht vom Unrecht, das angemessene vom fehlgeleiteten Verhalten zu definieren? Man mag darin übereinkommen, dass Aufklärung notwendig ist, dem Trieb entgegenzuwirken, damit sich durchzusetzen vermag, was nach allgemeiner Einsicht ohnehin gilt: Das Moralische versteht sich von selbst.

Es verstünde sich bei Geistesgegenwärtigkeit von selbst, doch lehrt das Leben in und mit der Pest, dass die einen zu Helden des Alltags werden, während die anderen entweder erst unterwegs dazu sind oder – aus Unwissenheit? – daran scheitern. Cottard zählt zur zweiten Kategorie, als er einmal äußert, seine Aktionen beruhten auf einem »Irrtum«. Rambert, der Journalist, bewegt sich in einer Zwischenzone. Obwohl er noch länger und erfolglos die Flucht betreibt und nichts mit Leuten zu tun haben will, die bereit sind, für eine Idee zu sterben, sucht er schließlich die Zusammenarbeit mit Rieux. Grand aber wird das Attribut eines »unauffälligen Helden« zuteil, weil er seine Pflichten mit lakonischer Selbstverständlichkeit versieht. Darüber hinaus macht ihn das endlose Laborieren am ersten und einzigen Satz seines »Romans« zu einem Don Quichotte in ästhetischer Absicht. Der Ingress lautet nun zum Beispiel so: »An einem schönen Maimorgen ritt eine schlanke Amazone auf einer herrlichen Fuchsstute durch die blühenden Alleen des Bois de Boulogne.« (P, 196)[26] Mit Tarrou diskutiert der ewig unzufriedene Urheber des Texts über die Wahl der Worte, und bereits wieder will er das Adjektiv »herrlich« durch ein passenderes Attribut ersetzen. – Grands bescheidene Ambition unterwegs zur Literatur stellt das einzige Seitenmotiv der »Pest«, das so etwas wie den Schein ironischer Heiterkeit über die Geschichte legt.

*

Auf dem Kulminationspunkt der Plage, den die kürzeren Kapitel drei und vier referieren, münden die individuellen Schicksalszeiten in das Elend des Kollektivs. Wind und Meeresrauschen sind die Begleitmusik für das Stöhnen der Stadt. Brände greifen um sich. Das Ausgehverbot wird verhängt. Und als ob eine historische Anthropologie die Feder führen sollte, verblassen unter dem Terror wachsenden Irrsinns die Erinnerungen daran, »was der Mensch gewesen war«. Er wird immer häufiger auf seine Physis reduziert, zum Körper, dann zur Leiche, die möglichst rasch weggeschafft werden muss. – Camus spielt dabei unübersehbar auf die Prozeduren an, wie sie in Frankreich zur Zeit der Deportation der Juden, dann in Auschwitz mit der sogenannten Endlösung vollstreckt wurden. Formalitäten gehen rasch vonstatten, Beerdigungen enden im Massengrab, Särge dienen nur dem Transport und werden anschließend wieder verwendet, ein Krematorium wird installiert, ein »endloser Leerlauf« bemächtigt sich der Opfer und der Vollstrecker der »Organisation«.[27] Von den Bewohnern Orans wird mittlerweile berichtet, dass sie allesamt bescheiden geworden seien. Sie entbehren der Liebe und der Freundschaft, entraten des je Besonderen, werden sich gleich. »Anders gesagt, sie wählten nicht mehr.«[28]

Damit hätte – gegen seine philosophisch versierten Apologeten – der Existentialismus ausgespielt. Nicht die Wahl des Eigenen ist noch zu treffen; deren Ermöglichung hat das kollektive Verhängnis vollkommen aufgesogen. Doch Camus geht noch weiter. Mit der Allegorisierung der Seuche in die Richtung eines Menschheitsübels ohne nähere Ursachen zerfallen auch die traditionellen Ordnungsmuster – es gibt keine Polizei, keine Verbrecher, keine Schuldigen mehr. Wäre nun Rambert immer noch vorzuwerfen, dass er trotz seines Engagements auf der Seite des Arztes auf baldiges Entweichen hofft? Trüge Cottard, der die frühere Einsamkeit mit der Kumpanei der Schieber vertauscht hat, das Kainsmal des Verräters an der Gesellschaft? Was bleibt, ist Buchhaltung – das Nachführen der Karteikarten, kafkaeske Entindividualisierung mit den Mitteln der Statistik. Dass die Oper gleichwohl noch aufspielt, mag kaum ins Bild der Katastrophe passen. Camus leistet sich damit einen Scherz der schwarzen Satire. Als ein »Orpheus« gegeben wird – man erfährt nicht, ob von Gluck oder von Offenbach –, geschieht es mit schauerlicher Plötzlichkeit, dass der Tenor mitten auf der Bühne zusammenbricht. Das Publikum eilt unter Geschrei zu den Ausgängen.

»Cottard und Tarrou, die nur aufgestanden waren, blieben allein vor einem der Bilder dessen, was damals ihr Leben ausmachte: auf der Bühne die Pest in Gestalt eines verrenkten Schmierenkomödianten und im Saal der ganze überflüssig gewordene Luxus in Form von vergessenen Fächern und Spitzen, die auf roten Sesseln liegengeblieben waren.« (P, 288f.)

Der bürgerliche Stuck blättert ab, die Embleme des Behagens und der Repräsentation werden zu Spolien der Seuche – »Kultur« oder einfach das höhere Vergnügen am Leben finden weder Raum mehr noch Zeit, sich selbstbewusst zu entfalten. Der sterbende Tenor verstärkt im Szenario die Bühnenwirklichkeit des Geschehens. Der erkrankte Sohn des Richters Othon führt wieder zurück in die Realität von Schmerz und Tod, wo das Dasein in der Endlichkeit ohne Maskeraden greifbar wird. Wäre für das Fanal in der Oper der makabre Witz von Thomas Manns frühen Novellen in Erinnerung zu bringen, so glichen die Szenen im Spital, die Camus nun unter scharfe Beleuchtung setzt, den härteren Wendungen im »Zauberberg«. Auch Oran ist eine Insel geworden; ein Gefängnis des Widersinns unter der Fuchtel einer Plage, die nicht nach Verdienst oder Unschuld differenziert. – Es ist September. Pater Paneloux löst Rambert auf der Quarantäne-Station ab, derweil sich der Journalist entschlossen hat, definitiv die Stellung zu halten: Die Geschichte, so begreift er jetzt, gehe alle an. Castels Serum wird, der Not geschuldet, an Othons Kind erprobt.

Rieux, Castel und Tarrou haben sich am Bett eingefunden, bald gesellen sich Paneloux und Grand hinzu. Was sich vor aller Augen und über mehrere Stunden hinweg abspielt, ist die Agonie – der Todeskampf der Unschuld. »Sie hatten schon Kinder sterben gesehen, denn der Schrecken schlug seit Monaten wahllos zu, aber noch nie hatten sie deren Leiden Minute für Minute verfolgt, wie sie es seit dem Morgen taten. Und natürlich hatte der Schmerz, den diese Unschuldigen erdulden mussten, nie aufgehört, ihnen als das zu erscheinen, was er in der Tat war, nämlich ein Skandal. Aber bisher zumindest empörten sie sich gewissermaßen abstrakt, weil sie der Agonie eines Unschuldigen nie so lange zugesehen hatten.« Dieses Ende zieht sich unter furchtbaren Qualen über mehrere Seiten, lässt die

Anwesenden in reglosem Schrecken bis hin zur metonymischen Verdichtung im Angesicht der körperlichen Entstellung. »Paneloux sah diesen von der Krankheit besudelten, vom Schrei aller Zeiten erfüllten Kindermund an. Und er sank auf die Knie, und alle fanden es normal, ihn mit etwas gedämpfter, aber trotz der namenlosen, unaufhörlichen Klage deutlichen Stimme sagen zu hören: ›Mein Gott, rette dieses Kind.‹« (P, 307ff.)

Des Paters Gott erhört ihn nicht. Obwohl Paneloux gegen das Verdikt aus seiner ersten Predigt gehandelt hat, man dürfe dem Herrn nicht zwischen dessen Absichten zu treten versuchen, bleibt die Bitte – ebendeshalb? – ohne Erfolg. Als der Knabe verschieden ist, kann Rieux nicht mehr an sich halten und schleudert Paneloux entgegen: »Ah, der hier zumindest war unschuldig, das wissen Sie genau!« – Nochmals versucht der Pater das *credo quia absurdum* in Stellung zu bringen – vielleicht müsse man lieben, was man nicht verstehen könne. »Nein, Pater«, ist die Replik des Arztes. »Ich habe eine andere Vorstellung von der Liebe. Und ich werde mich bis zum Tod weigern, diese Schöpfung zu lieben, in der Kinder gemartert werden.« (P, 314) Mit der zweiten großen Schlüsselstelle im Roman nimmt Camus abermals auf, was seit den ersten Essays und erzählenden Texten seine Überzeugung ist: Der Tod und das Böse sind in der Welt, aber keine Schöpfungstheologie vermöchte deren Existenz zu mildern, geschweige denn zu rechtfertigen. Paneloux gibt noch nicht zu erkennen, wie sehr ihn das Geschehene vor dem Hintergrund seines eigenen Glaubens in Unruhe versetzt. Doch das Resultat lässt nicht lange auf sich warten. Kurz darauf hält er in einer Messe für Männer seine zweite und letzte Pestpredigt.

Es ist ein windiger Tag, die Reihen sind spärlicher besetzt. In der Stadt haben sich allerlei Formen des Aberglaubens breitgemacht, Prophetien aus dem Nostradamus, apokalyptische Visionen – letzten Endes und funktional betrachtet mit beruhigender Wirkung, sofern sie das *factum brutum* der Pest größeren Zusammenhängen zu überantworten versuchen. Paneloux geht *in medias res*. Er erinnert daran, dass selbst die grausamste Prüfung für die Christen noch ein Gewinn sei – nicht erklärbar, aber ein Anstoß zum Lernen. – Camus hält die meisten Partien der Predigt in der indirekten Rede; nur selten, dafür mit stärkerer Wirkung, zitiert er den Pater im Original. Die Botschaft sei, bezogen auf das Böse: Es gebe das anscheinend notwendige Böse, wie es das anscheinend »unnötige Böse« gebe – hier den in die Hölle gestoßenen Don Juan, dort den Tod eines Kinds. Diese Aporie ist nicht lösbar, nicht einmal mit dem Verweis auf spätere himmlische Wonnen. Alles, was Paneloux nunmehr ausführt, richtet sich aus am Diesseits, an der nackten und nicht mit den Prämien eines ewigen Lebens bedachten Existenz. Was bleibt? »Liebe Brüder, der Augenblick ist da. Man muss alles glauben oder alles leugnen. Und wer unter euch würde es wagen, alles zu leugnen?« (P, 323) In der Enthüllung solch »negativer« Theologie geht der Prediger bis an die Grenzen der Ketzerei. Das Kierkegaardsche »Alles oder nichts« und ohne die Zuversicht der Evangelien auf die Erlösung hin leitet den Diskurs, die Aufforderung lautet, den Sprung ins »Unannehmbare« zu wagen, das Leiden zu wollen, weil Gott es gewollt hat.[29]

Hieß es aus der Perspektive des berichtenden Arztes, dass die Menschen von Oran nicht mehr fähig gewesen seien, überhaupt eine Wahl noch zu treffen, so soll sich diese nun *more theologico* als Entscheidung für Gott und seinen gekreuzigten Sohn wieder öffnen. Gottes Liebe sei eine schwierige Liebe, weshalb Gottesliebe die völlige Selbstaufgabe verlange. – Draußen und um die Kathedrale tobt der Wind. Tarrou erklärt dem skeptischen Rieux, dass Paneloux recht habe. – Es war des Paters letzter Auftritt. Nachdem er von seiner Ordenswohnung umgezogen ist und ein Zimmer bei einer älteren Dame gefunden hat, erkrankt er seinerseits an der Pest, obwohl er keines der Hauptsymptome aufweist. »Es war die Pest, und es war sie nicht.« Dann: »Am Abend endlich spie der Pater jene Watte aus, die ihn erstickte. Sie war rot. Mitten in dem tobenden Fieber behielt Paneloux seinen gleichgültigen Blick, und als man ihn am nächsten Morgen, halb aus dem Bett hängend, tot auffand, drückte sein Blick nichts aus. Auf seine Karteikarte wurde geschrieben: ›Zweifelhafter Fall‹.« (P, 337f.)

So endet – schärfer: verendet die Botschaft der Kirche. Sie bleibt, wie der Körper ihres engagierten Vermittlers, in einer Schieflage aufgehängt und dem Zweifel – schärfer vielleicht: der Gleichgültigkeit überlassen. – Im November hat sich die Pest »gemütlich« in der Stadt eingerichtet. Niemand besucht an Allerheiligen die Friedhöfe, und obwohl sich die Eingeweihten den Erfolg von Castels Impfstoff erhoffen, ist das große Stadion von Oran zu einem Quarantänelager umgebildet worden. Auch diese Maßnahme hätte ihr »Vorbild« in den Auffanglagern der Nazis zur Zeit ihrer Herrschaft über Paris. An einem Sonntagvormittag besuchen Tarrou und Rambert das Feld, das mit roten Zelten übersät ist, in denen sich die Gefährdeten notdürftig installiert haben. Othon, der Richter, wünscht die beiden zu sprechen. Er erkundigt sich über den Tod seines Sohnes und hat alle Eigenschaften des forschen *pater familias* abgelegt.

Beinah parallel dazu findet ein anderes, wichtigeres Gespräch statt, das sich nächtens auf einer Dachterrasse hoch über dem Häuserdickicht mit Blick auf das windgepeitschte Meer und den Leuchtturm des Hafens abwickelt. Tarrou ist mit Rieux zusammengekommen und enthüllt dem Arzt – man möchte sagen: endlich – seine Geschichte. Tatsächlich habe er, Tarrou, schon länger an der Pest gelitten. Er meint dies, man versteht sogleich, im übertragenen Sinn. Nämlich, der Vater sei Oberstaatsanwalt gewesen: Ein gebildeter und strenger Herr, dessen einzige Leidenschaft darin bestand, das Kursbuch der Eisenbahnen immer genauer zu kennen. Im Grunde genommen ein »biederer Mann«, habe er sich bei Prozessen vor dem Schwurgericht in einen mitleidlosen Ankläger verwandelt, der im Namen der Gesellschaft immer wieder die Todesstrafe gefordert habe. – Auch da flicht Camus ein kurzes Selbstzitat ein; es erinnert die Szene im »Étranger«, da Meursault vom Gericht mit derselben Legitimation dem Schafott überantwortet wurde.[30]

Erst jetzt aber ist diese Gerichtsbarkeit auch eines Kommentars für nötig befunden worden. Tarrou, der Sohn, hat sich niemals mit solcher Praxis und ebenso wenig mit dem Verhalten des Vaters abgefunden. Er verlässt das elterliche Heim, und nach dem Tod des Vaters lebt er bis zu ihrem eigenen Tod mit seiner Mutter zusammen. Er geht in die Politik, wechselt vom Wohlstand in die Armut, die nachgelieferte Begründung lautet: »Ich wollte kein Pestkranker sein, das war alles.« (P, 361) – Gegen die Herzensträgheit der »Verpesteten« im Schlaf des Biedersinns revoltiert der junge Tarrou, doch muss er da-

88

bei erkennen, dass er den Frieden verloren hat. »Mit der Zeit habe ich einfach festgestellt, dass selbst die, die besser sind als andere, heute nicht umhinkönnen, zu töten oder töten zu lassen, weil es in der Logik liegt, in der sie leben, und dass wir in dieser Welt keine Bewegung machen können, ohne Gefahr zu laufen, zu töten.« Und weiter: »Ja, ich habe mich weiter geschämt, ich habe gelernt, dass wir alle im Zustand der Pest sind, und ich habe den Frieden verloren.« (P, 365f.) – So klar ist die Gesellschaftsphilosophie der Pest bisher im Roman nicht zur Sprache gebracht worden. Im Zeitalter der Ideologien und totalitären Diktaturen – und zwar unterschiedslos, ob von links oder von rechts her alimentiert – wird jedermann potentiell zum Schuldigen: als Täter mit »höherem« Auftrag ohnehin, doch auch als Mitläufer, der geschehen lässt, wie diese Seuche um sich greift.

Man darf Tarrous Analyse aus dem beschädigten Dasein durchaus als Kommentar begreifen, den Camus selbst beansprucht. Man lerne aus der Epidemie nichts, außer dass man sie bekämpfen müsse, mit Willen und Anspannung gegen das Gift der Zerstreutheit, sagt Tarrou. Für Camus hingegen ist in Evidenz getreten, wie sich der Schriftsteller als Diagnostiker seiner Epoche zwischen alle Fronten begibt: Was »La Peste« in der dritten Person vortragen lässt, ist die moralische Vorlage für Interventionen, die der »politische« Camus seit den späteren vierziger Jahren – häufig zum Unwillen von früheren Gefährten wie Sartre – riskiert. Ungeteilten Beifall findet nur die Kritik an Faschismus und Nationalsozialismus. Jene am Stalinismus sticht zumal unter den französischen Intellektuellen in ein Wespennest, und ähnlich kontrovers wird aufgenommen, was Camus wider die Todesstrafe oder die Rolle der Résistance, später im Kontext der Aufstände in Algerien vorbringen wird.[31]

Aus philosophischer Perspektive freilich liegen die Wurzeln des Übels tiefer – und auch diese fundamentalanthropologische Bestimmung findet den Widerstand der Zeitgenossen. Tarrou spurt dem Gedanken vor, wenn er äußert, das Unglück der Menschen entstehe deshalb, weil sie keine klare Sprache sprächen. Was Camus damit meint, läuft darauf hinaus, dass letztlich jede Vergesellschaftung den Keim der Seuche in sich trägt. Jedes Programm, jede Ordnung, jede gesatzte Vorstellung vom Leben führt in die Aporien von Unrecht, wo sich eine weite Skala von der Indifferenz gegenüber den Nöten des anderen über das Missverstehen bis zu Feindschaft, Hass und Verfolgung öffnet. Kann man ein Heiliger ohne Gott sein? Tarrous Frage, die keine Antwort erhält, benennt gewissermaßen die utopische Alternative einer Nächstenliebe, die Solidarität nicht unter Rekurs auf eine metaphysisch gegründete Pflicht praktiziert, sondern aus der Nähe unter seinesgleichen. – Das bedeutsame Gespräch endet, symbolisch erhöht, mit einem Bad der beiden Freunde im Meer, dessen Beschreibung dem Autor Anlass gibt, das naturale Sein gegen die in Stein gefangene Misere zurückzurufen.

Der Weihnachtsmonat bricht an, und noch ist keine Besserung der Lage in Sicht. Der Richter Othon wird aus der Quarantäne entlassen, Cottard kommt mit Spekulationen zu Reichtum, Grand erkrankt und liegt darnieder. Als Rieux seinen Besuch abstattet, zeigt ihm der Hobby-Literat sein Manuskript. Der Text ist auf fünfzig Seiten angewachsen, variiert jedoch – auch da war ein Sisyphos am Werk – immer nur den ersten Satz, mit welchem die schlanke Amazone durch den Bois de Boulogne reitet. Auf seiner endlosen Suche nach dem *mot juste* hat der »Schüler« Flauberts schließlich kapituliert. »Verbrennen Sie es!«, lautet sein Befehl, worauf Rieux die Blätter dem Kamin übergibt. Als hätte dieses Autodafé das Opfer abgegolten, das die Pest an dem Beamten zu vollziehen gedachte, bessert sich der Zustand des Kranken rasch, und mit Überraschung können Rieux und Tarrou konstatieren, dass Grand gerettet ist – der erste, der die Seuche überlebt.[32]

Die wundersame Heilung wird zum Vorboten für den ebenso plötzlichen wie unerwarteten Rückzug der Pest. Das Monster mit allen Attributen eines Subjekts verliert an Kraft, seine Rolle ist, so heißt es nun, gewissermaßen vollendet. Es geht, wie es gekommen ist – von einem Sieg, der die entsprechenden Aktivitäten der Gegenseite erfordert hätte, darf gleichwohl nicht gesprochen werden. Am 25. Januar kann die Epidemie als eingedämmt betrachtet werden, die nahende Befreiung lässt Optimismus zu. – Tarrous Aufzeichnungen verändern sich dabei mehr und mehr zu persönlichen Betrachtungen; kurze Notate zu Cottard, zu Grand, zu dem Alten,

der von seinem Balkon aus mit dem Katzen spielt, auch zu Rieux'
Mutter, die handelnd und ohne nachzudenken das Richtige tue,
streifen die Oberflächen der Lebenswelt. – Ein einziges Mal noch ist
ein Rückschlag zu verzeichnen: Tarrou ist es selber, der nun erkrankt
und unter furchtbaren Qualen dahingerafft wird. Das Gesicht der
Pest legt sich wie ein Vampir über den Körper des Sterbenden,
der »von allen hasserfüllten Wunden des Himmels verkrümmt« das
Ende erwartet. Für Rieux bedeutet dies, fortan nie mehr Frieden zu
haben. Tarrous Erbschaft hinterlässt dessen Gefährten in der be-
ständigen Unruhe des Verdachts, dass keine Hoffnung das Sinnlose
im Dasein auszugleichen vermöchte. Als Rieux mit seiner Mutter
die Totenwache hält, ist eine seltene Nähe gegeben. Der Sohn spürt,
dass die Mutter ihn liebt. »Aber er wusste auch, dass es nicht viel
bedeutet, einen Menschen zu lieben, oder zumindest, dass eine Liebe
nie stark genug ist, um den ihr gemäßen Ausdruck zu finden. So
würden seine Mutter und er sich immer schweigend lieben ... Genauso hatte er neben Tarrou gelebt, und dieser war nun tot, ohne
dass ihre Freundschaft Zeit gehabt hätte, wirklich gelebt zu werden.« (P, 418f.)

Lebenszeit und Weltzeit klaffen auseinander. Was als Austausch
in Liebe oder Freundschaft der Zuwendung bedürfte, gerät in die
Mühlen des großen »Zu spät«. Fährt eine Seuche – der Geschichte,
des Politischen – dazwischen, mindern sich die Chancen erfüllter Begegnung um so markanter. Schon Meursault hatte es – in der Indifferenz seines Charakters – versäumt, seiner Geliebten irgend Gefühle
zu offenbaren. Der Fremde sah sich freilich nicht unter die Zwänge
eines gesellschaftlich-politischen Schicksals gestellt. Die Pest hingegen drückt die Menschen unters Joch, ohne dass sie in ihren
Entscheidungen viel Freiheit gefunden hätten, dem Gewissen der
Zuneigung zu folgen. Dass Rieux wenigstens der Chronik der Ereignisse die Einsicht anvertraut, dass es keinen Frieden ohne Hoffnung
gebe, auch wenn für ihn selber wenig oder nichts daraus zu lernen
sei, macht immerhin den Revers einer Verzweiflung vor dem Ungenügen der Menschen, miteinander statt gegeneinander zu leben.
Dieses Leben, so hatte es vielleicht Tarrou begriffen, wäre jedenfalls
unergiebig ohne Illusionen.

Zur selben Zeit vernimmt Rieux vom Tod seiner Frau. Sie ist in der Klinik außerhalb Orans gestorben, ohne dass sie zur Zeugin der Seuche hätte werden können. Als das Telegramm eintrifft, erhebt sich ein herrlicher Morgen über Oran; der Arzt ist in Trauer, ohne dass er nach allem Geschehenen noch das ungeteilte Leid über den Verlust der Gefährtin aufzubringen vermöchte. Die Stadt öffnet ihre Tore, Feste werden gefeiert, »banaler Überschwang« macht sich breit. Rambert darf am Bahnhof seine Geliebte in die Arme schließen, und während ihm die Tränen fließen, ist er sicher, dass sie ihn davon abhalten, »nachzuprüfen, ob dieses an seine Schulter geschmiegte Gesicht das war, von dem er so viel geträumt hatte, oder das einer Fremden«. (P, 427)[33] Ambiguität auch da, ohne Garantie für irgendwelche Sicherheiten. – Über der Freude vergessen die Befreiten rasch, leugnen gar, »dass wir jene wahnsinnige Welt je gekannt hatten, in der der Mord an einem Menschen so alltäglich war wie das Totschlagen von Fliegen, jene genau festgelegte Verwilderung, jene berechnete Raserei, jene Gefangenschaft, die eine grauenhafte Freiheit gegenüber allem, was nicht die Gegenwart war, mit sich brachte, jenen Todesgeruch, der alle betäubte, die er nicht tötete; sie leugneten schließlich, dass wir jenes benommene Volk gewesen waren, von dem tagtäglich ein Teil, in den Rachen eines Ofens gestopft, in schmierigen Rauch aufging, während der andere Teil in den Ketten von Ohnmacht und Angst wartete, dass die Reihe an ihn kam.« (P, 431)

Das ist es, was Rieux in die Augen springt, als er auf dem Weg in die Vorstadt ist. Nirgendwo sonst spielt Camus so ausdrücklich auf jene Zeitläufte an, die Frankreich unter der deutschen Besatzung bis hin zur Deportation der Juden nach Polen erduldete. Die Pest verändert sich hier zur Chiffre der Diktatur, die zur Kenntnis genommen zu haben nach der Befreiung bereits schwerfällt. Die Résistance ist das eine – der verdeckte Kampf von wenigen, die dabei alles riskierten. Indifferenz oder gar Mitläufertum sind das andere, und niemand sollte sich dagegen vorschnell zum urteilenden Richter aufspielen wollen. Als Triumph aus eigenen Kräften allerdings, gar als Sieg im Krieg wäre die Befreiung nicht zu präsentieren. Der Rückzug der »Pest« war anderen Gründen und anderen Gegnern geschuldet. Man weiß es, mehr oder weniger, aber man hört es nicht gern. So viel zum Subtext dieser Passagen. Camus provoziert – nicht heftig, doch hinreichend, dass ihm daraus da und dort Feindschaft erwächst.

Zwei Ereignisse beschließen die Geschichte. Das eine führt die Ironie bis zum anekdotischen Finale: Grand ist schon wieder dabei, den angemessenen Einleitungssatz für seine reitfreudige Amazone zu formulieren, unter Unterdrückung sämtlicher Adjektive. Das andere ist von härterer Prägung. Die Polizei war Cottard schon länger auf der Spur, doch dieser tauchte unter. Als er wieder erscheint, ist er zum Amokläufer geworden. Er schießt vom Fenster seiner Wohnung mit einem Revolver in die Menge. Leute vergnügten sich auf der Straße; das hat genügt. »Ein Verrückter, was sonst!«, lautet der Kommentar von Passanten. Cottard wird gestellt. »Man sah noch, wie der Polizist dem auf der Erde liegenden Häufchen mit voller Wucht einen Fußtritt gab. Dann setzte sich eine konfuse Gruppe in Bewegung und ging auf den Arzt und seinen alten Freund zu. ›Weitergehen!‹, sagte der Polizist.« (P, 442f.) – So endet der Verräter wie ein Tier, das zur Strecke gebracht ward – ein Opfer seiner Selbstsucht in den Zügen der Demenz.

Das Fest der Befreiung – nicht jenes einer irgendwie bestandenen Revolte – geht weiter, womit Rieux seinen Bericht beendet. Schon herrscht das Imperfekt einer ferner gewordenen Vergangenheit vor. »Damals, inmitten der Schreie, die umso lauter und anhaltender wurden und lange am Fuß der Terrasse widerhallten, je mehr bunte Garben sich in den Himmel erhoben, beschloss Doktor Rieux, den hier endenden Bericht zu schreiben, um nicht zu denen zu gehören, die schweigen, und um für diese Pestkranken Zeugnis abzulegen, damit wenigstens eine Erinnerung an die Ungerechtigkeit und die Gewalt blieb, die ihnen angetan worden war, und um einfach zu sagen, was man in Plagen lernt, nämlich dass es an den Menschen mehr zu bewundern als zu verachten gibt.« – Was diese Menschen freilich nicht glauben wollen, ist die Tatsache, dass der Bazillus »nie stirbt und nie verschwindet, dass er jahrzehntelang in den Möbeln und in der Wäsche schlummern kann, dass er in Zimmern, Kellern, Koffern, Taschentüchern und Papieren geduldig wartet und dass vielleicht der Tag kommen würde, an dem die Pest zum Unglück und zur Belehrung der Menschen ihre Ratten wecken und zum Sterben in eine glückliche Stadt schicken würde«. (P, 447f.) Der letzte, lange Satz des Romans zerstreut alle Hoffnung in den »Fortschritt« der Vergesellschaftung. Der Mensch lebt mit seiner Endlichkeit, und er lebt hierin gefährlich.

*

Kein höherer Sinn waltet über einem Geschehen, das Camus unter meisterlicher Organisation des Stoffs und seiner Energien Zug um Zug zum Drama steigert. Die verschlossene Stadt schafft die Bühne, ihre Schauplätze sorgen für die Verdichtung von Handlung und Gedanke – die Kathedrale mit den Appellen der Theologie, das Spital im Leiden der Kreatur, das Stadion als Lager der »Verdächtigen«, die Dachterrasse für den großen Dialog, dazu die Straßen und Plätze, die Cafés, die Interieurs und einmal nur, wie ein Gleichnis für eine andere Welt, das Meer beim nächtlichen Bad. In diesem Geviert agieren, räsonieren, leiden, sterben und überleben die *dramatis personae* – allen voran Rieux, der Arzt und Sohn eines Arbeiters auf der Höhe von Verantwortung und Nächstenliebe, Rambert, halb flüchtig, halb engagiert, Grand, der Beamte, Tarrou, ein Mann der Zwischentöne, der Schieber Cottard, Paneloux, der Prediger, der Richter Othon und sein qualvoll geschundenes Kind. Keine Welt für Frauen, so viel ist klar. Nur Rieux' Mutter – als ob sie aus der Totenstarre des »Étranger« ins Leben zurückgekehrt wäre – erhält ein Gesicht, jenes der schweigenden Dienstbarkeit. Und wo die Frauen fehlen, fehlt auch die Liebe. Die Botschaft ist unmissverständlich: kein Eros ohne Freiheit, ohne ein Minimum an unbelasteter und nicht zu hinterfragender Freude am Dasein.

Doch die Pest – was immer sie »bezwecken« könnte – öffnet die Arena des Kampfs. Vernunft versus Trieb, Schuld versus Sühne, das Böse und die Unwissenheit, Individuum und Kollektiv, Sinnnähe gegen Sinnferne, Glaube gegen Skepsis, alles reibt sich aneinander und bleibt gleichwohl von Klärungen verschont. Der antimetaphysische Ehrgeiz des Romans soll es sein, auf Grundbefindlichkeiten zurückzuführen, wozu zwar auch Bedürfnisse nach Erlösung und ideeller

Weisung gehörten, ohne dass darauf Antworten zu geben wären. Solidarität ist, was bleibt und jedes Gewissen dazu auffordern müsste,
aber eine »Moral« der Pest existiert nicht.

»Die Pest« wird schon in den ersten Tagen der Publikation seit
dem 10. Juni 1947 und freilich auch dank diversen positiven Rezen-
sionen zu einem riesigen Erfolg. Zwischen Juli und September werden 96 000 Exemplare verkauft. Der Verfasser, der die Geschichte
unter Zweifeln und mit Gefühlen des Ungenügens zu Ende geschrieben hat, empfindet mehr Verlegenheit als Genugtuung.[34] Aber
Frankreich erkennt sich im Spiegel und erkennt sich zugleich bei
Ausblendung subtilerer Bedeutungssätze als Opfer. Schließlich ist
das Werk als Kunstwerk zu würdigen: nicht als leicht zu lesende Paraphrase auf schwierigste Zeiten seit der deutschen Eroberung von Paris im Jahr 1871, sondern als »Chronik« von Begebenheiten, die das
Potential ihrer Wiederholung wie einen Keim in sich bergen und
deshalb das Grundsätzliche der *conditio humana* erwägen.

*

Im Sommer 1947 und unter dem frischen Eindruck seiner Roman-
lektüre animiert der Schauspieler und Regisseur Jean-Louis Barrault
den Schriftsteller dazu, gemeinsam ein Stück über die Pest auf die
Bühne zu bringen.[35] Barrault beschäftigt sich seit 1941 mit dem Mythos der Pest und schlägt Camus eine Bearbeitung oder Adaptation
von Daniel Defoes »Tagebuch des Pestjahrs« vor.[36]

Doch Camus will einen Stoff, der die Präsenz des Themas mit den
Einsichten und Erfahrungen der Gegenwart verschränkt, und verfasst einen völlig eigenständigen Text. Freilich kann es nicht darum
gehen, eine Bühnen-Adaptation des Romans herzustellen. Zweitens
soll das Stück über herkömmliche Formen hinaus das kollektive Theater, den lyrischen Monolog, die Pantomime, die Posse, den Chor und
das Zwiegespräch einfassen. Im Januar 1948 ist »L'État de siège« –
»Der Belagerungszustand« – vollendet; letzte Arbeiten daran nimmt
Camus im Juli in L'Isle-sur-la-Sorgue in der Provence vor. Am 27. Oktober wird das Stück im Pariser »Théâtre Marigny« uraufgeführt.
Die Gattung lautet »spéctacle«. Die Bühnenmusik stammt von Ar-

thur Honegger. Die Inszenierung und die Regie liegen in Barraults Händen. Der Misserfolg ist total.[37]

Man kann sich fragen, was solche Enttäuschung ausgelöst haben muss. Mag sein, dass die barock eingerichtete und ebenso barock zur Sprache gebrachte Szenerie nun gegen die Intentionen der Künstler die zeitgeschichtliche Bedrängnis, wie sie im Roman von der Pest durchs Allegorische hindurch kenntlich wurde, in den Hintergrund verweist: »L'État de siège« schließt in Ausstattung und Atmosphäre nicht an die Gegenwart an, verzichtet auf alle Indikatoren epochalen Charakters, wirkt deshalb zeitlos und könnte so gut im Mittelalter wie in der frühen Neuzeit spielen. Das Land ist Spanien, der Ort die Hafenstadt Cadiz, der ein Gouverneur vorsteht, das Personal stellen Fischer, Händler, Bauern sowie ein Richter mitsamt Familie. Die Liebe kommt diesmal nicht zu kurz: Man dürfte sogar Allusionen an Romeo und Julia wahrnehmen. Doch freilich ist das Politische – und im Konflikt auch zur Liebe – das Hauptmotiv.

In drei Teilen entwirft Camus ein Lehrstück um Leben und Tod, das den Menschen von Cadiz die Pest und deren Tyrannei ins Dasein bringt. Die musikalisch untermalte Ouvertüre taucht die Szene ins Nächtliche von Silhouetten, während plötzlich ein Komet seine Bahn am Himmel zieht. Er ist ein Zeichen des Unglücks. Die einen erkennen ihn als Boten des nahen Weltuntergangs, andere meinen, dies könne doch Spanien nicht passieren. »Verhext ist die Stadt.« Ein Offizier hält dagegen: »Viel Lärm um nichts.« (B, 121f.) So geht es zwischen Gottesanrufung und Beschwichtigungen hin und her, und bereits werden einige Figuren präsent: Nada, ein Narr, der – *nomen est omen* – mit dem Nihilismus kokettiert, Diego, ein junger Bürger, der sich bei allem sein mutiges Herz bewahren will. Nachdem der Komet ein zweites Mal erschienen ist und der Morgen dämmert, philosophiert der Narr vor sich hin, dass er eine kostenlose Warnung erteile. Für ihn ist das Ende der Zeiten in Sicht, und die Ordnung, an die alle noch glauben, ist keine mehr. »Ich für mein Teil habe meine Meinung nicht geändert und gehe nicht von meinen Grundsätzen ab.« Um welche Grundsätze handelt es sich? »Das Leben ist soviel wert wie der Tod, und der Mensch ist aus dem Holz geschnitzt, aus dem man Scheiterhaufen macht.« (B, 123) – Der Richter Casado zeiht

Nada der Lästerung. Ein Herold tritt auf und zerstreut im Namen des Gouverneurs die Menge. Diego unterhält sich kurz mit dem Narren und erklärt ihm leichthin: »Ich bin voll damit beschäftigt, glücklich zu sein.« (B, 125) Tatsächlich erwartet ihn seine Geliebte, Victoria, die Tochter des Richters.

Damit ist der »Prolog« beendet, und das Spiel der Kräfte und Leidenschaften darf beginnen. Gegen das Dunkel des Anfangs hält Camus nun zunächst das Licht: mediterrane Helle, die vom Chor besungen wird mit einem Lob auf den Sommer und die Frucht der Erde. »Hinaus mit dir, alter Komet!« Der Fischer ruft es im Übermut, während ein paar andere erstarren und den Finger auf den Mund legen. Glaube und Aberglaube sind in Cadiz stärker vertreten als Vernunft und Rationalität. Und zum ersten Mal bringt der Dramatiker auch den Stoff der Liebe auf die Bühne – Diego schäkert mit seiner Verlobten Victoria, die hinter den Gitterstäben ihres Fensters auf ihn gewartet hat. Gespreiztes Pathos führt die Rede des jungen Mannes: »O Hort des Lichts, nun hat man dich mir überantwortet fürs Leben, bis zur Stunde, da die Erde uns ruft.« (B, 127) Diese Wendung ins Plakative ist nur deshalb nicht von Ironie unterlegt, weil jedermann wissen kann, dass die Sache ungünstig enden wird. Kontraste, wie sie bereits das Stück »Caligula« – allerdings in satirischer Verschärfung – entwarf, gehören nun zum Spektakel um Leben und Tod.

Die Schauplätze wechseln schnell. Vom Zelt des Astrologen, der sich darüber beklagt, dass sein Beruf schwierig werde, wenn sich die Kometen einmischten, geht es auf ein Podium, das ein Stück von Pedro de Lariba des Titels »Die Geister« zu präsentieren verspricht. Zwischen Händlern und Trunkenbolden taumelt Nada, der Nihilist, hin und her, und schließlich erscheint der Gouverneur. Seine Devise lautet: »Alles Neue ist von Übel.« (B, 131) Der selbsternannte »König der Unbeweglichkeit« fordert eine Welt im Gleichgewicht der Starre und eine Gesellschaft, die sich in die Verhältnisse schickt, ohne Veränderungen herbeizuwünschen. Seine Vorsteher predigen ihrerseits das Verbot von Kritik und Ironie, letztere sei »eine zerstörerische Tugend«. – Doch lange dauert dieser Friede nicht. Honeggers Musik lässt das Motiv des Alarms laut erschallen, auf dem Podium bricht plötzlich ein Schauspieler zusammen. Diego verkündet dem Volk, was zwei Ärzte soeben festgestellt haben: »Die Pest!«

Das literarische Zitat aus dem Roman – in der Oper von Oran und während einer Aufführung des »Orpheus« stirbt ein Sänger desselben Todes – wird für das Theaterstück dramaturgisch erhöht. Es macht den Introitus für den Schrecken, der von nun an sämtliche Beteiligten im Griff hält. Der Pfarrer ruft die Gemeinde in die Kirche, der Wind rauscht auf, Nacht sinkt herab, und der Himmel ist bedeckt mit Zeichen. Ganz Verzagte reden vom Weltuntergang, im Palast wird diskutiert, wie die Epidemie, die sich schnell ausbreitet, zu bekämpfen wäre, im Haus des Richters streiten dieser und seine Frau über deren von dem Gatten lang geduldete Untreue. Victoria ruft nach Diego, der freilich bereits mit der Pflege von Kranken beschäftigt ist und ihr sein Mitleid bekennt: Die Alkalden verkünden das Versammlungsverbot, doch ihr Sprecher wird von dumpfen Schlägen unterbrochen. Die Regieanweisung verlangt an diesem Punkt, dass »zwei fremde Gestalten auftreten, ein Mann und eine Frau, auf die sich alle Blicke heften«. Der beleibte Mann ist barhäuptig und trägt eine Art Uniform, die Frau ist in die Tracht einer Sekretärin gekleidet.

»Ich bin die Pest.« (B, 138) Das ist die Antwort des Unbekannten auf die Frage nach seiner Identität. Er verlangt den Platz des Gouverneurs, und da ihm nicht gleich Folge geleistet wird, nimmt seine Assistentin eine »Streichung« vor. Ein Mitglied der Wache bricht zusammen; die Pest hat den Mann getroffen. Der Vorfall führt drastisch vor, wer von nun an die Macht nicht nur besitzt, sondern auch ausübt. In »freiwilliger Übereinkunft« räumt der Gouverneur seine Position, und sogleich kommen – in neuer Amtssprache – die bürokratischen Verordnungen der Sekretärin. Die Pest ist zum Staat geworden, wie das Volk einräumen muss. Drei Boten werben um eine »neue Gesellschaft«, die Tore werden geschlossen, vergebens ruft der Chor: »Ans Meer! Ans Meer! Das Meer wird uns retten. Was können ihm Krankheiten und Kriege anhaben! ... Allein am Meer stehen, im Wind, der Sonne zugekehrt, endlich erlöst von den wie Gräber versiegelten Städten und den Menschengesichtern, die die Angst verriegelt hat.« (B, 143) – Was Camus in den kurzen Prosaskizzen zu

Tipasa und Djémila mit dem Auge des Geschichtsphilosophen gefeiert hatte, nämlich die Unvergänglichkeit der Natur vor den Stelen des Verfalls der Zivilisationen, ist hier zunächst nur einer utopischen Vision von Flucht wert. Der entscheidende Satz des Chors liefert alsgleich deren Korrektur: »Jetzt sind wir in den Schmerz eingetreten …« (B, 144.) Dieses Gefängnis sei, so meditiert er weiter, unverdient.

Die Pest kümmert sich nicht darum. Ein erster großer Monolog, der den ersten Teil des Stücks beschließt, lehrt die »romantisch« veranlagten Spanier die neuen Gesetze. Der Chef thront nicht, er hält Sitzungen, sein Palast ist eine Kaserne unter Belagerungszustand, Liebe und das Betrachten der Landschaft oder die Neigung zur »sträflichen Ironie« sind suspendiert. Es geht fortan darum, »in Ordnung zu sterben«. »Ein Tod für alle, und zwar gemäß der schönen Reihenfolge einer Liste.« Und weiter: »In Reih und Glied stehen, um richtig zu sterben, das ist also die Hauptsache! Aber hütet euch vor den unvernünftigen Ideen, vor den Wallungen der Seele, wie ihr sagt, vor den kleinen Fiebern, die sich zu den großen Revolten auswachsen.« (B, 146) Alle sind verdächtig. Und zuletzt: »Fassen wir kurz zusammen. Ich bringe euch das Schweigen, die Ordnung und die unbedingte Gerechtigkeit. Ich verlange keinen Dank dafür, denn was ich für euch tue, ist nur natürlich. Aber ich fordere eure tätige Mitarbeit. Mein Amt hat begonnen.« (B, a.a.O.)

Mehr als vier Jahre nach der Befreiung von der deutschen Besatzung ist das Interesse des Publikums an der Vergegenwärtigung des »Belagerungszustands« und am Terror, den die fremden Herren mit oder ohne Schicksalsergebung der Franzosen ausgeübt haben, geschwunden. Denn anders als »La Peste«, wo solche Lesart nur eine unter vielen wäre, ist »L'État de siège« ein hochpolitisches Spektakel. Als solches rührt es an Wunden, die bereits verheilt, und an Schulden, die gerne vergessen schienen. Als Gabriel Marcel, der führende Philosoph eines christlichen Existentialismus, dem Autor in der Zeitschrift »Nouvelles littéraires« vorwirft, er habe nur eine Paraphrase auf die spanischen Zustände unter Franco verfasst, statt auch die linken Herrschaftsformen des Totalitarismus in Osteuropa und in der Sowjetunion ins Visier zu nehmen, ist die psychologische

»Verschiebung« perfekt: Der Anschluss an Frankreichs jüngste Vergangenheit im Zeichen der deutschen »Pest« wird damit zurückgewiesen, eher noch ignoriert.[38] Geht es Camus tatsächlich ums Politische, so spielen historische und lokale Zuweisungen gleichwohl eine untergeordnete Rolle. Natürlich geht der »Belagerungszustand« nicht so weit, in der Weise von Kafka das Schicksal bis ins Zeitlose vorzutreiben und zu allegorisieren; dennoch ist eine Idealtypik beabsichtigt, deren Applikationen im allgemeineren Umkreis diktatorischer Gewalt zu suchen und zu finden sind. Modernitätsspezifisch ist das Element von verwalteter und bürokratisch vollstreckter Tyrannis. Gerade darauf hatte freilich auch »Die Pest« im Kontext sowohl der Krankheitslisten wie der Einäscherungen der Leichen angespielt.

Der zweite Teil des Stücks bringt – wie ähnlich es bereits der Roman in seinen mittleren Kapiteln präsentiert hat – die Durchführung: den Übergang vom Schock der Erkenntnis zur Dauer einer Herrschaft, die ihre Prinzipien mit der Mechanik von Verfahren verfolgt. Zu sehen ist ein Platz, auf dessen linker Seite sich die Friedhofsverwaltung, auf dessen rechter Seite ein Kai befindet; in der Nähe steht das Haus des Richters. – Die Pest dirigiert das Volk zur Arbeit. Muße ist Laster, Organisation verlangt Tätigkeit, und während Stachelhecken gezogen werden sollen, erstellt die Sekretärin Listen und »Existenzbescheinigungen«. Vorher hätten die Menschen, so ihre Erklärung, in der Anarchie gelebt, nun würden sie zu Ordnung und Funktion gerufen. Der Fragebogen enthält auch die Rubrik »Seinsgründe«. Aus welchen Gründen ist man am Leben? Das führt wenn nicht in die Aporie, so immerhin in die Unergründlichkeit – aber auch dieser vermeintliche »Nachweis« gehört zum Repertoire des Terrors. Ferner verkauft die rührige Assistentin des Diktators Pestabzeichen. Wer sie nicht kauft, hat das Abzeichen der Abzeichenverweigerer zu tragen. – Alle sind schuldig, müssen ihrer Schuld bewusst sein und sind daher dazu verdammt, regiert zu werden. Die Pest verlangt die Bilanz der Deportationen und Konzentrationen, wobei letztere dazu dienen sollen, das Leben von Zerstreuung und Leichtfertigkeit in den Zustand williger Solidarität überzuführen. Der Maßnahmenstaat ist im Vormarsch und erstickt mit seinen Regelwerken die letzten Funken der Freiheit. »Von diesem Geschwätz verstehe ich kein Wort. So spricht der Teufel, und niemand versteht ihn.« (B, 155) – Das sagt eine Frau protestierend zu Nada, der ihr ein Formular zugesteckt hat, auf dem sie ihren Wunsch nach einer neuen Wohnung auszufüllen hätte.

Camus bewegt sich hier nahe am Rand zur Satire. Das ist auch Absicht. Der Wahnsinn mit Methode, wie er in Cadiz oder irgendwo auf der Welt zur Herrschaft gelangt, wo nur noch eine Wahrheit gilt und Ideologie den Widerspruch abgeschafft hat, bedarf zum Zweck seiner Schilderung der Extreme. Man sieht damit auch genauer die Differenzen zwischen dem Roman und dem Drama. Rührt »Die Pest« mit epischem Atem an gewissen Grundkonstellationen des Daseins unter Verschärfung seiner Bedingungen, so bewegt sich »Der Belagerungszustand« im Milieu einer politisierten und totalisierenden Welt. Was kurz zuvor noch Lebenswelt war, steht nunmehr unter dem Verdikt eines von oben verfügten Zwangs mit beständiger Aussicht auf den Tod. Keine Figur begreift dies besser als der Narr. Nada geht in seiner bitteren Verzweiflung so weit, diese Welt im Ganzen abschaffen zu wollen. Das erste Argument für den Wunsch nach der *tabula rasa* lautet mit theologischem Aplomb: »Gott leugnet die Welt, und ich leugne Gott.« (B, 150) Den Widerpart zum Schöpfer macht ein Teufel, der unter Tücke und Gewalt darum besorgt ist, dass keiner den anderen und niemand die Obrigkeit mehr verstehen können soll. Folglich holt Nada weiter aus. »Es geht hier darum, sich so auszudrücken, dass kein Mensch den anderen versteht, selbst wenn alle die gleiche Sprache sprechen. Und ich kann dir sagen, dass wir uns dem Augenblick der Vollkommenheit nähern, da alle sprechen werden, ohne je einen Widerhall zu finden, und da die beiden Sprachen, die sich in dieser Stadt gegenüberstehen, sich gegenseitig mit einer solchen Verbissenheit aufheben, dass alles zwangsläufig der letzten Vollendung entgegenstrebt, als da sind Schweigen und Tod.« (B, 155) Das endgültige Resultat wäre eine »vom Winkelmaß der Galgen bestimmte Ordnung« mit ihrer »Aufteilung in stillgewordene Tote und inskünftig gut erzogene Ameisen, ein puritanisches Paradies, darbend an Brunnen und Brot, in dem Polizeiengel mit Paragraphenflügeln patrouillieren zwischen den von Papier und nahrhaften Formularen gesättigten Seligen, die auf dem Bauche kriechen vor dem ordengezierten Gott, dem Zerstörer aller Dinge, dessen ganzes Trachten danach geht, die alten Wonnen einer zu köstlichen Welt endgültig zu vernichten.« (B, a.a.O.)[39]

Dieser apokalyptischen Perspektive fügt der Chor seine eigenen Erfahrungen hinzu. »Wir waren ein Volk, nun sind wir Masse!« Die Frage wird sein, ob der verwaltete Mensch selbst sein Herz dazu bringen kann, ins Schweigen zu verfallen. Die Antwort gibt die Handlung. Der Richter hätte nach neuem Gesetz die alte Magd auszuliefern, die angesteckt ist. Victoria, seine Tochter, will es ihm verbieten. Gleichzeitig hat Diego Zuflucht gefunden im Haus. Der Richter rekurriert auf das Gesetz und legitimiert sich mit dem Satz der Anpasser. »Wenn das Verbrechen Gesetz wird, hört es auf, Verbrechen zu sein.« (B, 158) So weit ist es in Cadiz gekommen. Diego aber erkennt sich – auch gegen ein mögliches verborgenes Glück an der Seite der Gefährtin – in der Rolle des Rebellen, der gegen das Unrecht antritt. Ein kurzer Schlag der Sekretärin verwandelt ihn zum Pestkranken, was ihn nicht davon abhält, wider das System und seine hohle Macht anzutreten. Die Fehler in der Maschinerie des Terrors könnten sich für diese als verhängnisvoll erweisen unter der Voraussetzung, dass noch Menschen da sind, die in Zorn und Revolte sich aufzulehnen wissen. Das lange Zwiegespräch zwischen den Liebenden, aus dem auch hervorgeht, wie sich Aufrichtigkeit und Hingabe im Medium von Angst und Gewalt entstellen, endet in Diegos Entschluss, das Äußerste zu wagen und den Skandal hinauszuschreien. Der Einzelne und Einsame ist die eigentliche Gefahr für jede Diktatur. Zur Sekretärin: »Und so lange ich lebe, werde ich Ihre edle Ordnung weiterhin durch den Zufall meiner Schreie stören. Ich lehne Sie ab, ich lehne Sie ab mit meinem ganzen Sein.« (B, 168)

Das muss der Revoltierende sagen, und er kann es sagen, und er sagt es weiter dem Chor: Überwindung der Angst, Aufstand von unten. »Erwache, o Spanien.« – Es ist diese Stelle, die dazu angetan war, sie gegen das Regime Francos zu hören, und Camus selbst hat sie nicht einfach gesetzt als Metapher auf jeden wünschbaren Protest im Angesicht jeder denkbaren Diktatur. Als er im Dezember 1948 in der Zeitung »Combat« auf Gabriel Marcels Vorhaltungen reagiert, er habe, statt auch die Tyranneien des Ostens zu markieren, allein Spanien unter seinem Generalissimus apostrophiert, macht er zweierlei geltend. Erstens meine der Angriff sämtliche Erscheinungsweisen von Totalitarismus: »J'ai voulu attaquer de front un type de société politique qui s'est organisé, ou s'organise, à droite et à gauche, sur le mode totalitaire.«[40] Dies könne jedermann begreifen, der ein wenig guten Willens sei. Zweitens aber habe Frankreich unter Duldung, ja unter Support des spanischen Faschismus eine mehr als unrühmliche Rolle gespielt und sie danach beschwiegen. »Cadiz« steht denn auch für das Memento; auch für das verräterische Mitwirken im Umkreis eines Systems, das ganz andere Positionsbezüge eingefordert hätte.

Im dritten Teil des Stücks wendet sich das Blatt, langsam, doch schließlich deutlich und sogar mit der Einwilligung der Pest. Der Beginn der Revolte lässt es noch nicht ahnen. Wie es zur Logik des staatlich organisierten Verbrechens gehört, dass es seine Opfer auch untereinander gegeneinander antreten lässt, wird der Sekretärin zwar das Notizheft entrissen, das dazu dient, per Streichung die Menschen mit der Seuche zu schlagen. Aber was geschieht? Die Untertanen rechnen unter sich selber ab. Die Pest kommentiert es gegenüber Diego: »Da haben wir's. Sie besorgen die Arbeit selber.« – Erlösung wird erst ermöglicht, nachdem die Pest – der Teufel – dem jungen Rebellen einen Pakt vorgeschlagen hat. Wenn er sein Leben hingibt für Victoria, die sterbenskrank darniederliegt, oder wenn er dem Versucher die Freiheit der Stadt überlässt, wird die Geliebte gerettet. Diego willigt ein in den eigenen Tod, die Pest und ihre Assistentin ziehen ab und fangen anderswo von vorne an. In einem letzten großen Monolog resümiert die Pest ihr Wirken seit Jahrtausenden. Sie sät noch immer das Böse in die Welt; nur die Technik hat sich dabei perfektioniert. – Effektvoller stellt sich der Abgang Nadas dar. Der Nihilist sieht keinerlei Anlass, seine Ansichten zu ändern, doch Verdruss am Menschen und an der Fratze eines Gottes, der keiner mehr ist, führen ihn dazu, sich von der Mole ins stürmische Meer zu werfen. Stellt sich die Welt ausweglos nur in ihrer Absurdität dar, so ist der Suizid die folgerichtige Konsequenz.

*

»Der Belagerungszustand« steht in der Tradition des Theaters der elisabethanischen Renaissance oder auch des barocken Theaters spanischer Prägung: ein Lehrstück mit großer Orchestrierung in Handlung, Dialogik, Mimik und Gedanklichkeit und unter dramatisierender Begleitung der Musik, die dem Anspruch eines Gesamtkunstwerks entgegenkommt.[41] Satirisches mischt sich mit komödiantischen Einlagen, dunkle Bedrohung und das Glück von Liebenden sind nahe beisammen. Doch dass der Erfolg ausbleibt und sich auch später nie richtig einstellen wird, hat nicht nur mit der Unlust der Zeitgenossen zu tun, die Jahre ihres eigenen Belagerungszustands zurückgerufen zu sehen. Was vor allem der dritte Teil der Bühne an Reflexion und Philosophie zumutet, beansprucht jede zuschauende und hörende Präsenz weit über das Durchschnittsmaß hinaus. Insgeheim wirft schon der weit ausgreifende Essay »L'Homme révolté« (»Der Mensch in der Revolte«) seine Schatten, der im Oktober 1951 bei Gallimard veröffentlicht werden wird. Diktatur gegen Freiheit, Ideologie gegen Vernunft und Maß, das Gesetz des Kollektivs gegen das Leben des Einzelnen, Ängstlichkeit und Verrat gegen Loyalität und Mut, die Hypostase der Geschichte gegen das Gewährende der Natur – in dem Stück ist vorgespurt, wovon dann viel detaillierter und mit argumentativer Insistenz und über dreihundert Seiten hinweg in dem Traktat über den Menschen in der Revolte die Rede ist.

Auch die Rezeption dieses Essays wird für Camus unter Widrigkeiten und Enttäuschungen verlaufen. »L'État de siège« trifft noch vorwiegend auf die Indifferenz; auch auf die Passivität, sich mit den Herausforderungen der Reflexionen ernstlich zu befassen. Und selbst der theaterwirksame Kniff, die Pest zu personalisieren und in eine Figur aus Fleisch und Blut überzuführen, findet wenig Beifall. Doch nur so lässt sich eine Botschaft zur Kenntlichkeit bringen, auf die es dem Autor ankommt. Während nämlich in dem Roman von der Pest die Menschen darüber spekulieren dürfen, was es mit dem Heil einer Schöpfung auf sich haben soll, die so viel Unglück und Unrecht im Dasein schafft, schneidet der Teufel namens Pest im Stück die Diskussionen ab. Der letzte große Monolog der Pest erinnert an Dostojewskis Rede des Großinquisitors, als er Christus im Gefängnis besucht. »Früher gabt ihr vor, Gott und seine Unberechenbarkeit zu fürchten. Aber euer Gott war ein Anarchist, der die Kategorien durcheinanderbrachte. Er glaubte, zugleich mächtig und gütig sein zu können. Das war offen gestanden weder folgerichtig noch ehrlich. Ich dagegen habe einzig die Macht gewählt. Die Gewalt habe ich gewählt, und ihr wisst jetzt, dass das schlimmer ist als die Hölle.« (B, 183) – Die Pest als der Gott des Diesseits, der die Schwächen des Menschen durchschaut hat und deshalb nach einer Ordnung strebt, die nur noch Sklaven kennt: Das ist ihr Gestus der Überbietung, der nicht nur mit der Illusion aufräumen will, dass ein höheres Wesen über allem steht und wenn nicht hier, so doch für später die Erlösung vom Übel garantiert, sondern auch die Hauptschwäche der Sterblichen begriffen zu haben prätendiert. Sie lautet: Dummheit. »Die Grausamkeit empört, aber die Dummheit entmutigt. Ehre den Dummköpfen, denn sie bereiten mir den Weg! Sie sind meine Kraft und meine Zuversicht! Der Tag wird vielleicht kommen, da jedes Opfer euch sinnlos erscheint, da der unaufhörliche Schrei eurer dreckigen Revolten endlich verstummt. An dem Tag werde ich im endgültigen Schweigen der Knechtschaft wahrhaft herrschen.« (B, 184.)[42]

Man kann es so sagen: Der Diskurs über die Bedingungen der Existenz hat sich hier säkularisiert. Hat »La Peste« noch hartnäckig auch deren theologische Fundamente erörtert, so vollzieht sich – unter Zuspitzung der Wende zum Politischen – nunmehr die Verschiebung ins rein Innerweltliche. Der Gott der Ideen führt das Szepter wider all jene, die – jetzt: in anthropologischem Sinn – der Knechtschaft bedürfen. – Was aber bleibt? Camus' Replik ist klar genug. »Wir werden über alles siegen, außer über den Stolz.« Das sagt die Sekretärin, und sie bietet damit den einzig möglichen Ausweg aus der Misere an. Es sind darauf die Frauen, die zum lauten Wehe zusammengefunden haben. Was ist die Botschaft? Die Männer zögen die Ideen vor. Im Absolutismus der Ideenherrschaft ist der Verrat am Leben begründet, wogegen mit dem Stolz der Vernunft zu revoltieren wäre.[43]

*

Unter den Kritiken, die den ganzen Themenkomplex um die Pest und ihre Bedeutungsfelder adressierten, sei eine einzige und allerdings symptomatische erwähnt. 1955, also bereits Jahre nach der Publikation des Romans sowie der Inszenierung des Bühnenstücks, doch auch schon verzögert auf die Polemik, die kurz nach seinem Erscheinen der Essay »L'Homme révolté« entfacht hat, gelangt der junge Roland Barthes mit einer Analyse von »La Peste« an die Öffentlichkeit.[44] Barthes stellt in Abrede, dass der Roman auch eine Moral der Solidarität zur Sprache bringe. Noch nicht der gewandte Semiologe subtiler Lektüren von »Texten«, präsentiert sich der Kritiker hier als Mitläufer einer Linken, die, im Umkreis und von Sartre inspiriert, spätestens seit der Veröffentlichung des »Homme révolté« gegen Camus angetreten ist. Barthes hätte sich eine Perspektive gewünscht, die den historischen Materialismus zur Geltung gebracht hätte. Doch in »La Peste« sei weder eine »Struktur« noch eine fundierende Ursache des Geschehens noch ein Anderswo zu finden, von dem her sich die Geschichte in Relationen verstehen lassen könnte. Wenn die Seuche schon wie ein Fatum hereinbreche, so hätten Elemente des Tragischen kenntlich gemacht werden sollen; stattdessen liefere Camus nur eine »Chronik«, die darüber hinaus jeder Verankerung in der Geschichte entrate. Den Menschen von Oran sei die Wahl versagt, Partei zu nehmen – und dies zumal unter Anspielung auf die Bedingungen der Besatzungszeit. Ihre Welt ist nach Barthes »un monde d'amis et non de militants«.[45]

Camus antwortet wie fast meistens mit vollendeter Höflichkeit. Er gesteht eine Pluralität von Lesarten auch kritischer Intention durchaus zu, wehrt sich freilich gegen solche, die die Evidenzen außer Acht lassen. Zu diesen gehören: erstens, dass der Stoff den Kampf der europäischen Résistance gegen den Nazismus ausweise, was bisher fast jedermann auch so verstanden habe; zweitens, dass »La Peste« in der Differenz zum »Étranger« nicht mehr die Haltung einsamer Revolte, sondern den Widerstand einer Gemeinschaft erzähle; drittens, dass das Thema der Trennung nicht einfach auf das private Leben fokussiere, wie Ramberts Einstellung im Wandel der Interessen beweise; und viertens, dass der Roman damit beschließe, dass kommende Kämpfe wider das Übel angesagt werden müssten. An dieser Stelle nennt Camus den von ihm anvisierten Terror bei seiner Struktur. Er trägt viele Gesichter, zumal unter den Bedingungen der Zeitgeschichte, doch die Lehre daraus wäre, sich keiner seiner Verkörperungen zu unterwerfen.[46]

Vier Jahre nach dem Bruch mit Sartre und seinen Gefährten hat Camus nichts an den Überzeugungen zu ändern oder zu revidieren, die seit dem »Fremden« und dem »Mythos des Sisyphos« gegeben sind. Mag das Thema der Gemeinschaft in Solidarität durch »La Peste« das Drama des Einzelnen in einer Welt des Unverstandenen abgelöst haben, so ist der Gott der Geschichte, den die Ideologen verkünden, noch immer *persona non grata*. Kein »Materialismus«, weder historischer noch dialektischer Façon, vermöchte gegen die Freiheit des Menschen dessen Knechtung unter ein wie immer redigiertes Prinzip von Gerechtigkeit zu legitimieren. Dass Roland Barthes das Engagement des Schriftstellers zugunsten einer Gesellschaftsordnung unter Absenz letzter Prinzipien und Selbstermächtigungen nicht schon auch aus der Interpretation des Romans von der Pest erkannt habe, stimmt Camus, so gesteht er, »un peu attristant«. Man darf freilich in Kenntnis der Pariser Szene der fünfziger Jahre davon ausgehen, dass dieses Missverständnis beabsichtigt war: Barthes, der sich damals auf Seiten einer kämpferisch ein- und ausgrenzenden Linken wusste, leistete ihr den Tribut.

III.
Philosophie und Kritik der Revolte

Seit den späteren vierziger Jahren sieht sich Albert Camus immer stärker in Auseinandersetzungen verstrickt, die ideologischen Charakter tragen. Während der Philosoph Gabriel Marcel von konservativ-christlicher Perspektive her gegen Camus antritt, kritisieren andere, dass Erbe und Auftrag der Linken nur ungenügend Echo fänden. Im Nachkriegsfrankreich laufen diese Gefechte oft vor großem Publikum. Camus stellt sich seinen Herausforderern in einer Vielzahl von Artikeln, doch bereits zeichnet sich ab, dass ihn diese Debatten ermüden. Da kommt es gelegen, dass er im Juni 1949 zu einer längeren Reise nach Südamerika aufbricht, die von der Kulturabteilung des französischen Außenministeriums organisiert worden ist. Die wichtigsten Stationen sind Rio de Janeiro, São Paulo, Buenos Aires, Montevideo und Chile. Diese Tournee ist strapaziös, und um so mehr, als sich sowohl eine hartnäckige Grippe wie abermals die Lungenkrankheit bemerkbar machen.

Im Herbst 1949 ist Camus zurück in Paris. Er wohnt der Uraufführung seines neuen Stücks »Les Justes« (»Die Gerechten«) bei, in dem seine Geliebte Maria Casarès eine Hauptrolle spielt. Bald darauf hält er sich aus Gesundheitsgründen in Südfrankreich und in den Vogesen auf, und im Dezember bezieht er mit seiner Familie eine Wohnung in Paris an der Rue Madame. Die Freundschaft mit dem Dichter René Char vertieft sich. Im Oktober 1951 veröffentlicht sein Hausverlag Gallimard den großen und bald umstrittenen Essay »L'Homme révolté« (»Der Mensch in der Revolte«). Ein Mitarbeiter Sartres publiziert im Juni 1952 in Sartres Zeitschrift »Les Temps modernes« einen vernichtenden Artikel. Aber auch die Rechte bläst zum Angriff. Ein kürzerer Abstecher nach Algerien verschafft Camus eine Ruhepause. Sie währt nicht lange: Im Oktober 1953 beginnt Francine Camus an einer schweren Depression zu leiden, worauf Camus eine geplante Ägypten-Reise absagt. Inzwischen hat er sich mit Sartre und den Seinen endgültig überworfen. Der »Renegat«, der es gewagt hat, mit dem »Homme révolté« eine mu-

tige Streitschrift wider den Totalitarismus zumal linker Ausprägung zu verfassen, wird mit Verachtung, gelegentlich mit Hohn bestraft.

Hinzu kommt, dass die langen Jahre des Publizierens für die Tagespresse sowie die Arbeit am Werk nun ihren Tribut einfordern. Francines Gesundheitszustand bessert sich nicht; Camus selber registriert Schreibstörungen und Ängste. Als einziges Großprojekt verbleibt der autobiographisch fundierte Roman »Le Premier Homme« (»Der erste Mensch«), der allerdings nur sehr langsam voranschreitet. Und endlich geben auch die Entwicklungen in Algerien keinen Anlass zur Zuversicht. Bürgerkriegsartige Zustände zeigen an, dass ein Frieden im Land und unter allen Beteiligten zur Illusion wird.

*

Roland Barthes' Kritik an »La Peste« aus dem Windschatten einer verbreiteten Gesinnung mit dem Vorwurf, Camus verrate die Ideale gesellschaftsverändernder Solidarität, kann den Schriftsteller im Jahr 1955 nicht mehr überraschen. Spätestens seit der Publikation des Essays »L'Homme révolté« von 1951 sieht er sich angegriffen von vielen einstigen Gefährten aus dem intellektuellen Milieu von Saint-Germain-des-Prés, und als Sartres Lebenspartnerin Simone de Beauvoir 1954 den Schlüsselroman »Les Mandarins« (»Die Mandarine von Paris«) präsentiert, hat das Porträt des Renegaten gar literarische Überhöhung gefunden.[1] Nach Vorgaben marxistischer Lesart ist schon die Entwicklung vom »Étranger« zu »La Peste« als Enttäuschung zu verbuchen. Dass die Geschichte rund um die Seuche nicht konsequent genug zur politischen Ausdrücklichkeit vorstößt, sondern das Motiv des Widerstands auch im Spiegel metaphysischer Beunruhigungen erscheinen lässt, nährt den Verdacht, es sei am Ende eine Moral aus »bürgerlichen« Anschauungen beabsichtigt gewesen. Die Revolte der Opfer und Geschlagenen von Oran geht nicht weit genug: Sie hat kein Bewusstsein ihrer selbst als theoretisch wie praktisch klar definierte Aktivität.[2]

Die Revolte ist indessen eine tragende Kategorie im Werk Camus' seit seinen Anfängen. Das musste der Linken, überhaupt jeder Hermeneutik damals schon deshalb verborgen bleiben, weil weder die

Diplomarbeit über den Neoplatonismus und die christliche Metaphysik noch der Roman »La Mort heureuse« dem Publikum zugänglich gewesen wären. Versucht man aber einen rekonstruktiven Überblick, so springt dieses Thema sogleich ins Auge. Schon der junge Absolvent der Universität Algier entdeckt bei genauem Studium der spätgriechischen und frühchristlichen Philosophie die gedankliche Unruhe, die einen Geist erfasst, der sich nicht mit den Gegebenheiten der Schöpfung begnügt, sie vielmehr vor dem Hintergrund der Erfahrungen mit dem Bösen in der Welt hinterfragt. Die Gnosis ist nichts anderes als der Aufstand gegen die Wahrheit von der besten aller möglichen Welten, weil Gott sie vermeintlich so gewollt hatte, gepaart mit der Vermutung, dass das Produkt in seinem Wesen missglückt ist. Erst den Kirchenvätern, allen voran Augustinus, gelingt es mit der Scheidung in die *Civitas Dei* und die *Civitas terrena*, die Ordnung des Heils wiederherzustellen. Wer nun noch revoltiert, ist der Ketzerei zu bezichtigen.

»La Mort heureuse« transportiert die Figur des Rebellen gegen das Dasein in die moderne Lebenswelt. Mersault, der Verbrecher aus verlorenen Illusionen und radikalem Glücksstreben, bietet die Verkörperung eines von Nietzsche inspirierten Quergängers, dessen Gier nach Selbstbehauptung alle Konventionen von Ethik und Ausgleich hinter sich lässt. Er vertritt damit noch jenen gleichsam romantischen Typus, der im Zeitalter der Versachlichungen den Ausbruch riskiert und zuletzt – doch in Übereinstimmung mit sich selbst – dafür bezahlt. Sein jüngerer Bruder scheint aus dem gleichen Ambiente zu stammen. Doch Meursault, der Fremde, erlebt die Revolte kaum noch aus dem Bewusstsein einer Entscheidung. Sie kommt auf ihn nieder – zuerst als Blitz der Sonne am Strand der Alltäglichkeit, dann als Erkenntnis im Stand des Beobachters, der im Gefängnis sitzt, dem eigenen Prozess beiwohnt und seiner Hinrichtung harrt.

Der Argwohn gegenüber einer von Sinn erfüllten Welt alimentiert nun eine zweite Kategorie: jene des Absurden. »Der Mythos des Sisyphos« thematisiert den Riss, der zwischen der Existenz des Einzelnen und dem Schweigen dieser Welt sich öffnet. Sisyphos, der Steinewälzer ohne Pause oder Ende, erfährt aber überraschend die Prämie einer Revolte, die ineins damit auch die antike Mythe auf

den Kopf stellt. Mit dem Schlusswort, dass man sich Sisyphos als glücklichen Menschen vorzustellen hätte, wendet Camus die Richtung der
Allegorie auf alle Trübsal des Lebens: Was als Strafe ersonnen war,
dreht sich mit subtil revoltierender Ironie ins Gegenteil – in die Einwilligung ins Unvermeidliche.

Als ausdrücklich politische Kategorie erweist sich die Revolte in
Camus' Werk erst unter den Erfahrungen mit der deutschen Dik-
tatur, als er insbesondere für die klandestine Widerstandszeitung
»Combat« schreibt. Das Tagesgeschäft des Journalisten findet klare
Worte gegen die Macht der Besatzung und überhaupt gegen alle Formen des amtlich verordneten Terrors. Seit dem Herbst 1942 lebt der
Schriftsteller, getrennt von seiner Frau, die in Algerien geblieben ist,
in Frankreich: in der Nähe von Lyon, dann in Paris und auf dem Gutshof des Panelier. Im Juli 1943 verfasst er für das zweite Heft der
»Revue libre« seine erste »Lettre à un ami allemand«, der noch drei
weitere folgen werden. Seit 1944 zählt er zum Redaktionsstab von
»Combat«, bald wird er zum Chefredakteur berufen; im März erscheint in der Nummer 55 ein Artikel des Titels »À guerre totale,
résistance totale«. Nach der Befreiung richtet sich das Interesse einerseits auf die Unruhen in Algerien, anderseits auf die Vergangenheits-
bewältigung zwischen Kollaboration, Résistance und neuem Anfang.
Das Engagement auf Seiten von »Combat« – mit Unterbrechungen
und Meinungsdifferenzen – dauert bis zum Juni 1947.[5] Doch schon
früher fällt es Camus schwer, der Linie einer bestimmten Ideologie
oder Partei zuzustimmen. Er verweigert der kommunistischen Linken die Gefolgschaft und sucht einen Sozialismus, der auch der Freiheit des Individuums Rechnung zu tragen hätte. Der kurze Essay
»L'Artiste est le témoin de la liberté«, publiziert im Dezember 1948
in »La Gauche«, markiert eine Position, die fremd in der Landschaft
einer vom Marxismus definierten Gesinnung steht, wie sie nun viele
einstige Weggefährten für sich beanspruchen und auch von anderen
einfordern, allen voran Sartre, Merleau-Ponty und Simone de Beauvoir. Man versteht sich – noch – unter Freunden; aber die weltan-
schaulichen Differenzen werden zusehends stärker.

Darüber wird noch ausführlicher zu sprechen sein. Während all
diesen Jahren aber arbeitet Camus teils intensiv, teils mit Pausen an

einem Buch, das die Summe seiner Beschäftigung mit dem Widerstand des Menschen gegen Welt und Dasein beibringen soll. Bereits
im Dezember 1946 entsteht eine Reflexion zum Verhältnis zwischen
dem Absurden und der Revolte. Sie bildet die Keimzelle für den großen Essay »L'Homme révolté« (»Der Mensch in der Revolte«), der
Camus' Mentor und Lehrer Jean Grenier gewidmet ist und schließlich am 18. Oktober 1951 von dem Verlagshaus Gallimard ausgeliefert
wird.[4] Vorabdrucke aus einzelnen Kapiteln haben bereits für Unruhe
in diversen Lagern gesorgt. Wer allerdings erwartet hätte, dass damit
nur eine politische Theorie zu Nutzen und Verständnis der Epoche
geleistet werde, wäre rasch eines anderen belehrt worden. Die Schrift
ist einerseits ein verdeckter Selbstkommentar zu Themen und Fragen aus dem bisherigen Œuvre; andererseits und vor allem eine geschichtsphilosophisch und daneben auch anthropologisch ausschwei-
fende Studie mit Blick auf eine Befähigung, die den *homo sapiens* in
seinem Verhältnis zu sich wie zur ihn umgebenden Realität auszeich-
net: nein sagen zu können. In Abwandlung von Descartes' berühmter
Bestimmung von Identität heißt ein leitender Satz: Ich revoltiere,
also bin ich.

Worum geht es? Camus untersucht die Relation zwischen dem
Absurden und dem Mord. Er präpariert, was den Menschen in der
Revolte spezifisch auszeichnen soll. Er analysiert darauf Stationen
der metaphysischen Revolte, flicht ein Intermezzo zu Nihilismus
und Geschichte ein und behandelt dann die historische Revolte.
Zwei weitere Teile beschließen das Buch: »Revolte und Kunst« sowie
»Das mittelmeerische Denken«. – Der Anspruch ist weit gefasst.
Existentielle, metaphysisch inspirierte, politisch und ästhetisch vor-
getriebene »Einstellungen« werden erörtert, und zuletzt wird eine
Haltung vorgeschlagen, die das Recht auf Revolte mit dem richtigen
Maß versöhnen soll. Der Text mischt Erzählendes mit Analytischem,
Geschichte der Literatur mit Referaten zu den großen Revolutionen,
Ausflüge in die Philosophie mit Stellungnahmen zu Ethik und Mo-
ral. Zugleich will er jene Gefährdungen kritisch benennen, die für
Geist und Politik der eigenen Zeit symptomatisch sind.

»Wir leben im Zeitalter des Vorsatzes und des vollkommenen Verbrechens.« Die Ouvertüre lässt keinen Zweifel daran, dass sich die

Lage dramatisch verschärft hat. Gegen den skeptischen Optimismus der Nachkriegsjahre im Milieu der Vierten Republik benennt Camus mit weltgeschichtlicher Perspektivik eine Entwicklung, die den Schein der neu gewonnenen Sekurität unterläuft und das Wesen der Moderne als dämonische Zurüstung auf größtmögliche Ermächtigungen hin definiert. Signifikant ist der Wandel im Verständnis des Verbrechens. Die frühere, gewissermaßen romantische Leidenschaft zum Bösen hat sich unter dem Diktat des Fortschritts – auch und gerade mit Hilfe der Philosophie – in kühle Berechnung transformiert, und hierbei spielt die Vernunft eine verräterische Rolle. Denn »vernünftige« Gründe sollen es sein, die im Zeitalter der Ideologien zur Legitimierung von Mord und Tortur bis hin zum Genozid beitragen.

Camus setzt diese Entwicklung in ihrem Anfang seit den zwanziger Jahren seines Säkulums an. Der Versuch, »meine Zeit zu verstehen«, wie es programmatisch die Einleitung verheißt, ist zunächst im Lichte von Bewegungen zu sehen, die – hier noch ohne genauere Benennung – neue Formen der Macht in die Geschichte eingebracht haben. Anders gesagt, der Modus der Verneinung hat sich verändert. Hatte er sich vordem aus dem Gefühl alimentiert, dass die Welt absurd sei und deshalb der Suizid die letzte Konsequenz daraus wäre, so bezieht er seine Energien nunmehr aus der Ideologie: Nicht mehr das eigene Selbst wird negiert, sondern der andere. »Wohin man auch blickt, hat der Mord im Herzen der Verneinung und des Nihilismus einen Vorzugsplatz.« (MR, 12) Nihilismus überbietet die Vorstellung von der Absurdität der Welt noch insofern, als er zur völligen Indifferenz gegenüber dem Leben führt, dessen Wert sich in reine Gegenständlichkeit aufgelöst hat. Wäre das Absurde als »Lebensregel« zu betrachten, so hätte es – ganz im Sinn des »Mythos des Sisyphos« – über sich hinausgeführt. Der Mensch, der um die Kluft zwischen Welt und Dasein weiß, definiert sich am Ende widerständig als Komplize seiner Geworfenheit, indem er sie annimmt und über sie hinausgelangt. Doch der Nihilist hat solche Sensibilität hinter sich gelassen. Er agiert seelenlos als Vollstrecker im Namen der Geschichte.

So schwierig der Anfang von »L'Homme révolté« zu lesen ist, so deutlich ist die Absicht dieser ersten Seiten. Die Kategorie des Absurden, wie sie der frühe Essay zu Sisyphos entfaltet hat, soll ihre Fruchtbarkeit auch für das Verständnis der Epoche des Totalitarismus erweisen. Während nihilistische Gesinnung an nichts mehr zu glauben vermag und deshalb jedes Recht gegen andere für sich beansprucht, wohnt dem Gefühl für das Absurde immerhin eine eigentümlich kreative Unruhe inne. Im Zweifel gegenüber Ordnung und Sinn ist der Mensch auf sich selbst zurückgestoßen. Daseinsanalytisch gesprochen:»Ich rufe, dass ich an nichts glaube und dass alles absurd ist, aber ich kann an meinem Ausruf nicht zweifeln, und zum mindesten muss ich an meinen Protest glauben. Die erste und einzige Gewissheit, die mir so im Innern der absurden Erfahrung gegeben ist, ist die Revolte.« (MR, 17)

Revolte ist demnach einerseits und fundamentalanthropologisch die Befähigung, Gegebenes zu verneinen. Sie bleibt freilich dabei nicht stehen, sondern sucht gegen den Verdacht, dass nur Chaos herrsche, eine verlorene Einheit zu restituieren. »Ihr Ziel ist, umzuformen.« Unter diesem Aspekt tritt sie geschichtlich sowohl und zuerst als metaphysische, später und insbesondere für die Neuzeit als historische Revolte an. Ihr Schicksal erfüllt sich dabei als »Geschichte von Europas Hochmut«. Denn es ist die europäisch-abendländische Kritik am Bestehenden, die sich wider die Hinnahme des Seins fortwährend neu erfindet und im Zeichen von Willen und Macht gedankliches und politisches Terrain erobert. Wo sie aber alle Werte hinter sich lässt und das Bewusstsein des Nihilismus erreicht, kennt ihre Herrschaft keinerlei Maß und Moral mehr: Die Welt schlechthin ist ihr Objekt geworden.

So viel zur Beschreibung des Horizonts, vor welchem der Essay seine Fragen aufwirft und nach Antworten forscht. Camus begibt sich insofern auf heikle Wanderschaft, als der Text sowohl wissenschaftlichen Ansprüchen genügen soll, wie auch assoziierend in Bildern und Metaphern spricht. Seinen Gegnern wird es leichtfallen, die Stringenz der Argumente und Konklusionen zu verwerfen. Entscheidend ist freilich, dass ein Versuch gewagt wird, die zeitgleich auch von Horkheimer und Adorno so benannte »Dialektik der Aufklärung« als einen Prozess zu begreifen, der von der Negation des Seienden über Revolten im Erkennen und Handeln schließlich zur

Hypostase einer instrumentell gewordenen Vernunft führt, deren Konsequenzen für jedermann einsehbar in den Totalitarismen des 20. Jahrhunderts münden.[5] Am vorläufigen Ende sind die Verbrechen, sei es im Namen der Rasse, sei es im Namen der Menschheit. Am Anfang – nämlich zu Beginn der jüdisch-christlichen Anschauung von Schöpfung, Welt und Leben – steht die Revolte.

Sie ist ein Charakteristikum des Menschseins. Ihre daseinsverändernde Kraft erweist sie indessen erst im Medium der Historie. Diese doppelte Eigenschaft ist für Camus deshalb wichtig, weil es – gewissermaßen in therapeutischer Absicht – dadurch auch möglich sein könnte, zum Nutzen der Zeit ihr Positives wieder in Erinnerung zu rufen. »Was ist ein Mensch in der Revolte? Ein Mensch, der nein sagt. Aber wenn er ablehnt, verzichtet er doch nicht, er ist auch ein Mensch, der ja sagt aus erster Regung hinaus.« (MR, 21) So heißt es in dem Grundsatzkapitel »Der Mensch in der Revolte«, das den geschichtlichen Erörterungen vorangestellt ist und mithin auch schon propädeutisch in den Blick fasst, welche »Inhalte« dieses Ja zur Kenntlichkeit bringt. – Der Revoltierende läuft gegen Grenzen an. Zugleich wird er angetrieben von der Rechtmäßigkeit seiner Überzeugung, woraus folgt, dass er gewisse Werte vertritt. Deren Qualität bleibt – noch – unbestimmt, doch jede Revolte begleitet die Ungeduld. Diese kann sich so sehr steigern, dass die Opferung im Namen eines wie immer zu definierenden Höheren in Kauf genommen wird. In Camus' Verständnis transzendiert demnach die »Bewegung« der Revolte die schiere Selbstsucht; sie soll ihrem Kern nach un-egoistisch sein, indem sie sich über die Identifikation mit anderen leiten lässt. So kommt zustande, was als menschliche Solidarität zu bezeichnen wäre, nämlich »die Verteidigung einer allen Menschen gemeinsamen Würde«. Im Wort des Meisters Eckart hätte diese eine paradigmatische Wahrheit gefunden, er wolle lieber mit Jesus die Hölle teilen als den Himmel ohne ihn.[6]

Doch zentral wird nun der Gedanke, dass die Revolte einen genaueren Sinn nur im abendländischen Denken erhalten hätte. Camus verlangt die Einschränkung, weil er statuiert, dass eine Theorie der politischen Freiheit im Begriff des Menschen angelegt sei, andererseits aber zunächst im Widerspruch steht zu dessen faktischem Dasein: einer weit verbreiteten Knechtschaft hienieden. Dieser Hiatus setzt Erkenntnis als Selbstwahrnehmung des Menschseins voraus, will heißen, »die Revolte ist die Tat des unterrichteten Menschen, der das Bewusstsein seiner Rechte besitzt«. Mit einer raschen Engführung der Argumentation wird die Revolte nunmehr verortet entweder in einem Vorher oder in einem Danach zum »Heiligen«. Was meint das? Nichts anderes, als dass eine Welt des Numinosen und der ferne gestaltenden Götter kein Bewusstsein von der Freiheit, damit freilich auch kein Bedürfnis nach der Revolte ermöglicht, sie durchzusetzen. Oder von einer zweiten Seite her beleuchtet: All jene Antworten, die der revoltierende Geist auf die Grundsatzfragen nach seiner Existenz zu liefern sich anheischig macht, sind *more humano*, das heißt vernunftgemäß formuliert. »Wir leben in einer entheiligten Geschichte.« Wer revoltiert, tut dies gegen die Hinnahme eines unabänderlichen Schicksals vor dem Hintergrund der Kritik am Heiligen, so dieses solche Aktivität gerade verböte. Im Roman von der Pest bieten sich hierzu die Gespräche zwischen Pater Paneloux und seinem Herausforderer Rieux an.[7]

Es ist leicht zu sehen, dass die Beweisführung manches im Unklaren belässt und nicht dazu angetan ist, philosophisch stringenter Logik zu genügen. Camus behauptet zweierlei. Erstens, der Mensch ist als denkendes Wesen im Prinzip der Revoltierende wider die Konditionen seines Daseins. Zweitens, er gelangt zum Bewusstsein und zur Tat erst unter spezifisch geschichtlichen Bedingungen. Der Weg in die Freiheit ist dabei sozusagen der Weg vom Mythos zum Logos: aus dem Sein geheiligter Wirklichkeit in die Realitäten eigener Ansprüche. – Hinzu tritt zuletzt ein moralisches Regulativ. Denn nicht unbegrenzt maßlos soll die Revolte sein. Sie findet ihren »ursprünglichen Adel« an jener Grenze, wo das Terrain gewonnen ist, auf welchem die Menschen zu sein beginnen. Die jüngste Geschichte hätte das Gegenteil zu lehren, ein fortlaufend weiter ausgesteckter Drang nach Weltbemächtigung und Knechtschaft in einem. Schließlich rekapituliert Camus nochmals die Differenzen zwischen der Erfahrung des Absurden und derjenigen der Revolte. Erstere spiegelt individuelles Leiden am Widersinn zwischen Dasein und Welt; letztere reflektiert kollektives Leiden als »Abenteuer aller« und hat den Widerstand auf ihre Fahnen geschrieben. In Anlehnung an das Thema des großen Romans: »Das Übel, welches ein Einzelner erlitt, wird zur kollektiven Pest.« Damit muss der »cartesische« Satz gewissermaßen erweitert und in seinem appellativen Charakter gesehen werden. »Ich empöre mich, also sind wir.« (MR, 31)

*

Ontologie und Pragmatik der Revolte dienen – wer wäre nach Kenntnisnahme von »La Peste« überrascht? – mithin auch dazu, eine *éducation solidaire* zu formulieren, die als Fortsetzung früherer Positionen den Ausweg aus dem Gefängnis des Absurden einzuleiten verspricht. Die »Kehre« lautet: Mag dem Einzelnen sein Schicksal als fortwährender Mangel an Erfüllung und Sinnhaftigkeit im Angesicht einer schweigend abweisenden Welt erscheinen, so entdeckt er im Status der Revolte noch anderes. Er ist nicht allein. Menschsein ist auch Bewusstsein der Inklusion in Rücksicht auf die Gattung, deren Geschichte vor Augen führt, dass diese seit ihren abendländisch-»vernünftigen« Anfängen als eine gewaltige Rebellion in Gang kommt – zuerst im metaphysischen, dann im politischen Verstand.

Viele Unklarheiten der Ouvertüre von »L'Homme révolté« ließen sich auf Schwierigkeiten zurückführen, eine Art von Konsistenz zwischen der Philosophie des Absurden und der Moral der Revolte herzustellen. Was in »La Peste« scheinbar leichthin gelang, nämlich den Übergang von der Subjektivität in das Bewusstsein der Gemeinschaft zu erzählen, hat unterm Anspruch von »Theorie«, die sich dabei selbst reflektiert, ganz andere Hürden zu nehmen. Um nur einen Topos zu zitieren: Der Gedanke, dass man sich Sisyphos nicht mehr als Opfer, sondern als glücklichen Menschen vorzustellen habe, hat nach den Erfahrungen mit Diktatur, Verachtung und Verbrechen seine suggestive Überredungskunst weitgehend eingebüßt. Revolte, die nur darin bestünde, dass einer mit sich selbst ins Reine kommt, weil er dem Unvermeidlichen plötzlich die Einwilligung und damit persönliche Erlösung abgewinnt, könnte sich – nach allem Geschehenen – dem Vorwurf des Fatalismus, ja der »Kollaboration« kaum noch entziehen.[8]

Wollte man psychologisieren, so läse sich allerdings auch der »Homme révolté« wie die Erzählung einer Sehnsucht mit Zweifeln. Die Hoffnung drückte sich darin aus, dass der revoltierende Mensch seine Rebellion so weit vorantriebe, bis Gerechtigkeit und lebenswerte Realitäten durchgesetzt würden. Aber nicht weiter. Denn hier beginnen die Zweifel. Der Hauptteil des Texts trägt nun zusammen, was den verhängnisvollen Mehrwert der Revolte ausmacht – jene Hybris der Vergöttlichung des Menschen zum Herrn und Herrscher über seine Geschichte. Diese Pathologie beginnt harmlos mit dem spätantiken Verdruss über eine enttäuschende Schöpfung und kulminiert in den Todes- und Straflagern des 20. Jahrhunderts.

Der weitgefächerte Teil »Die metaphysische Revolte« gliedert sich in eine Ursprungsanalytik einerseits, in eine freie Folge von Variationen anderseits, deren Bedeutungsträger durch einige Repräsentanten der Moderne identifiziert werden. Dass Camus lange und oftmals mit Gefühlen des Ungenügens an diesem Buch arbeitete, offenbart insbesondere dieser zweite Durchlauf.[9] Der Marquis de Sade, dann der Typus des Dandys, dann Dostojewski, Max Stirner, Nietzsche, Baudelaire, darauf die Surrealisten – sie alle sind zu Kronzeugen einer Haltung von Verweigerung aufgeboten, die das Gegebene hinterfragt und das Erbe klassischer Metaphysik hinter sich lässt. Es wäre falsch, hier bloße Kompilation der kontingenten Art sehen zu wollen. Allerdings trägt zur Verwirrung des Lesers bei, dass das Urteil des Autors schwankt. Zeigt Camus für Dostojewski und Nietzsche viel kritische Sympathie, so geht er mit den Exponenten des Surrealismus – Rimbaud, Aragon, Breton – ungnädig ins Gericht, und die Bemerkungen zu Lautréamont münden in eine eigentliche Polemik. Schon der Vorabdruck der Einlassungen zum Verfasser der »Gesänge des Maldoror« ruft entsprechend heftige Gegenreaktionen hervor.[10]

Welchen Antrieben aber verdankt sich die metaphysische Revolte nun grundsätzlich? Camus betreibt eine Verlängerung seiner Diplomarbeit über christliche Metaphysik und Neoplatonismus. Der Mensch lehnt sich gegen seine *conditio* und damit gegen die Schöpfung im Ganzen auf. Weshalb? Weil er sich von letzterer »betrogen« sieht. Hier Herren, dort Sklaven, hier der Tod als das Unvollendete, dort das Böse als Zerrissenheit im Dasein, hier eine zertrümmerte Welt, dort Ungerechtigkeit und Elend. Der Angriff geht auf Gott, sobald dieser verantwortlich gemacht wird für das Unglück seiner Kreatur. Wer ihn lästert, ist freilich kein Atheist, sondern im Gegenteil sein Herausforderer. Daraus formiert sich über Jahrhunderte eine machtvolle Rebellion, die schließlich die Stadien der Revolte mit der Revolution überwindet und dabei danach trachtet, im Revers das Reich des Menschen zu gründen.

Es sind »die Söhne Kains«, die diese Bewegung einleiten. Während die alten Griechen das Schicksal und die Natur in der Regel hinnahmen, weil ihre Götter keine Urheberschaft auf Erschaffung des Kosmos beanspruchen konnten, findet im Milieu der jüdisch-christlichen Schöpfungslehre der Protest wider deren Sinnhaftigkeit einen Adressaten: den persönlichen Gott seines undurchschauten Waltens. Für Camus ist die Revolte, wie er sie verstehen will, untrennbar mit dem Christentum liiert. Die letzten und späten Denker, die dagegen noch das »Griechische« verteidigen, wären Epikur und Lukrez. Dies zeigt sich beispielhaft daran, wie sie das Motiv des Todes aufgreifen. Statt unvernünftige Hoffnung und falsche Heilserwartung zu hegen, dient es der Erleichterung des Lebens, es als Durchgang zurück zum Urstoff – Sein zu Stein – zu begreifen.[11] Das Unrecht, das dem Menschen laufend begegnet, die Leichen der Pest, die sich um die Heiligtümer gruppieren, das Verpasste und Verfehlte und Unerwiderte – dies alles lehrt nur eines: Akzeptanz unter Absehung irgendwelcher positiver oder negativer Abgeltungen in der Zukunft.

Doch von einem Gott, der trotz seiner Unerreichbarkeit das große Du sein will, ist Rechenschaft zu verlangen. Im Christentum kristallisiert sich als Lösung heraus, was Jesu Opfer am Kreuz kompensiert. Der Gekreuzigte, Mensch geworden und gleichwohl Gottes Sohn, ist der Mittler zwischen Himmel und Erde. Er gibt zwei fundamentalen Problemen eine wirkungsreiche Antwort. Erstens überwindet er den Tod, indem Sterblichkeit nicht das letzte Wort sein kann. Und zweitens überwindet er das Böse, indem er es dem Glauben an die Auferstehung unterordnet. Nur die Gnosis meldet dagegen ihren Protest an. Dass ein grausamer Vater es zulässt, dass der Sohn hienieden zugrunde gehen muss, ist bloß das eine. Das andere erweist sich in der Absurdität eines unversöhnlichen Gegenübers zwischen menschlichem Elend und himmlischer Glorie. Sollte dies tatsächlich in Gottes Absicht gelegen haben? Bis zu Dostojewski und Nietzsche treibt die Fruchtbarkeit gnostischer Empörung ihre Blüten weiter. Christus als der Betrogene: noch ein Unschuldiger mehr. Camus verweist an dieser Stelle auch auf eine reiche Ikonologie, die dessen Passion – etwa in den Radierungen von Jacques Callot – genau so ins Bild setzt.[12]

Aus solchen Anfängen skeptischer bis erregter Gotteskritik entwickelt sich nach Camus der Diskurs der Revolte. Mit einem kühnen Sprung überschlägt der Essayist die weiteren Positionen des Angriffs, um dort wieder fündig zu werden, wo – unter Bedingungen aufgeklärter Erkenntnis über die beste aller möglichen Welten – das Erklärungsgefüge christlich-kirchlicher Autorität ins Wanken geraten ist: im späten 18. Jahrhundert. Keiner hätte die Verneinung einer gottgewollten Schöpfung »absoluter« positioniert als der Marquis de Sade, sowohl als Meister seiner Grausamkeiten wie später als in der Bastille in Haft gedrückter Verfasser ihrer Geschichten. Wie fast zeitgleich Horkheimer und Adorno, aber in Unkenntnis der »Dialektik der Aufklärung«, versucht Camus das Wechselspiel zwischen Wahnsinn und Beherrschung, zwischen kaltem Kalkül und entfesselter Leidenschaft zu erläutern, das Sade in seinen Schriften gewissermaßen paradigmatisch beschreibt und lebt. Auch Sade soll kein Atheist gewesen sein. Seinen Energien liegt die Wut zugrunde, die das Sakrileg verlangt, weil Gott selbst von verbrecherischem Charakter wäre – der Unterdrücker und Verleugner seiner bevorzugten Kreatur.[13]

Aber Sade bleibt nicht bei diesem metaphysischen Zorn stehen. Er entdeckt den Widerpart überirdischer Ungerechtigkeit in einer Natur, die er im Aufschrei des Geschlechterinstinkts vernehmen will. Die Revolte gegen Gott und seine Welt ist zugleich ein Revoltieren der Triebe gegen jede Form sozialer Hemmung und Sublimation. Prinzipien von Ethik und Moral, aber auch von Maß und Vernunft gelten nichts mehr. Im Gegenteil stacheln sie dazu an, sie zu durchbrechen und das Regime subjektiven Willens zur Macht zu etablieren. Das wahre Gesetz der Welt lautet Gewalt, und wer es ohne Zögern und kraftvoll vollstreckt, ist der wahre Herr. Dass Freiheit und Tugend miteinander konform gehen, ist ein Mythos, dem zuletzt die Französische Revolution mit perverser Logik nachgeeifert hat. Wer ehrlich ist, will sagen: Wer die eigentliche Natur des Menschen erkannt hat, stellt die Freiheit in den Dienst der Ausschweifung.

Auch dazu bedarf es allerdings der Organisation. Sie ist der Raster, in welchen sich die Praktiken der Perversion einfügen, um von Höhepunkt zu Höhepunkt planmäßig fortschreiten zu können. So gründet der Marquis – mit Camus' Metapher – eine »Stacheldraht-Republik« und die dazugehörigen »politischen Bureaus des Lasters«. Die Bürokratie verzeichnet nun alles, was an Experimenten ausgedacht und realisiert wird. Ihre Regisseure sind ein paar machtvolle Tyrannen, die sich – doch auch das zählt zur Logik der Qualen – schließlich gegenseitig übel wollen, bis am Ende nur noch ein Einziger übrigbleibt. – Dieser Einzige tritt pointiert erst in Erscheinung als Künstler: nämlich als Verfasser seiner Geschichte der Grausamkeit über Tausende von Seiten. Sade hat begriffen, dass das erträumte Attentat auf die Schöpfung insgesamt nicht möglich ist. Zum Gegengott avanciert nun jener, der immerhin ausführlich und detailliert von seinen Versuchen berichtet, es gleichwohl gewollt zu haben.

Mit anderen Worten, was der Marquis betreibt, ist die Literarisierung der Revolte in einem Milieu, das die Schauplätze und Alpträume der schwarzen Romantik bereits antizipiert.[14] Er antizipiert freilich – und hier gegen jede Hermeneutik, die das Kabinett der Schrecken einfach als ein Corpus von »Texten« ohne Referenz in die Realität zu deuten sucht – zugleich auch das Konstrukt einer totalitären Gesellschaft. Darauf kommt es Camus hier besonders an. Wenn von Sades Aktualität im Umkreis ihrer Analysen aus den Interessen der französischen Intelligenz zu sprechen ist, bedarf solche Zeitgemäßheit einer Erklärung, die sich nicht bloß mit dem Hinweis auf die Literatencafés erschöpft, in welchen Sade »Mode« ist. »Sades Erfolg in unserer Zeit erklärt sich durch einen Traum, den er mit der zeitgenössischen Sensibilität gemeinsam hat: die Forderung nach totaler Freiheit und die Entmenschlichung, vom Intellekt kalt durchgeführt.« Und weiter: »Die Erniedrigung des Menschen zum Versuchsobjekt, die Satzung, die die Beziehungen regelt zwischen dem

Willen zur Macht und dem Menschen als Versuchsobjekt, der abge-
schlossene Bezirk der schauerlichen Versuche sind Lehren, welche
die Theoretiker der Macht beherzigen werden, wenn sie das Zeitalter der Sklaven zu organisieren haben.« (MR, 60)

Weder Hitler noch Stalin dürften sich zu den gebildeten Adepten
des Meisters gerechnet haben. Aber sie sind Vollstrecker von Methoden, die Sade als erster großräumig konzipiert und literarisch dokumentiert hat. Die Differenz beruht nur darin, dass der Marquis das
Verbrechen noch als »außergewöhnliche und köstliche Frucht des
entfesselten Lasters« zu genießen trachtete, während seine Nachfolger es in »die stumpfe Gewohnheit einer nun polizeimäßigen
Tugend« verwandeln. Das ist »Dialektik der Aufklärung« im Drei-
schritt der Anmaßung: zuerst den Menschen als freien Gestalter der
Weltwirklichkeit zu inthronisieren, darauf diese Freiheit in äußerster Subjektivität zum »Kunstwerk« der Gewalt werden zu lassen, um
sie schließlich abzuführen in eine Diktatur, die ihren Terror listig als
Tugend der Menschheitsverbesserungspraxis, sei es brauner, sei es
roter Couleur, kaschiert.

*

Doch Camus greift hier vor. Die metaphysische Revolte, wie sie Sade
unter Berufung auf die »natürlichen« Leidenschaften anreißt, ist
noch nicht zur historischen Revolte unterwegs, die erst im späteren
19. Jahrhundert an Schwungkraft gewinnt. Will man Sades Wirkung
unter ästhetischen Kriterien beurteilen, so präfiguriert das Œuvre
ein Klima, in dem sich bald darauf der Typus des Dandys entfaltet.
Das »Positive« der Revolte gerät dabei außer Sichtweite. Wesentlich
ist die Attitüde der Verweigerung und des Ennuis in der Epoche bürgerlicher Verfestigungen, und wenn der Dandy über seine äußere
Inszenierung hinaus auch Aura und Profession des Künstlers beansprucht, liegt die Faszination am Bösen nicht mehr fern. Der Urvater
eines Teufels, der bereits seinerseits schon von Melancholie und Verdruss an der Welt gezeichnet ist, ist Milton. William Blake – und auf
andere Weise John Martin mit seinen Illustrationen zu »Paradise
Lost« – huldigen Miltons Apotheose Satans als des authentischen

Herausforderers Gottes. Die englische wie die französische Romantik nehmen sich des Themas an. Bei Byron wird der Spleen zum Ausweis einer empfindsamen Seele, bei Baudelaire tritt die Begeisterung für das Verbrechen hinzu – moralische und göttliche Gesetze bieten die Angriffsflächen.[15]

Von revolutionärem Bewusstsein – etwa im Reflex auf »1789« – ist dies freilich weit genug entfernt. Was den Dandy umtreibt, ist Selbsterschaffung; ein exzentrisches, exaltiertes Kreisen um die Darstellungsmöglichkeiten des Eigenen, oder wie es Baudelaire formuliert: Leben und Sterben vor dem Spiegel. Der Autor der »Fleurs du Mal« geht noch weiter. Kriminelle Energien steuern letztlich den Arbeits- und Lustfluss der Gesellschaft. Wenn die Französische Revolution dem großen Dichter transitorischer Passionen und phantasmagorischer Ängste ein Erbe hinterlassen hat, so dieses, dass es zwecks Selbsterkenntnis im Widerhall auf ein so grausames Jahrhundert wünschenswert wäre, sowohl die Rollen des Henkers wie des Opfers zu kosten. Für Camus ist Baudelaire allerdings zu sehr noch Theologe, als dass er die letzten Konsequenzen einer revoltierenden Seele gezogen hätte, nämlich das Eintauchen in den Nihilismus. Der versteckte Theologe reibt seine Existenz an der Sehnsucht, es möge eine Welt erscheinen, die wieder Moral und Ordnung vorzuweisen vermag.

Der französisch geprägte Dandy unterhält nach Camus ein kokettes Verhältnis zu Gott. Es ist Dostojewski vorbehalten, diese Beziehung ins Existentielle zu verschärfen. Der Schlüsselroman, der davon Kunde gibt, ist die Geschichte der Brüder Karamasow. Dort wird zum bewegenden Thema, wie sich Iwan ins Verhältnis zum Allmächtigen und mehr noch zum Bösen setzt, das die Welt beherrscht. Nach den Vorstellungen menschlicher Gerechtigkeit kann das Leiden nur sehr bedingt beitragen zur Wahrheit des Glaubens. Wenn schuldlose Kinder dazu ausersehen sein sollen, Schmerz, Krankheit und Tod zu empfangen, muss der Verständige rebellieren. Er schlägt sich auf die Seite der Gerechtigkeit und verweigert der Wahrheit in Christus die Gefolgschaft. – Was mehrere Dialoge der »Pest« intensiv erforschten: wie die vermeintliche Güte Gottes es zulassen könne, dass so viel Unrecht unter Menschen geschehe, hebt Camus hier auf die Ebene einer philosophisch-theologischen Auseinandersetzung, die schon sein Vorgänger im Geist und ebenfalls in einem Roman erkundet hat. Dostojewskis Iwan Karamasow ist prototypisch ein Mann der Revolte gegen die Lehre vom »Sinn« der Schöpfung. Er humanisiert das Unglück im Revers zu seiner höheren Rechtfertigung und gewinnt daraus einen kämpferischen Vitalismus. Dieser ist realistischer als alle Vorstellungen von Tugend und Gesetz.[16]

Was daraus folgt, ist eine selbstherrliche Lizenz, das Schicksal herauszufordern und zum Freiraum für eigenes Gestalten zu erklären. Der berühmte Imperativ, der sich wirkungsgeschichtlich bis in die Parolen der sowjetischen Revolutionskommandos weiterlesen lässt, lautet: Alles ist erlaubt. Wer authentisch in der Revolte leben will, muss sie bis ans Ende vortreiben, will heißen: Ein neuer Mensch wird zum Gott erkoren, und wer revoltiert, verwandelt dabei den Gedanken in die Tat. So führt die metaphysische Auflehnung vom Sittlichen zum Politischen.[17] Dafür steht beispielhaft die berühmte Parabel vom Großinquisitor. Dieser besucht Christus im Gefängnis und weist ihm nach, dass sein Leiden keinerlei Gewinn für die Menschheit abgeworfen hat. Wenn sich die Welt jemals zur Ordnung richtet, so bedarf sie der Herrschaft von Cäsaren, die unter Ausübung ihrer Macht das irdische Glück in Angriff nehmen. Camus zitiert wörtlich aus der Rede des Vertreters der Heiligen Inquisition. »Die Sache hat erst begonnen und ist vom Ende weit entfernt, die Erde wird noch viel zu leiden haben, aber wir erreichen unser Ziel, wir werden Cäsar sein und dann an das Glück der Welt denken.« (MR, 75) In diesem Bild ist präfiguriert, was wenig später Nietzsche in die dunkle Formel von »Cäsar mit der Seele Christi« kleiden wird. Camus kommentiert seinerseits: »Von Paulus bis Stalin haben die Päpste, die sich für Cäsar entschieden, die Bahn der Cäsaren geöffnet, die sich nur für sich selbst entscheiden. Die Einheit der Welt, die sich nicht mit Gott gebildet hat, versucht, sich gegen Gott zu bilden.« (MR, 76) Das säkular gesetzte Ende legitimiert einen Weg, der nur unter Blut und Tränen zu beschreiten ist.[18]

Dostojewski zählt nicht zu den Fürsprechern, doch zu den Analytikern eines Nihilismus, der aus der Negation göttlicher Verantwortung für die Schöpfung die Konsequenzen zieht. Auch dies läuft unter dem Banner der Selbstermächtigung und nimmt so vorweg, was danach in eine »absolute Bejahung« des Daseins mündet. Deren entschiedenste Repräsentanten sind für Camus einerseits Max Stirner, anderseits Friedrich Nietzsche. Lässt man die Skurrilitäten biographischer und gedanklicher Façon beiseite, die Stirner in seiner Dachkammer des ewigen Studenten verfolgten, so bleibt als Summe aus dessen Hauptwerk »Der Einzige und sein Eigentum« ein radikaler Solipsismus als Anleitung zum einzig »vernünftigen« Leben. »Ich hab meine Sach' auf Nichts gestellt.« Das passte auch auf Nada, den nihilistisch durchtriebenen Narren am Hof von Cadiz zur Stunde des »Belagerungszustands«. Es meint nichts anderes, als dass es Abschied zu nehmen gilt von allen Versuchen, Ideale im Namen der und für die Menschheit verwirklichen zu wollen. Der Einzige präsentiert sich als Feind des »Ewigen«, dessen Moral bloß darauf geeicht ist, die Spielräume radikaler Subjektivität zu verhindern. Einsamkeit ist der soziale und psychische Modus solch radikalisierter Existenz. Das Individuum erhebt sich über den Ruinen der Welt, die ohnehin nichts zustande gebracht hat, und pflegt in Camus' Wort »den strahlenden Egoismus der Sterne«.[19] Auch dafür hätte es wohl bereits einen Nachläufer gegeben: den nur an sich selbst interessierten Mersault des Romans »Der glückliche Tod«.

Doch Camus' eigentlicher Mit- und Gegenspieler in der Konfrontation mit dem heraufziehenden Nihilismus der Moderne ist freilich Nietzsche. Sein Werk zerfällt bekanntlich in Diagnose und Therapie. Mit dem Krankheitsbefund, den der Autor des »Zarathustra« und der »Genealogie der Moral« herausstellt, geht Camus weitgehend konform. Was dann der Therapeut bis hin zum Konstrukt seines »Übermenschen« unternimmt, der Epoche eine Wendung ins Machtvolle zu verheißen, unterliegt nicht überraschend einer harten Kritik. Zuerst der sogenannte »Kliniker«: Nietzsche sieht – rechtens – den Zerfall der Werte, den Schwund des Glaubens und eine Welt, die von der Idee eines religiös alimentierten »Endzwecks« sich verabschiedet hat. Das Wort Stendhals, das er dem genialen Franzosen neidet, kann er jederzeit unterschreiben: »Die einzige Entschuldigung Gottes ist, dass er nicht existiert.« Restbestände christlicher Moral bezeugen nur eine Dekadenz, die dem Leben gegenüber versagt.

Christi Werke – der Barmherzigkeit, des generösen Verständnisses für die Menschen, wie sie sind – wurden durch seine Kirche und deren Gerichtsautorität ad absurdum gebracht. Nihilismus zweiter Stufe verweigert – nachdem Gott tot ist – auch den Glauben an das, was ist: an ein Sein, dessen Lebenskraft – wider falsche Idealismen der Gleichheit aller – ebendarin bestünde, dem Starken zur Geltung zu verhelfen. Revolte ist deshalb zunächst Kritik am Gewöhnlichkeitspathos und seinen bürgerlichen Verkörperungen, dann auch Askese, stets den Abstand davon zu wahren, und schließlich der beharrliche Effort, vergangene Größe, wie sie noch die alten Griechen in ihrem begeisternden Fatalismus gepflegt hatten, zu restituieren.

Hier kippt das Nein ins Ja. Nicht weniger verlangt der Wanderer zwischen Sils, Nizza und Turin als eine vorbehaltlose Zustimmung zur Welt und zur Wahrheit der Erde. Was bedeutet dabei Freiheit? Die Einwilligung ins Schicksal. Der *amor fati* ist die höchste Stufe eines Heroismus, dem die Vergöttlichung des Schicksals selbstverständlich geworden ist. – Was die Vorsokratiker erkannt hatten, eine kreisende Ewigkeit von Kraft ohne Ziel, muss sich jenen wieder einprägen, die stark genug sind, alles, was ist und kommt und wiederkommt, zu akzeptieren. Was Empedokles zuletzt riskierte, den Sprung in den Schlund des Ätna, ist der Tribut an die einzige statthafte Gottheit, nämlich die Erde. – Camus referiert hier bereits das Pensum des Therapeuten. Aber natürlich kann wenige Jahre nach dem Fanal des Zweiten Weltkriegs und der Enthüllung der deutschen Verbrechen niemandem mehr verborgen geblieben sein, wie dieser Philosoph unter redaktioneller Beihilfe der Chefideologen des Nationalsozialismus zum Kronzeugen von Rassismus, Selektion und dem Recht des Stärkeren berufen ward.[20]

Die »mechanisierten Massen«, die Europa unter dem Zeichen des Hakenkreuzes überfluteten, sollen indes ihr Tun nicht aus dessen Philosophie abgeleitet haben können. Nietzsche war niemals Rosenberg. Das hält sein Interpret mit Verve fest und folgert daraus trotzig: »Wir müssen die Anwälte Nietzsches sein.« (MR, 92) – Eine gefährliche Parole, mindestens im Milieu marxistisch orientierter Zeitgenossen, der damals unter den Intellektuellen von Rang nur Georges Bataille zugestimmt hätte.[21] Camus will nicht an den Hypertrophien des Übermenschentums vorbeisehen. Nietzsches verführerisches Verhängnis gründet da, wo die Energien seiner Revolte aufgesogen werden von der Vision eines Willens zur Macht, der ein neues Cäsarentum installieren soll. Es kann allerdings nicht darauf bauen, die Geschichte in alle Zukunft hinein zu beherrschen. Diese Wende zur Beglaubigung der Historie unter dem Diktat der Revolution wird erst Karl Marx vollziehen, indem er die Figur des Jenseits temporalisiert und zum Später der endlich klassenlos gewordenen Gesellschaft erklärt.

Nietzsche verstand sich nicht nur – und schon gar nicht mehr im herkömmlichen Sinn – als Philosoph. Er wollte sowohl als Zertrümmerer »falscher« wie als Verkünder neuer Werte immer auch als Dichter in einer Sprache verstanden werden, die durch Radikalisierung des Stils seiner Mission die entscheidende Beglaubigung geben konnte. Mit ähnlich ästhetisch geschärftem Bewusstsein, wenngleich noch subversiver bis hin zur Umkehrung jeder logisch nachvollziehbaren Botschaft gedachten die Surrealisten das Fundament bürgerlicher Vernunft zu unterminieren. Nietzsche konnte hier als Vorläufer fungieren. Ebenso traf dies zu auf zwei französische Autoren, die der schwarzen Romantik deren letzte Steigerungen abgewonnen hatten: Rimbaud und Lautréamont. Das Unterkapitel »Die Dichtung in der Revolte« zieht sie zunächst in literaturgeschichtlich üblicher Absicht heran, um die Werke von Aragon und Breton in ihrer Nachfolge zu analysieren. Camus' Tabubruch ergibt sich nun freilich daraus, dass sämtliche Exponenten kritisch hinterfragt werden. Gegen die kanonisierte Würde von Klassikern, deren leidendes Genie alle Nachtseiten des Menschen Möglichen erkundet hätte, bringt der Historiograph der Revolte das Attribut eines Wahnsinns in Anschlag, der vergeblich danach gestrebt habe, aus der Zerstörung des Gewohnten die Gesetze eines anderen Aufbaus zu finden. Die Irrationalität mündet ihm in schöpferischer Unfruchtbarkeit.[22]

Lautréamont, der früh verstorbene Verfasser der »Gesänge des Maldoror« und posthum zum Säulenheiligen der Surrealisten erhobene Übervater, ist kaum mehr als ein angestrengter Provokateur mit den Mitteln der Gewöhnlichkeit. Der Abschnitt des Titels »Lautréamont und die Banalität«, als Vorabdruck noch vor der Publikation des Essays in einer Zeitschrift erschienen, bereitet die Apologeten und Repräsentanten des Surrealismus darauf vor, womit sie zu rechnen haben, und schon da ist die Empörung – selbst im Lager der Universitätsprofessoren, die geglaubt haben durften, die Statur des Lyrikers ein für alle Mal geklärt zu haben – vorprogrammiert.[23] »Maldoror«, stellt Camus kühn fest, sei »das Werk eines beinahe genialen Gymnasiasten«. Der Jüngling, der sein Leben wie eine Wunde empfangen habe, sei in seiner Vernichtungswut zwar weit fortgeschritten, derweil der Wille zur Banalität jede Tiefe ausgeschaltet habe. Der gefallene Gott, den der Dichter so wortreich als Zauberer des Bösen und aller nur erdenklichen Grausamkeiten besingt, soll mit dem Profil Luzifers ein Genie des Verbrechens sein – doch dies, mit dem ewigen Alibi der Empörung über die verfehlte Schöpfung, aus Menschenliebe. Auch die Entsubjektivierung, die dazu ausersehen wäre, das Leben wieder dem Wasser und dem Urmeer zuzuführen, findet in Camus' Analyse keinerlei Gnade. Dass der Poet, mit bürgerlichem Namen Isidore Lucien Ducasse, auch einen Polwechsel beabsichtigte, um seiner »Phänomenologie des Bösen« danach »Gesänge des Guten« hinzuzufügen, erwähnt Camus nicht. Die »Umkehr« kann deshalb kein Thema sein, weil sie weder für den Verfasser greifbar stattfand, noch seiner Rezeption eine ergänzende Seite hätte vermitteln können. So lautet das Fazit wenig überraschend: Worte ohne Sinn, Konformismus als Wüste.

Nicht viel intensiver beschäftigt sich Camus mit Rimbaud. Er gesteht dem Autor der »Saison en enfer« (»Eine Zeit in der Hölle«) und der »Illuminations« (»Leuchtende Bilder«) immerhin zu, der Dichter der Revolte und ihr größter gewesen zu sein. Die Pointe wider den Strich ist hier diese, dass Rimbauds späteres Verstummen nicht noch eine neue Form der Revolte bedeutet habe, wie es wiederum die Literaturgeschichte sehen will, sondern kaum anderes als der Rückzug in die bürgerliche Existenz des Geschäftemachers, der sich vor allem für seinen Geldbeutel interessiert habe. Seit man nämlich die Briefe aus dem äthiopischen Harar kenne, erscheine der vermeintlich so Verfemte statt in der Dunkelheit seines verzweifelten Schweigens im Lichte kolonialen Alltags. Dem poetisch inszenierten Motiv endloser Ausschweifung folgt also später »nihilistische Bedrückung«. – Damit ist bereits der Übergang zu den Zeitgenossen des Surrealismus geleistet, die inzwischen als ältere Herren ihr Kapital avantgardistischer Revolten verwalten.[24]

Sabotage, Humor, der Kult des Absurden, das freie Spiel mit Zufall und Sinnlosigkeit, ein absolut gesetzter Widerstand gegen alle »Bedeutung« – das sind die Attribute des Surrealismus. Er ist ein Evangelium der Unordnung, und er macht der Schöpfung im Allgemeinen wie auch der wirklichen Welt fortlaufend den Prozess. André Breton – so Camus sarkastisch – habe gepredigt, man müsse blindlings in die Menge schießen. Dieser Aufruf zur »Aktion« hat bekanntlich ein Echo in »La Peste« gefunden, wo der Schieber und Anpasser Cottard gegen Ende des Romans genau das tut.[25] Breton freilich hätte diesen Appell nach allem, was seit 1933 politisch wurde, zu bereuen gehabt. – Als »Theorie« ist der Surrealismus das Dogma von der grund- und zwecklosen Handlung. Als Praxis müsste er im Aufschrei des Irrationalen die Zerstörung der Gesellschaft betrieben haben – was, wie man allerdings weiß, nicht geschah. Camus unterlässt es auch nicht, die Wende einiger Surrealisten zum Marxismus zu erwähnen. Sie seien indes nun »sonderbare Marxisten«, die zwar den Aufstand der Massen gegen die herrschende Geschichte mittragen wollten, doch gleichzeitig das heroische Individuum feierten. Im Grunde läuft Bretons Fusion von Traum und Wirklichkeit zur Produktion des »objektiven Zufalls« auf einen Mystizismus ohne Gott hinaus. Wenn schon Mystik und im Mantel der Poesie, dann hätte René Char, der Dichter »unserer Wiedergeburt« unendlich mehr zu sagen.[26]

Camus kann nicht anders. Seine Fassung von Moralphilosophie, erprobt und durchwandert durch diverse Stationen literarischer und gedanklicher Werke, verbietet es, Phänomene wie den Surrealismus – oder bereits die französische Romantik – als primär ästhetische zu verstehen. Anders gesagt, wenn Camus die Inkarnate der Revolte wörtlich nimmt – nämlich im Sinne von Versuchen, die Realitäten zu bewältigen und zu verändern –, dann findet er in Texten, deren kreativer Stolz das Imaginäre ist, nur Abstrusitäten. Den Text nur als Text zu deuten und nicht als Referenz auf Wirkliches – wie es seit den sechziger Jahren Roland Barthes und andere Interpreten tun –, ist ihm weder denkbar noch möglich.[27] Dies träfe nun allerdings auch auf alle marxistisch inspirierten Theorien zum Kunstwerk zu. Doch was deren Fürsprecher sich versagen: eine Kritik am rein Ästhetischen im Stil von Camus, werfen sie alsbald dem Renegaten vor. Er ist ihnen zum ungeliebten und unakzeptierten Stellvertreter geworden.

Damit schließt sich der erste, lange Teil zur metaphysischen Revolte. Ein Zwischenkapitel »Nihilismus und Geschichte« soll vorbereiten auf den zweiten Teil, der die historische Revolte behandelt. Was ist zum Verhältnis von Nihilismus und Geschichte anzumerken? Sobald der Mensch revoltierend »geschichtlich« zu denken beginnt, drängt es ihn dazu, die Schöpfung neu zu machen. Knechtschaft und Tyrannei formen die gefährliche Begleitung dieses hybriden Plans. Feierlich heißt es: »Weder die Revolte noch ihr Adel strahlen heute über der Welt, sondern der Nihilismus.« (MR, 119) Was als Belagerungszustand zu beschreiben wäre, fällt der Verallgemeinerung anheim. Die Freiheit, absolut und ohne Maß gesetzt, wird zum Gefängnis der absoluten Pflichten und der absoluten Moral. Der Griff nach dem Weltreich lässt nicht mehr auf sich warten. War der Rebell ursprünglich unterwegs in Richtung Selbstbewusstsein und Selbstgewinnung, so politisiert er dieses Unterfangen in Richtung einer »Weltherrschaft über Mordtaten ohne Zahl«. »Den Verbrechen des Irrationalen wird der Mensch auf einer Erde, die er fortan einsam weiß, die Verbrechen der Vernunft zugesellen, die auf dem Weg ist zum Reich des Menschen. Dem ›Ich rebelliere, also sind wir‹ fügt er hinzu, über fabelhafte Pläne und selbst den Tod der Revolte meditierend: ›Und wir sind allein.‹« Gott ist entschwunden. Sein Statthalter übernimmt die Regie.

*

Viel deutlicher wäre nicht zu formulieren, was Camus als Unglück der Zeitgeschichte nach den Katastrophen und vor denkbaren weiteren erkennt. Aber auch da gilt, dass »L'Homme révolté« gleichwohl weitaus mehr ist und will als – wie es seine kritischen Rezensenten dann unterstellen – ein Porträt epochaler Erschütterung. Nicht nur

die Ausprägungen und Folgen sind bedeutsam, die der revoltierende
Geist in der späten Neuzeit aus seinem Denken und Tun entlässt,
sondern ebenso deren Anfangsgründe im Milieu der Spätantike. Damit erhebt das Buch – im zeitgenössischen Umfeld der Rezeption
kaum beachtet – den Anspruch, einen Beitrag zur historischen Anthropologie zu leisten. Für Camus gilt wie für sehr viele Autoren: Die
ersten Arbeiten präfigurieren vieles Weitere. Der jugendliche Stu-
diosus der Philosophie an der Universität von Algier hat mit der Untersuchung zum Verhältnis von christlicher Metaphysik und Neuplatonismus eine Weichenstellung entdeckt, die ihn nicht mehr loslässt
und ihre Fruchtbarkeit nun darin erweist, dass sie über die Jahrhunderte bis in die Neuzeit das Erbe des Historizismus aktiviert. Der
Mensch ist ein geschichtliches Wesen, und je mehr Mittel ihm in die
Hände gegeben werden, seine Geschichte zu fordern und zu bestimmen, um so heftiger wird auch sein Verlangen, deren Sinngeber zu
sein – mit Gott oder auch ohne ihn, in den Epochen säkularer Ermächtigungen dann gegen ihn.

Camus beginnt den zweiten Teil mit der Feststellung, dass Freiheit
am Anfang aller Revolutionen stehe. Freiheit wird zum regulieren-
den Prinzip für die Menschheit schlechthin, nachdem das Schicksal
der Gattung als universaler Auftrag definiert ist. Dieser Sog ins Allgemeine und im Bewusstsein der Emanzipation aus selbstverschul-
deter Unmündigkeit läuft auf zwei große Katarakte zu. Der erste bildet sich mit der Französischen Revolution von 1789, der zweite mit
der russischen Oktoberrevolution von 1917. Die Selbstbehauptung des
Menschen gegen partikulare Interessen und Obrigkeiten sucht hier
erstmals das, was Camus als die Einheit der Welt bezeichnet. Deren
Geburtsstunde markiert der 21. Januar 1793 in Paris, als König Lud-
wig XVI. unter dem Jubel des Volks aufs Schafott gebracht wird.

Das Ancien Régime wusste nichts vom Naturrecht. Der Herrscher
war ein Mann von Gottes Gnaden, dessen Legitimität damit keine
weiteren Gründe brauchte. Das neue Evangelium aber basiert auf
jenem *Contrat social*, den Rousseau vorausgedacht hatte und der nun
als Aktivum zum Gesamtwillen avanciert. Macht stützt sich – jedenfalls der Theorie nach – auf die Zustimmung aller, was unter der
Prämisse, dass der Mensch gut ist, keiner komplizierten Argumente

bedarf. Die *volonté générale* als *volonté de tous* leitet die Morgenröte einer radikal verweltlichten Religion ein.

Kritik am Gründungsmythos der Republik Frankreich war noch zur Zeit des Erscheinens des »Homme révolté« obsolet. Dass die Geschichten der Selbstbefreiung auch gegenläufig gelesen werden könnten – nämlich mit dem kritischen Blick auf den Terror und die Proskriptionen, auf die Diktatur der Tugendherrschaft und auf die maßlose Gewissenswut einiger unbeirrbarer Funktionäre –, war wenig vorstellbar und nur einzelnen konservativ-katholischen Kreisen vorbehalten.[28] Doch ebendieser Optik befleißigt sich Camus, wenn er die Voraussetzungen wie die Rechtfertigungsversuche des Königsmords untersucht. 1789 wird die Theokratie als Prinzip attackiert, 1793 als Realität in ihrer Verkörperung erledigt. Saint-Just, dessen Statur die Geschichtsbücher bis anhin noch immer mit dem Auftrag der Notwendigkeit versehen, wird zum Vollstrecker historischen Heils. Die Moral, die er einklagt, kennt weder Differenz noch Mitleid. »Ist die Moral formal, so verschlingt sie alles.« (MR, 145) Das Mittel im praktischen Leben, sie durchzusetzen, ist der Terror. Wer die Republik auch nur in Einzelheiten hinterfragt, wird zum Verräter erklärt. Dies wird Schule machen bis in die Tyranneien des 20. Jahrhunderts hinein, die ihre Verbrechen umwandeln in Aktionen wider die Feinde des Staates und – wie in der Sowjetunion unter Lenin und Stalin – der Zukunft.

Camus' Porträt Saint-Justs verhehlt nicht die »literarischen« Konnotationen: ein Mann des Ernsts, der Humorlosigkeit, der inneren Verhärtung und der Leidenschaft. Das Grundübel liegt darin, dass die von den Führern der Revolution betriebene Revolte von ihren Wurzeln – Gerechtigkeit, Ausgleich der Bedürfnisse, individuelle Ansprüche auf Unversehrtheit von Leib und Leben, Freiheit im Denken und Gestalten – gelöst wird und sich damit jeder konkreten Moral beraubt. Camus war seit seinen frühen Tagen als kritischer Journalist bei »Alger républicain« und selbst während der kurzen Zeit als Mitglied der kommunistischen Partei immer ein Verteidiger des Konkreten. Das Konkrete bedarf des Kompromisses. Wenn er jetzt die Große Revolution auf signifikante Wesensmerkmale befragt, erkennt er die Macht des Abstrakten. Da sich dieses letztlich auf die

Logik der Geschichte und auf deren notwendig planmäßiges Fortschreiten beruft, muss es seine mechanistische Gewalt noch steigern.

Zustimmend zitiert Camus hier einen Gedanken Hegels, dessen intellektuelle Nähe er sonst nicht sucht. Die *terreur* sei bereits in den jakobinischen Prinzipien enthalten gewesen.[29] Hegel seinerseits dynamisiert Wahrheit, Vernunft und Gerechtigkeit auf ein Ziel hin, das das Ende des geschichtlichen Werdens beinhaltet. Deshalb kann er in Napoleon eine letzte und abschließende Inkarnation des Weltgeists feiern, dem ohnehin kein Sterblicher entrinnt. Napoleons außerordentliche Usurpation liegt weniger im Export der Revolution zur Befriedung rückständiger Völker und Herrschaftsformen begründet, sondern in der Art und Weise, wie er den Weltenraum zur Weltenzeit umformt. Wenn aber Geschichte zuvor noch als das Unreine, Kontingente, Widersinnige und Schmerzhafte zu erfahren war, so erhebt sie sich nunmehr zu Ordnung und Gesetz. – Nur kurz streift Camus die in Hegels »Phänomenologie des Geistes« thematisierte Dialektik von Herr und Knecht, die ihre Bedeutung auch für das prognostizierte »Ende« der Geschichte erweisen soll. Hegel beschreibt den Kampf um Anerkennung aus dieser Perspektive heraus als einen notwendigen Prozess, der damit schließt, dass sich der Knecht gegen den Herrn durchgesetzt hat, worauf – nach Hegels Verständnis – das Ende der Geschichte eingeläutet wird: konkret gesprochen im preußischen Staat der bürgerlichen Gesellschaft und unter allgemeiner Partizipation von Gleichberechtigten. Eine einflussreiche französische Hegel-Linie geht freilich noch weiter. Alexandre Kojève überbietet mit seiner Hegel-Lektüre den Meister insofern, als er das »Ende« noch weitertreibt, nämlich in die Vision des kommunistischen Weltstaats von Stalins Gnaden.[30]

Fragt man nun aber wie Camus kritisch, was dies für die Moral bedeutet, so wird sie – solange das Ziel noch aussteht – zu einer provisorischen Größe, das heißt zum Instrument der Durchsetzung solcher Geschichtsphilosophie in die Praxis. Das macht deren Zynismus aus. Der »Idealismus« des Wissens um die Zukunft nährt daraus das gesicherte Bewusstsein, dass zur Erreichung des Ziels alles erlaubt sein muss. – »Alles ist erlaubt.« Die Urfassung der Lizenz für grenzenloses Handeln hat Camus in Dostojewskis spätem Roman

»Die Brüder Karamasow« gefunden. Iwan Karamasow, der Skeptiker, kommt zu folgendem Schluss: Falls man davon ausgeht, dass Gott nicht existiert, gibt es in der Welt der Menschen keinerlei Instanz, die es zu verbieten vermöchte, dass alles erlaubt sei. Dostojewski selbst hat das Problem in seinen Briefen auf identische Weise benannt – wenn es keinen Gott gebe, sei alles erlaubt. Für den Christen verläuft der Schluss allerdings in die Gegenrichtung. Will sagen, es gibt Gott, und es gibt ihn darüber hinaus auch deshalb, weil nicht alles erlaubt sein darf. Wenn jedoch wenig später die militanten russischen Anarchisten ihre Politik des Terrors und der Attentate ins Werk setzen, überbieten sie Iwans Verdacht in die Richtung des vollendeten Atheismus. Jetzt heißt es, Gott ist »tot«, der Mensch ist allein, und deshalb ist ihm – insbesondere zur Durchsetzung der Verbesserung seines Daseins – alles erlaubt. Jedes Mittel ist recht, solange es nur erfolgreich ist.

Idealismus und Vollstreckerpathos gehen hierbei eine im wahrsten Sinn des Wortes explosive Mischung ein. Um den Menschen zu erhöhen und ihn geschichtsmächtig endlich ins Recht zu setzen, müssen Menschen geopfert werden. Die Bombenwerfer beziehen ihr gutes Gewissen aus Theorien des Nihilismus, wie sie Pisarew verkündet. Die Erlösung des Volks, später dann der gesamten Menschheit ist das Allgemeine, doch die Taten, die dazu führen sollen, obliegen einzelnen Individuen. Der russische Terrorismus bietet Camus vielfältige Belege. Er artikuliert sich in den Herzen von Intellektuellen wider die Tyrannei der Herrschenden und vor der Folie einer leidend schweigenden Masse. In seinem Roman »Väter und Söhne« zeichnet Turgenjew das Porträt des Nihilisten Basarow, der einen Prototypus radikaler Berufung gibt. Bakunin verschärft in seinen Schriften die Mission, wenn er verkündet, dass der Staat das Verbrechen sei. Er antizipiert damit jene revolutionären Energien, die Lenin noch als Partisan des Widerstands in Anschlag bringt, um die Zarenherrschaft zu stürzen. Netschajew greift die Formel »Alles ist erlaubt« auf und pflanzt sie in die Seelen potentieller Agenten des Schreckens. Mit der Gewissenserleichterung geht ein Selbstverständnis einher, das sich aus allen emotionalen Bindungen verabschiedet hat, um desto rücksichtsloser seine »Aufträge« zu realisieren. 1878 kommt es zur ersten folgenreichen Aktion, da ein junges Mädchen den Stadthauptmann von St. Petersburg tötet. Bald erschüttert eine Serie von Attentaten Europa. Ein vorläufiger Höhepunkt ist 1881 die Ermordung des Zaren durch die Terroristen der Gruppe »Volkswillen«.[31]

Camus deutet diesen Sprung aus einer Weltanschauung der Revolte ins Milieu des fanatischen Aktivismus als Abgleichung: Dem Nihilismus einer enttäuschten Jugend entspringt der Terrorismus, das Vakuum aufzufüllen. Als Legitimation fungiert die Hoffnung auf eine Zukunft, die innerweltlich geworden ist – wenn noch vom Jenseits gesprochen werden kann, kann es nur noch das Morgen sein. Heiligen die Zwecke die Mittel? In der Regel ersetzt ein unbedingtes Ja die Erforschung des Gewissens der Täter. Eine Ausnahme macht der Schriftsteller Kaljajew. Weil er doch irgendwie noch an den christlichen Gott glaubt, sieht er sich mit Unbehagen in der Rolle des Scharfrichters. Der Plan zur Liquidierung des Großfürsten Sergej verzögert sich, weil Kinder in dessen Kutsche sitzen, als die Bombe geworfen werden soll.[32] Erst beim zweiten Male ist die Bahn frei und der Erfolg gesichert. Genau diese Geschichte bildet den Stoff für Camus' Theaterstück in fünf Akten »Les Justes« (»Die Gerechten«), das man als literarisch-dramatische Verbildlichung eines zentralen Gedankenstrangs des »Homme révolté« zu verstehen hat.[33] Die innere Not des Bombenwerfers Kaljajew kompensiert dessen Bereitschaft, dabei auch das eigene Leben zu opfern. Hinzu tritt der Halt in einer Bruderschaft, die das Wir-Gefühl erzeugt, das im Selbstbewusstsein des geknechteten Volkes erst noch herzustellen ist. In dem Satz »Ich rebelliere, also sind wir« steckt noch wenigstens in Ansätzen ein wertschöpfend utopisches Ideal künftiger Harmonie in der und durch die Gesellschaft, und der Zweifel, ob tatsächlich alles erlaubt sei, verbürgt, gleichfalls noch in Ansätzen, einen humanistischen Kern. Aber mit dem sogenannten Schigalewismus, benannt nach Schigalew, einer Figur aus Dostojewskis Roman »Die Dämonen«, der keinerlei Einwände wider die Mission des Terrors duldet, wird die Berufung auf die Geschichte als alleiniges Medium der Erlösung auf den Weg eines militärischen Sozialismus gebracht.[34] Tkatschew, ein Kamerad Netschajews, dem Lenin seine Bewunderung entgegenbringt, markiert den russischen Jakobiner, der vorschlägt, alle Russen über fünfundzwanzig auszurotten. Der selbsternannte Großinquisitor folgt Dostojewskis Parabel auch insofern, als die Vergöttlichung des Menschen dessen intermediäre Versklavung voraussetzt.

Solche Geschichtsphilosophie nimmt das Pensum der Macht wörtlich. Die Redaktion der Wahrheit verlangt nach den härtesten Mitteln. Das weiß schließlich der Berufsrevolutionär Lenin, und er gibt es weiter an seinen Nachfolger, der zum ersten Großverwalter einer Diktatur wird, die nun alle Machinationen des Staates gegen seine Untertanen auszuspielen weiß. – Camus insistiert für die Rekonstruktion der Entwicklung von Nihilismus, Anarchie und individuell gesteuertem Terrorismus zum verstaatlichten Institut der absoluten Herrschaft auf Folgendem: Während die Revolte im Ursprung sich immer wieder auch den verzögernden Einschub des Gewissens erlaubte, ob denn alles rechtens sei, was hier mit Bomben unternommen werde, ist die Revolution solcher Sorgen enthoben. Sie ist – als totalitäre Theokratie säkularen Zuschnitts – der moralisch vollkommen erblindete Apparat im Dienst der Diktatoren und ihrer Schergen.

Das zeigt Camus in dem Unterkapitel »Der Terrorismus des Staates und der irrationale Terror«. Camus vergleicht zwei Ausprägungen der Tyrannis, nämlich die faschistisch-nationalsozialistische und die sowjetisch-kommunistische. Zwar endeten, so der Gedanke, alle modernen Revolutionen mit der Verstärkung der Staatsgewalt. Die ideologische Differenz beruht freilich – mit Blick auf die Berufung zu Gewalt und Krieg – darauf, dass die im weitesten Sinne faschistischen Bewegungen dem Irrationalen und der Selektion gehuldigt hätten, während Lenins und Stalins Revolutionen stets das Banner der Universalität vorausgetragen hätten: Die Menschheit muss kommunistisch werden. Mussolini, Hitler, Franco betrieben eine ein- und ausschließende Diktatur mit deutlichen Anzeichen einer Gangstermoral. Hitler meinte, die Menschen seien »Planetenbazillen«. Es zog den »Führer« letztlich zu Ruinen und zum Nichts, zur Mystik des Todes und des Opfers. Nach Camus hatte die deutsche Revolution auch deshalb keine Zukunft, weil sie statt des Gattungswesens die

Herrenrasse promovieren wollte, derweil mit dem Kommunismus der Sowjetunion das Programm eines Weltreichs erstellt ward, dessen Verwirklichung das Reich des vergöttlichten Menschen herbeizwingen wolle.

Für anspruchsvolle Reflexion ist der Faschismus uninteressant. Sein Atavismus, gepaart mit dunkler Mystik, sticht in die Augen. Ganz anders ist der linke Totalitarismus zu beurteilen, weil er ein Denkgebäude errichtet hat, das auf den Fundamenten großer abendländischer Traditionen ruht. Camus will hier – wie nur wenige Jahre zuvor Karl Popper mit seinem Werk »Die offene Gesellschaft und ihre Feinde« – an die Wurzeln des Problems gelangen und bietet dafür diverse genealogische Überlegungen an.[35] Sowohl für die christliche wie dann für die marxistische Weltanschauung ist der Begriff der Einheit zentral. Hier wie dort wird – ganz anders als bei den Griechen – eine Ordnung gedacht, die sich in der und durch die Zeit erfüllen soll. Geschichte läuft vom Ursprung auf ihr Ende hin, ist nicht zyklisch, vielmehr linear gefasst und lässt sich immer wieder auch mit Phasen der Strafe für falsches Verhalten wahrnehmen. Natur ist dabei das Objekt ihrer Bearbeitung und Beherrschung. Dies gilt für das Selbstverständnis bürgerlicher Arbeitskultur ebenso wie für deren marxistisches Derivat. Seit der Neuzeit hält der Begriff des Fortschritts Einzug in Denken und Handeln, und seit dem 19. Jahrhundert prophezeien viele Philosophen – von Turgot über Condorcet bis zu Tocqueville – aus diesem Prozess wissenschaftlich-technischer Beherrschung der Umwelt auch die wachsende Gleichheit unter den Menschen. Einen Höhepunkt utopischer Vision von allgemeiner Vergesellschaftung unter Führung von weisen Männern markiert Auguste Comtes positivistische Sozialphilosophie.[36]

Auch Marx wird hier fündig. Er transponiert Descartes' Aufforderung, die Menschen sollten zu »maîtres et possesseurs de la nature« werden, in die Weisung, dass die Gattung in vollem und von keinerlei Klassen mehr beschränktem Recht die Urheberschaft ihrer eigenen Geschichte übernehme. Träger dieser Mission ist bekanntlich das Proletariat. Es tritt zur Zeit seiner Anfänge, Leiden und Kämpfe noch als »menschlicher Christus« auf, bevor es nach Überreife und Kollaps des Kapitalismus die Herrschaft sich erobert und –

im Bilde Camus' – das von Wundermaschinen brummende Neue Jerusalem bewohnt.[37] – Camus ist kein bedingungsloser Kritiker des Verfassers des »Kapitals«. Er anerkennt Marx' Bemühungen, den Wert des Menschen in seiner Gattungsdignität auszuformulieren. Er weist jedoch dessen Glauben zurück, die Ziele der Geschichte seien letztlich sowohl moralisch wie rational. Wenn Marx etwa die Kategorien von »gut« und »böse« durch jene scheinbar wissenschaftlichen von »an der Zeit« und »veraltet« ersetzt, lehrt er eine Revolution, die alles Partikulare, Gegenläufige, ja auch die Momente der Revolte in sich aufsaugt und von daher gegen Widersprüche immun ist. Diese Immunität verführt schließlich die Führer der großen Bewegung dazu, ihre Mittel bedenkenlos anzuwenden, wo immer sie die Feinde im Klassenkampf wittern.

Es ist hier nicht der Ort, über Camus' Interpretation der Theorien von Marx sowie des Marxismus im Unterwegs zur kommunistischen Weltbeherrschung zu diskutieren.[38] Wo immer Ideen und Ideologien anstehen, die überdies auf kanonische Schriften rekurrieren, ist der Vorwurf nahe, ihr Kritiker habe falsch verstanden. Sartre wird Camus kurz nach der Publikation des »Homme révolté« mit der ätzenden Polemik kommen, dessen Zusammenfassungen seien den Ansichten eines Laien geschuldet, der dazu noch böswillig verfälsche. Darüber später noch mehr. Unbestreitbar ist, dass Marx der Geschichte einen nach Herkunft und Zukunft durchschaubaren Plan unterstellt und Erwartungen weckt, wie der Kampf der Klassen zum Endsieg des Proletariats fortschreitet. Für Camus offenbart sich in solchem Denken eine ins Säkulare gewendete Parusie vom Weltenende. Als die Christen ihre Naherwartung des Heils nicht bestätigt sahen, wurde das »Programm« auf Dauer umgestellt. Die Kirche sorgte fortan dafür, dass die Eschatologie organisiert, das heißt institutionell verwaltet wurde. Eine ähnliche Strategie erkennt Camus für die stets noch ausstehende Weltrevolution. Sie kristallisiert sich in Staat und Bürokratie, appliziert den Terror gegen alle Häretiker, schafft eine Klasse von Funktionären und Technokraten und betreibt laufend Kritik am falschen Bewusstsein – sowohl gegenüber der Bourgeoisie wie nach innen da, wo Abweichler, Revisionisten, Verräter und Zweifler aufgespürt werden. Je deutlicher sich zeigt, dass die

Prophezeiung scheitert, um so härter geht der Staatskommunismus mit seinen Feinden ins Gericht. Mit Stalin und seinen Schauprozessen wird die Inquisition allgegenwärtig.

Aus leidenschaftlichen Befürwortern der Revolte gegen die Ungerechtigkeiten in der modernen Gesellschaft sind kühl kalkulierende Berufsrevolutionäre geworden. Spontaneität, wie sie noch den frühen russischen Anarcho-Nihilisten eignete, soll der Kontrolle durch die »Theorie« unterworfen werden. Lenin spielt virtuos auf der Klaviatur eines Zynismus, der alles abräumt, was querläuft zum Willen von Partei und Staat. Der Staat selbst mutiert zum Imperium, das darüber befindet, was Gerechtigkeit ist. Ein paranoides System von Verdacht und Verfolgung schützt die Macht vor »konterrevolutionären« Elementen. Wer nicht pariert – oder bloß das Missfallen der Führung erregt –, wandert in den Gulag. – In diesen letzten Kapiteln wird Camus heftig, und es fällt der Schatten der Apokalypse auf das Jahrhundert der Weltkriege und des Totalitarismus. In solcher Schärfe hat das zeitgenössische französische Publikum Kritik an der Linken und vor allem an der marxistischen Doktrin noch nicht vernommen – zumal aus dem Mund eines gefeierten Schriftstellers, der selber sich links oder mindestens links von der Mitte situiert hat. Das geschichtliche Denken insgesamt gerät hier unter das Verdikt der Lebensfeindlichkeit, da Camus schreibt, dass es die vollständige Unterwerfung unter das Werden verlange. Für den Menschen an sich ergebe sich daraus die Zumutung seiner unendlichen Formbarkeit. »Wer seine Freundin oder seinen Freund liebt, liebt ihn in der Gegenwart, die Revolution will jedoch einen Menschen lieben, der noch nicht da ist.« (MR, 270) Oder noch ausdrücklicher: »Die Forderung nach dem universalen Staat erhält sich in dieser Revolution nur dadurch, dass sie zwei Drittel der Welt und das gewaltige Erbe der Jahrhunderte verwirft, dass sie zugunsten der Geschichte Natur und Schönheit leugnet und den Menschen von seiner Kraft der Leidenschaft, des Zweifels, des Glücks und der Erfindung, mit einem Wort: von seiner Größe abtrennt.« (MR, 271)

Im Revers dazu warten die Lager, welche die Person zur Sache degradieren, und es triumphieren, es zu kaschieren, Propaganda, Polemik und der nie endende Monolog der Führer. Der »richtige«

Glaube ist alles, doch niemand darf wissen, wie seine Botschaften authentisch lauten. Zwangsevangelisierung ist der Normalfall, doch niemand darf wähnen, fortan dazuzugehören. So weit greift das System aus, dass es die Zustimmung der Opfer gegenüber den Taten des Henkers verlangt. Wäre Revolte wider solche Façon der Revolution noch möglich und denkbar, so müsste sie am Elementaren rühren – nämlich an der Weigerung des Menschen, als Ding behandelt zu werden. Nochmals erinnert Camus in dem Abschnitt zum Verhältnis von Revolte und Revolution daran, dass jene in ihrem Beginn und im Protest gegen eine undankbare Schöpfung nicht die völlige Verneinung allen Seins verfolgte. Sie bejahte immer auch die Grenze, also das Maß im Respekt gegenüber dem Leben und dem Leben der anderen.

Es bleibt den letzten beiden Kapiteln des »Homme révolté« vorbehalten, diese Juxtaposition von Revolte und Revolution noch schärfer zu beleuchten. Aber Camus wählt dafür einen zweifachen Umweg, indem er zuerst vom Verhältnis von Revolte und Kunst und endlich von einer gedanklich-moralischen Einstellung handelt, die er als das »mittelmeerische Denken« identifiziert. Es kann nach allem kaum mehr überraschen, dass die Kunst ähnlich wie das Leben unter den Bedingungen der Neuzeit ebenfalls dem Verdacht, ja dem Verdikt ihres Ungenügens unterworfen wird: Der Prozess gegen die Kunst – so Camus – sei folgenschwer zuerst von der Reformation und ihrem Bilderverbot, dann auch von der Französischen Revolution formuliert worden. Nochmals tritt Saint-Just auf, nun als Agent der Zurückweisung des Ästhetischen, der sich dabei auf Rousseaus Theorie des Sittenzerfalls, herbeigerufen durch die schönen Künste, berufen können soll. Pointiert schreibt Camus, »1789« habe keinen einzigen Künstler hervorgebracht. Dasselbe wiederholt sich im Umkreis der russischen Nihilisten und beflügelt von deren »asketischem Wahnsinn«, und was der Stalinismus dazu beigetragen hat, das freie Spiel der Einbildungskraft als »Flucht« in Scheinwelten zu entlarven, ist nur der vorläufige Endpunkt solcher Abwehr.[39]

Weshalb? Camus begreift wahre Kunst als wesentlich einer Revolte geschuldet. Der Künstler, der wie jeder Rebell zunächst an den Defizienzen einer Wirklichkeit leidet, die niemals zur Einheit gelangt, wird daraus produktiv, indem er eine eigene – ästhetische – Welt herstellt. Van Gogh bietet dafür ein paradigmatisches Verhalten. Wenn er über die misslungene Schöpfung klagt, verwandelt er die negative Energie der Kritik in einen Gegenwurf. Er wählt sich eigene Perspektiven aus, isoliert Gesehenes aus Raum und Zeit und gibt ihm seine Form. Was so ins Bild gebracht ist, ist eine *creatio sui generis*, die im Protest gegen eine hinzunehmende Welt ihrerseits den Charakter der Schöpfung findet. Die anthropologische Fundierung erklärt sich folgendermaßen: Der Mensch weist das vorgefundene Sein vielerlei Zerrissenheiten, worin auch sein eigenes Dasein mit eingeschlossen ist, zurück. Ein Entfliehen daraus ist freilich nicht möglich. Was möglich – und für den Künstler zwingend – ist, lässt sich so fassen, dass *more aesthetico* das Leben als Schicksal an die Hand genommen wird. Treibend ist ein »unersättlicher Hunger nach Dauer« (MR, 296), der nur befriedigt werden kann, wenn daraus ein Kunstwerk entsteht.

Das zeigt sich noch eindringlicher als an den Testaten der bildenden Kunst im Medium der Literatur. Der Romancier schlüpft zur Zeit seiner Schaffenskräfte in die Rolle eines Demiurgen, der seine Figuren mit Leben und Schicksal versieht – Julien Sorel, die Princesse de Clèves, Heathcliff oder Kasimir, sie alle dienen dazu, dem Autor und seiner Leserschaft einen Kosmos der Passionen und Lebensgänge vorzuführen, der sich wie eine Korrektur an der Realität und ihren Kontingenzen wahrnehmen lässt. Diese Schicksale sind weder glücklich noch in sich einfach »erfüllt«; aber sie gehorchen den Gesetzen der Autorschaft. Eine Einheit entsteht. Der amerikanische Roman der Moderne fasst solche Einheit durch Reduktionen. Er reflektiert und gestaltet das Dasein seiner Protagonisten im Präsens der Automatismen und Zwänge und vor der Folie einer weitgehend verstümmelten Wirklichkeit. »Dieser vom Innenleben gesäuberte Roman, in dem die Menschen wie hinter Glas beobachtet scheinen, endet logischerweise damit, dass er als einzigen Gegenstand den angeblichen Normalmenschen kennt und das Pathologische vorführt. So versteht man die beträchtliche Zahl von ›Unschuldigen‹, die in dieser Welt vorkommen. Der Unschuldige ist der ideale Gegenstand eines solchen Unternehmens, denn er wird ausschließlich durch sein

Verhalten bestimmt.« Und zuvor schon: »Das Leben der Körper, auf sich selbst eingeschränkt, erzeugt paradoxerweise eine abstrakte und grundlose Welt, die wiederum beständig von der Wirklichkeit verneint wird.« (MR, 301f.)

Nirgends kommt Camus der Dramaturgie seines »Fremden« unausdrücklich näher als in diesen Passagen. Wie Meursault lakonisch gegen die Lebenswelt revoltiert, die ihn umhüllt, hat sein Verfasser literarisch die Revolte gewagt, das Hin und Her zwischen Alltag und »Alltag«, zwischen Normalität und Kritik an dieser zur Sprache zu bringen. Wenn Camus nun aber und mit Blick auf die Amerikaner – Dos Passos, Faulkner, Salinger – dazu anmerkt, der ihren Romanen inhärente Protest wider das Leben sei ebenso ergreifend wie nutzlos, so beschreibt er damit wiederum unausdrücklich auch die »Moral« des »Fremden«.[40]

Ein nicht minder sprechendes Exempel für die weltenzeugende Macht der literarischen Imagination gibt ihm Proust. Auch Proust, er in höchstem Maß, arbeitet an der ästhetischen Konstruktion von Einheit. Einheit gelingt, wie wir wissen, allerdings auch hier nicht für das Personal der »Recherche« und nicht einmal für deren Erzähler, der das »totale Gedächtnis« in einer Sammlung »bevorzugter Augenblicke« niederlegt, worauf er auf den letzten Seiten des »Temps retrouvé« endlich damit beginnen könnte, das »Ganze« zu schildern, was nunmehr bereits geschildert ist. Aber Proust selber hat eine Schöpfung gestiftet. Er hat die eigentliche Schöpfung wiederholt und ist damit weit über sie hinausgekommen, indem nach vielen tausend Seiten eine »Ewigkeit ohne Gott« zu Wort gekommen ist, die wider die Mächte von Sterblichkeit und Tod das Kunstwerk in seiner Unvergänglichkeit vorweisen kann. Der Dichter ist hier – im Wort von Shelley – zum »unerkannten Gesetzgeber« geworden.[41]

Stil ist die Kategorie, die auf der Seite des Handwerks die Auswahl vornimmt und in Sprache und Inhalt konfiguriert. »Schreiben heißt auswählen.« (MR, 306) Das heißt im Subtext, dass jede Forderung nach »Realismus«, wie sie eine marxistische Literaturtheorie verlangt, an der Sache vorbeiläuft. Es gibt nicht das reine Abbild der Realitäten, das diesen entsprechend moralisch und politisch Nachdruck zu verleihen vermöchte. Selbst die vermeintlich realistische

Fotografie ist Ausschnitt, Verfremdung und Deutung des Wirklichen. Am Schluss seiner Überlegungen zur Revolte in den Künsten plädiert Camus für eine »Schöpferkraft mit Maß«. Das Maß, so muss man es verstehen, berücksichtigt – jenseits der revoltierenden Energie – Unverfügbarkeiten, wie sie in der Natur oder unter Anerkennung des Schönen in der Welt zutage treten.

Erinnert man sich an die ersten Kapitel des »Homme révolté«, die präludierend zur Durchführung des Hauptthemas, wo die politischen Wirkkräfte von Revolte und Revolution verhandelt werden, bereits auch der Mission von Literatur nachgedacht hatten, so springt jetzt die Drehung ins »Positive« förmlich ins Auge. Waren der Dandy, dann Sade, dann – ambivalenter – Nietzsche, endlich die Surrealisten als maßlose Rebellen im Angriff auf die gegebene Welt zu agnoszieren, so wäre Camus' nachgelieferte Theorie des Ästhetischen möglicherweise dazu angetan, das harte Urteil zu revidieren. Was jenen Exponenten, die weniger in Kategorien der künstlerischen als vielmehr der metaphysischen Revolte gemessen wurden, indes fehlte, wäre mit einem Wort zu benennen, das erst am Ende des Essays seine leitende Bedeutung erhält. Es lautet Maß.

Maß, französisch *mesure*, ist die Macht oder Kraft der Begrenzung und des Ausgleichs. Die alten Griechen personifizierten das Maß in der Göttin des Namens Nemesis, die freilich berühmter wurde als Rächerin da, wo die Grenzen – des Hochmuts, der Kühnheit, des Strebens nach allem und jedem – überschritten sind. Man könnte – mit Camus – urteilen, dass Nemesis im 20. Jahrhundert auch einen ganzen Kontinent einholte: das Europa der Weltkriege, der Totalitarismen, der atomaren Zurüstung aufs Letzte und insbesondere der maßlosen Verachtung des Menschen in dessen je eigener Personalität. »Gespenster« und »Maschinen« beherrschen die Moderne. Zu den bösen Geistern zählt Camus Ideologien und Ideologen, während der Maschinenpark dafür sorgt, dass Herrschaft durchgedrückt wird. – Diese Epoche, darüber soll kein Zweifel sein, ist das Zeitalter des Mordens. Getötet wird zuerst im Namen des Nihilismus, bald darauf in Namen und Auftrag der Geschichte. Nochmals resümiert der Verfasser des »Homme révolté« seine Auslegung des Prozesses. Den Nihilisten treibt die Wut gegen den Schöpfer und seine Kreatur. Seine

Sprache ist – wie schon Caligula in dem gleichnamigen Theaterstück demonstriert hat – der Monolog. Und aus dem Humus solcher Selbstermächtigung erwächst bald der Zynismus der Diktatoren, die unter Berufung auf absolute Gerechtigkeit und Egalisierung den Widerspruch zum Schweigen bringen und die Freiheit suspendieren. Was im Ursprung immer noch die Qualität eines wertsetzenden Protests unter Rücksichtnahme auf die Limiten der Machbarkeit in sich trug, mutiert im Zeichen der Revolution zur Apologie der geschichtlichen Vernunft, die jedes Mittel sanktioniert. Ruinen, Terror, Kriege sind die Indizes der Revolution als einer »ungeheuren Berechnung, die sich auf die Welt erstreckt«. Oder unter politisch-moralischen Gesichtspunkten und Erfahrungen: »Am Ende dieser langen Studie über die Revolte und den Nihilismus wissen wir, dass die Revolution ohne andere Grenze als die geschichtliche Wirksamkeit grenzenlose Knechtschaft bedeutet.« (MR, 330f.)

Welche »andere Grenze« wäre der Epoche und ihren Bewohnern zu empfehlen? Ebenjene des Maßes. Unter der Überschrift »Das mittelmeerische Denken« reflektiert Camus nur noch skizzenhaft darüber, was dies bedeuten könnte. Er nennt als Gegengewicht zur verfügenden Gewalt ein »Sonnendenken«, das, aus seiner metaphorischen Umschreibung gelöst, die Besinnung auf Werte und Verhaltensweisen in Anschlag brächte, wie sie die Griechen pflegten, bevor der heilsgeschichtlich fokussierte Messianismus christlich-jüdischer Provenienz dazwischenfuhr. »Ithaka« wäre der utopisch-gedankenreiche Ort denkbarer Umkehr zurück zur Liebe des Lebens und der Natur. Oder wie es als literarischer Kronzeuge seiner Gegenwart der Dichter René Char *ex negativo* formuliert: Einübung in die Gleichgültigkeit gegenüber der Geschichte.[42]

Damit ist das Finale des Essays gesetzt. Skeptiker mochten und mögen lächeln über den Eifer des »Korrektors«, der es unternehmen will, das Insgesamt des Verfalls von Würde und Demut, von weiser Zurückhaltung und Einverständnis mit dem Vorläufigen zu kompensieren, ohne näher auf die institutionellen Bedingungen dieses Revers eingegangen zu sein. Gegenüber der Kritik an den Metastasen der Revolte und insbesondere an den Pathologien der Revolution bleibt die Philosophie des Heilenden tatsächlich blass. Doch was man dazu wissen muss: Den Aufgaben einer *restitutio ad integrum* wäre nunmehr eine dritte Denkperiode gewidmet, deren Leitbegriff Camus mit »Némesis« identifiziert. Zur weitläufigen Ausführung dieses Programms kommt es in Ansätzen. Das spätere Werk bis zum Unfalltod des Schriftstellers im Januar 1960 auf der Route Nationale durch das Burgund kreist teils ausdrücklich, teils verhalten um jenen Pol: Wie eine Welt zu bestellen, aber auch hinnehmend zu akzeptieren wäre, die im Widerstand zur Hybris die Früchte eines glücklichen Lebens in den Unvollkommenheiten zurückbringt.[43]

*

»L'Homme révolté« hätte die Zeitgenossen vermutlich weniger überrascht und insbesondere die Kritik der Linken an Camus' Kritik am Marxismus wie am Imperialismus der Sowjetunion schon vorgewarnt, wenn ein Theaterstück gebührend zur Kenntnis genommen worden wäre, das den Essay absichtsvoll präludierte. Denn mehr als zwei Jahre vor der Publikation der großen Streitschrift legte Camus die Fundamente seiner Abrechnung mit politisch instrumentalisierter Maßlosigkeit. »Les Justes«, »Die Gerechten«, am 15. Dezember 1949 in Paris mit freundlichem Beifall zur Uraufführung gebracht, thematisiert nur einen Ausschnitt aus der Abhandlung: die Kapitel, die dann den Anarcho-Nihilismus der russischen Revolutionäre ins Auge fassen, näherhin die Ermordung des Großfürsten Sergej Alexandrowitsch aus dem Hause Romanow durch eine Gruppe von selbsternannten Weltverbesserern am 4. Februar 1905 in Moskau.[44]

Der Stoff ist der Geschichte entnommen. Der Attentäter tritt im Drama mit dem Namen des tatsächlichen Bombenwerfers auf. Aber Iwan Kaljajew, ein Mitglied der sozialrevolutionären Bewegung, erscheint auf der Bühne, wie er vielleicht auch in der Wirklichkeit gelebt und gedacht hatte: als zögerlicher, innerlich zerrissener junger Mensch, der unruhig revoltierend zwischen seinem Auftrag und dem Mitleid schwankt, das sein späteres Opfer – wie jeder Mensch – verdienen soll. – Man kann es auch so sagen: Die Revolte, die sich hier im Milieu von Intellektuellen und nur halb entschlossenen Moralisten auf den Weg bringt, ist noch lange nicht identisch mit den

Stadien einer Revolution, die unter Lenins Führung jeden Zweifel ausräumt. Das macht sie interessant. Denn sie paart den Idealismus mit der Tat, den moralischen Diskurs mit der Dezision, das Denken in Zielen mit dem Vorbehalt, wie die Mittel rechtens zu wählen seien. Gut und Böse gehen eine schwierige Ehe ein, und die Selbstpreisgabe der Täter dient als Kontrapunkt des Willens, Herrscher und Herrschaft zu liquidieren.

Hinzu tritt – als Echo der Dramaturgie auf diesen Zwiespalt –, dass Camus den *plot* konsequent aufs Kammermusikalische zurückholt. Das historische Ereignis war ein Fanal. In dem Stück aber, das es umfängt, dominiert das »innere« Geschehen bis hin in die *mise en scène*. Vier der fünf Akte spielen in der Wohnung der Attentäter, der zweitletzte läuft in der Zelle, in der Iwan nach seiner Tat festgehalten wird und die Vollstreckung des Todesurteils erwartet. Selbst die Explosion der Bombe, die den Großfürsten in seiner Kutsche trifft, erschüttert wie aus der Ferne nur das Interieur, wo die Genossen ebendarauf gewartet haben. Camus kehrt damit zurück zum Kammerspiel von »Le Malentendu«, während sich Geschichte im Großformat für »Caligula« und »L'État de siège« entfalten durfte. Wo es vordringlich ums Denken und Empfinden, um die inneren Stimmen und ihren Dialog geht, darf, ja muss das Theater auf Raumergreifung verzichten.

Russland leidet unter dem Regiment der Zaren, und jene Kräfte, die dagegen antreten, decken ein weites Spektrum von der Reform bis zur Revolution. Die Partei, der Kaljajew zugehört, scheint noch weit von einer revolutionär-militärischen Strategie entfernt, wie sie zwölf Jahre nach dem Attentat auf den Großfürsten die Bolschewisten verwirklichen werden. Doch der doktrinäre Anspruch ist ihr eingeschrieben. Deshalb schickt sie Stepan Fjodorow, einen finsteren Fanatiker, in den Kreis der Verschwörer: Er soll für Linientreue, insbesondere auch dafür sorgen, dass das Gemüt der jungen Leute, die den Anschlag planen, nicht Oberhand gewinnt. Nach Stepan ist die Welt ein Gefängnis, solange nur ein Einziger geknechtet ist. Das Dostojewski-Zitat hängt nun wie ein Damoklesschwert über dem Auftrag, der weder Aufschub noch Zögern dulden soll. Boris Annenkow übernimmt die Rolle des Koordinators. Er hofft, dass sich das

Attentat für »ganz Russland« bezahlt machen werde. Als Stepan erfährt, wer die Bombe zu werfen hat, reagiert er verwundert. Ob Kalajew, den man den Dichter nennt, tatsächlich geeignet sei, solches zu vollstrecken? Wo doch Verstellung, Lüge, Unbedenklichkeit gefordert seien, revolutionär zu agieren? Ein weiterer Verschwörer, Woinow, sondiert den Schauplatz. Sein eigenes Bekenntnis geht dahin, dass man sein Leben hingeben müsse, um das Unrecht zu bekämpfen. Große Worte, die freilich nicht verhindern, dass gerade er als Komplize von Kalajew im entscheidenden Moment zurückschrecken wird. Als einzige Frau reiht sich Dora Duljebow unter die Anarchisten. Das Mädchen schwankt zwischen Härte und Empathie für das Opfer, bald auch zwischen ihrer Liebe zu Kaljajew und ihrer Solidarität mit dem Projekt.

So reflektiert der erste Akt im inneren Bezirk der Täterschaft die Ungewissheit unter den Terroristen, was zu geschehen hat und wofür es getan wird. Einerseits Idealismus, Mut bis zur Selbstpreisgabe, Angst vor den Folgen, Gewissenserforschung; anderseits Kalkül, Gehorsam gegenüber der Partei, Zynismus und ein bedingungsloser Glaube an die eigene Mission. Bereits in der ersten Begegnung zwischen Stepan und Kaljajew bricht der Konflikt auf. Als letzterer begeistert ausruft, man müsse im Fall des Scheiterns nach der Art der Japaner den Freitod wählen, repliziert ihm Stepan: »Um Selbstmord zu begehen, muss man sich selber sehr lieben. Und ein echter Revolutionär kann sich selber nicht lieben.« (G, 194) – Schon ist der Streit darüber entbrannt, was ein »echter« Revolutionär denn in sich hätte. Nach Stepan darf er nicht das Leben, sondern allein die Gerechtigkeit lieben. Und weiter räsoniert er nun, dass die Lebensverachtung der Revolution dem künftigen Leben geschuldet sei, indem man für eine »neue Welt« töte. Dieser Futurismus, der in dem Essay über den »Homme révolté« dann ausführlich verhandelt wird, befreit seine Adepten von allen Skrupeln. Kaljajew kann den instrumentellen Zugriff, der sich darin kundtut, nicht akzeptieren. Wie im Fieber schwärmt er davon, dass er als Attentäter an der Seite des Großfürsten umkommen wolle. Warum? Eine Idee bleibt ohne das eigene Opfer kalt. »Für die Idee zu sterben, ist die einzige Art, ihrer würdig zu sein.« (G, 197) Dora pflichtet ihm bei. »Das ist gut so, Janek. Töten und sterben.« Allerdings werde diese Symmetrie noch durch eine weitere übertroffen, nämlich im Tod des Täters durch die Hand des Scharfrichters. »Erst zum Attentat schreiten und dann zum Schafott bedeutet jedoch, sein Leben zweimal hingeben. Wir zahlen mehr, als wir schuldig sind.«

Immer weiter dreht sich die Spirale aus Handlungsreflexion und Begründungspflicht, bevor überhaupt irgendetwas geschehen ist. Dora verkörpert in dem Stück die volle Präsenz im Ineinander, aber auch im Gegeneinander von Theorie und Praxis. Als Frau soll sie dem Leben und der Liebe am nächsten sein. Als Agentin des Terrors ist sie zerrissen zwischen der Legitimität des Projekts und ihrem Gewissen. Als Liebende muss sie erkennen, dass ihr Kaljajew, der Geliebte, niemals glücklich gehören kann. »Ein Mensch ist ein Mensch.« Mit dem Trotz der Tautologie, die zugleich auch mehr ist, hält sie gegen Stepans radikalen Eifer, dass es unendlich schwer sein könnte, jemanden umzubringen, dem man zuvor ins Auge geblickt habe. – Dies findet seine Fortsetzung im zweiten Akt, als auch Annenkow bekennt, er habe zuweilen Sehnsucht nach dem früheren Leben, dem Glanz, den Frauen, dem Wein, den nicht enden wollenden Nächten. Dora belobigt den Gefährten dafür, denn das zeige, dass sein Herz nicht tot sei.

Die Handlung zieht an. Kaljajew, der die Bombe werfen sollte, kehrt verstört und weinend in die Wohnung zurück. Nichts ist geschehen, und viel ist geschehen. Im letzten Moment hat der Wille versagt: Kinder befanden sich in der Kutsche des Fürsten, worauf er's nicht über sich gebracht habe, auch diesen den Tod zu bringen. Hämischer Einwand Stepans: »Das waren zu viele Leute für unseren Dichter, nehme ich an.« Nun erklärt und rechtfertigt Kaljajew in einem großen Doppelmonolog, der nur einmal von einem kurzen Einwurf Doras durchbrochen wird, sein Versagen. Dies – dass die beiden Enkel des Großfürsten bei ihm gesessen hätten – habe er nicht voraussehen können. »Kinder, ausgerechnet Kinder. Hast du schon Kinder angeschaut? Der ernste Blick, den sie manchmal haben … Diesen Blick habe ich nie aushalten können … Sie lachten nicht. Aufrecht, mit steifem Oberkörper, saßen sie rechts und links vom Wagenschlag, verloren in ihren Paradekleidern, mit den Händen auf den Knien, und blickten ins Leere.« (G, 201) – Nachdem sich Kaljajew gefasst hat, macht er den Genossen einen Vorschlag. Falls sie beschlössen, dass auch diese Kinder umgebracht werden müssten, werde er sich daran halten. »Befehlt, und ich gehorche der Organisation.«

Absichtslos geschickt verlegt der Beauftragte das moralische Problem, das er an sich selbst nur als Lähmung erfahren hat, in die Runde der Terroristen. Mögen sie, mit welchen Gründen auch immer, entscheiden, was er auszuführen hat. Damit ist die Bühne frei für einen Diskurs, dessen Stimmen plötzlich in Bewegung geraten. Es ist wieder Stepan, der den rigorosen Kurs predigt. Erst wenn der Terror ausbricht, begreift das Volk, dass er seinetwegen wütet – eine Zukunft zu schaffen und die Herrschaft der Welt zu gewinnen. Auf Doras Frage, ob er mit offenen Augen und aus nächster Nähe auf ein Kind schießen könne, antwortet er mit Ja, falls die Organisation es befehlen sollte. »An dem Tag, da wir beschließen, keine Rücksicht auf Kinder zu nehmen, sind wir die Herren der Welt, und an dem Tag wird die Revolution siegen.« Wenn aber das ganze Volk solchem Ansinnen widerspräche? Gleichviel; man müsse so lange töten, »bis es begreift«. Dora, so sagt ihr Stepan, habe eine unselige Vorstellung von der Liebe. – Hier meldet sich Annenkow zu Wort. Er will nicht zulassen, dass Stepan behaupte, alles sei erlaubt. Replik Stepans: »Nichts ist verboten, was unserer Sache dienen kann.« (G, 203f.) Und während Dora noch einwirft, dass selbst die Zerstörung Gradunterschiede und Grenzen kenne, steigert sich der Fanatiker in immer maßlosere Phantasien des Terrors zu vermeintlichem Nutzen der Zukunft und zu Lasten der Menschen. Als Kaljajew herausschreit, er liebe die Menschen, die heute lebten, und er werde nicht »einem fernen Staat zuliebe« jene ins Gesicht schlagen, die seine Brüder seien, ist die Kulmination in der Unversöhnlichkeit erreicht.

So bringt dieser zweite Akt *in nuce* auf die Bühne, was »L'Homme révolté« breit und in immer neuen Anläufen erörtert. Die Botschaft ist klar: Der Idealismus einer Revolte erweist sich noch darin, dass er Maß und Grenze kennt, und sei es im grundsätzlichen Vorbehalt gegenüber der Inquisition und ihren Agenten, die ihr Tun absolut setzen, während die Berufung auf die Revolution eben jegliche Moral abgestreift hat. »Wir sind Mörder und sind es freiwillig.« Mehr kann Stepan zu seiner Verhaltenslehre der Kälte nicht mehr sagen.[45]

Der kurze dritte Akt präpariert das gelingende Attentat. Woinow, der Kaljajew zur Seite stehen sollte, schreckt plötzlich zurück und erkennt, dass er nicht für den Terror geschaffen sei. Alle Verantwortung liegt deshalb bei Kaljajew. Doch bevor dieser sich aufmacht, setzt Camus ein langes Tête-à-tête an, das ihn und Dora in bewegender Intimität zusammenbringt. Der Dichter hat inzwischen eingesehen: Ideal und Mut reichen nicht hin, dem anderen den Tod zu geben, und im Hass ist kein Glück zu finden. »All das Böse, all das Böse in mir und in den anderen! Mord, Feigheit, Ungerechtigkeit … Ich muss, ich muss ihn töten … Aber ich werde nicht auf halbem Wege stehenbleiben! Ich werde über den Hass hinausgehen.« Erstaunt wirf Dora ein: »Über den Hass hinaus? Da ist nichts.« Kaljajew: »Da ist die Liebe.« Nochmals muss er sich korrigieren lassen. Denn die Liebe, wie sie Dora versteht, beuge sanft den Nacken, während die Terroristen ein steifes Genick hätten. Wieder wendet Kaljajew ein: »Aber wir lieben doch unser Volk.« Und abermals widerspricht Dora. »Wir lieben es, bestimmt. Wir lieben es mit einer umfassenden, aber von keiner Wirklichkeit getragenen Liebe, einer unglücklichen Liebe.« Und weiter, selbstkritisch: »Wir leben fern von ihm, in unser Zimmer eingesperrt, in unsere Gedanken versponnen. Und das Volk – liebt es uns? Weiß es, dass wir es lieben? Das Volk schweigt. Dieses Schweigen …« (G, 212)

Kein gefestigtes Band verknüpft jene, die im Namen des Volkes zu Attentätern und Mördern werden, mit dem Adressaten ihrer Wohltaten. Größe und Elend der Revolte kulminieren in der Aporie, dass Liebe, Mitgefühl und Menschlichkeit nicht zusammenkommen mit Gerechtigkeit, abstrakter Moral und stellvertretendem Engagement für das Ganze. Keine Konstellation vermöchte das ergreifender darzustellen als dieser lange, zugleich nahe und entfernte Dialog zwischen Liebenden. Und Dora, die selber die beiden Seelen in sich trägt, fordert von Kaljajew noch viel mehr – nämlich dessen Liebe in der Art, »wie alle Leute« sich lieben: ohne das fürchterliche Link, das sie unter ihresgleichen im gleichen Atemzug an die Gerechtigkeit und an die Organisation anschließt. »Würdest du mich lieben, wenn ich nicht in der Organisation wäre?« Kaljajew vergeht vor Verlangen, ja zu sagen. Aber das bedingungslose Ja fällt nicht, und als der Geliebte den Herzenssturm in sich geklärt hat, kommt die schroffe Antwort: »Schweig. Mein Herz spricht nur von dir. Aber heute abend darf ich nicht zittern.« Doras letztes Wort gibt dem Titel des Stücks eine endgültige Erklärung, die keinen Einwand mehr möglich macht. »Wir gehören nicht in diese Welt, wir sind Gerechte. Es gibt eine Wärme, die uns versagt bleibt.« (G, 213f.)

So musste es, den Voraussetzungen nach, kommen. Nachdem sich Kaljajew verabschiedet hat, um die Bombe zu werfen, kehrt Stepan zurück. In einer Parallelaktion drängt sich das Problem nochmals in ein – freilich kurzes – Gespräch zusammen, aus welchem der Fanatiker herauszuhören hat, dass Dora seine Liebe nicht erwidert. Ihm allerdings bleibt nach eigener Aussage – und nachdem er die Kraft zur Liebe längst verloren hat – immerhin die Kraft zum Hassen. Man hört das Nahen der Kalesche und alsbald eine gewaltige Explosion. Der Großfürst ist tot. Kaljajew hat den Auftrag erfüllt.

Was jetzt noch folgt, ist – nach dem Vorbild Shakespeares – der Abgesang. Eine dramatisierende Bilanz der Ausweglosigkeit für alle Seiten. Wie einst Meursault, der schuldlos unverstandene Fremde, sitzt Kaljajew im Gefängnis. Anders als Meursault quält ihn zwar immer noch das Gewissen. Doch die Tat, so viel ist ihm gewiss, stand im Zeichen der Gerechtigkeit, und gegenüber seinen Besuchern wünscht er sich als Kriegsgefangener verstanden zu wissen. Der Mord ist endgültig politisch geworden. Skuratow, der Polizeivorsteher, tritt heran und gibt sofort zu erkennen, dass er sich nicht für Ideen, nur für Personen interessiere. So will er, zur Empörung des Gefangenen, diesen in seinem nackten Dasein ansprechen, um ihm einen Handel vorzuschlagen: Wenn er die Genossen der Obrigkeit meldet, rettet er sein Leben. Dostojewskis Parabel vom Großinquisitor, der Christus im Gefängnis aufsucht, spielt hier die Nebentöne – zumal in einem Syllogismus, auf den Kaljajew keine Antwort weiß: Wenn es die »Idee« nicht fertigbringe, Kinder zu töten, verdiene sie es dann, dass man Großfürsten töte? – Damit nicht genug. Skuratow hat nur die Ouvertüre für eine weitere Besucherin ausgelegt. Sie ist die Witwe des Opfers und gekommen, mit dem Mörder über den Mord zu reden. – Was die Großfürstin bewegt, ist das Unrecht auf einer Ebene, die Kaljajew schon hinter sich zu wissen glaubte. Neffe und Nichte, die der Bombenwerfer verschont habe, seien ihrem Charakter nach hartherzig gewesen, während ihr Onkel die Bauern geliebt und mit ihnen getrunken habe. Sei die Tat also gerecht gewesen? Erneut gerät Kaljajew in ein moralisches Dilemma. Er verweigert die Gegenrede mit dem Hinweis, es sei bloß dazu angetan, seine Kraft zu sprengen. Ihm geht es jetzt darum, sich auf den Tod vorzubereiten. »Nur wenn ich nicht stürbe, wäre ich ein Mörder.« Zum letzten Mal wird das eigenartige *jus talionis* der Opfersymmetrie bemüht. Aber die Großfürstin lässt nicht locker. Sie ruft Kaljajew den Gott der heiligen Kirche ins Gedächtnis und einen Herrn, »der ebenfalls den Kerker erfahren hat«. »Es gibt keine Liebe außer in Gott.« Für Kaljajew mag Gott existieren oder nicht, doch was er mit Sicherheit weiß, ist, dass dieser Gott auf Erden nicht vereint. »Leben ist eine Qual, denn Leben trennt.« Unversöhnlich stehen die beiden Positionen. Das letzte Wort hat der Polizeikommandant, der fortan darauf wartet, dass Kaljajew schwach wird und die Freunde verrät. Aus den Höhen des Streits um Moral, Recht und Gerechtigkeit fällt die Szene ins nackte Dasein zurück.

Aber Kaljajew wird nicht schwach. Der letzte Akt versammelt nochmals die Terroristen, und nochmals setzt Dora ihren Gefährten mit dem Vorwurf zu, sie agierten für eine Idee und verlören darüber den Blick auf Liebe und Leben. Als der Tag anbricht, meldet Stepan die Vollstreckung des Urteils. Kaljajew sei gefasst und ohne Zeichen der Schwäche in den Tod gegangen. Auch habe er den Kuss auf das Kruzifix verweigert. Dora löst darauf alles von sich, was an ihr Einwand, Bedenken, Empathie war und verspricht, die nächste Bombe zu werfen. Sie erleichtert sich um den Charakter und geht den Weg des Instruments. »Du weißt genau, dass wir in der vordersten Reihe keine Frauen wollen.« Doch Annenkows Einspruch – einer zutiefst widersinnigen Logik – prallt rechtens an ihr ab. »Bin ich denn jetzt noch eine Frau?« (G, 234)

Hintergründig lässt Camus sein Stück auf einer Fermate enden: Alles bleibt Aporie. Wäre das große Thema noch irgend mit »engagiertem« Theater zusammenzubringen, so ausschließlich insofern, als das Engagement jede Zuversicht in politische Aktionen zum Heil von Volk oder Menschheit unter Prämissen, dass deshalb alles erlaubt sein dürfe, energisch gegen den Strich gekämmt hat. Den theoretischen Kommentar wird der »Homme révolté« fortschreiben, und erst da regt sich der Widerstand derer, die aus ihren Sympathien für die Militanz kommunistischer Herrschaftsdurchsetzung keinerlei Hehl machen. »Les Justes« ist bedeutend gelungene Kunst freilich darin, dass dieses Drama mit seinem Reichtum an Zwischentönen an die Fundamente des Menschseins rührt, wo immer sich dieses zumutet, Menschen der Zukunft gegen Menschenopfer in der Gegenwart zu verrechnen und das eine durch das andere zu legitimieren.

*

Man hätte so immerhin in Ansätzen wissen können, was die Botschaft des »Homme révolté« wollte. Erste Reaktionen auf den Essay sind zwar vielerorts positiv, allerdings um den Preis einer genaueren Beschäftigung mit dem Generalnenner.[46] Er lautet, nochmals zusammengefasst, so: Erstens, der Mensch steht kraft seines Bewusstseins vom eigenen Dasein im Konflikt mit der Welt. Zweitens, er revoltiert gegen eine Schöpfung, die ihn als sterbliches Wesen vielfältig im Unerfüllten lässt. Drittens, diese Revolte ist schöpferisch, sofern sie Gegenwelten schafft, die das Leben auf Erden verbessern und wohnlicher machen. Viertens, sie kippt in die Destruktion, wo sie sich absolut setzt und mit dem Schwung der Neuzeit die Hybris der Machbarkeit generiert oder der radikalen Subjektivität zu huldigen beginnt. Fünftens, die Revolte findet ihre totalisierende Macht in der Revolution, deren Medium die Geschichte und deren Ziel deren Ende sein soll. Sechstens, Umkehr tut not und kann nur gelingen, wenn Maß und Respekt vor der Würde des Lebens zurückgewonnen werden.

Es bleibt linker Kritik vorbehalten, diese Theorie zu Mensch und Geschichte schärfer ins Auge zu fassen, auch wenn sie dabei weder vor Verfälschungen noch vor einer böswilligen Politik des Weglassens und Übersehens zurückschreckt. Dafür steht paradigmatisch die Rezension, die in Sartres Zeitschrift »Les Temps modernes« mit einer gewissen Verspätung, aber um so effektvoller aus der Feder von Sartres Mitarbeiter Francis Jeanson veröffentlicht wird. Es handelt sich hier allerdings um viel mehr als um Meinungsdifferenz. Im kaum verhüllten Hintergrund geht es ebenso um eine Abrechnung zwischen Sartre und Camus, deren Vorgeschichte weiter zurückreicht. Das Zerwürfnis, welches damit unrevidierbar wird, ist nur die Endstation im Verkehr der beiden.

Als freier Mitarbeiter von »Alger républicain« bespricht Camus 1938/39 in zwei Artikeln Sartres frühe Werke »La Nausée« (»Der Ekel«) und »Le Mur« (»Die Mauer«). Sartre revanchiert sich, wie wir gesehen haben, mit einer eingehenden und eindringlichen Analyse des »Étranger« vom September 1942. Ein Jahr darauf kommt es zur ersten persönlichen Begegnung in Paris anlässlich einer Probe von Sartres Stück »Les Mouches« (»Die Fliegen«). Für den Mitbegründer des französischen Existentialismus verkörpert Meursault in seiner Ungebundenheit einen Prototypus individuellen Widerstands gegenüber der Welt, und vermutlich überträgt Sartre diese Rolle auch auf Camus, der fortan in den Kreis um Sartre und Simone de Beauvoir hineinwächst, ohne darin linientreu aufzugehen. Nachdem Camus für die Résistance-Zeitung »Combat« gewonnen worden ist, bittet er seinerseits Sartre um Mitarbeit für das Blatt. Zudem kommt man sich privatim näher, insbesondere während der langen Nächte in Saint-Germain-des-Prés zwischen 1944 und 1947. Differenzen entstehen, als Camus sich weigert, dem Redaktionskomitee von Sartres Zeitschrift »Les Temps modernes« beizutreten. Derweil sich der Herausgeber zusehends politisch engagiert und die metaphysischen Fragen den Forderungen des Tages sowie dem Engagement linker Parteinahmen unterstellt, insistiert Camus auf deren Gewicht für die Klärung der *condition humaine*. Camus selber ist hin- und hergerissen zwischen dem Programm von »Combat«, der Bereitschaft, die Sache de Gaulles zu unterstützen, und der Kritik an den Zielen des *Parti communiste français*. Als Arthur Koestler, vormals der Linken verpflichtet, den Kommunismus mit dem Vorwurf attackiert, dieser reduziere alles auf ökonomische Faktoren, ohne die metaphysischen Bedürfnisse des Menschen zu berücksichtigen, findet er Zustimmung bei Camus — nicht aber bei Sartres Weggefährten Merleau-Ponty, der nun seinerseits gegen Koestler antritt. Anlässlich eines Jazz-Abends geraten Camus und Sartre im Beisein Merleau-Pontys und Simone de Beauvoirs heftig aneinander. Der Anfang der Wegscheide ist markiert, und bald folgt eine weitere Szene nächtlicher Karambolage: Diesmal ist Koestler der Unruhestifter, da er Sartre ein Glas an den Kopf wirft.[47]

Schon zuvor ist Sartre auf Distanz zu Camus' »La Peste« gegangen. Der Verdacht: eskapistische Literatur. Seit 1948 verschärfen sich die Differenzen, insbesondere im raschen Wechsel von Zustimmung und Ablehnung diverser politischer Gruppen. Im Großen gilt, dass Sartre sich in der Gründerzeit des Kalten Kriegs auf die Seite der Sowjetunion schlägt, während Camus bei mancher Skepsis für den westlichen Kurs optiert und wenig Verständnis aufzubringen vermag für die Versuche des Philosophen, den Sowjetkommunismus mit einer Revitalisierung marxistischer Theorien zu unterstützen. Auch bleibt ihm Sartres Kult um die Arbeiterklasse fremd: Er erkennt darin eine Mystifikation. Zugleich legt er die gedanklichen Fundamente seiner Schrift »L'Homme révolté«, die dazu beitragen soll, den Totalitarismus der Linken besser zu verstehen. Was umgekehrt Sartre davon bereits vor den Horizont tritt, ist ihm dazu angetan, den Vorwurf zu nähren, dass Camus' Kritik einer Rhetorik der Bourgeoisie lediglich dazu ausersehen sei, die Anliegen des Proletariats niederzudrücken.[48]

Im Oktober 1951 erscheint »L'Homme révolté«. Der Linken kann der Affront gegen ihre Ideale nicht verborgen bleiben. Glaubt man Simone de Beauvoir in ihren 1981 erschienenen Memoiren »La Cérémonie des Adieux« (»Abschied von J. P. Sartre«), dann hat Sartre versucht, einen Rezensenten zu finden, der zwar kritisch, aber in gemäßigter Tonlage darauf eingetreten wäre.[49] Doch Francis Jeanson, der damals auch als Sekretär seines Meisters fungiert, ist nicht der Mann, das Florett zu führen. Selbst Merleau-Pontys Bitte, die Häme zu mildern, findet kein Gehör. Jeanson weiß sich in der Sache einig mit Sartre, und damit ist das Entscheidende geklärt. Vieles, was zur Vorgeschichte zwischen Camus und Sartre und sogar zwischen Camus und Jeanson bis hin in die Subjektivismen schnell gekränkter Seelen zählt, fließt in den Text als Subtext ein und gibt der Besprechung ihr evident bösartiges Gesicht.

*

Versucht man davon Abstand zu nehmen, so präsentiert sich Jeansons Polemik mit dem Generalverdikt, dass Camus weder von der Geschichte und ihren Beweggründen noch von den positiven Energien revolutionärer Ermächtigung irgend Wesentliches verstehe.[50] Dies signalisiert bereits die Überschrift des Titels »Albert Camus ou l'âme révoltée«. Jeanson argumentiert fast durchlaufend *ad hominem*: Nicht die Aussagen, Theorien und Ableitungen eines philosophischen Texts sind der zentrale Gegenstand der Kritik, sondern die Gestimmtheiten und Gefühle einer »schönen Seele« des Namens Albert Camus. Inkohärenz des Denkens ist der formale Befund, ein vager Humanismus der Motor desselben, und schließlich sei das Buch »zu schön«, zu selbstsicher und zu floskelhaft geschrieben, um überhaupt dem Gewicht des Themas gerecht zu werden. – Hellhörige Geister hätten es bereits anlässlich des Romans von der Pest gemerkt haben können. Anders als »L'Étranger« dokumentiere er eine eher teilnahmslose Vogelschau auf das Geschehen und bestimme sich daher zu einer »transzendentalen Chronik«.

Kurz, dem »metaphysisch« abgehobenen Stoff rund um das Verhängnis in Oran folgt nun nach Jeanson eine Art von Wesenskunde in puncto Revolte, Rebellion und Revolution. Alle konkreten historischen Situationen seien eliminiert, alle »Infrastrukturen« des Politischen verdampft, alle Phänomene des Kampfs um Interessen und Lebensgrundlagen zur Seite gelegt zugunsten eines reinen Dialogs unter Ideen. Für Jeanson ist der Fall klar. Historie kann, von den Stränden des Mittelmeers her erkundet, niemals zur Deutlichkeit kommen, und wenn Camus – im Kontext der metaphysischen Revolten – selber in Erscheinung tritt, ist er nicht etwa ein Atheist, sondern ein »Antitheist«, der sich damit lächerlich macht, dass er Gott seinen Anklagen ausliefert. Das Resultat wäre, abermals, Eskapismus: eine Flucht in die rebellischen Vergnügungen einer Existenz ohne Geschichte. – Jeansons Glaubenssatz hieße dem gegenüber: Geschichte zieht uns in ihren Bann, doch wir ergreifen sie unsererseits, indem wir sie formen. Das Fazit über das Buch: eine pseudophilosophische Pseudohistorie von sogenannten Revolutionen.

Jeder genauere Leser des »Homme révolté« müsste schnell erkennen, wie zugleich leichtsinnig und absichtsvoll verfälschend der Kritiker mit seiner Vorlage ins Gericht geht. Im Grunde genommen waren die Weichen längst gestellt, bevor das Buch ans Licht der Öffentlichkeit gelangte. Hier Camus, der – durchaus auch aus eigener Erfahrung im Umgang mit Geschichte und mit geschichtlich konkreten Konstellationen – nach den Prinzipien forscht, die soziales Handeln in der Welt im Sinne von Leitideen beflügeln; sei es früher in den Zeitaltern metaphysischer Spannung, sei es neuzeitlich in den Epochen selbsttätiger Weltbemächtigung. Dort Sartre und die Seinen, die der Realität entschieden den Schauplatz von Klassenkämpfen zuweisen, wo revolutionär dezisiv sich abspielt, was die Historie offeriert – am Ende und in ihrer Gegenwart die Konfrontation der Systeme. Legitimität aber hat allein die Bewegung des Kommunismus, repräsentiert in der Übermacht der Sowjetunion.

Das ist, aufs Geschichtsphilosophische hin gelesen, der Kernbezirk der Kontroverse, die damit auf beiden Seiten auch das Pathos weltpolitischer Bedeutung hinter sich weiß. Im Vordergrund allerdings stehen auch die persönlichen Animositäten der Hauptfiguren zur Debatte. Für Sartre, der in emotionalen Dingen kühler bleibt, hält sich der Schaden in Grenzen – die Freundschaft war niemals eine *affaire de cœur*. Camus hingegen ist zutiefst verletzt und wird es bis ans Ende seiner Tage bleiben. Am 17. September 1952, also fast ein Jahr nach der Publikation von Jeansons Kritik, schreibt er seiner Frau Francine in düsterer Stimmung über seine Pariser Isolation und den Unverstand einstiger Gefährten. »... was so überrascht, ist dieser plötzliche Ausbruch lange unterdrückten Hasses. Das beweist, dass diese Leute nie meine Freunde waren und dass ich sie mit meinen Gefühlen immer verärgert oder verletzt habe.« Und weiter: »Diese Herren wollen, fordern die Knechtschaft. Wahrscheinlich werden sie bedient und geknechtet werden. Wohl bekomm's!«[51]

Zu diesem Zeitpunkt ist die eigentliche Affäre abgeschlossen: nämlich in der unmittelbaren Fortsetzung des Schriftverkehrs zwischen sämtlichen involvierten Parteien im Echo auf Jeansons Kritik. Im August 1952 veröffentlicht »Les Temps modernes« Camus' Replik, im selben Heft kontert Sartre daselbst, und ebenfalls in derselben Nummer setzt auch Jeanson nochmals nach, abermals mit einer kecken Überschrift des Versprechens »Pour tous vous dire«. Camus' zweite Antwort hingegen verwahrt der Autor zeit seines Lebens in der Schublade.[52]

Es ist hier nicht der Ort, sämtliche Filiationen des wechselseitigen Argumentariums freizulegen.[53] Gleichwohl sei in den großen Zügen rekonstruiert, was zuerst Camus, dann Sartre vor das Publikum bringen. Camus verzichtet auf eine Überschrift, als er einen Brief mit Datum des 30. Juni 1952 verfasst. Er ist adressiert als »Lettre au directeur des Temps modernes« und trägt die Anrede »Monsieur le directeur«. Camus wendet sich so nicht an seinen direkten Widersacher, sondern an den Chef – und, wie er nicht zu Unrecht vermutet, an den Drahtzieher, was diesem Gelegenheit geben wird, entsprechend hämisch zu kontern. – Wovon handelt Camus? Dass die Rezension eine Travestie des Buches durchführe; dass unterstellt werde, wer kein Marxist sei, befinde sich auf Seiten der Rechten; dass der Vorwurf, sein Autor wirke aus dem Elfenbeinturm, absurd sei; und dass das Thema nicht einfach ins Metaphysische ausweiche, vielmehr ausführlich sich mit Revolte und Terror der Gegenwart auseinandersetze. Ebenso weist Camus den Vorwurf zurück, bereits »La Peste« sei aus der Distanz unbetroffener Beobachtung verfasst – im Gegenteil sei Rieux, der Held, ein vielfach mit Opfern belasteter Protagonist, und überhaupt bekunde der Roman eine gedankliche Entwicklung auch seines Autors: hin zu Solidarität und Partizipation.

Im Gegenangriff kritisiert Camus darauf den »Ökonomismus« von Sartres Zeitschrift sowie deren Blindheit gegenüber dem Faktum, dass und wie der Sowjetkommunismus mitsamt seinen Ablegern und Zuträgern den Terror als Mittel politischer Wirksamkeit legitimiere. Es ist, anders gesagt, die Geschichtsphilosophie eines Historizismus, der der Geschichte zum Zwecke der Menschheitserlösung alles auch Grausame zumutet, worin sich die Ideologen um Sartre widerspiegeln. Sie erweisen sich so als Gefangene der »historischen Notwendigkeit«, übergehen generös die Verbrechen des Stalinismus und richten sich in einer Armstuhl-Philosophie ein, deren Dogmatik nur Freunde und Feinde kennt.

Sartres Gegenzug lässt nicht auf sich warten. Die »Réponse à Albert Camus« verschärft noch den von Jeanson angeschlagenen Ton und spielt dabei ganz ähnlich auf den Mann. Wie eine herablassendverächtliche Ouvertüre liest sich der erste Satz: »Unsere Freundschaft war nicht einfach, doch ich werde sie vermissen.«[54] Folgt die Bemerkung, Camus' Brief verströme den üblen Geruch verletzter Eitelkeit. Folgt weiter die Ableitung, er beweise zudem, dass Camus zum Gegenrevolutionär geworden sei. »Wo ist Meursault, Camus?« – Die rhetorische Frage lässt nur einen Schluss zu: Albert Camus, der Genosse von einst, habe sich aus allen Verpflichtungen verabschiedet, um sich fortan als Übergewissen der Gesellschaft zu präsentieren. Mit seiner Epistel erscheine er wie eine Figur auf einem Gemälde Rembrandts: Der Arzt, der eine Leiche examiniert.

Die Leiche wäre, nach Sartres Deutung, keine andere als jene des »armen« Jeanson, dem der Richter nicht einmal die Würde eines Gegenübers zuspreche, indem er sich direkt an ihn, Sartre, wende. Dies, so Sartre, sei ein »schmutziger Trick«, der gefährlich an eine Position »rassischer Überlegenheit« gemahne. – Nach dieser Invektive, die Camus in seiner Integrität komplett diskreditieren soll, kommt Sartre – kaum sehr ausführlich – auf die Gewalttaten des Kommunismus und auf jene Konzentrationslager zu sprechen, die – so Camus – Jeanson mit keinem Wort erwähnt habe. Hier erfährt Sartres Replik eine Wendung ins Grundsätzliche, allerdings, man muss es so sagen, mit beschämender Einstellung. Ja, die Lager seien schlimm; aber ebenso schlimm sei, wie die bürgerliche Presse unentwegt davon Gebrauch mache. Symmetrie soll hergestellt werden, weiter auch mit Verweis auf den Eisernen Vorhang, der ein Spiegel sei, in welchem sich beide Welten, Ost und West, gleichermaßen reflektierten. Sartre hat sich seit einiger Zeit immer mehr dem orthodoxen Parteikommunismus angenähert und tendenziell unterworfen, und erst der Ungarn-Aufstand von 1956 wird ihn zwar nicht vom ideologischen Generalbass, aber wenigstens von der Kirche Moskaus wieder entfernen.[55]

Und die Geschichte? Ein Medium, in welchem sich der Mensch als Gestalter seines Schicksals erkennen müsse. Spuren seiner existentialistischen Frühphase werden wahrnehmbar, wenn Sartre, auf Pascals berühmten Ausspruch anspielend, den Adressaten darüber belehrt, dass man eingeschifft sei und wählen müsse: »Wir sind unser Projekt.« Dass dieses freilich für die anpassungswilligen Marxisten längst von der Sowjetunion bestimmt wird, verschweigt der Philosoph, wie er auch einen deutlichen Bogen um das Thema von Stalins Diktatur und ihren weltpolitischen Ansprüchen schlägt. – Der letzte Teil der langen Antwort kehrt zurück ins Persönliche, das sich darstellt wie eine Lektion des Vaters für den verlorenen Sohn. Früher sei Camus eine exemplarische Gestalt gewesen – der letzte Erbe Chateaubriands. Seine Moralistik habe die Erfahrung des Glücks angesichts eines abwesenden Gottes als Vorwurf an diesen, doch auch als Herausforderung an den Menschen bekundet. Noch vor wenigen Jahren habe Camus als Symbol und Beweis der Klassen-Solidarität gegolten. Dann aber sei er aufgegangen in seinen Privilegien des Bourgeois und habe nichts mehr unternommen, auf die Bedürfnisse der unterdrückten Massen einzugehen. 1944 verkörperte seine Persönlichkeit die Zukunft, heute, 1952, die Vergangenheit.

Solches muss sich Camus anhören, wobei auch die bisher weitgehend positiven Reaktionen auf den »Homme révolté« im öffentlichen Bewusstsein zurücktreten und das Buch bei der Pariser Intelligenz nicht nur militant linker Ausrichtung Schaden nimmt. Jeansons zweite Kriegsadresse in »Les Temps modernes« kann Sartres Verdikt nicht mehr überbieten. Es lautet, jenseits der persönlichen Qualifikationen, Camus sei kein Philosoph, letztlich kein ernstzunehmender Denker.

Dass die Attacken aufs schönste bestätigen, was zentrale Thesen der Schrift herausgearbeitet haben: die Intransigenz jener, die als Sprecher totalisierender Revolutionen keinen »dritten Weg« der Mäßigung dulden und alles in Kauf nehmen, was dem »Ende« der Geschichte in ihrem Sinne dient, stärkt Camus' persönliches Selbstbewusstsein nicht. Er sieht sich im intellektuellen Milieu von Paris immer mehr an den Rand gedrängt. Der Beifall von rechts ist ihm zuwider, Genossen von einst haben sich als Verräter erwiesen. Für die letzten Jahre bis zum Unfalltod im Januar 1960 wendet sich der Schriftsteller wieder literarischen Themen zu: kürzeren und längeren Novellen, daneben dem großen Roman des Titels »Le Premier Homme«, der die Urgründe der Biographie und die Geschichte des früh verstorbenen Vaters erkundet, doch niemals zur endgültigen Fassung gelangen wird. Der Kommentator des Zeitgeschehens hingegen, der seit den späteren dreißiger Jahren auch als engagierter Journalist fleißig geworden ist, beschäftigt sich mit dem Ungarn-Aufstand und seinen Implikationen, vor allem aber mit Gegenwart und Zukunft Algeriens. Doch auch hier – gerade hier – ist kein Lorbeer zu gewinnen. Mit dem Plädoyer für eine algerische Föderation, die sowohl den Rechten der muslimischen Bevölkerung wie jenen der ansässigen Franzosen entspräche, setzt sich Albert Camus zwischen alle Stühle.[56]

IV.
Kommentator im Zeitgeschehen

Die literarische Kultur Frankreichs war und ist immer auch eine Kultur des öffentlichen Diskurses. Dieser Diskurs erhält seit der Französischen Revolution von 1789 eine erhöhte moralische Stellung. Schon im 19. Jahrhundert entfalten die meisten Schriftsteller auch eine rege publizistische Tätigkeit. Sie gilt durchaus dem Geschehen des Tages, ist sich nicht zu schade, »faits divers« aufzugreifen und Staat und Gesellschaft ins Visier zu nehmen. Der Übervater solchen Engagements ist bekanntlich Voltaire – ein Geist des Dixhuitième mit allen Attributen der Aufklärung, der Vernunft und des Gemeinsinns.

So weiß schon auch der junge Albert Camus, dass er einer großen Tradition folgt, wenn er – zuerst in Algerien, später in Frankreich – den Journalismus nicht nur nicht verachtet, sondern ausdrücklich zu seinen wichtigen Aufgaben zählt. Doch Camus ist kaum der typische Intellektuelle, wie er in Paris in Erscheinung tritt. Er ist im Gegenteil nah am praktischen Leben, zumal da, wo er sich über die gesellschaftlichen und sozialen Zustände in der Kolonie auslässt – oder seit dem März 1944 für die klandestine Widerstandszeitung »Combat« schreibt. Deren damaliger Chefredakteur ist Pascal Pia, den Camus bereits im September 1938 und im Umkreis der Zeitung »Alger républicain« freundschaftlich kennengelernt hat. Vom Oktober 1942 bis zur Befreiung von Paris im August 1944 ist Camus von seiner Frau Francine getrennt: Francine ist in Algerien geblieben und kann das Land nicht mehr verlassen.

Zwischen 1944 und 1947 verfasst Camus über siebzig Artikel für »Combat«. Dann stellt er seine Mitarbeit ein, weil sich die Redaktion in Richtungskämpfe verstrickt, die nicht seine Sache sind. So kommt es auch zum Zerwürfnis mit Pascal Pia. Eine zweite, allerdings kurze Heimat findet er zwischen 1955 und 1956 bei der 1953 gegründeten Zeitung »L'Express«. Der erste Artikel handelt von einem Erdbeben in der griechischen Hafenstadt Volos. – Daneben findet Camus immer auch Zeit, Aufsätze und Interventionen in anderen Zeitungen und Zeitschriften zu schreiben. Erst das Scheitern seiner Position des geistigen

Vermittlers zwischen den Fronten in und um Algerien führt ihn dazu, seit 1957 die öffentliche Stimme deutlich zurückzunehmen. Hinzu tritt, dass der kreative Elan nun vor allem auf die eigene Literatur gerichtet wird, wobei persönliche und familiäre Krisen den Fortgang erschweren. Man kann es wohl auch so sagen: Camus ist nicht − oder nicht mehr − dazu geschaffen, sich ohne Rücksicht auf Verletzlichkeiten in Kämpfe und Fehden zu begeben, die zwar zum Pariser Tagesgeschäft unter Intellektuellen gehören, ihm selber aber keinerlei Erkenntnisgewinn, stattdessen viele Feindschaften bringen.

*

Camus' politische Schriften − Essays, Artikel, Manifeste, Stellungnahmen, Appelle und weiteres mehr − nehmen im Werk, als Gesamtheit aller gedruckten Zeugnisse, einen breiten Raum ein. Dies gilt zumindest in quantitativer Hinsicht, auch wenn die Qualität gesondert zu beurteilen ist. Vieles verdankt sich dem Tag, ist aus aktuellem Anlass verfasst und zeigt über einzelne Lebensphasen eine geradezu obsessive Insistenz. Zumal der Journalist und Redakteur für verschiedene Blätter zwischen Algier und Paris versteht sich als kommentierender Chronist einer Epoche, die für ihn spätestens mit dem Beginn des spanischen Bürgerkriegs vom Juli 1936 die Signatur des Unheils angenommen hat. Hier ist nicht nur der Analytiker politischer Ereignisse gefordert, sondern ebenso sehr der Moralist der Verteidigung menschlicher Rechte und Freiheiten. − Anderes greift weiter aus und soll fundamentaler gewisse Themen erörtern: etwa die Todesstrafe, aber auch das Verhältnis von Ideologie und Macht oder den Ausgleich zwischen Freiheit und Gleichheit. Seit der Publikation von »La Peste« sind auch die ausdrücklich ästhetisch-literarischen Arbeiten mehr oder minder mitorchestriert von Fragen nach der *condition politique*. Wie behauptet sich der Mensch in einer Welt, die sich gegenüber seinen Bedürfnissen nach Selbstgestaltung und Lebenssinn als unduldsam erweist? Welche Konflikte sind auszutragen zwischen den Ansprüchen des Individuums und jenen der Gesellschaft? Weshalb mobilisiert das 20. Jahrhundert totalitäre Gewalt, und woher stammen die Quellen solcher Legitimation?[1]

Camus' Interesse ist einerseits theoretischer Natur. Seit der Abschlussschrift an der Universität von Algier über christliche Metaphysik und Neoplatonismus ist die Neugier nach Weltdeutung geweckt: Der Mensch ist kraft seiner Verfassung deutungspflichtig. Er nimmt das Geschehende nicht nur hin, sondern will ihm eine Ordnung unterlegen, die er schließlich selber zu gestalten sucht. Anderseits entspringt dieses Interesse Camus' konkreter Lage – einem Leben, das nicht als Geschenk, vielmehr als Herausforderung zu begreifen und zu bestehen war. Der Sohn aus dem Arbeitermilieu Algiers, dessen Vater als Unbekannter im Ersten Weltkrieg gefallen war und dessen Mutter des Lesens nicht mächtig ist, bricht – dank verständiger Förderung durch Verwandte und Lehrer – auf, um sich in eine perspektivenreiche *éducation intellectuelle* zu begeben, die ihn für den Rest des Lebens immer wieder auch mit den materiellen Voraussetzungen seiner Existenz konfrontiert. Camus hätte hierin wohl Marx kaum widersprochen: Das Sein bestimmt das Bewusstsein, wie dieses umgekehrt das Sein bestimmt.[2]

1935 lässt sich der junge Mann von seinem Lehrer und Mentor Jean Grenier dazu bringen, der Kommunistischen Partei Algeriens beizutreten. Seine Aufgabe besteht oder bestünde darin, Propaganda unter der muslimischen Bevölkerung zu betreiben. In den gleichen Zeitraum fällt Camus' Engagement für das »Théâtre du Travail«, das ein sozialistisches Modell von Partizipation und Mitbestimmung diesseits von großideologischen Definitionen und Ansprüchen realisieren soll.[3] Dass sich Camus schon damals bedeutend mehr für produktive Solidarität unter Gleichgesinnten zum Zwecke künstlerischen Ausdrucks interessiert, als sich der Parteiarbeit im Schatten ihrer Funktionäre einzufügen, kann kaum erstaunen, wenn man die späteren Schritte seiner intellektuellen Biographie zur Kenntnis nimmt. Was an den Idealen von Kommunismus oder Sozialismus attraktiv bleiben mag – Ausgleich, Verteilungsgerechtigkeit, Rechte und Ansprüche auch der Schwächeren und anderes mehr –, verwirklicht sich legitimerweise nicht per Dekret und von oben oder gar mit der Befehlsausgabe einer Weltzentrale, sondern aus dem Humus einer »brüderlichen Nähe« und im konkreten Milieu der Arbeiterschaft.

Wenn Camus 1937 dafür plädiert, dass die algerische Staatsbürgerschaft auch einer bestimmten Zahl von Muslimen zugänglich werde, markiert dies eine realistische Antwort auf die Forderung der Araber nach völliger politischer Gleichstellung. Historisch gewachsene Strukturen – in Algerien eines ethnisch und religiös komplexen Ineinanders der einzelnen Volksschichten – lassen sich nicht schlagartig, sondern nur organisch und evolutionär verändern. Es ist dieser Respekt gegenüber dem je Besonderen bei gleichzeitiger Skepsis gegenüber dem Allgemeinen, der den politisierenden Mitläufer im selben Jahr dazu veranlasst, der Partei den Abschied zu geben. Das Gastspiel währte kurz. Fortan wird sich Camus niemals mehr in den Dienst einer eng und strikt definierten Sache nehmen lassen. Dass er damals praktisch gleichzeitig das Amt eines Assistenten des Wetterwarts von Algier übernimmt, hätte mithin auch eine gewisse metaphorische Bedeutung erlangt: Der Wind kommt, geht und dreht, und statt sich von ihm tragen und treiben zu lassen, tut man besser daran, ihn zu explorieren und in seinen Ursachen zu befragen.[4]

Nach tastenden Versuchen in der Studentenzeitung »Alger-Étudiant« stößt Camus im Oktober 1938 als freier Mitarbeiter zu dem von Pascal Pia geleiteten »Alger républicain«, und nachdem dieser im Sommer 1939 geschlossen werden muss, veröffentlicht er in dem Nachfolgeblatt »Le Soir républicain«. Der letzte Artikel datiert vom 1. Januar 1940. – Zwei »Textsorten« definieren die Aktivitäten des jungen Journalisten. Zum einen sind es politische und soziale Themen, die zu kürzeren, manchmal auch ausholenderen Berichten und Kommentaren Anlass geben. Camus referiert beispielsweise über einen Vortrag des Titels »Contre l'impérialisme«, er reflektiert über das ökonomische Leben der Kabylen, er liefert eine Reihe von Betrachtungen zur Ermordung des Muftis im Juni 1939. Zum andern erscheint er in der Rolle des Kritikers von Literatur, Theater und Kunst. Er rezensiert in der Beilage »Le salon de lecture« von »Alger républicain«, wir haben es schon erwähnt, Sartres »Le Mur« und »La Nausée«, Bücher von Nizan oder Erich Maria Remarque, neue nordafrikanische Literatur und Weiteres aus dem Umkreis kultureller Aktualitäten.[5]

Darum kann es primär hier nicht gehen. Es geht um die Physiognomie des politischen Journalisten, und diese entwickelt sich nach und nach in die Richtung eines engagierten Sozialismus der Koexistenz zwischen Franzosen und der Ursprungsbevölkerung. Jahrzehnte vor der Unabhängigkeit Algeriens tut sich damit noch keine Utopie kund. Die sogenannte »Cause française« wäre nach Camus' Vorstellungen die Verwirklichung der gesellschaftlichen Gleichstellung sämtlicher Parteien – das Wort vom »esprit de mutuelle fraternité«, der in den Spalten von »Alger républicain« zum Ausdruck kommen solle, mag sich im Nachhinein als Illusion erwiesen haben, doch wer publizistisch politisieren will, muss ein Ziel haben, und für Camus, den geborenen Algerier eines stark ausgeprägten Heimatgefühls, ist es nun jenes friedlicher Koexistenz.[6]

Doch die Zeitläufte lassen solchem Engagement bald keinen Raum mehr. Am 1. September 1939 bricht der Zweite Weltkrieg über Europa aus, und seit dem März 1940 hat Camus einen Posten als Redaktionssekretär bei der Pariser Zeitung »Paris-Soir« gefunden. Die Berufung des Schriftstellers findet ihre Arbeit in der Fertigstellung des »Étranger«, während der Journalist die Wanderungen der Redaktion von »Paris-Soir« von Paris über Clermont-Ferrand nach Bordeaux und von dort nach Lyon begleitet, wo Camus seine zweite Frau, Francine, heiratet. 1941 und 1942 hält er sich als Stellenloser in Oran auf, seit 1943 ist er zurück in Paris und schließt sich dem Widerstand an. Der Autor beschäftigt sich mit Theaterstücken und insbesondere mit dem Roman »La Peste« sowie mit den Vorarbeiten zum »Homme révolté«; der Publizist beginnt mit Artikeln für die klandestine Zeitung »Combat«; als Broterwerb dient die Anstellung im Verlag Gallimard als Lektor. – Seit 1944 verfasst Camus fast täglich Texte für »Combat«. Große Resonanz erhalten diese seit der Befreiung von Paris am 25. August des Jahres – Camus kommentiert das Ereignis ausführlich und ohne den Gestus radikaler Abrechnung mit den deutschen Besatzern. Wie schon in den dreißiger Jahren mit mäßigenden Artikeln für Gegenwart und Zukunft Algeriens im Zeichen wechselseitiger Verständigung sucht Camus auch hier die Überwindung scharfer Gegensätze. Der Feind von einst muss und soll es nicht absolut und für jede weitere Entwicklung bleiben. Der Kerngedanke lautet: Wer Hoffnungen hegt, dass Europa nach furchtbaren Geschehnissen und ebendeshalb zusammenrücken möge, kann nicht daran interessiert sein, alte Rechnungen zu begleichen und neue Scheidelinien zu ziehen. Niemanden wird erstaunen, dass sich Camus damit in manchen Lagern unbeliebt macht.

Für unsere Darstellung des politischen Journalisten sind jene Texte wichtig, die über das Tagesgeschehen hinaus auch eine philosophisch-moralische Botschaft weitertragen und damit teils ausdrücklich, teils hintergründig das literarische Werk mit anderen Mitteln fortschreiben. Wenn der Weg vom »Étranger« zu »La Peste« als Entwicklung vom absolut gesetzten Individualismus zur gelebten Verantwortung in der und für die Gesellschaft verstanden werden muss, gilt: Der Publizist hat solche Optik schon längst verinnerlicht. Er ist seit seiner studentischen Frühzeit ein Mann für viele und vieles, ein Charakter, der weder nur aus sich selber schöpft und gestaltet noch Fronten stellt und Gräben reißt. Zwischen dem Juli 1943 und dem Juli 1944 – Frankreich ist von den Deutschen besetzt – schreibt er vier Artikel in Form von Briefen, die an einen unbekannten »deutschen Freund« adressiert sind. Sie erscheinen in verschiedenen Zeitschriften des Untergrunds und sind dem Dichter und Widerstandskämpfer René Leynaud gewidmet, der von der Gestapo umgebracht worden ist.[7]

Im Vorwort zur ersten italienischen Gesamtausgabe, die bald nach Kriegsende erscheint und der offiziellen französischen Edition vorausgeht, erläutert Camus seine Absichten. Es geht – respektive ging – darum, aus der Résistance heraus den Kampf zu »erhellen«; nicht primär die physische Auseinandersetzung, vielmehr die geistige oder ideologische. Und wenn der Briefeschreiber von »ihr« rede, so meine er nicht die Deutschen, sondern die Nazis, während umgekehrt das »wir« sich hauptsächlich auf die freien Europäer beziehe. – Die Asymmetrie ist bemerkenswert. Sie entwirft bereits ein Zukunftsbild, vor welchem sich die Position der fanatisierten Anhänger Hitlers als überholt und rückständig erweisen soll. Camus denkt über die gewalttätige Gegenwart hinaus, und der »Kampf«, der mit dem Florett der Argumente geführt wird, wäre dazu bestimmt, einem künftigen Frieden in Europa das Terrain zu öffnen.

*

Die Technik der Briefe beruht auf einem indirekten Dialog. Und so beginnt Camus den ersten Brief vom Juli 1943 mit dem Grundsätzlichsten. Die Nazis, so der Verfasser, rechtfertigten ihre Taten unter Berufung auf das Volksschicksal. Aber es gebe auch Mittel, die nichts heilige, insbesondere da und dann, wo sie von Hass und Gewaltbereitschaft alimentiert würden. Instinkt, Tüchtigkeit, Handeln ohne Skrupel zeichneten sie aus – und auch die Liga der Europäer träume gelegentlich von einem »glückseligen Barbarentum«. Doch die Werte der Humanität beruhten gerade umgekehrt auf der Triebhemmung, auf dem Umweg über Vernunft und Maß und auf dem fortwährenden Misstrauen gegenüber den Aktionen der eigenen Sache. Deshalb sei der Sieg den Freunden der Menschlichkeit gewiss, denn sie würden »in Reinheit« siegen und obendrein endgültig. Mit ausdrücklichem Pathos: »Wir kämpfen für die Nuance, die das Opfer von der Mystik, die Energie von der Gewalt, die Kraft von der Grausamkeit unterscheidet, für jene noch feinere Nuance, die das Falsche vom Wahren und den von uns erhofften Menschen von den von euch verehrten feigen Göttern unterscheidet.« (Br, 14) – Der solches kundgibt, bezeichnet sich als das Gegenteil eines Außenstehenden, nämlich als einen »zutiefst Beteiligten«. Deshalb fällt es ihm auch leichter einzugestehen, »dass Frankreich seine Macht und seine Herrschaft für lange Zeit verloren hat und dass es lange Zeit verzweifelte Geduld und eine immer wache Auflehnung nötig haben wird, um das zur Entfaltung jeder Kultur unerlässliche Prestige wiederzugewinnen«.

Prophetische Worte – nicht in Bezug auf die kulturelle Renaissance des geknechteten Lands, die sich schon nach der Befreiung rasch wieder einstellen wird, sondern auf seine Rolle als dominierende Nation, deren Mythisierung durch de Gaulle mit dem Beginn des Kalten Kriegs jeglicher Substanz entbehren wird. – In dem zweiten Brief vom Dezember 1943 will Camus erklären, weshalb »wir« die Stärkeren seien. Hier verändert sich die Begründung noch deutlicher zur philosophischen Seite hin. Camus definiert den Menschen qua Menschen damit, dass ihm im Guten die Kraft innewohne, Tyrannen und Götter hinwegzufegen. Schon werfen hier Gedanken, wie sie der »Homme révolté« erörtern wird, ihre Schatten. Der Feind hingegen, der der Welt Lüge und Trug gelehrt habe, sei mit seinen eigenen Opfern in die Irre gelaufen, weil er eine falsche Größenordnung errichtet habe. »Bei euch sind selbst die Götter mobilisiert. Sie sind auf eurer Seite, wie ihr sagt, aber gezwungenermaßen. Ihr unterscheidet nichts mehr, ihr seid nur noch ein gespannter Bogen. Und jetzt kämpft ihr einzig mit den Hilfsmitteln des blinden Zorns, schenkt den Waffen und den Heldentaten mehr Beachtung als den Ideen … Wir dagegen sind vom Geist und seinem Zögern ausgegangen.« (Br, 20f.)[8]

Das ist es. Zorn ist bei den Freunden durchaus vorhanden. Camus flicht in diesen Brief die Geschichte eines Jungen ein, der von den Häschern der Gestapo kaltblütig exekutiert worden war. Doch den maßgeblichen Vorsprung macht nicht das Bedürfnis nach Vergeltung, sondern die Ethik abwägender Gerechtigkeit. – Der dritte Brief exponiert das mit einigen Perspektiven auf die Zukunftsfähigkeit Europas. Zu diesem Zeitpunkt ist die Niederlage der Deutschen mehr als absehbar. Sie, die Invasoren und Usurpatoren, hätten den Kontinent nie anders denn als Objekt ihres Besitzens begriffen. »Ihr sagt Europa, aber ihr meint soldatenreiches Land, Getreidespeicher, dienstbare Industrien, gelenkten Geist.« Auf der einen Seite also die Indienstnahme von Ressourcen zum Zwecke der Dominanz und Unterwerfung; auf der anderen das, was Camus »das Abenteuer des menschlichen Geistes« nennt. »Es ist jene einzigartige Arena, in der der Kampf des abendländischen Menschen gegen die Welt, gegen die Götter, gegen sich selber heute den Höhepunkt seines wilden Wogens erreicht. Sie sehen, die beiden Auffassungen lassen sich nicht miteinander vergleichen.« (Br, 24)

Im Licht des »Homme révolté«, der zur Zeit der Niederschrift der »Briefe an einen deutschen Freund« erst zögerlich Kontur und Absicht ansetzt, könnte die Polarität wie folgt definiert werden. Dem revolutionär totalisierenden Regime ist nur an der Funktionalisierung des Lebens zum Zwecke von Macht und Übermacht gelegen. Reflexion hat hier nichts verloren. Dem revoltierenden, hinterfragenden und selbstredend auch immer wieder irrenden Geist ist es darum zu tun, solche Macht – sei sie den Göttern oder den Menschen angeheftet – zu brechen. Der deutsche Freund, so weiter in der fiktiven Konversation, habe ihm einmal gesagt, Don Quichotte sei nicht stark genug, wenn Faust ihn zu besiegen trachte. Ähnlich gelte es zu wählen zwischen Hamlet und Siegfried. Solche Alternativen aber, dies das Gegenargument, führten zu nichts. Geistige Werte seien ein Unteilbares, und wenn hie und da auch entschieden werden müsse, bestehe das Ziel Europas im Prozess der Vereinigungen.»Und schließlich weiß ich auch, dass mit eurer Niederlage nicht alles getan ist. Europa muss dann erst geschaffen werden.« (Br, 27) – Die Vision einer europäischen Friedensordnung wird nach 1945 viele französische Intellektuelle beschäftigen. Doch mit dem Beginn des Kalten Kriegs und dem weltpolitischen Gegensatz zwischen Ost und West kehren die Fronten abermals zurück. Anders formuliert, was Camus erstmals gegen die Herrschaftsprätention Deutschlands entwickelt, bleibt danach – und zu seiner Enttäuschung – auch später unter neuen Vorzeichen aktuell. Das vereinigte Europa erweist sich als Illusion; um so mehr, als der Kontinent schon Ende der vierziger Jahre zum Glacis der Auseinandersetzung zwischen den beiden Supermächten werden wird.[9]

Den Abschluss macht der vierte Brief vom Juli 1944. Camus verändert die Tonlage. Er leitet ihn ein mit einem Zitat aus Senancours »Oberman«-Roman, einem hochromantischen Seelen- und Landschaftsgemälde. »Der Mensch ist vergänglich. Das mag sein; aber wir wollen widerstehend vergehen und dem Nichts, wenn es unser wirklich wartet, keinen Anschein von Gerechtigkeit geben!« (Br, 27)[10] – Camus kürt die Stadt Paris zum Schauplatz seiner Gedanken. Es ist Juli an der Seine, mit allen Attributen der Schönheit. Der Briefpartner aber habe niemals an den Sinn dieser Welt geglaubt, alles der Gleichwertigkeit unterworfen, wie im Tierreich nach Gewalt und List agiert und Gut wie Böse nach Belieben manipuliert. Was wäre dies anderes als das Werk der Zerstörung und des Kampfs gegen den Menschen, »um sein Dasein zu vollenden«? Camus plädiert hingegen für die Solidarität, für die Gerechtigkeit und für die Treue zur Erde. – Diese Verpflichtung auf das *terroir* ist eine Reprise aus früheren Texten. Und ebenso wiederholt der Autor Erkenntnisse, die schon im »Mythos des Sisyphos« artikuliert worden sind. Die Applikation lautet nun freilich bündig und klar: »Ich glaube weiterhin, dass unserer Welt kein tieferer Sinn innewohnt. Aber ich weiß, dass etwas in ihr Sinn hat, und das ist der Mensch, denn er ist das einzige Wesen, das Sinn fordert.« (Br, 29) Gegen eine Philosophie des Nihilismus heißt der Auftrag der Humanisten, Zeugnis abzulegen – einerseits gegenüber den Taten des Mordens und des Grauens und der Millionen von Leichen; anderseits davon, dass es auch möglich sein soll, das Glück des Lebens zu erreichen.

Eine Idee des Menschen zu »retten«, die ihn anders versteht denn als Raubtier mit dem Recht des Stärkeren: Das wäre das Fazit. Über so viel idealistische Kehre mag man lächeln. Sie berücksichtigt noch kaum sowohl Geschichte wie Politik, woraus sich das Ungeheuer emporwand, reflektiert vorwiegend aus dem Fundus anthropologischer Gegensätzlichkeiten. Insofern muss der »Homme révolté« die Erörterung der historischen Konditionen nachholen. Doch schon hier hätte eine zynische Vernunft den Vorwurf entdecken mögen, dass Camus nichts anderes sei als der Apostel einer naiven Moral des Guten wider den Geist der Epoche. Jedenfalls hätte die Brille der Marxisten so lesen müssen, wäre nicht Begeisterung über das sich abzeichnende Ende der Besatzung in allen Lagern vorherrschend gewesen. Camus umgekehrt muss sich keine Inkonsistenz im Denken vorhalten lassen – der Weg für alle folgenden Äußerungen ist vorgezeichnet.

*

Es sind unruhige Jahre, die den Lebensrhythmus des Schriftstellers in der Zeit vor und nach dem Ende des Zweiten Weltkriegs grundieren. Camus wohnt mehrheitlich in Paris, reist dazwischen nach Algerien, unternimmt im Juni 1945 einen Abstecher nach Deutschland und Österreich, reist vom März bis zum Juni 1946 nach Amerika und Kanada, wo er Vorlesungen gibt, findet sich wegen seines Lungenleidens in den Alpes maritimes und folgt im Juni 1949 verschiedenen Einladungen nach Südamerika. Erst die Publikation von »La Peste« im Frühsommer 1947 gewährt ihm finanzielle Sicherheit.[11] Der Romancier, der Theatermann, der Journalist und Redakteur – das eine geht ins andere über und beschert eine oftmals atemlose Existenz. Seit den schweren Aufständen in Sétif vom Mai 1945 beschäftigt ihn die algerische Frage erneut heftig, die Zustände in Spanien rufen nach Engagement und Protest, und bald droht über alledem das Damoklesschwert des Kalten Kriegs.

Fast alle politischen Äußerungen sind grundsätzlich auf Versöhnung und friedliches Zusammenleben hin gestimmt. Im Januar 1945 tritt Camus sogar für die Begnadigung des Schriftstellers Robert Brasillach ein, der sich der Kollaboration mit den Besatzern schuldig gemacht hatte: Hier ist es auch der Refus der Todesstrafe, der dazu Anlass gibt – vergeblich.[12] Am 21. August 1944, dem Tag der Befreiung von Paris, erscheint die Zeitung »Combat« erstmals offiziell und regulär; Camus verfasst danach fast täglich Artikel und Kommentare. Am 24. August schreibt er daselbst über das Blut der Freiheit und die Nacht der Wahrheit. Das Volk dürste nach Gerechtigkeit, obwohl Frankreichs Männer nicht töten wollten, und in den »furchtbaren Wehen« dieser Tage werde eine Revolution geboren. Das Pathos reißt den Stilisten für einmal aus seiner Tonlage der Mäßigung. »Das Paris, das heute abend kämpft, will morgen befehlen. Nicht um der Macht, sondern um der Moral willen, nicht um der Herrschaft über das Land, sondern um seiner Größe willen.« Am nächsten Tag heißt es, die Nächte der Befreiung seien Nächte der »bewaffneten, kämpfenden Wahrheit, der starken Wahrheit, die so lange mit leeren Händen und entblößter Brust dagestanden hat«. (FZ, 37) Die Rhetorik ist von Nietzsche und in ihrer Bildhaftigkeit von Delacroix inspiriert. Die Botschaft bleibt vage – nicht die Franzosen haben sich selbst befreit, sondern sie haben den Widersacher unter Regie der Alliierten abgeschüttelt.

Im September desselben Jahrs reflektiert Camus in »Combat« über das Verhältnis von Pessimismus und Mut. Diesmal werden auch Argumente in Stellung gebracht. Camus antwortet auf Vorwürfe, die behaupten, dass der Geist des Nazismus weiterlebe, nämlich in den Schriften von Malraux, Sartre und anderen, freilich nunmehr im Ambiente eines prononciert pessimistischen Denkens. Auch Camus muss sich angesprochen fühlen. Folglich erwidert er, dass Pessimismus die Menschenpflichten keinesfalls ausschließe, so wenig wie Ethik und Mut. Die philosophische Grundfrage aber laute, »ob der Mensch ohne die Hilfe des Ewigen oder des rationalistischen Denkens, auf sich selbst gestellt, seine eigenen Werte schaffen« könne. (FZ, 56). Wider starre Doktrinen, wie sie einerseits das Christentum, anderseits der rationalistische Kommunismus statuierten, sei der Tatsache Rechnung zu tragen, dass die Epoche der Verunsicherungen, wie sie auch der Nihilismus mitsamt dem Verdacht des Absurden zum Ausdruck bringe, nicht ungeschehen zu machen sei. Oder dialektisch gewendet: Erst aus einer Position der Anerkennung zeitgeistiger Notlagen vermöchte sich – dagegen – auch eine Ära neuer und wiederentdeckter Werte zu konstituieren. – Um welche Werte könnte es sich dabei handeln?

Noch ist Camus unterwegs – zuerst zur »Pest«, dann zum »Homme révolté«. So findet die Frage noch keine Antwort aus der Feder des Publizisten von »Combat«. Eine Ansprache vom 15. März 1945 in der Pariser »Mutualité« führt indessen über das Dilemma hinaus. Die Welt, so der Redner, sei von einer »Sturzflut« des Hasses ergriffen – Folterknechte und Beamte von Hass und Tortur hätten Frankreich unterjocht. Dieser Hass habe sich nach vier Jahren der Besatzung schließlich auf das eigene Volk übertragen. In eine knappe Formel gefasst: »Der Hass der Henker hat sich in den Hass der Opfer verwandelt.« (FZ, 59)[13] – Diese Paarung – hier Henker, dort Opfer – wird Camus zwischen dem 19. und dem 30. November 1946 zu einer Reihe von acht Artikeln inspirieren, die kurz danach unter der Überschrift »Ni victimes ni bourreaux« auch gesammelt veröffentlicht werden. – Der Redner der »Mutualité« plädiert in gut französischer Tradition für Geist und Kultur. Görings Ausspruch, wenn er das Wort Kultur höre, ziehe er seinen Revolver, sei symptomatisch für das Gegenteil: die Barbarei. Die Feier der Instinkte, der Ruf nach Blut und Boden, völkische Erwähltheit – dies alles habe mit Vichy auch Resonanz in Frankreich gefunden und sogar gewisse Eliten ergriffen. Camus räumt, nicht zum ersten Male, ein, dass auch der Geist von Ausschweifungen nicht frei sei. »… wohl weiß ich wie jedermann, dass der Intellektuelle ein gefährliches, leicht zu Verrat neigendes Raubtier ist.« (FZ, 60) Doch gegen schlechten Geist hilft nur guter Geist, nämlich derjenige, der einerseits kritisch die Wahrheit sucht, ohne sie jemals völlig zu besitzen, anderseits dem Anderen mit Achtung begegnet. Die letzten Strophen dieser Rede enden in einem kaum verhüllten Aufruf.»... die Freundschaft ist die Kunst des freien Menschen. Und es gibt keine Freiheit ohne gegenseitiges Verständnis.« (FZ, 61)

So schön es klingt, so wenig wird es bewirken. Der Konflikt mit Sartre und den intellektuellen Genossen rund um die kommunistische Partei ist vorweggenommen, seit Camus sich – anfangs noch ohne polemische Attacken – gegen die Ideologisierung der Politik zu wenden beginnt. Aber auch die diversen Gruppierungen des anderen Lagers mitsamt den Anhängern de Gaulles sind nicht bereit, einen »dritten Weg« des Dialogs einzuschlagen. Innenpolitik ist Parteipolitik um den Zugang zur Macht, und Außenpolitik bewegt sich bald vor dem Horizont des Entweder-Oder für den Westen oder für den Osten. Erstaunlicher als das schwache oder belächelnde Echo, das Camus' zeitpolitische Interventionen auslösen, ist die Hartnäckigkeit ihres Propagators, der bis in die Mitte der fünfziger Jahre nicht beigeben wird. Dies gilt insbesondere auch für seine Parteinahme für ein konföderiert verwaltetes Algerien. Erst als sich dort der Bürgerkrieg so sehr aufheizt, dass die Unabhängigkeit unvermeidbar wird, folgen Resignation und Schweigen.

*

»Ni victimes ni bourreaux« (»Weder Henker noch Opfer«) weiß noch kaum etwas von solchen Enttäuschungen. In acht Artikeln erörtert Camus den Lesern von »Combat« zwischen dem 19. und dem 30. November 1946 die Signaturen der Epoche. Niemand kann ahnen, dass sie eine Art von Vorlauf auf den Essay über den »Homme révolté« erproben. Am 28. März 1946 hat Camus in den Vereinigten Staaten einen Vortrag des Titels »La Crise de l'Homme« gehalten, der schon erste Spuren gelegt hat, aber dem französischen Publikum unzugänglich bleibt und erst posthum publiziert werden wird.[14] Näher im Umkreis des Themas wären einige gegenläufige Studien zu verorten, die Maurice Merleau-Ponty zur selben Zeit in »Les Temps modernes« erscheinen lässt. Merleau-Ponty optiert darin für eine »violence progressive«, wie sie schließlich in seinem Buch »Humanisme et terreur« (»Humanismus und Terror«) ausführlich begründet wird. »Ni

175

victimes ni bourreaux« muss auch als Replik zu den militant kommunistischen Exkursionen ins Milieu der theoretisch legitimierten Gewalt des Philosophen verstanden und gelesen werden.[15]

Das letzte Stück von »Weder Henker noch Opfer« ist überschrieben »Vers le dialogue«. Es ist ein Aufruf zur wechselseitigen Verständigung wider mögliche Bruderkriege, deren Realität sich schon abzeichnet, und hofft gar auf eine »universelle Kommunikation unter den Menschen schlechthin«. Was sich im »Homme révolté« zu ausführlichen Studien über das Verhältnis zwischen Mensch und Geschichte ausfalten soll, ist hier *in nuce* angedeutet, wenn es heißt, dass man zwar der Historie nicht entrinnen könne, doch innerhalb ihrer Konstitutionen kämpfen müsse, um jene Teile des Menschen zu erhalten und zu bewahren, die ihr nicht zugehörten. – Die Ouvertüre trägt den Titel »Le siècle de la peur«. Wie das 17. Jahrhundert jenes der Mathematik, das 18. das der Physik und das 19. dasjenige der Biologie gewesen sei, so präsentiere sich die Gegenwart als ein Jahrhundert der Angst. Die Wissenschaften seien so weit fortgeschritten, sich selber zu verleugnen, indem nunmehr die ganze Welt der Zerstörung ausgeliefert sei. Die Atombombe ist aus der Flasche. Seither – und unter ihrem weiteren denkbaren Einsatz durch die Supermächte – ist die Menschheit der Furcht und dem Schrecken ausgeliefert und hat jeden Sinn für eine Zukunft im Namen des Fortschritts verloren. Man lebt gegen die Wand. »Vivre contre un mur, c'est la vie des chiens.« (II, 436).[16]

Camus holt kräftig aus. »Wir haben es erleben müssen, dass gelogen, getötet, deportiert, gefoltert wurde, und stets war es unmöglich, die Täter davon abzuhalten und vom Gegenteil zu überzeugen, weil sie sich selber so sicher waren und weil man eine Abstraktion nicht widerlegt, will sagen den Repräsentanten einer Ideologie.« Wer sich anschicke, von den Säuberungen zu reden, die in Russland auf die Künstler zielten, werde mit dem Argument zum Schweigen aufgefordert, solches helfe der Reaktion, und wer ausspreche, dass die Angelsachsen das Regime Francos unterstützen, erfahre dasselbe, denn davon profitierte nur der Kommunismus. – Kein Dialog also; statt dessen ein Leben im Terror, weil Überzeugungsarbeit nicht mehr möglich sei. – Zwei Grundfragen wären, so Camus, dagegen aufzuwerfen. Erstens: wollen wir – direkt oder indirekt – getötet und geschändet werden? Zweitens: wollen wir – direkt oder indirekt – töten und schänden?

Damit ist das Thema des später nachgelieferten Sammeltitels über den acht Artikeln – »Ni victimes ni bourreaux«, »Weder Opfer noch Henker« – angeschlagen. Im zweiten Text handelt der Autor von der Utopie sowie von der Rechtfertigung des Mordes. So erstere dazu dient, letzteren zu legitimieren, ist sie zu verwerfen zugunsten einer bescheideneren politischen Philosophie der Kunst des Möglichen. Die Losung zum Zwecke der Unversehrtheit des menschlichen Körpers – »Sauver le corps« – lautet: Abschied vom Messianismus, Aufkündigung der Nostalgie vom Paradies auf Erden. – Für die französischen Sozialisten müsste dies ebenfalls Konsequenzen haben. Der dritte Artikel, »Le socialisme mystifié«, ist insofern von schärferer Gangart, als er nun näher die Parteipolitik im eigenen Lande vor der Folie der ideologischen Großwetterlage aufs Korn nimmt. Ausgangspunkt ist ein Kerntheorem »nihilistischer« Ideologie, das Camus im »Homme révolté« ausführlich behandeln wird. Es meint die Überzeugung, dass der Zweck die Mittel heilige. Oder in marxistischer Lesart: Alles ist erlaubt, was der Durchsetzung der klassenlosen Universalgesellschaft dient. Nach allem kann nicht mehr verwundern, dass Camus zu den deutlichsten Kritikern einer solchen Doktrin gehört. – Unter dem Einfluss von Léon Blum hätten »unsere Sozialisten« zunehmend Skrupel bekundet, dieses Dogma zu unterschreiben, und in der Folge seien auch die »moralischen Probleme« im Umgang mit der Politisierung in Freund und Feind auf den Tisch gekommen. In aller Konsequenz heiße das freilich, dass man nicht gleichzeitig Sozialist und Marxist sein könne.[17]

Der Marxismus glaubt Logik und Prozess der Geschichte erkannt und durchschaut zu haben. Mord und Gewalt im Dienst des Endziels sind daher kein Tabu. Entweder schlägt sich der Sozialismus auf die Seite solcher Mobilmachung, oder er enträt des Marxismus als einer »absoluten Philosophie«, weil er unter moralischen Vorbehalten die letzten Mittel missbilligt. Dann allerdings erklärt er damit das Ende aller »absoluten Utopien« und entscheidet sich für eine andere Utopie – »plus modeste et moins ruineuse« (II, 443). – »Ni victimes ni

bourreaux« soll sich über die acht Texte hinweg als Fortsetzungsge-
schichte eines Essays lesen, dem sich die einzelnen Teile wie Elemente
einer Erörterung von Theorie und Praxis gesellschaftlichen Zusam-
menlebens in ungewisse Zukunft hinein einfügen. Der nächste Artikel behandelt »La révolution travestie«. Vorgängig liefert Camus
seine Definition von Revolution. Im Idealfall bedeutet sie Veränderung oder Wechsel der politischen und wirtschaftlichen Institutio-
nen zum Zwecke eines Zuwachses an Freiheit und Gerechtigkeit in
der Welt. Praktisch ist sie das Ensemble geschichtlicher Ereignisse,
die − oftmals Quellen von Unglück − den Umschlag zum Glück hin
bewerkstelligen sollen.

Wieder öffnet sich der Hiatus: zwischen Absicht und Wirkung,
zwischen Ideal und Realität. Doch anders als in früheren Epochen −
Camus erwähnt die Daten von 1789 und 1917 − sind die Revolutionen
seiner Gegenwart mit anderen und neuen Rahmenbedingungen be-
lastet. Erstens durch die avancierte Technik der Waffen und Vernich-
tungsmittel; zweitens durch die Globalisierung des bipolaren Gegen-
satzes unter Androhung atomarer Großschläge mit Aussicht auf die
Auslöschung des Lebens auf dem Planeten. Konkreter: Keine Mittel-
macht ist mehr frei, revolutionäre Energien auf der Ebene national
definierter Absichten auszulösen. Weiter, der traditionelle Begriff
von Revolution wird zunehmend ersetzt durch jenen eines Kriegs
der Ideologien. »Jede Revolution der Zukunft wird eine ausländische
Revolution sein.« (II, 445) Sie ist, darüber hinaus, fortan ein Krieg
der gesamten Menschheit.[18] Wer aber − rechtens − davor zurückschreckt, der »totalen Utopie« revolutionärer Weltveränderung zuzustimmen, muss daran arbeiten, dem Wort Revolution den erneuerten
Sinn zurückzugeben, der mit dem Konzept einer »relativen Utopie«
einhergeht.

Relative Utopie: Camus appliziert sie auf das Wirken der vor kurzem ins Leben gerufenen Vereinten Nationen. Dialog und Kooperation quer durch die Lager im Dienst einer »internationalen Demo-
kratie«, wobei er nicht so naiv wäre, die querliegende Macht der
Sowjetunion zu unterschätzen. Freilich läuft die Prognose, dass nationale Revolutionen kaum mehr möglich seien, in schiefe Richtung.
Denn die Bipolarität sorgt bei fragiler Ruhe auf dem Schauplatz des

letztmöglichen Konflikts unter Einsatz der Atom- und Wasserstoff-
bomben gleichwohl und kompensatorisch für Stellvertreterkriege,
die insbesondere unter der Fahne der Befreiung vom Kolonialismus
in Afrika und in Südostasien ausbrechen. Und im Fall Algeriens wird
sich just jene revolutionär vorangebrachte Unabhängigkeit etablieren, die dem Algerienfranzosen Albert Camus bis zuletzt das Gegenteil aller Wünschbarkeiten blieb.

Die weiteren Artikel wollen Camus' Gegenwarts- und Zukunfts-
analysen nochmals vertiefen. Unter dem Stichwort »Le monde va
vite« begründet der Verfasser originell die These von der Beschleunigung des Weltgeschehens und erweist sich dabei als kluger Philosoph
der Geschichte.[19] Die Franzosen hätten den Ersten Weltkrieg mit den
Instrumenten des Deutsch-Französischen Kriegs von 1870 begonnen,
den Zweiten mit dem Arsenal von 1914. In den letzten fünfzig Jahren
habe sich der Globus verändert wie nie zuvor. Entwicklungen, die
einst Jahrhunderte beanspruchten, seien auf kurze Spannen zusammengeschrumpft. Und dies gelte auch für das Politische. Noch kon-
zentriere man sich anno 1946 auf das »problème allemand«, derweil
es doch bereits sekundär sei angesichts des Schocks, den der Zusam-
menprall der Imperien verursache, der künftig wiederum bald sekundär werde, da ganze Zivilisationen auf dem Spiel stünden. Doch
gegen den Anachronismus der Akzeptanz des Seienden sei die relative Utopie einer auf Kooperation hin geeichten Zukunft zu erproben. – Was damit intendiert sein könnte, erläutert der vorletzte Text
der Serie mit dem Programm »Un nouveau contrat social«. Gegen
Lüge, Mord, Gewalt und Terror sei isolationistische Innenpolitik obsolet geworden. Zweitens sei das Problem zu lösen, wie internatio-
nale Strukturen der Veränderung zum gesellschaftlichen Wohl zu
schaffen wären. Und schließlich müsse dieser Prozess globalisierter
Verantwortung wiederum auch dem eigenen Land eingepflanzt werden. Höchst selten zitiert der politische Publizist in metaphorischer
Absicht aus seinem literarischen Werk. Hier und jetzt tut er es. »On
ne guérit pas la peste aves les moyens qui s'appliquent aux rhumes de
cerveau.« (II, 452) Kein Kopfwehmittel heilt eine Seuche. Dann: Ein
Kodex internationaler Rechtsprechung muss erstellt werden. Seine
erste Amtshandlung lautet: Abschaffung der Todesstrafe. Fast zehn

Jahre vor der Publikation des großen Essays über Guillotine und Todesstrafe markiert Camus das Terrain dieser Schrift.

Im November 1947 erscheinen die acht Artikel in »Combat« unter der Überschrift »Ni victimes ni bourreaux« in der von Jean Daniel edierten Zeitschrift »Caliban«, für die Camus auch andere Texte verfasst. Damit erhalten sie eine breitere Öffentlichkeit jedenfalls im Pariser Intellektuellenmilieu und geben zudem ihre inhaltliche Komposition besser zu erkennen. Hinzu tritt, dass Camus im Juni desselben Jahres »La Peste« publiziert hat, die sogleich zum Bestseller aufrückt und dem Schriftsteller nun Berühmtheit auch über die Landesgrenzen hinaus beschert. Der Moralist steht im Rampenlicht, und schon deshalb erfährt »Ni victimes ni bourreaux« eine Beachtung, die Camus vermutlich so nicht erwartet hat. Zustimmung meldet sich bekanntlich und in der Regel seltener zu Wort. Anders verhält es sich mit Kritik. Es ist einem eigenwilligen Zeitgenossen vorbehalten, vieles und polemisch zu antizipieren, was nach der Veröffentlichung des »Homme révolté« aus dem Sartre-Kreis gegen dieses Buch und gegen Camus selbst in Stellung gebracht werden wird.

*

Der Angreifer und Ankläger heißt Emmanuel d'Astier de La Vigerie, und wie es der Name verspricht, ist er von adligem Geblüt – besser bekannt mit dem Attribut »le marquis rouge«. Rot respektive links war er freilich nicht immer. Bis 1936 reihte er sich unter die rechtskonservative »Action française«, worauf er mit ähnlich entschiedenen Bekenntnissen das Lager wechselte.[20] – D'Astier verlangt vom Herausgeber von »Caliban« die Spalten der Gegendarstellung. Im Märzheft 1948 erscheint sie unter dem Titel »Arrachez la victime aux bourreaux. Eléments d'une réponse à Albert Camus«.

Man muss sich nicht in die Verästelungen dieser Widerrede verlieren. Ihr zentraler Punkt ist – wie später bei Jeanson und Sartre –, dass Camus vor der Politik in die Moral flüchte und seine vornehmen Gedanken zur Unversehrtheit und Integrität des Körpers ganz im Sinne der Bourgeoisie und des Kapitals formuliere. D'Astier bringt es in deutlichem, doch nicht respektlosem Tonfall vor. Sein damals militanter Kommunismus allerdings lässt ihn tatsächlich in der von Camus beschriebenen Façon der Weise denken, dass dessen Ziele die Applikation der Mittel von Gewalt zu rechtfertigen vermöchten. – Camus repliziert in zwei Repliken. Die erste erscheint ebenfalls in »Caliban« drei Monate nach d'Astiers Intervention; die zweite folgt im Oktober 1948 in »La Gauche«. Obwohl Camus die ganze Affäre herunterzustufen sucht, ist sie ihm immerhin eine doppelte Reaktion wert. Man kann das auch als weitere Fingerübung im argumentativen Vorlauf auf den »Homme révolté« verstehen.

Denn ein zentraler Streitpunkt ist die Anwendung der Gewalt. Im Lande der Französischen Revolution, später Georges Sorels, dessen Traktat »Sur la violence« (»Über die Gewalt«) bedeutenden Einfluss auf die Denkweisen der Linken nahm, ist dies keine Überraschung. Camus räumt ihr für sehr spezielle Fälle, worunter er auch die Aktionen der Résistance subsumiert, ein gewisses Notrecht ein. Hingegen kann ihre Rechtfertigung weder von einer absolut gesetzten Staatsraison noch von einer totalitären Philosophie her stammen. Alles kommt darauf an, den Status der Ausnahme zu begreifen. Und wenn Camus bekennt: »J'ai horreur de la violence confortable«, präzisiert er weiter: »J'ai horreur de ceux dont les paroles vont plus loin que les actes.« (II, 458) – Wieder zieht der Kritiker seinen Gegenstand auf das Feld der Ideen und Ideologien, wo großräumig darüber befunden wird, dass und wie solche Mittel ihre Legitimität beanspruchen, und wenn er d'Astier als Repräsentanten solcher Justifikationen markiert, so meint er ebenso und noch deutlicher zwar noch nicht Sartre, doch dessen Gesinnungsgenossen Maurice Merleau-Ponty.

Er spricht sich sowohl gegen einen »imperialistischen Liberalismus« wie gegen den Marxismus aus und gelangt von da zu den Signaturen des Zeitalters. Das Wichtigste wäre ein Ende der ideologischen Kriege. Machtpolitik der systemischen Rücksichtslosigkeit ist zu verwerfen. Die Atombombe kann niemals und unter keinerlei Umständen deren Einsatzmittel sein. Wollte ihm d'Astier erklären, dass zur Unterdrückung des Kapitalismus ein »letzter Krieg« erforderlich sei, so wäre solches Gefecht allerdings das letzte gewesen. Im Namen der Menschheit den totalen Krieg zu fordern und zu führen, impliziere einen furchtbaren und verwerflichen Rationalismus. – Ideengeschichtlich präsentiert sich für Camus die Lineatur von Hegel zu Marx, von Marx zu Lenin und zu dem gänzlich gewissenlosen Nihilisten Netschajew.[21] Während jedoch Marx bei Kenntnisnahme der nuklearen Potenzen wohl zu einer Revision seiner militanten Prophetie gelangt wäre, trügen seine Erben – nämlich die prononcierten Marxisten des 20. Jahrhunderts – viel eher das Vermächtnis Hegels weiter, indem sie sich der Prozesslogik unterwürfen und die Geschichte europäischer Überheblichkeit fortschrieben. Intelligenz der Maßlosigkeit: Das ist es, was Camus bei den Jüngern konstatiert, dazu den unhinterfragten Messianismus politischer Erlösung und schließlich das bürokratische Gemüt von Funktionären, die wähnen, sämtliche historischen Abläufe begriffen zu haben. »Ceux qui prétendent tout savoir et tout régler finissent par tout tuer.« (II, 464) Alles wissen, alles regeln, alles töten. Das sind gewichtige Worte. Sie kehren sich hier auch gegen den »roten Baron«, dem Camus kurz und bündig das Recht abspricht, weiterhin im Glauben zu leben, er habe unbefleckte Hände. »Wir befinden uns in einem Netzwerk von Geschichte, wo die Komplizenschaft total geworden ist. Und Sie werden solcher Knechtschaft nicht nur nicht entrinnen, sondern unternehmen auch keinerlei Anstrengung dagegen.« (II, 464)

Kein Wunder, dass der verdutzte Adressat sich gegen solche Angriffe *ad hominem* zu verwahren versucht. Aber Camus setzt mit seiner zweiten Replik vom Oktober 1948 in »La Gauche« noch eins drauf. Er hat sich sowohl am Thema wie am Gegner festgebissen; das Muster wird sich wiederholen. Die »intellektuellen« Kommunisten, so geht es weiter, hätten keine Ahnung von den Realitäten des proletarischen Daseins. Sie verurteilten die Konzentrationslager der Nazis rechtens als scheußliche Verbrechen, betrachteten indes jene des Sowjetimperiums als historische Notwendigkeiten. Am Ende erlässt Camus einen Appell. Die Botschaft wird sich wiederholen. Nicht Geschichte ist der Referenzpunkt für ein menschenwürdiges Leben, sondern das Leben selbst als Sinnfigur aus Leidenschaft und Glück im Hier und Jetzt.

Den Feinden zur Linken fällt es leicht, den passionierten Polemiker in die Ecke des Predigers wider alle Formen sozialistischer Revolutionen zu drängen. Sie irren sich insofern, als Camus auch Beweise gegenteiliger Richtung liefert. Bereits im Herbst 1944 hat er eine Kontroverse mit François Mauriac initiiert und dessen Vorwurf zurückgewiesen, die französische Presse vor und nach der Befreiung sei geprägt von der Vorstellung, dass die echten Franzosen in Denken und Handeln allein den Geist des Widerstands verkörperten. (II, 551ff.)[22] Am 30. Juni 1948 teilt er Roger Quilliot brieflich mit, dass zu dessen Betrachtung über »Ni victimes ni bourreaux« in der »Revue socialiste« das Folgende festzuhalten sei: »Es trifft allerdings zu, dass ich keine Freude mehr verspüren würde, in einer Welt leben zu müssen, die das zum Verschwinden gebracht hätte, was ich die sozialistische Hoffnung nenne.« (II, 1287f.) Und in denselben Zeitraum fällt auch eine unmissverständliche Adresse an den christlichen Philosophen Gabriel Marcel.

Es ist schon im Zusammenhang der Analyse von »État de siège« gezeigt worden, wo seit der Pariser Premiere des Stücks am 27. Oktober 1948 die Linien verliefen. Mitten in die umwegige Kontroverse mit d'Astier de La Vigerie fällt der Misserfolg des Theaterstücks bei der Presse wie in der Öffentlichkeit. Damit nicht genug. Camus muss sich gleichzeitig mit Marcel ein Duell liefern, das ebenso aufreibend ist. Marcel erhebt in der Zeitschrift »Nouvelles littéraires« den Vorwurf, dass der Dramatiker seine Kritik an einem totalitären Herrschaftssystem ausschließlich gegen das Spanien Francos münze, während der Totalitarismus des Ostens unbedacht bleibe. Dies bezeuge einen Mangel an Mut und an Aufrichtigkeit.[23]

Offensichtlich hat der Philosoph die Aussagen und Folgerungen der acht Artikel in »Combat« und deren nachgelieferte Integralausgabe in »Caliban« nicht zur Kenntnis genommen. Denn »Ni victimes ni bourreaux« bekundet vornehmlich eine schroffe Absage an den Marxismus und seine zeitgenössischen Apologeten unter Frankreichs Intelligenz. Und so muss sich Camus abermals erklären und rechtfertigen – ein Pensum, das ihm, man darf schon sagen: mit wachsendem Ärger, bis in die letzten Jahre seines Lebens und unter changierenden Vorzeichen erhalten bleibt. – Auch diese Replik ist wünschbar klar. »État de siège« steht für das Individuum und gegen eine Gesellschaft, die sich »rechts und links nach totalitärem Muster gebildet hat oder noch bildet« (FZ, 74). Die Übel der Zeit würden durch die Folgen charakterisiert sowie durch den Hauptagenten befördert. »Er heißt Staat, Polizeistaat oder Bürokratenstaat.« Und weiter: »Sein in allen Ländern und unter den verschiedenartigsten ideologischen Vorwänden feststellbares Wuchern und die freche Sicherheit, die ihm die mechanischen und psychologischen Hilfsmittel der Unterdrückung gewähren, machen eine tödliche Gefahr aus ihm, die das Beste in einem jeden von uns bedroht.« (FZ, 74) Antikommunismus berechtigt, so Camus, nicht dazu, eine faschistische Diktatur wie Spanien ungeschoren zu lassen. »Und ich werde diese abscheuliche Pest in Westeuropa nicht entschuldigen, weil sie im Osten größere Räume verheert.« Marcel habe offenbar vergessen, dass die ersten Waffen des totalitären Kriegs in spanischem Blut gehärtet worden seien und dass ein aufständischer General 1936 im Namen Christi eine Armee von Mauren ausgehoben habe, um sie gegen die rechtmäßige Regierung der spanischen Republik einzusetzen. Nach dem Waffenstillstand mit Deutschland sei Frankreich auf Hitlers Befehl darangegangen, Republikaner an Franco auszuliefern, und schon 1938 sei der Dichter Antonio Machado in ein Lager gesteckt worden, »das er nur zum Sterben verließ«.

Im letzten Abschnitt der Antwort wird Camus noch persönlicher. Es ekle ihn vor der Welt, in der er lebe. Aber er fühle sich solidarisch mit allen Menschen, die leiden. Was sei die wahre Berufung des Schriftstellers? Zeugnis abzulegen und je nach Begabung die Stimme jenen zu leihen, die geknechtet sind. »Dieses Bestreben haben Sie in ihrem Artikel in Frage gestellt, und ich werde nicht aufhören, Ihnen das Recht dazu abzusprechen, solange die Ermordung eines Menschen Sie nur in dem Maß zu empören scheint, als dieser Mensch Ihre Ansichten teilte.« (FZ, 78f.) – Finis. Wie im Disput mit d'Astier de La Vigerie wagt sich Camus in die Rolle des Präzeptors aus moralischer Ehre vor. Und wie dort unterstellt er dem Kontrahenten auch Motive und Denkweisen, die einer gewissen Übertreibung unterliegen. Marcel mag ein Beschwichtiger der spanischen Zustände sein, weil er als gläubiger Katholik dem Walten seiner Kirche in Spanien falsches Verständnis entgegenbringt. Er mag sogar dafür halten, dass es politisch zweckdienlich ist, im Kalten Krieg eine Bastion zu akzeptieren, die dem Weltherrschaftsanspruch des atheistischen Kommunismus einen Gegenpol erstellt – womit er im Übrigen in der Konvergenz mit vielen Führern des Westens sich befindet. Doch daraus abzuleiten, dass er bewusst die Asymmetrie der Opfer belobige, ist starkes Geschütz.

Aber er kann nicht anders. Camus ist, anders als viele Intellektuelle der Epoche, kein Mann der Lippenbekenntnisse. Der Wille, Zeugnis abzulegen, kümmert sich weder um politische Pragmatik, noch huldigt er dem Zynismus ideologischer Beweglichkeit oder gar der einseitigen Parteinahme aus dem Fundus einer Doktrin. Diese Distanz zu Lagern jeglicher Couleur legitimiert eine Autorität. Sie ist fortan der Stachel im Fleisch der Parteiungen. Der Preis – er weiß es selber am besten – sind Animosität und Feindschaft hüben und drüben, und die bald noch heftiger vorgebrachten Invektiven auch von ehemaligen Gefährten sind nicht dazu angetan, seine ohnehin fragile Gesundheit zu stärken. Nach acht Wochen einer Lese- und Vortragsreise durch Südamerika im Sommer 1949 kehrt er so hinfällig und erschöpft nach Frankreich zurück, dass ein weiterer Kuraufenthalt – diesmal in Cabris über Cannes – unvermeidlich wird.

Es gibt das Dokument eines anderen – entspannteren – Zeitzeugen, der aus nächster Nähe den physisch und psychisch gezeichneten Camus während eines Auftritts im Kloster der Dominikaner am Boulevard de Latour-Maubourg in Paris vom 6. Dezember 1948 beobachten kann. Julien Green referiert die Szene in seinem Tagebuch. Camus hält einen Vortrag über Christentum und Atheismus. Er sitzt an einem kleinen Tisch, wirkt krank, rhetorisch unbeholfen, überzeugt durch schiere Ehrlichkeit. Traurig der Blick, traurig selbst sein Lächeln. Jean Wahl, Hubert Beuve-Méry und viele Geistliche befinden sich im Saal. Ein bekehrter Ex-Revolutionär kommentiert nach dem Vortrag, er selber sei der Gnade anteilig, während Camus diese nicht besitze. Camus repliziert mit demselben Lächeln: »Ich bin euer Augustinus vor der Bekehrung. Ich streite mit mir über das Problem des Bösen, aber ich finde keine Lösung.«[24]

Aus diversen Fassungen des Vortrags ist rekonstruiert worden, worum es Camus geht. Nicht die spezifisch christlichen Pflichten vermag er aus seiner eigenen Einstellung heraus einzufordern, sondern

Pflichten, die heute jedem Menschen abverlangt werden müssten. Was heißt dies? Es bedeutet, dass Camus mit den Christen das Grauen vor dem Bösen teilt. Es bedeutet nicht, dass er die christliche Hoffnung auf die Erlösung im Jenseits teilen könnte. Was »La Peste« zum Kernproblem angesichts des Leidens in der Welt und zum Vorwurf an einen Schöpfer erhoben hat, der dies – gegen seine vermeintliche Allmacht und Güte – zulässt, findet eine diskursive Kommentierung und Ergänzung. »... Ihre Hoffnung teile ich nicht und werde nie aufhören, gegen diese Welt zu kämpfen, in der Kinder leiden und sterben.« (FZ, 66) – Konkreter nun aber: Er, Camus, habe lange darauf gewartet, dass sich in Rom endlich eine laute Stimme erhebe, wider das Unrecht von Nazismus und Faschismus zu protestieren. Vergeblich.

Schlimmer noch: »Wenn ein spanischer Bischof politische Hinrichtungen segnet, ist er kein Bischof mehr und kein Christ, ja nicht einmal ein Mensch; dann ist er ein Hund, genausogut wie jener, der von der hohen Warte der Ideologie aus die Hinrichtung befiehlt, ohne die Arbeit selbst zu verrichten.« (FZ, 67) – Diese Sprache ist klar, und sie wäre – so die Botschaft Camus' – überall zu praktizieren, wo Heuchelei und Verstellung, aber auch dogmatische Verhärtung und doktrinäre Überheblichkeit ihr Unwesen treiben. Man kann die Schraube in Camus' Sinn noch anziehen. Das Medium der Wörter und der Worte ist weit davon entfernt, stets der Wahrheit zu genügen. Es wird im Gebrauch der Macht zur Waffe von größter Tragweite. Der korrumpierte Geist dekretiert und ordnet an; die Henker führen aus.

Auf weniger exponiertem Niveau sind es dann die Intellektuellen, die ihrerseits für Verblendung sorgen. Das illustriert die Kontroverse mit Gabriel Marcel, die Camus als Exempel vor die Zuhörer des Konvents bringt. Marcel täte besser daran, Gedankengänge in Frieden zu lassen, die ihn zwar leidenschaftlich interessierten, aber in die Irre führten. Gemeint ist das Thema des Pessimismus. Es habe Marcel so weit getrieben, ein Verbot eines Stücks von Sartre zu fordern.[25] Und dann: »Mit welchem Recht wollte übrigens ein Christ oder ein Marxist mich des Pessimismus bezichtigen? Nicht ich habe das Elend der Kreatur oder die entsetzlichen Formulierungen des göttlichen Fluchs erfunden. Nicht ich habe dieses *Nemo bonus* gerufen oder die Verdammung der ungetauften Kinder ausgesprochen. Nicht ich habe behauptet, der Mensch sei der Selbsterlösung unfähig und besitze im Abgrund seiner Erniedrigung einzig die Hoffnung auf die Gnade Gottes.« (FZ, 68) – Jedem Kenner kann die Allusion an die herausragenden Partien von »La Peste«, nicht verborgen bleiben, da es ebendarum geht: um das Verhältnis des Leidens in der Welt und den »verborgenen« Sinn, der vor Gott gleichwohl bestehen können soll.

Doch Camus kritisiert nicht nur den indirekten Optimismus der christlichen Lehre. Er nimmt auch die geschichtsphilosophisch begründete Zuversicht der Marxisten aufs Korn. Sein eigener Optimismus, wenn es ihn überhaupt gibt, verwirft die »weitere Sicht« einer erlösungsfähigen Zukunft, um versuchsweise zu retten, was den Menschen in seinem Hier und Jetzt betrifft – ohne Hoffnung auf das wesentlich utopische Heil der Gattung insgesamt. Das Böse ist Realität. Es von Fall zu Fall und im Zwiegespräch der Kompromisse und einer Philosophie des Vorläufigen zu mildern bleibt Camus das einzige vertretbare Ziel. Die Christen freilich täten gut daran, Sokrates auf diesem Weg nicht allein und ungehört zu lassen.

Mehr ist nicht zu sagen, und wenn der »Homme révolté« vor allem die säkularen Heilslehren zurückweisen wird, muss dort als Subtext immer auch die Kritik an einem Christentum mitgelesen werden, das sich aus der Moral der Bergpredigt in die Verhärtungen kirchlicher Dogmen und Strafen verwandelt hat. In den Kommentaren, Zeitungsartikeln und Stellungnahmen der vierziger und fünfziger Jahre scheint so durch, was einst der Student der Universität von Algier für die Abschlussarbeit über christliche Metaphysik und Neoplatonismus erkundet hatte, dann der Autor des »Mythos des Sisyphos« in überraschenden Thesen exponierte, weiter der Verfasser von »La Peste« für die religionsphilosophischen Gespräche fruchtbar machte und endlich der Analytiker des »Homme révolté« *ex negativo* verteidigen wird: Wo Messianismus, sei es säkularer, sei es religiöser Provenienz, die Gegenwartspflicht in Visionen des »Jenseits« aufhebt, wird der Mensch um sein reales Dasein gebracht. Er ist nicht mehr Subjekt, sondern Objekt eines Wissens, das Glück und Sorge deshalb geringschätzt, weil »später« alle Probleme gelöst sein werden. Will man Camus' Kritik als Ideologiekritik bezeichnen, so bleibt sie sich unnachgiebig treu.

*

Leben ist Gegenwart und Gegenwärtigkeit. Es gibt nichts anderes. Wer den Menschen das Bewusstsein vom Wert der Realpräsenz auszutreiben versucht, beraubt sie auch des Sensoriums für den Augenblick — für jene »moments of being«, wie sie fast zeitgleich Virginia Woolf literarisch und autobiographisch erforscht.[26] Schicksal ist der Begriff, der hier sowohl Glück und Daseinsfreude wie Elend und Tragik umschließt. Ob dabei alles vornehmlich im Vorlauf zum Tod aus dem Verhalten der Sorge zur Wahrnehmung gelangt, wie es Heidegger in »Sein und Zeit« auch für den französischen Existentialismus vorschreibt, oder näher an den Realitäten als ein Ineinander aus eigenem Vermögen und unbeherrschbaren Mächten begriffen werden muss, ist dabei nicht so wesentlich.[27] Wesentlich ist für Camus dies, dass die je einmalige, im emphatischen Sinn individuelle Verfasstheit von Leib, Seele und Geist nicht aufhebbar ist — weder entlastend auf das erlösende Jenseits hin noch »instrumentell« im eifernden Dienst an der Zukunft der klassenlosen Weltgesellschaft.

So kann auch das Opfer, das insbesondere für totalitäre Heilslehren zur selbstverständlichen Kategorie geworden ist, niemals der Akzeptanz unterliegen — es ist immer und überall eine Grenzüberschreitung wider die Würde der Kreatur. Man muss es so pathetisch formulieren, weil Camus selber hier mit absolutem Ernst argumentiert. Das eindrucksvollste Zeugnis seines Engagements auf Seiten des Lebens gegen dessen Vergleichgültigung ist der große Essay über die Todesstrafe, der 1957 erscheint und zur Synthese bringt, was der Autor im Lauf der Jahrzehnte zuvor aus verschiedenem Anlass vorgetragen hat. — Mit den Schlusspartien des »Étranger« ist das Thema literarisch öffentlich geworden. Mit der Publikation der »Réflexions sur la peine capitale« soll es politisch und gesellschaftlich zur Wirkung kommen. Es trifft sich, dass Camus in Arthur Koestler einen

Mitstreiter gefunden hat, der dasselbe Anliegen – nämlich die Aufhebung der Todesstrafe – betreibt.[28]

Camus beginnt den Aufsatz mit einer historischen und gleichzeitig persönlichen Reminiszenz. Er hat seinen Vater, der im Ersten Weltkrieg gefallen war, bekanntlich nicht gekannt. Zu dem wenigen, was ihm über ihn berichtet wurde, zählt eine Begebenheit, die sich kurz vor dem Ausbruch des Kriegs ereignete. In Algier war ein Landarbeiter zum Tod verurteilt worden, der auf bestialische Weise eine ganze Bauernfamilie hingemordet hatte. Camus' Vater entschloss sich, der Hinrichtung in den frühen Morgenstunden beizuwohnen. »Was er an jenem Morgen sah, erzählte er keinem Menschen. Meine Mutter berichtet nur, dass er mit verstörtem Gesicht überstürzt nach Hause kam, sich ohne ein Wort der Erklärung einen Augenblick auf sein Bett legte und sich plötzlich erbrach.« Folgt die Deutung des Verhaltens in den Worten des Sohns: »Er hatte eben die Wirklichkeit entdeckt, die sich hinter den hochtrabenden, bemäntelnden Redensarten verbarg. Anstatt an die hingemetzelten Kinder zu denken, hatte er nur noch den an allen Gliedern zitternden Körper vor Augen, den man auf ein Brett geworfen hatte, um ihm den Hals durchzuschneiden.« (FZ, 104)

Die Einstimmung reflektiert die Emotionen, die mit dem Thema und der Praxis verbunden sind. »Aufreizendes« und »Schändliches« – Camus müsste noch hinzufügen: und Atavistisches – kommt dabei zum Zuge. Wie aber ein allgemeiner Ekel das Schafott umhülle, so finde die Berichterstattung der Vorgänge eine immer nur schablonenhafte Sprache. Wenige Länder – Frankreich, Spanien, England, die Staaten des Ostblocks, die Vereinigten Staaten von Amerika – wendeten diese Abgeltung noch an. Dass sie »schädlich« ist, steht für Camus außer Frage, denn sie setzt die Tatsache aus, dass der Mensch »heute nicht mehr außerhalb der Gesellschaft zu leben vermag und dass ihre Gesetze für sein physisches Überleben unerlässlich sind«. – Dies ist zunächst das eine. Kein Mensch soll unter den Bedingungen aufgeklärter Moderne mehr ausgeschlossen sein von seiner »Umwelt« und deren Rechtsordnung; philosophisch gesprochen: Er ist ihr unter allen Umständen auch in seiner Leibhaftigkeit zugehörig, und was es bedeutet, solche Teilhaftigkeit aufzukünden, haben die Diktaturen des 20. Jahrhunderts in verheerendem Ausmaß vorgeführt.

Das andere sind die Plädoyers der Befürworter, zumal da, wo behauptet wird, das statuierte Exempel mäßige mit Furcht und Schrecken die Mordlust der möglichen Täter. Dafür gibt es, so Camus, keinerlei Beweise. Ohnehin seien Hinrichtungen, wie sie nunmehr bei Nacht und Nebel und vornehmlich heimlich praktiziert würden, nicht dazu ausersehen, die Öffentlichkeit mit Sichtbarkeit aufzurütteln. Mit dem »fürchterlichen Schauspiel«, wie es noch die rächenden Agenten der Französischen Revolution inszenierten, ist es vorbei; aus dem Fanal mit Publikum und Hysterie ist eine Bestrafung geworden, die jedermann nur vom Hörensagen kennt. Will heißen, der Staat verbirgt diese Akte von »Gerechtigkeit«, und die Verurteilten sterben einen auswendig gelernten Tod im Namen einer Theorie, an welche die Vollstrecker selber nicht mehr glaubten. Abschreckung also ist nicht belegt, während der Prozess der Hinrichtung als »Administrativmord« über eine dunkle Bühne läuft.

Jahrzehnte vor Michel Foucaults Historie von »Überwachen und Strafen« will Camus erkannt haben, dass die Guillotine im Grunde bloß noch die mechanische Liquidierung der Übeltäter vollzieht und damit der allgemeinen Herrschaft von vorgespiegelter Rationalität gehorcht, wie sie auch in weniger dramatischen Ahndungen des Verbrechens abgewickelt wird – klinisch kalt, effizient, leidenschaftslos.[29] – Im Fortlauf des Essays geht Camus weiter. Er streift das Anthropologische, bescheidener: gewisse Wesensmerkmale der Natur des Menschen.

Und da erhält der Duktus des Textes eine besondere Dringlichkeit. Denn gleichsam im Orchestergraben spielen auch die eigenen Werke einmal leiser, einmal deutlicher mit – der schon erwähnte »Étranger« ohnehin, ferner »La Peste« sowie die Theaterstücke »État de siège« und »Les Justes«. Der Tod, wir haben es ausführlich exponiert, zählt zu den Leitmotiven eines Œuvres, das von Anfang an der Nachtseite des Lebens halb fasziniert, halb *contre cœur* größte Aufmerksamkeit schenkt. Der natürliche Tod ist *per se* bereits das Skandalon, vor dem die Fragen nach dem geglückten oder wenigstens richtigen Dasein ihre Insistenz erhalten. Der gewaltsam beigebrachte

Tod, wie er in Kriegen und in den Kellern der Diktaturen »gewöhnlich« wird, potenziert das Schicksal der Sterblichkeit. Denn das Subjekt ist ihm so ausgeliefert, dass ein persönliches Verhältnis hiezu vernichtet ist. Camus geht nicht so weit wie Canetti, dessen bereitwillig erklärte und obsessiv gesteigerte Feindschaft gegenüber dem Tod eine philosophisch aufgeklärte oder gar gelassene Haltung verunmöglicht. Aber wenn er sich mit der *peine capitale* auseinandersetzt, meldet sich wiederum der Moralist zu Wort.

Er hält es für erwiesen, dass sie virtuelle Täter nicht von ihren Vorhaben abzuschrecken vermag. Stark ist die Angst vor dem Tod. Noch stärker können, wie schon Bacon beobachtet habe, Leidenschaften wie Rache, Liebe, Ehre und verletzter Stolz sein. Dem Menschen wohnen sich widerstreitende Instinkte und veränderliche Kräfte inne, weshalb auch das Verbrechen beharrlich weiter existiert. Zur Komplexität des von den Passionen getriebenen Wesens Mensch zählt weiter, dass es, mit Freud, durchaus so etwas wie den Todestrieb kennt. Wörtlich: »Der Lebenswille ist zwar ein elementarer Instinkt, aber er ist nicht mächtiger als ein anderer, den die Schulpsychologie mit Stillschweigen übergeht: das Todesverlangen, das zu gewissen Stunden die Zerstörung seiner selbst und des anderen fordert ... Der Mensch will leben, aber es wäre eitel, zu hoffen, dieser Wille werde alle seine Handlungen bestimmen. Er begehrt auch, nichts zu sein, ihn verlangt nach dem Unwiderruflichen und nach dem Tod um des Todes willen.« (FZ, 118) – Will sagen, unter solchen Zwängen oder Wünschen tötet der Mensch, um selber zu sterben.

Das alles reiht sich unter die Kategorien einer Anthropologie, die mit Nietzsches Ausdruck das »nicht festgestellte Thier« ins Visier nimmt. Es liest sich zudem wie eine indirekte Interpretation der Figur Meursaults, jenes »Fremden«, der seit den Strandgängen im brennenden Licht der algerischen Küste nicht mehr weiß, wie ihm geschieht, und aus der nachgelieferten Deutung seines Erfinders vielleicht tatsächlich den Tod gegeben hat, um ihn am Ende selbst unterm Schafott zu erhalten. – Die Vieldeutigkeit des Kunstwerks kann solche »Theorien«, die überdies wissenschaftlicher Überprüfung weder genügen noch standhalten könnten, nicht einfach beglaubigen. Es ist immer mehr, als selbst ein Urheber darüber zu befinden wüsste, was Camus schon kurz nach der Publikation des Romans selbst eingeräumt hat. Anders ist es um die soziale Wirklichkeit bestellt, in welcher die inneren Konflikte des Menschen zwischen Lebenswillen und Todessehnsucht schließlich trotz allem auch stattfinden. Deshalb erörtert Camus des weiteren die Rolle der Gesellschaft im Umgang mit der Todesstrafe.

Wenn die Funktion des Exempels auch vor dem Hintergrund der Statistiken schwer zu begründen ist, müssen noch weitere Gründe nennbar gemacht werden, die den Mechanismus des Fallbeils bis dato legitimieren. Nach Camus hat sich eine Art von Mittelalter in die Moderne hinein erhalten, fasslich im Bedürfnis nach Rache und Vergeltung wie »aus den Wäldern der Urzeit«. Im Verlauf solcher Abgleichungen sind die Modalitäten lediglich den Zeiten angepasst worden. Auf der einen Seite die Vorsätzlichkeit des »Mords« vermittels der Guillotine samt Ankündigung und technisch verfeinerter Organisation sowie den Vortäuschungen der Begnadigung. Auf der anderen Seite das willenlos gewordene Objekt des Schuldigen in seiner erniedrigenden Angst und ohne irgendwelche Rechte der Mit- oder gar Einsprache. »Alles geschieht ohne ihn. Er ist kein Mensch mehr, sondern ein Ding, das darauf wartet, von den Henkersknechten ergriffen zu werden.« (FZ, 126)

Diese Dialektik zwischen Macht und Ohnmacht, kalkulierender Autorität und sich selbst völlig entfremdeter Kreatur verschärft sich unter Aspekten der Moral nun noch dadurch, dass die Gesellschaft fast immer Teil des Verbrechens gewesen ist – als Milieu und feindliche Umwelt, als Bedingung der Unmöglichkeit, eine gefährdete Existenz in ihr System heilbringend aufzunehmen. Camus zitiert das Beispiel des Alkoholikers, der im sozialen Elend verkommt, derweil der Staat dafür besorgt ist, das Geschäft mit dem Alkohol kräftig anzukurbeln. Vom Gesellschaftlichen wiederum in die Richtung der *condition humaine* gewendet: »Wenn wir zur Welt kommen, tragen wir bereits die Last einer unendlichen Zwangsläufigkeit.« (FZ, 134) – Hier ist das Bild eines »durchschnittlichen« Sisyphos gezeichnet. Wer kann sich schon auswählen, wie und unter welchen Umständen er das Licht der Welt erblickt – und wie viele Benachteiligte hätten die Kraft, dieses Los von sich zu schütteln. Den Staat und dessen

Agenten kümmert es nicht. Er ruft nach Eliminierung des Störenfrieds und nimmt dabei auch die Eventualitäten des Justizirrtums in Kauf. Camus bringt seine journalistische Tätigkeit als Berichterstatter bei Schwurgerichtsprozessen in Erinnerung, womit auch ausgewiesen sein soll, dass Zufälliges in einem finalen Urteil steckt, das oftmals von den Launen und vagen Empfindungen der Geschworenen diktiert wird.[30]

Camus zieht diese Situationen des Risikos, den Falschen getroffen oder die Umstände einer Tat nicht angemessen berücksichtigt zu haben, noch weiter: auf die Ebene des Grundsätzlichen, welche Werte und Zwecke eine Gesellschaft ihr Eigen zu nennen hätte. Säkulare Sozietäten kennen – jedenfalls für sich selbst – keine Zukunft mehr, die sich anderswo als auf Erden dereinst präsentieren würde. Anders gesagt, wo sie über Leben und Tod entscheiden, sind sie auch in letzter Instanz die Quelle des Richt- und Schiedsspruchs. Das von Camus zitierte Schwert des Henkers der Stadt Fribourg hat damit Sinn und Bedeutung des Prägeworts auf der Klinge eingebüßt: »Herr Jesus, du bist der Richter«. Wenn aber keine Transzendenz via Anerkennung ihres höchsten Rechts durch die Gemeinschaft der Gläubigen mehr dafür zu sorgen vermag, dass ein Prozessurteil hienieden nicht zugleich das endgültige Wort zu Schuld und Sühne impliziert, dann ist die menschliche Arroganz der Unterscheidung in Gut und Böse absolut geworden.

Quis judicabit? War einst Gott der Herr über Zuteilungen im Fluchtpunkt des Ewigen, so entscheiden nun Funktionäre. Es ist nicht ohne feine Ironie, dass der Atheist Camus im Kontext der Todesstrafe den Verlust eines Glaubens bedauern muss, der früher kraft seiner Lehren den Menschen die abschließenden Urteile verweigerte. Oder bezogen auf die Legitimation der weltlichen Herren: »Es gibt keine gerechten Menschen, sondern nur Herzen, die mehr oder weniger arm sind an Gerechtigkeit.« (FZ, 144.) Weiter: Es steht den Menschen nicht zu, »eigenmächtig die Rechnung abzuschließen, solange der Schuldner noch unter den Lebenden weilt«. Und somit zerstört die Todesstrafe auch »die einzige unbestreitbare Solidarität der Menschen, die gemeinsame Front gegen den Tod«. Der Schuldige wird aus der menschlichen Gemeinschaft ausgestoßen, wie er auch der Chance zur Wiedergutmachung seines Verbrechens verlustig geht. Im Zeitalter des Atheismus impliziert ein solcher Akt letzter Entscheidungsgewalt die Usurpation der Lücke, die Gottes Tod, mit Nietzsche zu sprechen, hinterließ. Das Recht zur Auslese hat sich nicht nur verweltlicht; es fungiert als Instrument der Selektion für ein Denken, das mit den Kategorien des eigenen Fortbestands und damit auch des geschichtlichen Erfolgs bedenkenlos operiert.

Hier wäre der Übergang zu finden, der in das nicht geschriebene Kapitel des »Homme révolté« zum Thema der Todesstrafe geführt hätte, wie es Camus ursprünglich beabsichtigt hatte.[31] Die Todesstrafe wird zu einem weiteren Metonym für jene totalisierende Geschichtsphilosophie, die dem politischen »Darwinismus« ihrer Ziele die Mittel der Opferung bereitstellt. Wer tritt als Chefakteur solcher Ermächtigungen auf? Es ist der Staat. Als legitim gesetzter Monopolist von Gewalt besitzt er das gute Gewissen für sämtliche Eingriffe in die Sphären des Einzelnen. »Man tötet für ein Volk oder eine Klasse der Zukunft, die vergöttlicht werden. Man tötet für eine Gesellschaft der Zukunft, die ebenfalls vergöttlicht wird. Wer alles zu wissen vermeint, bildet sich ein, alles zu vermögen. Irdische Götzen, die absoluten Glauben fordern, verkünden unermüdlich absolute Strafen. Und Religionen ohne Transzendenz töten massenweise Verurteilte ohne Hoffnung.« (FZ, 150f.) – So hätte es auch wörtlich im »Homme révolté« unter der Kritik am Totalitarismus stehen können. So hätte es bereits für die Schlusspartien des »Étranger« gelesen werden können, da sich der verurteilte Meursault sowohl die moralische Saturiertheit seiner Richter gefallen lassen muss, wie er visionär das Geheul der Menge antizipiert, die dann den Tag der Vollstreckung begleiten wird.

Abschaffung des *peine capitale* hieße deshalb viel mehr als nur ein Akt der Humanisierung des Strafvollzugs. Sie besäße den Hintersinn, dass Staat und Gesellschaft zurückgerufen würden, absolute Werte zu beanspruchen. Heute sei es so, dass der Kampf der Ideen mit dem Strang und dem Fallbeil laufe – ein Vorgang nihilistischer Prägung und ein Symptom für die Krankheit Europas, nichts mehr zu glauben und alles zu wissen. Selbsternannte »Humanisten« agitieren nach Camus hierbei an vorderster Front. In jenem »vereinten

Europa«, das Camus nach der Art seiner »relativen Utopie« herbei-
wünscht, hätte wenigstens auch die Todesstrafe keinen Raum mehr. –
Nachzutragen bleibt: Sie wird in Frankreich per Beschluss vom 9. Oktober 1981 tatsächlich aufgehoben, nachdem schon seit 1977 keine
Todesurteile mehr vollzogen worden sind. Camus' Vorläufer in dieser
Causa hatten bereits viel früher ihre Plädoyers abgegeben – Victor
Hugo 1829 mit der Schrift »Le Dernier Jour d'un condamné« (»Der
letzte Tag eines Verurteilten«), ein Jahr darauf Lamartine mit »Contre la peine de mort« (»Gegen die Todesstrafe«). Wenigstens für
einmal muss sich Camus mit einer zeitkritisch-politischen Stellung-
nahme nicht mit Angriffen seiner Gegner und Feinde konfrontiert
sehen. Doch den Erfolg des Anliegens als Umsetzung in die Praxis
erlebt er ebenfalls nicht.

*

Wie überhaupt fast sämtliche politischen Traktanden des eifrigen Publizisten an der Macht der Realitäten auflaufen. Ob Spanien, ob Algerien, ob endlich Ungarn – nirgends darf er erfahren und erleben, dass
auch nur spurenweise eine Kongruenz zwischen seinen Forderungen,
Ermahnungen und Vorschlägen und den »Gegenständen« solchen
Engagements aufscheint. Der Rebell steht auf verlorenem Posten.
Die Position ist ihm inzwischen geläufig geworden. Im Falle Spaniens
kann ihn das kaum verwundern: Wie wäre auch ein Regimewechsel
denkbar ohne aktive Unterstützung durch die westliche Allianz, deren globale Strategie am bipolaren Gegensatz orientiert ist? Dasselbe passte auf den Ungarn-Aufstand vom Herbst 1956 – da ficht ein
mutiges Volk den aussichtslosen Kampf gegen den Sowjetkoloss. Mithin bieten beide Länder primär Projektions- und Applikationsflä-
chen für philosophisch untermauerte Gesellschaftskritik, wie sie im
»Homme révolté« als Lehre von den Werten der Freiheit und als Warnung vor den Versuchungen des Totalitarismus kulminiert. Anderes
als die beständige Sisyphosarbeit des Schreibens im Dienst von Gerechtigkeit, Humanismus und Moral bleibt nicht übrig.
    Die einzige Ausnahme – im Sinn von Hoffnung auf praktische
Veränderung – bildet Algerien. Hier ist Camus zudem auch unmit-

telbar betroffen. Es geht um seine Heimat. Dies wiederum lässt ihn als passionierten Anwalt eines Modells für die Kolonie erscheinen, das in den Augen nüchterner Analytiker niemals funktionieren könnte. Er will es nicht sehen, und er darf es nicht sehen können – jede Alternative wäre Verrat am Eigensten. – Seit den späten dreißiger Jahren bis zum Juni 1958, da alle wichtigen Artikel zum Thema bei Gallimard zusammengefasst als Buch unter dem Titel »Chroniques algériennes« erscheinen, lautet die Losung: Koexistenz. Doch die historische Entwicklung geht andere Wege. Zuerst und bis in die mittleren fünfziger Jahre diktieren Paris und die Statthalter in Algier eine Agenda, die von den Rechten der muslimischen Bevölkerung, gar von der Unabhängigkeit des Landes nichts wissen will. Minimale Zugeständnisse kommen zustande; das System an sich soll davon nicht betroffen sein. Als aber die Aufstände sowie die zunehmenden Terrorakte und die ihnen antwortenden Repressionen einer Art von Bürgerkrieg vorspuren, dreht sich die Lage ins Gegenteil. Jetzt ist aus anderen Gründen ein föderales Gebilde symmetrischer Rechte chancenlos geworden.

Letztlich entscheidet allein die Macht. Und während Camus zu später Stunde selbst eine räumliche Trennung für die dort lebenden Franzosen und die Einheimischen in Erwägung zieht, hat de Gaulle, der im Dezember 1958 nochmals zum Präsidenten der Republik gewählt wird, zuerst gedanklich, dann praktisch das Ruder herumgeworfen. Am 5. Juli 1962 wird für Algerien offiziell die Unabhängigkeit proklamiert. Im Zuge weltweiter Prozesse der sogenannten Dekolonialisierung ist dieses *fait accompli* unvermeidbar geworden, und Paris nimmt auch in Kauf, dass damit der Großraumpolitik der Sowjetunion in die Hände gespielt wird. Das sprichwörtliche Ende mit Schrecken hat einen über Jahrzehnte schwelenden Problemherd mit dem Sieg der Unabhängigkeitsbewegung zum Erlöschen gebracht. Die Rechnung haben jene *pieds noirs* zu begleichen, die hier über sehr lange Zeit ansässig waren und sich ihre Existenz aufgebaut hatten.[52]

Für Camus ist dieser Ausgang bitter. Seit dem Sommer 1958 äußert er sich nicht mehr öffentlich zum Thema Algerien. Schlimmer: Im Rückblick erweist sich der publizistische Einsatz, wie er kurz vor

Torschluss noch in den »Chroniques algériennes« zur Dringlichkeit gelangen sollte, als ein aufwendiges und einsames Scheitern. Ohnehin haben weder Freund noch Feind jemals verstanden, worum es gegangen wäre – eine politisch-soziale Föderation der Mitmenschlichkeit zu schaffen. – Eine kurze Reminiszenz mag dieses Unterfangen im Lichte einer Realutopie illustrieren. Nach den blutigen Aufständen in Sétif vom Mai 1945 verfasst Camus acht Artikel in »Combat«, die seinem Plan zur Harmonisierung der Antagonismen erste Konturen verleihen. Nochmals engagiert er sich publizistisch in den Jahren 1955 und 1956, insbesondere in der Zeitschrift »Express«. Als deren Herausgeber Jean-Jacques Servan-Schreiber solche Position nicht mehr akzeptiert, quittiert er den Dienst.[33]

Und so liest sich denn das Vorwort zu jener »Algerischen Chronik« wie das funktionslose Zwischenspiel eines Dramas, das sich davon in keiner Weise beeindrucken lässt. Nochmals refüsiert Camus sowohl eine Politik der Unterdrückung wie auch eine Politik der Abdankung. Nochmals warnt er vor der Entwurzelung der Algerienfranzosen und vor einem »neuen Imperialismus« der möglichen Sieger. Nochmals verlangt er Brüderlichkeit statt des starren Regimes von Grundsätzen. Kampf der Ideen und der Argumente soll sein; Terror wird verworfen. Folter im Zug der Repressionen wird gebrandmarkt. Krieg – auf beiden Seiten – ist Ausdruck des Nihilismus. Die Intellektuellen hätten anzutreten, die Vernunft zu lehren, um gemeinsam zu leben statt getrennt zu sterben (FZ, 164). Weiter, wenn aber ein Volk die »unbedingte Reinheit« anstrebe, so bedeute dies nur den »geschichtlichen Tod«. »Wenn man will, dass Algerien sich von Frankreich trennt, werden beide in gewissem Sinne zugrunde gehen. Wenn hingegen das französische Volk und das arabische Volk in Algerien ihre Unterschiede vereinen, hat die Zukunft einen Sinn für die Franzosen, die Araber und die ganze Welt.« (FZ, 165)

Große Worte. Ihr Pathos findet kein Echo. Es ist, als ob Camus hier in einem Akt radikaler Metonymie die eigene Biographie zum Muster der Nachahmung für ein ganzes Land erheben wollte. »Wenn vor zwanzig Jahren meine Stimme mehr Gehör gefunden hätte, würde vielleicht heute weniger Blut vergossen.« (FZ, 165) Solche Sätze machen es seinen Gegnern leicht, die Weltfremdheit des von Eitelkeit nicht freien Moralisten zu belächeln. Dass die Zeit des Kolonialismus abgelaufen sei, ist wiederum eine Binsenwahrheit, und der Gedanke, der Westen möge bei der Abwicklung seiner Geschichte mehr Geduld verdienen als Russland, kann einen bösen Blick des Vorurteils lediglich darin bestärken, es deklamiere hier ein kalter Krieger. – Kein freiheitlich gesinnter Geist widerspräche der Bemerkung, es sei allemal besser und gerechter, verbündete Völkerschaften zu stiften, als ein »einem islamischen Reich angeschlossenes Algerien« zu befördern. Doch Realpolitiker auf allen Seiten kümmert es nicht. Es verhallt auch im Leeren, dass Camus unter Verweis auf die eigene Familie und namentlich auf das Schicksal seines Vaters daran erinnert, wie Algerienfranzosen und Muselmanen gemeinsam für Frankreich und die Alliierten gegen das Deutsche Reich in zwei Weltkriege gezogen seien. Die persönliche Erfahrung über zwanzig Jahre hinweg hat ebenfalls keinerlei Wirkung erzielt. In den letzten Passagen des Vorworts kommt es zu einem überraschenden Geständnis, das freilich dennoch die Hoffnung alimentiert, es sei zu retten, was bereits als verloren gilt. »Dieses Werk der Entgiftung habe ich zu unternehmen versucht, so gut ich es vermochte. Ich muss zugeben, dass die Wirkung bisher gleich null war: meine ›Algerische Chronik‹ ist zugleich die Chronik eines Misslingens.« (FZ, 168)

So ist es. Der bemerkenswerte Effort für ein föderiertes Algerien, den Camus seit zwanzig Jahren auch zur *Causa sua* gemacht hat, hinterlässt nurmehr Papier. Der »Brief an einen algerischen Freund« vom 1. Oktober 1955 in der »Communauté Algérienne« sucht einen Bruder im Geist, der dieses Anliegen teilt, doch mit seinem Blatt ebenfalls nichts auszurichten vermag.[34] Neun Millionen Araber und eine Million Algerienfranzosen sollten, so sagt es die Vernunft in Rücksicht auf die historischen Voraussetzungen, am Ende doch in Frieden zusammenleben können, statt sich gegenseitig zu bedrohen. Drei Monate später reist Camus in seine Heimat, um wenigstens für einen Burgfrieden zu werben, der im Bürgerkrieg der Fronten immerhin den Zivilisten beider Seiten Sicherheit und Schonung einräumte. Die Atmosphäre ist gespannt. Olivier Todd hat die Aufregungen jenes Aufenthalts sorgfältig rekonstruiert. Das Kernstück der Botschaft ist ein Vortrag von fünfunddreißig Minuten, den Camus am 22. Januar 1956 in Algiers »Cercle de Progrès« hält. Tumulte und Morddrohungen sind dem Auftritt vorangegangen, strenge Sicherheitsmaßnahmen begleiten das Erscheinen des Referenten.[35]

Trotz solcher Polizeiaktionen, so Camus einleitend, sei er nicht gekommen, um zu trennen, sondern um zu einen. Was er zu sagen habe, bewege sich »außerhalb aller Politik«. Eine Illusion mehr. Von seiner persönlichen Tragödie ist die Rede, dann von einer gemeinsamen Erklärung zum Schutz der Zivilbevölkerung, dann von der französisch-arabischen Solidarität in einem Land »am Schnittpunkt der Wege und Rassen«. Auch ein Argument vor dem Hintergrund geopolitischer Auseinandersetzungen wird in Stellung gebracht: Die Kämpfe zielten auf Kosten Frankreichs auf die »Verwirklichung ausländischer Ziele«. – Im letzten Jahr des Engagements für ein gemeinsames Algerien verfasst Camus ein »Memorandum«, das der Diplomatie der Realpräsenz in Algier die Deutlichkeit gegenüberstellt. »Algerien 1958« zählt zu den spätesten Verlautbarungen. Der Verfasser hat sämtliche Rücksichten abgestreift und redet Klartext. Vier Punkte sind wider die Intransigenz der Zentralmacht adressiert. Erstens, der Kolonialismus ist obsolet geworden. Zweitens, seit den verfälschten Wahlen von 1948 ist Assimilierung lediglich ein Täuschungsmanöver geblieben. Drittens, die Landverteilung war und ist offensichtliches Unrecht. Viertens, die französische Oberherrschaft strotzt von psychologischen Demütigungen.

Oder mit anderen Worten, Frankreich hat bezüglich Algeriens nichts aus dem Weltkriegsende von 1945 gelernt. Dann folgen die Antithesen. Nationale Unabhängigkeit sei »ein rein von der Leidenschaft bedingtes Schlagwort«. »Es hat noch nie eine algerische Nation gegeben. Die Juden, die Türken, die Griechen, die Italiener, die Berber hätten ebenso gut das Recht, die Führung dieser virtuellen Nation zu beanspruchen. Gegenwärtig kann man Algerien nicht mit Araber gleichsetzen. Die Größe und das Alter der französischen Siedlung insbesondere genügen, um ein Problem zu schaffen, das in der Geschichte nicht seinesgleichen kennt. Die Algerienfranzosen sind ebenfalls, und zwar im buchstäblichen Sinn des Wortes, Eingeborene.« (FZ, 187f.) – Den denkbar weitesten Horizont reißt am Ende eine Bemerkung auf, die auf die politische Großwetterlage gemünzt ist. Nämlich, wollten sich die Araber auf ein geistiges oder weltliches »Muselmanenreich« konzentrieren, so wäre dieses im Zeichen des Islam eine Fiktion, wie sie freilich in den Plänen des Obersten Nasser herumgeistere. Dann: »Die Forderung nach nationaler algerischer Unabhängigkeit muss zum Teil als eine Äußerung dieses neuen arabischen Imperialismus angesehen werden, dessen Führerschaft Ägypten sich in Überschätzung seiner Kräfte anmaßt und den Russland gegenwärtig in den Dienst seiner antiwestlichen Strategie stellt.« (FZ, 189)

Damit ist der mutmaßliche Drahtzieher hinter allen partikularen Bedürfnissen angesprochen. Die Sowjetunion, die ihr eigenes Kolonialsystem betreibt und auszubauen sucht, dabei die Dezimierung der Krimtataren und der Tschetschenen verfolgt, die Vernichtung der arabischen Kultur in den ehemaligen muselmanischen Provinzen von Dhagestan vollzieht – sie würde versuchen, ihre »Reichsträume« auch für Algerien zu realisieren. – Gerechtigkeit als Unabhängigkeit: Das wäre in äußerster Konsequenz auch für Frankreich fatal, für das Abendland die Gefahr einer Einkreisung, »die zur Kadarisierung Europas und zur Isolierung Amerikas führen würde«. – Der »Klartext der Sprache«, den Camus bei allen involvierten Parteien einfordert, hat für dieses »Memorandum« keinerlei Abstriche hinzunehmen. Wenige Franzosen jener Jahre wagen sich so weit hinaus auf ein Feld, das – wie Camus durchaus richtig erkannt hat – zum Dominospiel unter Moskaus Regie geworden ist. Weder in Algerien noch im Mutterland erhält die Warnung politische Resonanz. De Gaulle, der dem eigenen Traum einer weitgehend unabhängig zwischen den Blöcken agierenden Atommacht nachhängt, wird als erste gewichtige Amtshandlung seit der Rückkehr in den Élysée den gordischen Knoten Algerien mit der völligen Loslösung der Kolonie durchtrennen.[36] Damit sind Camus' Interventionen zugunsten seiner Heimat historisch geworden.

Nicht in die Geschichte taucht ab, was seinen Kampf für die Freiheit und gegen die Willkür der roten Diktatur definiert. Dass die Sowjetunion mit dem System des Stalinismus ein Gespenst in die Welt gebracht hat, das für reale Unterdrückung sorgt, hat Camus sehr früh nicht nur erkannt, sondern auch gebrandmarkt. Der große Essay über den »Homme révolté«, der dem Autor auch deshalb so viel Ungemach und Feindschaft entgegenträgt, weist es – über einzelne Einsprüche des Journalisten hinaus – als eine logisch konsequente Verschlingung von doktrinärer Theorie und repressiver Praxis aus. Ziemlich genau fünf Jahre nach dessen Veröffentlichung muss die Welt ein Ereignis zur Kenntnis nehmen, das sich als denkbar böseste Beglaubigung von Camus' Analysen anbietet: den Einmarsch der Roten Armee in Budapest.

Der Skandal bringt die französische Intelligenz der Linken in größte Verlegenheit. Alle Begütigungen, dass Moskau – nach dem Abgang Stalins ohnehin – global unterwegs sei zu mehr Gerechtigkeit und Solidarität für die arbeitenden Klassen, auch wenn die Methoden da und dort zu wünschen übrig ließen, entlarven sich, sei es als Wunschdenken, sei es als Auswüchse einer zynischen Vernunft. Selbst Sartre sieht sich gezwungen, gewisse Positionen zurückzunehmen und zu revidieren.[37] – Für Camus ist der Gewaltakt keine Überraschung. Bereits die Niederschlagung des Berliner Arbeiteraufstands von 1953 ist ein Indiz gewesen. Jetzt geht es gegen ein »Bruderland« mit Panzerinvasion. – Am 18. März 1957 schreibt Camus im »Franc-Tireur« zum Thema »Kádár hat seinen Tag der Angst erlebt«. Über Nacht ist aus Ungarn ein gegenrevolutionärer Staat geworden. Die eigentliche Revolution hat sich in der Erhebung des Volks gegen seine Unterdrücker manifestiert; sie ist abgewürgt worden, und seither herrschen die Lüge, die Zensur und der Galgen. Was sind dies anderes als die Riten einer totalitären Religion? Vor zwanzig Jahren sei Spanien das Opfer geworden, nun trifft es Osteuropa. Camus bekräftigt in diesem Kontext abermals, dass totalitäre Gesellschaften keine Entwicklungsmöglichkeiten hätten. Und er nennt einen Schuldigen und Täter, den Minister Schepilow, der nach der Rückkehr aus Paris in Moskau behauptete, die westliche Kunst sei dazu bestimmt, die Seelen der Menschen zu zerreißen und Massenmörder hervorzubringen. Nun sei es an der Zeit, dem Funktionär zu antworten, »dass zumindest unsere Schriftsteller und Künstler niemanden gemordet haben und dabei noch großzügig genug sind, nicht die Theorie des sozialistischen Realismus für die Massenmorde verantwortlich zu machen, die von Schepilow und seinesgleichen angeordnet und gedeckt wurden«. (FZ, 204.)[38]

Schon am 21. Februar 1957 ist in »Demain« ein Interview nachgedruckt worden, das aus einer Umfrage unter Intellektuellen, betrieben von Ignazio Silone und Nicola Chiaromonte, hervorgegangen und in der italienischen Zeitschrift »Tempo presente« erschienen war. Unter dem Titel »Der Sozialismus der Galgen« kommentiert Camus die Vorkommnisse in Ungarn. Er bestreitet sämtliche Ansprüche auf absolute und »historische« Wahrheit, hält es für verwerflich, Wahrheitsliebe zugunsten von Ideologie hintanzustellen, wie es für Kommunisten und Linksintellektuelle der Brauch sei, sagt »klar und deutlich«, dass der »wirkliche Faschismus« bei Kádár und Chruschtschow zu finden sei, und bezeichnet den Konformismus der französischen Linken als dekadent. Keines der Übel, die der Totalitarismus zu bekämpfen vorgebe, sei schlimmer als der Totalitarismus selbst. Für das Ästhetische: ohne Freiheit keine Kunst; für die Gesellschaft: »ohne Freiheit auch kein Sozialismus, es sei denn der Sozialismus der Galgen«. (FZ, 206ff.)

*

Freiheit wird für die Nachkriegsjahre und bis zu Camus' Unfalltod vom Januar 1960 der wichtigste Leitbegriff nicht nur hinsichtlich des politischen und gesellschaftlichen Lebens, sondern auch aller künstlerischen Aktivität. Daseinsphilosophisch gesprochen: Ist die Welt absurd und in ihrer Geschichte vorwiegend undurchschaubar, so soll der Mensch frei sein, ihr kreativ zu antworten. Natürlich muss die Qualität solchen Gestaltens ständig kritisch befragt werden. Aber die Voraussetzungen der Kritik sind – oder wären – gleichfalls im Medium freien Artikulierens gegründet. In der Konsequenz verficht Camus einen negativen Freiheitsbegriff: Nicht Freiheit wozu im Sinne inhaltlicher Bestimmungen ist gemeint, sondern Freiheit wovon als Raum des Abstands gegenüber allen Mächten, die undemokratisch und ohne Rechtsstaatlichkeit sowohl Handeln wie Denken zu regulieren trachten.

Wenn dieser negative Freiheitsbegriff oftmals mit dem Pathos des Warners aufgeladen ist, so hat er anderseits doch auch die geschichtlichen Wirklichkeiten der Epoche reflektiert. Das »Unglück« der Zeit, von welchem Camus so insistent berichtet, manifestiert sich als Übel totalitärer Absichten in den Spannungszonen des Kalten Kriegs und darüber hinaus auch intellektuell unter den Genossen der französischen Linken. Als theoretische Summe zu einem Befund, der für den Denker seit den vierziger Jahren immer mehr zur Evidenz drängt, nimmt dann der »Homme révolté« ein Werk vorweg, das mit deutlich nachhaltigerer Wirkung Raymond Aron unter dem Titel »L'Opium des intellectuels« (»Opium für Intellektuelle«) 1955 präsentiert.[39] Das Thema zeigt sich in verwandter Fragestellung – nämlich, weshalb kluge Geister dazu verführt werden, Doktrinen mitzutragen und selber zu lehren, die der Unterwerfung der Menschen unter absolute Wahrheiten Bahn brechen.

Frankreich ist damals das einzige Land Europas, in dem solche Debatten hüben und drüben mit größter Passion geführt werden. Um Ursachenforschung kann es hier nicht gehen; es genügt der Hinweis auf eine Öffentlichkeit, die seit der Aufklärung und mit dem ideellen Erbe der Revolution von 1789 und selbstredend auch gegen periodisch heftige Widerstände sich das Recht der Meinungsfreiheit erstritten hat. Kritik ist ein heiliges Gut geworden, was sogar jene unter den Intellektuellen anerkennen, die ihr verderbliche Folgen unterstellen. Als prominenter Streiter in den und um die *affaires publiques* sieht sich auch Camus in die Pflicht genommen, zu sagen und zu schreiben, woran er denkt und worunter er leidet. Er thematisiert hierbei sowohl das ganz Kleine wie das ganz Große – als Journalist die Minutien alltäglichen Unrechts, als Philosoph der Geschichte die letzten Herausforderungen im modernen Weltgeschehen. Er gehört, wie Aron, keinem Lager an, doch er zieht, anders als Aron, der Unbelangbare, die Feindschaft jener Kreise auf sich, die länger davon ausgegangen waren, dass er einer der Ihrigen sei.[40]

Im November 1948 hält er anlässlich eines internationalen Schriftstellertreffens in der Pariser »Salle Pleyel« einen Vortrag, der kurz danach in »La Gauche« veröffentlicht wird. Der Titel lautet: »Le Témoin de la Liberté«. *Liberté* war als Kampfmotto aus den erhebenden Augenblicken der Französischen Revolution hervorgegangen. Seither gehört der Begriff zum klassischen Wortschatz einer Nation, die ihn bald in der Art einer Leerformel kultiviert. Er hat sich so sehr in das Bewusstsein eingepflanzt, dass die Energien des »Gegen«, die ihn tragen, kaum noch wahrgenommen werden. – Camus aber ist angetreten, sie wieder zu beleben, und was er dem Publikum zumutet, ist eine schonungslose Bilanz der Gegenwart. Von mittelmäßigen und aggressiven Ideologien gesteuert, hätten sich die Leute daran gewöhnt, vor allem nur Abscheu zu empfinden – vor sich selbst, vor dem Glücklichsein, vor der Liebe und vor dem schöpferischen Tun. Sogar die Schriftsteller seien von einem leidenden Gewissen gezeichnet und folgten damit der Mode, auch ihren Berufsstand zu entschuldigen. Hier das Elend der Welt, da eine Kaste, die sich damit rechtfertigen müsse, unnütz zu sein.

Doch welche Wahl kennzeichnet den Künstler? Ebendiese, es zu sein und sein zu wollen. Selbst und gerade in einer Welt des Unglücks. Kain und Abel repräsentieren für Camus eine Grundkonstellation des Lebens; die offizielle Geschichte ist immer eine Geschichte der großen Mörder gewesen. Sie ist es auch heute wieder, mit der Differenz, dass Kain den Bruder Abel im Namen der Logik schlachtet. Mit einem Stoß über die Bande spielt der Referent dann auf die mächtige Streikwelle vom November 1947 an. Damals sei auch der Henker von Paris in den Ausstand getreten. Sein eigentliches Ziel freilich sei der dringlichste Wunsch gewesen, wie andere Staatsbeamte den Status eines Verwaltungsangestellten zu erhalten. Früher hätte den Scharfrichter eine Aureole des Schreckens umgeben; jetzt sei ihm daran gelegen, der Administration zuzugehören. Der Vorgang widerspiegele eine Zivilisation, in welcher das Töten ein Akt der Statistik und der Tod selbst eine Abstraktion geworden sei. Dies wiederum sei ein Ausdruck dafür, dass selbstgewisse, totalitäre Ideologien das Heil der Menschheit einklagten und dabei alles unter ihre Vorherrschaft zu zwingen versuchten. (II, 490)

Die Polemik hat den Dialog ersetzt. So lautet die Diagnose für eine Welt, in der zunehmend formatiert und abgewickelt wird. Der Andersdenkende gerät unter die Kategorie des Feinds, das Individuum erscheint im flachen Schnitt der Silhouette. Wollte man tatsächlich die ganze Welt im Namen einer Theorie oder Doktrin vereinen, so müsste alles abgeräumt werden, was den universalisierenden Passungen widerstrebt. Camus gibt damit einen Vorgeschmack des »Homme révolté«, und wie dann dort, verfährt er auch in dem Vortrag assoziativ. Es sei daher typisch für eine Literatur seit Dostojewski, dass man in der großen europäischen Dichtung kaum mehr Beschreibungen von Landschaften finde. Die Fenster auf die Schönheiten der Erde sind geschlossen, philosophische Abstraktionen bestimmen die Handlung. Vielleicht vermöchten die heutigen Menschen tatsächlich alles zu beherrschen; was ihnen dabei entgleite, sei die Kraft der Liebe. – Schließlich riskiert Camus seine eigene Definition des Kunstwerks. Es findet sein Wesen darin, dass es nichts anderes als ebendies ist: Kunst.

Was bedeutet dies weiter? Sowohl die politische Aktion wie auch das schöpferische Tun zielten darauf, in einem Akt der Revolte gegen die Unordnung der Welt anzutreten. Deshalb seien noch Bonaparte und Goethe von vergleichbaren Absichten ausgegangen. Doch Bonapartes Erbe seien die Trommeln in den Gymnasien, derweil uns Goethe die »Römischen Elegien« hinterlassen habe. Nachdem schließlich der Typus des Revolutionärs sich in den Eroberer verwandelt habe und Totalität eines gerichteten Seins dessen Wunschtraum sei, gälten auch die Differenzen, die Abweichungen, die Besonderungen des Lebens und seines Ausdruckswillens nichts mehr. »L'artiste distingue là où le conquérant nivelle. L'artiste qui vit et crée au niveau de la chair et de la passion, sait que rien n'est simple et que l'autre existe.« (II, 493) Solche individuelle Wahrnehmung zum Zwecke der Kunst sei zu verteidigen, und es wäre gänzlich abwegig, vom Künstler Rechtfertigung und Engagement zu verlangen. Jetzt erst fallen auch die Hauptworte des Titels: »Par sa fonction même, l'artiste est le témoin de la liberté, et c'est une justification qu'il lui arrive de payer cher.« (II, 493) Der Künstler als natürlicher Feind von Idolen – das ist es. Es zieht auch das Recht auf Einsamkeit nach sich, damit um so greiflicher werde, dass der schöpferische Mensch nicht im Dienst des Todes, sondern des Lebens, nicht des Gesetzes, sondern des Fleisches stehe. In einer Welt der Verdammnis zum Tod, wie sie heute vor Augen trete, zeugten die Künstler von dem, was sich im Menschen weigere zu sterben.

Fünf Jahre später, im Mai 1953, hält Camus eine weitere Freiheits-Rede, diesmal in der »Bourse du travail« von Saint-Etienne und unter der Überschrift »Le pain et la liberté«. – »Brot und Freiheit«, das könnte romantische Assoziationen wecken, doch anders als in dem Pariser Vortrag in der »Salle Pleyel« verzichtet Camus diesmal auf Hinweise und Folgerungen im Zusammenhang der künstlerischen Profession. Die Marschrichtung ist politisch und wird lediglich durch ein paar historische und ideengeschichtliche Beobachtungen flankiert. Die Ouvertüre soll aufrütteln. Der alte Kontinent ist zum »Konzentrationslager-Europa« geworden, das von Wärtern beherrscht wird, die sich alsbald gegenseitig in Haft nehmen, bis nur noch ein Oberaufseher übrig ist, der damit die vollkommen gewordene Gesellschaft repräsentiert.

Kurz, um dieses Haus ist es schlecht bestellt. Im Westen liegt man sich in den Haaren, intrigiert, heuchelt und verbirgt diverse Geheimnisse unterm Dach; im Osten ist man ehrlicher und schließt die ungeliebten Verwandten in einen Wandschrank ein. – Wer hat nun aber die Freiheit verraten? Nicht die Gesellschaft des Kapitals, sondern eine Bewegung, die aus der Erhebung von 1789 hervorgegangen war, dann sich als soziale Kraft für die Rechte der Arbeiterschaft einsetzte, doch im 20. Jahrhundert den Sozialismus der Freiheit auf dem Altar eines Sozialismus des Cäsarentums und des Militärs zu opfern begann. Mit anderen Worten: Der russischen Oktoberrevolution folgte nach »Hoffnung« und »Morgenröte« die Repression eines Systems von Machthabern mit Polizeieinsatz und Schauprozessen, während sich im Westen der General Franco als der wahre Sieger des Zweiten Weltkriegs installierte. Zwischen diesen Fronten blieben und bleiben sich nur die Opfer gleich. Camus' Kritik erfasst abermals auch jene Exponenten linker Intelligenz, die unter dem »eitlen Vorwand«, künftiger Gerechtigkeit zu dienen, die Freiheit von oben lenken wollten. Nicht weniger kritisch rückt er gegen die Bourgeoisie westlicher Provenienz vor, der an der Freiheit nie wirklich gelegen gewesen sei und die den Begriff im Grunde genommen als eine leere Parole führe, die dazu beigetragen habe, dass die Linke zu meinen

begann, Freiheit sei ein bürgerliches Konstrukt, das fortan zu bekämpfen sei. – Der Windungen und Rösselsprünge sind diesmal
viele, und man darf sich fragen, wie das Publikum von Saint-Etienne
es aufnahm. Camus scheint hier noch ein Schattenboxen auszufech-
ten, das zur Vermeidung des Eindrucks beitragen soll, er selber sei, wo
immer er die Freiheit gegen ihre marxistischen Widersacher verteidige, auch seinerseits ein Agent der Bourgeoisie. – Wie kräfteraubend
es freilich sein kann, in einem Land über die Freiheit zu philosophieren, das tatsächlich kaum noch weiß, was sie politisch und kulturell
impliziert, räumt er anlässlich einer Ehrung ein, die er dem von der
Diktatur aus Kolumbien vertriebenen Präsidenten Eduardo Santos
zuteil werden lässt. Als Kronzeuge unbestechlichen Eintretens für
die Freiheit erwähnt Camus nun Benjamin Constant, den argwöhni-
schen Beobachter der Französischen Revolution und Anwalt individueller Rechte und Pflichten. (FZ, 93)

*

Der Elan des Publizisten lässt sich nicht beliebig strecken. Camus ist
sich dessen am besten bewusst, wenn für die späteren Jahre seiner
journalistischen Aktivitäten periodisch Phasen der Resignation die
Arbeit beschweren. Seit den Jugendtagen in Algier fasziniert ihn, wie
die Presse zur Veränderung der Verhältnisse beitragen kann. Seit dem
Ende des Zweiten Weltkriegs muss er erkennen, dass sie – zumal in
Frankreich – als Mittel bereits festgeschriebener Zwecke dient. Ihre
aufklärerische Funktion hat viel an Glanz und Effekt verloren, da sie
sich zum Sprachrohr, sei es der Linken, sei es der Rechten, hingegeben
hat. Mit der Neugründung von Jean-Jacques Schreibers »L'Express«
schien frische Luft einzukehren. Als der Herausgeber – und im Hintergrund de Gaulle – Camus' Vision eines föderalen Algeriens nicht
mehr billigen, zerbricht auch diese Illusion.

Nein, zum Pragmatiker ist er nicht geschaffen. Diplomatie ist
ebenfalls selten seine Stärke. Das Geschäft der Kabalen, das die Pariser so lieben, ist ihm widerlich. Die Einsamkeit, die er als ein aktives
Menschenrecht des Künstlers einfordert, holt ihn als Passivum ein,
wo er über die Presse an die Öffentlichkeit gelangt – zuletzt stößt er

ins Leere. Die späten Jahre dokumentieren Bewegungen des Rückzugs auf die Kerngeschäfte der Literatur und des Theaters. – Das andere und jenseits des Politischen waren immer auch Artikel zu den Künsten: über Begegnungen mit André Gide, Lektüre Simone Weils, Bewunderung für Herman Melville, Gedanken zur Zukunft der europäischen Zivilisation, ein Aperçu zu Dostojewski, der sehr eindringliche Nachruf auf den Dichter Roger Martin du Gard, ein Eintreten für Pasternak – oder, als letztes Wort in »L'Express« aus seiner Feder, für Mozart. – In den vier Bänden der »Œuvres complètes« der Bibliothèque de la Pléiade sind auch diese Miszellen säuberlich gesammelt und geordnet: Hunderte von Artikeln meist origineller und stets glänzend geschriebener Prosa, ein Thesaurus des Fleißes und des Drangs, im öffentlichen Leben der Nation den eigenen Standpunkt so verstehbar zu machen, dass er die Zustimmung anderer und damit auch die Chance der Wirksamkeit erhielte.

Doch dieser Einsatz hat seinen Preis. Auch wenn sich die grundsätzlich fragile physische Konstitution seit den fünfziger Jahren verbessert, berichtet Camus in Briefen und insbesondere in seinen Tagebüchern periodisch über Zustände der Erschöpfung, der Enttäuschung, des Sinnlosigkeitsverdachts, der Gesellschaft Moral zu lehren. Familiäre Spannungen – Francine, seine Frau, gerät seit 1953 in beunruhigende Zustände der Depression – sind nicht dazu angetan, das Metier des Autors zu erleichtern. Die Liebesaffäre mit der Schauspielerin Maria Casarès, einer dunkelhaarigen Schönheit, befriedigt Camus' Männlichkeit, stört aber gleichzeitig die Ordnung eines bürgerlichen Lebens, für das Camus freilich ohnehin nicht geschaffen ist. Diverse Umzüge und Aufenthalte in Hotels tragen zu den Anstrengungen im Pariser Alltag bei. Periodische Reisen nach Algerien verlaufen ambivalent. Der Freude, die Mutter in der Heimat zu besuchen, kontert der Zorn, dass sich das Land – auch gegen seine wortreichen Vorschläge – immer stärker auseinanderdividiert.

Im Frühling 1954 stellt Camus mit Entsetzen fest, dass er nicht mehr schreiben kann. So teilt er es seinen Nächsten mit, auch wenn solche Zuspitzung ins Dramatische den Realitäten kaum gerecht wird. Doch einfach aus der Luft gegriffen ist die Selbstdiagnose auch nicht. Beruf und Berufung zwischen Literatur, Theater, Philosophie,

Journalismus, politischen Erklärungen und sozialen Engagements – immer vor dem Panorama einer gefährlich bewegten Zeitgeschichte – erweisen sich als anstrengend und der richtigen Balance entratend. Hinzu kommen die Animositäten und offenen Feindseligkeiten seiner Gegner und Freunde von einst, die den Dünnhäutigen zusätzlich strapazieren.

Aber er macht es sich nicht einfach – kann es sich, seiner Natur gemäß, nicht einfach machen. Die Freundschaft mit dem großen Lyriker René Char gibt wenigstens Gelegenheit, sich unter Gleichgesinnten darüber auszutauschen – beide sehen sich, teilweise durchaus zu Recht, von der Öffentlichkeit missverstanden, aber auch um ihr Können und ihren Ruhm beneidet. Im Oktober 1954 reist Camus nach Holland, das den Schauplatz seiner letzten Erzählung, »La Chute« (»Der Fall«), abgeben wird. Im November desselben Jahres besucht er während einer Vortragstournee Italien, namentlich Turin, Genua und Rom. Dass der Prix Goncourt 1954 am 6. Dezember Simone de Beauvoir für den Roman »Les Mandarins« (»Die Mandarins von Paris«) verliehen wird, kann ihn nicht wirklich begeistern. Die Abrechnung der Verfasserin einer nur notdürftig verkleideten Schlüsselstory bestätigt ihm allerdings das verdächtige Profil der Linken um Sartre und seine Gefährtin.

Die letzten fünf Lebensjahre sind gekennzeichnet durch ein manchmal träges, manchmal turbulentes Auf und Ab in den persönlichen wie in den beruflichen Dingen. Weitere Reisen nach Griechenland, Italien, nach Algerien, nochmals nach Griechenland, nach Schweden und endlich nach Venedig bringen Abwechslung und eine gewisse Entspannung. Doch als ihm am 16. Oktober 1957 der Nobelpreis für Literatur verliehen wird, ist er – wie seinerzeit durch den schnellen Erfolg von »La Peste« – eher schockiert als erfreut. Die Krise der Ängste, nicht mehr oder bloß unzureichend noch schreiben zu können, ist mit der außergewöhnlichen Auszeichnung nicht aus der Welt geschafft; im Gegenteil – die Kluft zwischen den Ansprüchen und ihren Abgleichungen vergrößert sich. Wenige wissen, dass Camus seit geraumer Zeit an einem neuen, größeren Roman arbeitet: »Le Premier Homme« (»Der erste Mensch«), so der Titel, soll tief hinabtauchen in die Vorgeschichte seiner eigenen Biographie und insofern auch Spurensuche nach dem niemals gekannten, früh verstorbenen Vater betreiben. Camus erlebt die Publikation des – unvollständig gebliebenen – Texts nicht mehr.

Eine glückliche Vita, so viel darf gesagt werden, sähe anders aus. Mag sein, dass eine weniger grüblerische Veranlagung weniger Sorgen und Daseinszweifel aufgehäuft hätte. Leichtigkeit zeigt Camus allein in der Handhabung einer Sprache, deren schnörkelloser und rhythmisch vollkommen ausgeglichener Stil – wie Sartre früh erkannte – an die französischen Meister des 18. Jahrhunderts gemahnt. Die Themen selber sind schwer, gewichtig, nur für die Schilderung von Natur und Landschaft von gelöster Poesie. Wo der Autor, Gatte und Familienvater vor allem Pflichten und wohl auch ein schlechtes Gewissen empfindet, stürzt sich der *homme à femmes* in diverse Affären. Das Thema ist für unser Unterfangen keines. Doch wäre Camus zu wünschen gewesen, dass er wenigstens dort jene Anerkennung fand, die ihm anderenorts vielleicht nur deshalb verweigert wurde, weil er's nicht zur Kenntnis nehmen wollte.

Hier, in Freud und Leid, in Zuspruch und Ablehnung, findet er auch – wiederum entlastend – Formen ihrer Mitteilung. Er ist nicht der Typus des Geheimniskrämers, auch wenn es Bereiche gibt, die selten nach außen dokumentiert werden, namentlich seine Verhältnisse mit jüngeren und sehr jungen Frauen. Im Medium der Briefe an Francine, aber auch an ein paar Freunde wie Jean Grenier, den Mentor, und René Char, den Weggefährten, lässt sich vieles aussprechen, was von der Fassade der Haltung, die den Franzosen generell so bedeutsam ist, verborgen wird.[41] Eine zweite, noch viel intimere Figur des Ausdrucks ist das Tagebuch. Es begleitet Camus mit der Funktionsbezeichnung von »Cahiers« (»Hefte«) seit dem Mai 1935 bis in die letzten Tage vor dem Tod in Michel Gallimards Facel Vega auf der Nationale durch das Burgund.

Dieses Journal ist kein literarisch absichtsvoll auf spätere Publikation hin gestaltetes Œuvre. Es läuft privatim nebenher und ist doch ein zentrales Gefäß sowohl intellektueller wie emotionaler Vorkommnisse: stilistisch brillant, gleichzeitig scheinbar anstrengungslos geführt, direkt und daher auch überaus aufrichtig. Manchmal verzeichnet es nur Stichworte und reflektiert damit zusammenfassend den Arbeitsprozess. Manchmal greift es weiter aus und leistet so einen Beitrag zur nie geschriebenen Autobiographie. Schließlich dokumentiert es die Zeit in ihren Wirren und Kämpfen und gibt uns damit erstrangigen Blick auf das, was einen Schriftsteller, Künstler und politisch-gesellschaftlichen Diagnostiker ursprünglich bewegt, bevor es den Weg der Objektivierung in Werken und Texten findet. Darüber soll im Folgenden ausführlich berichtet werden.

V.
Spiegelbild im Tagebuch

Aufrichtigkeit ist die Grundbestimmung jeder Art von Tagebuch. Dies lässt freilich offen, wie weit einer gehen will, das Seinige in Notaten niederzulegen und damit zu vergegenständlichen. Die Literatur kennt Bekenntnisse, deren schockierende Offenheit die Nachwelt überraschen, vielleicht gar dafür bestrafen soll, dass nun Einsicht gegeben ist in ein Leben, das in beunruhigendem Kontrast zu Größe und Weitblick des Werks stand. Sie kennt auch das Gegenteil: die Rechenschaft, die sich auf das Geistige konzentriert und alles Persönliche fortlaufend ausschaltet. Albert Camus geht einen mittleren Weg. Denn das eigene Befinden kommt nicht zu kurz, tritt sogar in späterer Zeit schärfer hervor, während die Gedanken zur Arbeit und zu den Fragen der Zeit gleichwohl die Hauptagenda definieren.

Für die Erhellung der Biographie ist dies nicht wenig. Aber es kann und soll niemals genügen, ihre »Erzählung« zu begünstigen. Wenn Camus in den »Cahiers« einmal festhält, dass sein gesamtes Werk auf die Ironie fokussiert sei – was da und dort allerdings energisch zu hinterfragen wäre –, so läge für die Tagebücher der ironische Anteil auch darin, späteren Lesern die zu erwartenden Intimitäten verweigert zu haben. Seiner zweiten Frau Francine blieb es deshalb erspart, »Geschichten« einzusehen, die ihr zwar nicht unbekannt gewesen sein mochten, die ihre Gefühle jedoch abermals und bleibend verletzt hätten. Nur sehr wenige Passagen in den späten Aufzeichnungen sind für deren Publikation nach Camus' Tod von der Familie gestrichen worden.

Was man übers Ganze hinweg erkennen kann, ist der Ernst des Arbeiters. Der junge Mann, der so Buch zu führen beginnt, zeigt eine Reife, deren nach innen gewendete Besonnenheit nichts gemein hat mit der Freude der Selbstbespiegelung. Hier schwingt das Erstaunen über den eigenen Werdegang mit: Dass ausgerechnet er es geschafft hat, über das Milieu einer Herkunft hinauszuwachsen, die keinerlei Erleichterungen für eine Laufbahn als Akademiker und Schriftsteller

darzubieten vermochte. Noch der Vierzigjährige wundert sich über
Verdienst und Erfolg. Wie viele Autoren seiner Statur hätten sich
dauerhaft solcher Demut befleißigt? Dass die Tagebücher der fünfzi-
ger Jahre mehr und mehr Verdruss, Skepsis und Ungenügen zur Spra-
che bringen und dabei die großen Vorbilder – Tolstoi, Dostojewski,
Proust – als unerreichbare Meister aufrufen, ist letztlich ebenfalls im
Sinn einer Verlängerung der Ursprungs- und Ausgangslage zu verste-
hen. Insofern spiegeln Camus' Konfessionen über Jahrzehnte jenes
Projekt, das mit dem Roman »Der erste Mensch« endlich die Abgel-
tung leisten sollte – die Geschichten dieser Herkunft zu berichten und
weiter auch das, was aus dem Kind aus der Lebenswelt von Belcourt bei
Algier allmählich wurde.

*

Im Mai 1935 notiert Albert Camus auf die erste Seite eines Hefts von
karierten Blättern den folgenden Eintrag: »Was ich sagen will: Dass
man – ohne jede falsche Romantik – Sehnsucht nach einer verlorenen Armut haben kann.« Und weiter: »Eine gewisse Anzahl im
Elend verbrachter Jahre genügt, eine Empfindlichkeit entstehen zu
lassen. In diesem besonderen Fall bildet das merkwürdige Gefühl,
das der Sohn seiner Mutter entgegenbringt, seine ganze Empfindlichkeit.« Schließlich: »Wie sich diese Empfindlichkeit auf den ver-
schiedensten Gebieten äußert, erklärt sich zur Genüge aus der laten-
ten, greifbaren Erinnerung an seine Kindheit (ein Leim, der an der
Seele haftenbleibt).« (TB, 13) – Das deutsche Wort »Empfindlichkeit«
lautet im Original »sensibilité«, was ebenso Hellhörigkeit, Empfäng-
nisbereitschaft und Feingespür zum Ausdruck bringt.

Diese Vergegenwärtigung von Vergangenheit aus dem Fundus
emotionaler Prägungen, die weit zurückreichen, bildet den Auftakt
für ein Unternehmen, das ohne nennenswerte Zäsuren über ein
Vierteljahrhundert hin die Pflicht der Rechenschaft einfordert. Aus
dem »cahier« der reinen Gebrauchsbezeichnung wachsen im weiteren Verlauf »Cahiers« im auszeichnenden Sinne von »Journals« oder
eben Tagebüchern. Insgesamt neun Hefte mit entsprechender Num-
merierung sind überliefert. Um 1952/53 werden Daktylogramme

hergestellt, die der Verfasser redigiert und da und dort verändert. Die Absicht ist klar: Das Diarium ist für spätere Publikation vorgesehen, die Camus allerdings nicht mehr erlebt. Das Tagebuch erscheint erst posthum, und eine philologisch verlässliche Ausgabe findet sich endlich in der vierbändigen »Pléiade«.[1]

Was aber der Auftakt vom Mai 1935 wie ein Versprechen des Autors gegenüber sich selbst präsentiert – die Introspektion verknüpft persönliche Erfahrungen mit theoretischen Erwägungen zum Verhältnis zwischen individueller und allgemeiner Existenz –, hält sich über die vielen hundert Seiten des Texts als Denk- und Gestaltungsprinzip durch. Sehr selten nur berichtet sich Camus Privates aus dem Intimbezirk seiner Vita – eine Ausnahme bilden intermittierend Notate zur physischen Hinfälligkeit im Kontext der Lungenkrankheit und für die letzten Jahre die Zustände der Angst und der Furcht, nicht mehr schreiben zu können. Bemerkenswert ist weiter die innere Reife, die schon den Zweiundzwanzigjährigen charakterisiert – jugendlicher Überschwang ist gefiltert durch Versachlichung und einen Ernst, der alles anekdotisch Erzählerische fernhält. Man mag darin auch das Erbe der französischen Klassik gespiegelt sehen, das Form und Stil reguliert und damit der gewünschten Objektivität zuspielt. Heimlichkeiten, wie sie laufend etwa die Tagebücher Thomas Manns teils faszinierend, teils abstoßend grundieren, haben in Camus' »Cahiers« keinen Ort.[2]

Dass sie 1935 eröffnet werden, hat mit einer weiteren Funktion zu tun. Damals beginnt Camus mit ersten literarischen Arbeiten und bald mit Plänen für thematisch übergreifende Projekte. Das Tagebuch hält Ideen fest, skizziert Mikrozellen, entwirft Systematisches sowohl für bestimmte Werke wie etwa – und besonders intensiv – für »La Peste« als auch für die Theorien zu Ideologie, Politik und Gesellschaft. Während der Arbeit am »Homme révolté« ist es einerseits die Werkstatt des Zusammentragens aus diversesten Lektüren, anderseits ein Laboratorium philosophischer Selbstgespräche. Schildert es in den ersten Jahren noch sorgfältig und mit poetischem Gespür die Wechselzeiten von Landschaft und Natur, so registriert es seit den vierziger Jahren und bis zuletzt das »Städtische«, was Camus, als er den Bilderwandel bemerkt, mit Unmut quittiert und als Symptom von Mechanisierung sowohl des Alltags wie des politischen Treibens interpretiert. Auch die größeren Reisen – in die Vereinigten Staaten im März 1947, durch Südamerika im Sommer 1949 – finden in den Heften ihren Niederschlag und werden so überhaupt nicht nur in den Konturen, sondern in den Minutien von Tag zu Tag fassbar. Nur selten gelangen die familiären Probleme mit Francine zur Sprache, und die diversen »amours« erfahren kaum je mehr als protokollarische Kürzel. Es muss im Unklaren bleiben, wann sich Camus entschloss, seine Aufzeichnungen der Öffentlichkeit zugänglich zu machen. Doch seither unterliegen sie, wenn Konfessionen aus der Intimität überhaupt je beabsichtigt gewesen wären, der Kontrolle eines Mannes, der – anders als Gefährten und dann Gegner aus den Kreisen des *Quartier latin* – mit seinen Gefühlen keinerlei Publizität zu verbinden trachtet.

*

Das erste Cahier läuft vom Mai 1935 bis zum September 1937. Im Juni 1935 erwirbt Camus das Lizentiat für Philosophie der Universität Algier, kurz danach tritt er der kommunistischen Partei bei, und im Herbst desselben Jahres gründet er mit Freunden das »Théâtre du Travail« und verfasst mit Gefährten gemeinsam das Stück »Révolte dans les Asturies«.[3] Gleichzeitig schreibt er an dem Band mit Prosastücken »L'Envers et l'Endroit«. Seit dem Frühling 1936 hält er sich öfter in einem Haus über den Hügeln von Algier auf, das zwei Freundinnen gemietet haben – es wird einen der Schauplätze für den zu Lebzeiten nicht publizierten Roman »La Mort heureuse« abgeben. Im Mai 1936 schließt Camus die Diplomarbeit über christliche Metaphysik und Neoplatonismus ab, zwei Monate später reist er mit seiner ersten Frau, Simone, nach Österreich, Prag und Italien; als er in Salzburg erfährt, dass Simone ein Verhältnis mit ihrem Arzt unterhält, entschließt er sich, mit ihr zu brechen.[4] Weitere Theaterprojekte beschäftigen ihn als Schauspieler im Spätherbst des Jahres sowie im Frühling 1937. Ideen zu seinem eigenen Stück »Caligula« entstehen, ebenso Pläne für »La Mort heureuse«. Der Herbst bringt eine zweite Reise nach Italien sowie die Trennung von der Partei.

Camus lernt seine spätere zweite Frau, Francine, kennen und versieht bis zum September 1938 den Dienst eines Assistenten am Institut für Meteorologie von Algier.[5]

So viel zu den Umständen, die hinter diesem ersten Heft der Tagebücher wirksam sind. Ein junger Mann sucht seinen Weg. Er schwankt zwischen philosophischen Neigungen, literarischen Projekten und dem Engagement für das Theater, betätigt sich politisch und bald auch journalistisch, ist verstrickt in Beziehungsprobleme und gibt sich Rechenschaft über sein Dasein. Jedes Werk sei ein Geständnis, verzeichnet er lakonisch, weshalb er zur Zeugenschaft aufgerufen sei. Das wahre Leben aber sei in der Armut und unter den kleinen Leuten zu finden – weshalb der Autor nur darüber zu erzählen habe. Insbesondere das Verhältnis zwischen Mutter und Sohn ist dabei angesprochen. Freilich erfüllt sich diese Absicht noch lange nicht: Was die ersten Seiten des Tagebuchs als Pensum abstecken, wird erst der letzte und unvollendet gebliebene Roman »Le Premier Homme« einlösen. So weit spannt sich der Bogen der Themen, ohne dass Camus darüber den Überblick eingebüßt hätte. Man kann sagen: Fast nichts, was mit den frühen Einfällen sich gedanklich konstituiert, geht verloren. Der Sammler hält – notfalls über Jahrzehnte – Treue gegenüber dem Material.

Manche Passagen der Cahiers ziehen über längere Perikopen. Andere sollen sich wie Maximen einer verknappten Moralistik präsentieren. »Il est à son aise dans la sincérité. Très rare.« (II, 797) Zu Deutsch: »Er fühlt sich wohl dabei, aufrichtig zu sein. Sehr selten.« (T I, 16) Ein ausführlicher Eintrag vom Januar 1936 beschreibt eine Gartenszene mit Sonne und Licht. Der Betrachter ist »im Bild«, fragt sich, wer er sei und was er vermöge, bekundet Angst, dass ihm die Augenblicke solcher Naturpräsenz gestaltlos entgleiten könnten, lobt jene, die sich der Gesellschaft entziehen, vergleicht sich mit dem Gefangenen in der platonischen Höhle, fühlt sich dennoch wie beim Geborenwerden und kommt zum Schluss, er sei deshalb glücklich in der Welt, weil sein Reich von dieser Welt sei. Was dürfte er sich Besseres wünschen als die ununterbrochene Gegenwärtigkeit seines Selbsts mit sich selbst. – Unübersehbar ist hier der Einfluss des mystischen Denkens, wie es der Absolvent mit seiner Schrift über Metaphysik und Neoplatonismus erkundet hat – mit der deutlichen Hinwendung zum Jetzt und unter Verzicht auf jenseitige Tröstungen. Fast hymnisch ruft er aus: »Jede Minute des Lebens trägt in sich ihren Wert als Wunder und ihr Gesicht ewiger Jugend.« (T I, 19)

Es ist tatsächlich bereits Wesentlichstes *in nuce* festgehalten, wovon dann in den zentralen Werken deren »Philosophie« profitieren wird. Das *Hic et Nunc* als Feier im Bewusstsein alles Vergänglichen distanziert die Verheißungen des Glaubens mit ihrem Versprechen auf später und kontert mit jugendlich-vitalistischer Euphorie: Ich fühle, also bin ich. – Das Bewusstsein setzt dem Bewusstsein Grenzen. Das ist ahnungsvoll Voraussetzung für die Definition des Künstlers als Schriftsteller. »Man denkt nur in Bildern. Wenn du Philosoph sein willst, schreib Romane.« (T I, 19) Camus treibt diese Bestimmung bis zur – logisch nicht mehr stimmigen – Inversion vor und fügt ihr sogleich ein Diagramm hinzu, das Begriffe wie Absurdität, Hellsichtigkeit, zweckfreies Spiel sowie Kraft und Güte gruppiert. Als Forderung gegenüber sich selbst ergeht die Ermahnung, sich vor der Eitelkeit zu hüten, Beharrlichkeit zu erlangen, den Sozialismus in sich aufzunehmen und zu verwirklichen – »Im Grunde: die heroischen Werte«. Während einer Reise auf die Balearen notiert er, dass das Reisen der Askese gleiche. Etwas später spielt der Hilfsmeteorologe mit der Idee eines Wetter-Tagebuchs.

Der Rhythmus der Eintragungen ist da und dort noch unbeholfen. Tiefsinniges und Augenblicke nah an den Phänomenen der Natur greifen ineinander, ohne dass eine Ordnung ersichtlich würde. Der junge Mann klagt über Einsamkeit und über die Emotionen von anderen, die ihm bloß als Stückwerk entgegengebracht würden. Im März 1936 verdichten sich die Vorarbeiten zu »La Mort heureuse«, im Mai erwägt er, auf den Spuren von Malraux, einen Essay über den Tod und die Philosophie – auffällig ist in der Tat, wie das Todesmotiv so früh schon Eingang findet in ein Denken, das anderseits doch fast obsessiv der Lebensbejahung sich unterwirft.[6] Die Dialektik von Selbstbehauptung und Selbstauflösung ist ein Hauptmotiv des Romans über den glücklichen Tod – für den dritten Teil sieht sein Verfasser vor, den Geschmack für den Tod wie für die Sonne unter dem Obertitel »Amour de vivre« zu beschreiben.

Doch erst in der historischen Figur des römischen Soldatenkaisers Caligula gewinnt das Thema theatralische Ausdrücklichkeit. Im Januar 1937 fasst Camus den Verlauf der Handlung in eine knappe Skizze, titelt das Stück mit »Caligula ou le sens de la mort« und verweist auf dessen Lehre: auf das unerfüllbare Sinnverlangen zwischen der Absurdität der Geschichte und dem Bedürfnis zu lieben. Zu dieser Zeit begleitet ihn auch die Lektüre von Oswald Spenglers »Untergang des Abendlandes«. Zustimmend zitiert er die Differenz von Kultur und Zivilisation wie auch Spenglers Diagnose, dass der Zustand der Zivilisation schon das Zusammenbrechen kultureller Höhen impliziere. Camus ergänzt: »Impérialisme est civilisation pure.« (II, 816)[7] – Wenn aber die Geschichtsphilosophie – man müsste hinzufügen: mit Spengler und gegen Hegel – keinen Optimismus für die Zukunft der Menschheit verheißt, taucht um so dringlicher die Frage nach dem richtigen Leben unter den Bedingungen je gegenwärtigen Daseins auf. – Caligula ist die Symbolfigur der historischen Dekadenz bei widersinnigem Trieb, aus der Maßlosigkeit des Gewaltherrschers heraus die Zeichen der Zuneigung zu erzwingen. Mersault, der Held von »La Mort heureuse«, ist der Verbrecher aus privaten Gelüsten, der ebenfalls scheitert, doch zuvor immerhin der Freuden des Lebens anteilig wird.

So steht es nicht im Tagebuch. Doch der assoziative Duktus legt nahe, die Notate im Licht der Werke auf einen Zusammenhalt hin zu ergänzen, der mindestens latent durchscheint. Gleichzeitig ist Camus intensiv mit sich selbst beschäftigt – allerdings auch da selten als Bekenner spontaner Erlebnisse. Er examiniert sich von außen. Die Vergegenständlichung des Eigenen ist das leitende Prinzip – ein theoriefähiges Prozedere, das sogar für die poetisch bewegten Deskriptionen der Natur die Unmittelbarkeit der Lebenswelt ins Allgemeinere des Nachvollzugs durch einen wie immer zu bezeichnenden anonymen Leser verwandelt. Wenn er feststellt, dass ihn ein Unvermögen kennzeichne, sowohl allein wie nicht allein zu sein, was im Übrigen zu akzeptieren sei, weil beide Zustände davon profitierten, spricht er wie ein Schüler Montaignes. Nicht anders in der folgenden Erkenntnis, die freilich kaum referentiell zu deuten wäre: »Le besoin d'avoir raison, marque d'esprit vulgaire.« (»Rechthaberei zeigt einen gewöhnlichen Geist.«) Und schließlich gegen ein übertriebenes Interesse an der Psychologie im Umgang mit dem Ich: »Der Irrtum einer auf Einzelheiten bedachten Psychologie. Die Menschen, die sich suchen, die sich analysieren. Um sich zu kennen, sich zu behaupten. Die Psychologie ist Tat, nicht Nachsinnen über sich selber. Man bestimmt sich im Verlauf seines Lebens. Sich ganz kennen heißt sterben.« (T I, 38) Das Pendant hierzu, nun unter den Bedingungen des literarischen Metiers: »Schreiben heißt sich distanzieren. Eine gewisse Entsagung in der Kunst. Neu schreiben. Die Anstrengung, die immer einen Gewinn bringt, welcher Art er auch sei. Eine Frage der Trägheit bei jenen, denen es nicht gelingt.« (T I, 39) Da scheint die ausgekühlte Prosa des »Étranger« methodisch bereits antizipiert.

Camus nimmt sich auch da beim Wort, der Strenge der Diskretion den Vorrang zu geben, wo wenigstens das Tagebuch dazu ausersehen sein könnte, innere Konflikte, Spannungen, Frustrationen, Gefühle des Zorns und des Verdrusses auszudrücken. Die Fahrt nach Prag, Österreich und Italien vom Sommer 1937, in deren Verlauf er sich von Simone Hié trennt, gibt keinerlei Anlass, persönlich zu werden. Dies alles verschließt sich in Stichworten zur Landschaft und zur Malerei – die italienische erfährt Verdacht unter dem Zeichen der Dekadenz –, und als er zurück ist und in Paris, lässt ihn die eigene Lungenkrankheit als Kampf mit dem Körper an eine Kollegin gleichen Schicksals denken, die daran zu sterben hatte – Katherine Mansfield.[8] – Erst die zweite Italien-Reise über Marseille und Genua nach Pisa, Florenz und Fiesole zwischen dem 8. und dem 15. September 1937 findet in den Cahiers deutlichen Widerhall. Natur, Architektur, Malerei, dazu das Philosophieren über Dasein und Berufung – die Einträge ziehen sich mehrmals über längere dichte Abschnitte: von Giottos Kunst und Giottos Genie, den alltäglichen Menschen physiognomisch zu bannen, geht es zur Idee eines Moraltraktats, der 99 weiße Seiten aufwiese und nur auf der letzten verlauten ließe: »Ich kenne nur eine einzige Pflicht, diejenige, zu lieben«, bis zu den Rosen des Klosters Santa Maria Novella. In Fiesole bekennt der Diarist, dass er sich endlich frei fühle gegenüber seiner Vergangenheit und allem, was er verloren habe. Auch habe er sich nunmehr ohne Schmerz in der Einsamkeit installiert – inzwischen kenne er keinen größeren

Ruhm, als einsam und unerkannt zu leben. Ein quälendes und unge-
ordnetes Jahr finde sein Ende – wobei es erst die Septembermitte
erreicht hat –, und eine absolute Freiheit sei damit erreicht. Kein
Zweifel, da ist auch einiges an Zurede aktiv.

Eine Woche später, am 22. September 1937, eröffnet Camus das
»Cahier II« mit einem Brouillon zu »La Mort heureuse«. Der be-
freite Ton ist weiterhin vorherrschend, wenn es anschließend heißt,
die persönliche Eitelkeit sei überwunden – was nicht heißt, dass man
es *tel quel* glauben muss. Das Studium Georges Sorels bringt neue
Gedanken – etwa zum Fortschritt und seinen Illusionen, die Lektüre
Giraudoux' hält ein Zitat fest, dessen Aussage Camus bald noch näher beschäftigen wird. »Die Unschuld eines Menschen liegt in der
restlosen Anpassung an die Welt, in der er lebt.« (T I, 72) Als Beispiel
gilt: »Unschuld des Wolfs«. Und in Camus' weiterentwickelter Interpretation: »Unschuldig ist, wer keine Erklärungen abgibt.« – Meursault, »Der Fremde«, wartet darauf, seine Geschichte des schuldlosen
Täters erzählen zu dürfen.[9]

Auch kursorischem Studium dieser Blätter müsste rasch auffallen,
dass sie dem Zufallenden und Zufälligen intellektueller und persönlicher Begegnungen und Selbstbegegnungen immer stärker auch die
Gewissenserforschung beimischen. Es ist schon so: Hier ringt einer,
Welt und Ich verstehen zu wollen sowohl für die Arbeit des Schriftstellers wie für die persönliche Lebensführung. Von den Frauen und
vom Glück ist die Rede, von der Wahl, die glücklich oder unglücklich
ausfallen kann, von der Freundschaft und vom Geben, von den Gefahren der Intelligenz bei Versuchung zum Zynismus und vom Aufbauen wie vom Zerstören. Spengler zieht Camus weiterhin in Bann,
wenn er extrapoliert, die Griechen seien deshalb ein glückliches
Volk gewesen, weil sie keine Geschichte gehabt hätten – ein Lebens-
vorteil des Mythos gegenüber späterer Entwicklung zum Logos. Historisch lässt sich solches nicht halten. Als Ideenkeim zum »Homme
révolté« wäre ein Aperçu anzusehen, das die Rebellion gegen die *condition humaine* zuerst wider Gott, dann prometheisch wider die
Wirklichkeit erkennt. Und im April 1938 endlich die Devise: »Jeden
Tag in diesem Heft festhalten: In zwei Jahren ein Werk schreiben.«
(T I, 85) – Die Wörter »tous les jours« sowie »une œuvre« sind unter-

221

strichen, als gälte es, sich gegen die Fülle der Eindrücke mit mönchischer Disziplin zur Ordnung zu rufen.

So weit kommt es nicht – oder gleichwohl. Denn eigentlich sind fast alle Notate daraufhin angelegt, das Terrain des literarisch-philosophischen Pensums zu präparieren und zu variieren. Nietzsche löst Spengler ab und hat den Vorteil, dass er auch für Inspirationen bezüglich Sprache und Stil sorgt. Schreiben bedeute,»unter« dem Ausdruck zu bleiben. Oder so: Das Kunstwerk, das diesen Namen verdient, sagt stets weniger. Wer wollte dabei nicht abermals an den »Étranger« denken? Im Spätherbst 1938 schreibt Camus die Eröffnungssätze des Romans im Tagebuch nieder, ohne wohl schon zu wissen, dass sie diese sein werden.»Aujourd'hui, maman est morte. Ou peut-être hier, je ne sais pas.« (II, 863) Lakonischer kann Literatur nicht mehr eingeleitet werden.

Doch vom Tod ist in den Aufzeichnungen auch philosophisch oder anekdotisch die Rede, wenn Camus seine Überlegungen zum Diesseits vorbringt: Ein Autor liegt im Sterben, lässt sich aus seinem letzten Werk vorlesen, realisiert, dass er noch Weiteres zu sagen gehabt hätte, befiehlt die Verbrennung des Manuskripts und geht getröstet von dannen. Daraus könnte eine Kurzgeschichte entstehen; Camus genügt das Situative im Sinne eines Exemplums. Hier und anderswo denn schreibt eine Ironie mit, die unterwandern soll, was gemeinhin als Pathos im Umgang mit den letzten Dingen mobilisiert wird. – Skizzen zum »Étranger« wechseln mit Beobachtungen zur Freundschaft unter Männern, der Komplex des Absurden erfährt wechselnde Beleuchtung unter der Frage nach dem Verhältnis von Freiheit und Suizid. Im April 1939 hält sich Camus in Oran auf, was sich auf das Lokalkolorit für »La Peste« auswirken wird.

Das dritte Cahier, das sich bis zum Februar 1942 erstreckt, schließt ohne Zäsur an. Unter der Überschrift »Poe und die vier Bedingungen des Glücks« resümiert dessen Leser die Kardinalkonditionen – das Leben im Freien, die Liebesbezeugung eines anderen, drittens Befreiung von jeglicher Ambition, viertens das schöpferische Tun (II, 881). Es ist, als ob Camus in einem weitläufigen Steinbruch tätig würde, dessen Fundstellen sowohl der Rechtfertigung persönlicher Verhaltensweisen als auch der Gestaltung literarischer Stoffe zudienen.

Wenn es heißt, dass es Menschen gebe, die geschaffen seien, zu lieben, und solche, die gemacht seien, zu leben, mag man ebenso gut an Meursault wie an seinen Erfinder denken. Der Kriegsbeginn vom 1. September 1939 veranlasst dazu, das Absurde nunmehr auf die Weltpolitik zu applizieren, wobei das Ungreifbare des Ereignisses noch dadurch forciert wird, dass der blaue Himmel über Algier mitsamt Meer, Hügeln und Zypressen keinerlei Anschauung des Schrecklichen vermitteln kann. Aber selbst der entfernte Ausblick auf das Geschehende lässt ihn nicht sich davon abbringen, dass es nur eine einzige absolute Fatalität gebe, jene des Todes. »Es gibt nur ein einziges Verhängnis, nämlich den Tod, und darüber hinaus gibt es keines mehr. In dem Zeitraum, der von der Geburt zum Tod reicht, ist nichts festgelegt: man kann alles ändern und sogar dem Krieg Einhalt gebieten und sogar den Frieden erhalten, wenn man es inständig, stark und lange genug will.« (T I, 135)

Hier ist moralisch vorweggenommen, was Camus der Résistance zuführen wird – die Haltung engagierter Zeitgenossenschaft. Sie wird kurz darauf ergänzt um das Ideal einer Tugend, die ihm bei der Lektüre von Goethes Gesprächen mit Eckermann plausibel wird. »Das erste Gebot ist, Selbstbeherrschung zu lernen.« Mit einem fingierten Brief an einen Verzweifelten versucht der Verfasser die Schwierigkeiten zu klären, die der Weltkrieg provoziert hat. Verzweiflung sei kein Zustand, sondern ein Gefühl, schreibt er. Ferner hätte das Datum von 1914 mehr Anlass gegeben, der Verzweiflung anheimzufallen, weil man damals viel weniger von den Hintergründen begriffen habe. Der neue Krieg sei auch deshalb keine Fatalität, weil es genügt hätte, den Vertrag von Versailles zeitgerecht zu revidieren. – Dies geht bereits in die Richtung einer Philosophie der Geschichte, zeigt allerdings auch an, dass der Begriff des Politischen sich statt an unverrückbaren Grundsätzen an den Realitäten orientiert: Alles Irdische ist nicht einfach Schicksal, nur der Tod zerreißt die Bande zwischen Absichten und Erfüllungen. Es passt, dass der nächste Eintrag einen Satz aus den Tagebüchern von Julien Green übernimmt: »Il ne faut pas craindre la mort, c'est lui faire trop d'honneur.« (II, 894) »Man sollte den Tod nicht fürchten, damit erweist man ihm zuviel Ehre.«[10] – Eine Passung eigener Art findet sich im übernächsten Notat, diesmal als Ausspruch des sterbenden Le Poittevin, eines Freunds von Flaubert: »Fermez la fenêtre! C'est trop beau.« »Schließt das Fenster! Es ist zu schön.« Ironie, abermals.

Dann trägt Camus wieder Beobachtungen aus Oran zusammen, wo bald darauf »La Peste« spielen wird. Er nennt die Stadt »Chicago de notre absurde Europe« und gibt ihr damit bereits jene allegorische Bedeutung, die sie für den Roman als urbane Steppe ins Allgemeine versetzt. Das Journal springt hin und her, meldet das Studium Nietzsches und Burckhardts, phantasiert mögliche Stoffe für Geschichten, hält Anweisungen für das Alltagsleben bereit – meditieren, arbeiten mit regelmäßigem Zeitplan, sich der Askese befleißigen – und berichtet hie und da von mystischen Nächten bei Regen und Schweigen der Erde.

Seit dem März 1940 befindet sich Camus in Paris mit der Stelle eines Redaktionssekretärs bei »Paris-Soir«. Sogleich kritische Selbstbefragung. »Was tue ich hier, welchen Zusammenhang haben diese Gebärden, dieses Lächeln? Ich bin nicht von hier – auch nicht von anderswo. Und die Welt ist nur noch eine unbekannte Landschaft, in der mein Herz keinen Halt mehr findet. Fremd, wer könnte wissen, was dieses Wort bedeutet.« Der folgende Eintrag: »Fremd, zugeben, dass mir alles fremd ist.« Weiter: »Nun alles klargestellt ist, abwarten und nichts auslassen. Wenigstens arbeiten, um zugleich das Schweigen und die Schöpfung zu vollenden. Alles übrige, wie es auch kommen mag, ist gleichgültig.« (T I, 158) – Dazu fügt sich, dass dieser Fremde die Metropole abwechselnd in ihrer Schönheit und in ihren Schrecknissen wahrnimmt – von furchtbarer Einsamkeit ist die Rede und von der Unmöglichkeit, aus dem Menschlichen herauszutreten in körperlose Transzendenz der Seele, wie sie das Christentum verheißt. – Es ist der Bedeutungshunger, der die Cahiers und insonderheit die frühen und mittleren Hefte oftmals weit über die Standards herkömmlicher Tagebücher hinaushebt: zunächst der eigenen Befindlichkeit auf den Grund zu gehen, darauf ihr Rückhalt zu verleihen in Zusammenhängen, sei es existentieller, sei es metaphysischer Grundprägung. Das Höchste und Beste am Christentum, so wird räsoniert, sei dessen Erkenntnis des menschlichen Hierseins im und durch den Körper, dem der Erlösergott mit seiner Menschwerdung

Rechnung getragen habe. »Aber seine Wahrheit und seine Größe hören am Kreuz auf, und zwar in dem Augenblick, da er seine Verlassenheit herausschreit. Reißen wir die letzten Seiten des Evangeliums heraus, so wird uns eine menschliche Religion geboten, ein Kult der Einsamkeit und der Größe. Ihre Bitterkeit macht sie natürlich unerträglich. Aber hier liegt ihre Wahrheit und die Lüge alles übrigen beschlossen.« Gleich anschließend kehrt der Theologe auf Dostojewskis und Nietzsches Spuren wieder zu sich selber zurück, indem er feststellt, dass ein Jahr des Wohnens in einem ärmlichen Zimmer in Paris den Menschen mehr lehre »als hundert literarische Salons und vierzig Jahre Erfahrung im ›Pariser Leben‹«. (T I, 162)

Immerhin, im Mai 1940 heißt es kurz und bündig: »L'Étranger est terminé.« (II, 914) Und im September wird der Abschluss des gesamten Zyklus zum Thema des Absurden gemeldet, auch wenn der Essay über den Mythos des Sisyphos und das Theaterstück »Caligula« noch gewisser Endarbeit bedürfen. – Es folgen unruhige Monate unter der deutschen Besatzung – die Redaktion von »Paris-Soir« übersiedelt nach Clermont-Ferrand, dann nach Bordeaux, dann wieder nach Clermont-Ferrand, darauf nach Lyon, wo Camus am 3. Dezember seine zweite Frau, Francine Faure, heiratet. Dieses Ereignis findet im Cahier keinen Widerhall; stattdessen entwirft der Autor eine Maxime, die nun freilich nicht dazu taugte, besagte Heirat im allgemeinen Glück zu überhöhen; im Gegenteil: »Bewusst oder unbewusst nutzen die Frauen immer das Gefühl für die Ehre und das gegebene Wort, das beim Manne so lebendig ist.« (T I, 172)

Camus ist und bleibt ein *homme à femmes* bei gleichzeitigem Misstrauen gegenüber ihren Begehrlichkeiten und wenig Loyalität im Milieu seiner zweiten Ehe. Die Zahl der Geliebten ist bemerkenswert – die Schar reicht von der Schauspielerin Maria Casarès bis zu der jungen Mi, die seine letzten Jahre begleitet –, und dennoch pocht der Casanova oder Don Juan auf die Moral der Lebensführung, womit das schlechte Gewissen unausweichlich wird.[11] »Renoncer à cette servitude qu'est l'attirance féminine«, ruft er im März 1941 unwillig aus, als ob nur er das Opfer solcher »Knechtschaft« wäre; in denselben Kontext fällt eine ebenfalls trübsinnige Betrachtung zur »Leere« dessen, was man gemeinhin die Liebe nenne. – Am 24. März meldet er die

Vollendung des Sisyphos-Essays, womit der Zyklus zum Thema des Absurden abgeschlossen sei. »Commencements de la liberté«. (II, 920) Immer auf der Suche nach der Freiheit von inneren und äußeren Auflagen und Zwängen, spricht er sich periodisch gut zu, dem Ziel etappenweise näher gekommen zu sein – eine Selbsttäuschung, wie er bemerken könnte, sobald ihn die Pläne wieder in Beschlag nehmen.

Ein weiterer Aufenthalt in Oran bestätigt ihm die Hässlichkeiten der Hafenstadt. Wieder kommt ihm der Mythos zu Hilfe, wenn er sich ihren Untergang imaginiert. Am Ende habe der Minotaurus die Menschen von Oran verschlungen – und zwar in der Form ihres *ennui*.[12] Im April verdichtet sich das große Romanprojekt zur Pest daselbst. Die Krankheit selber wird einmal als Abenteuer, dann wieder als Befreiungsschlag markiert. Auch legt Camus fest, dass ein »Philosoph« im Sinne einer »Anthologie der unbedeutenden Vorkommnisse« darüber zu erzählen habe – Tarrou, der stille Beobachter, wird diese Chronik leisten. Daneben meditiert er über das gelingende Schreiben und die objektivierende Qualität, die es auszeichne, sowie über die Geschichte und das Auf und Ab der Kulturen. Man habe in der Politik viel zu wenig verstanden, dass eine gewisse Gleichheit der Feind der Freiheit sei, heißt es mit Blick auf die Griechen, die deshalb frei gewesen seien, weil sie sich Sklaven gehalten hätten. Gleich danach ist ein Zitat von Tocqueville in das Journal aufgenommen – es sei stets ein großes Verbrechen, die Freiheit eines Volks unter dem Vorwand zu zerstören, dass es schlechten Gebrauch von ihr mache.

Dass das Land besetzt ist und weite Teile Europas unter dem Joch der Nazis zu leiden haben, kommt allerdings selten zur Sprache. Wer in diesem Tagebuch auch die politischen Ereignisse und deren Kommentierung sucht, sieht sich enttäuscht. Fast scheint es Camus zu genügen, dass Goethe gesagt habe, die Politik könne niemals Gegenstand der Dichtung sein. Für die eigene Arbeit taucht ihm bei der Lektüre von Tolstois Bekenntnissen eine Passage über den Tod auf, die als wichtig zu bezeichnen wäre: Die Tatsache des Todes führe entweder dazu, freiwillig auf das Leben zu verzichten, oder aber, unser Leben dahingehend zu verändern, dass es einen Sinn erhalte, den ihm der Tod nicht zu rauben vermöge. Die letzten Worte sind unterstrichen.

*

Im Januar 1942 eröffnet Camus das vierte Cahier, das ihn noch über das Kriegsende hinaus bis zum September 1945 begleiten wird. Für einmal fällt ein Schlaglicht auf die eigenen Landsleute; es erhellt sie in unvorteilhafter Weise. Es gebe, so schreibt der Diarist, diverse Gründe für die offizielle Feindschaft gegenüber England. Doch die schlimmeren Motive würden verschwiegen: »... das niedrige, ohnmächtig wütende Verlangen, denjenigen unterliegen zu sehen, der der Macht Widerstand zu leisten wagt, die einen selber zerschmettert hat.« (T I, 202) – Solche Unbestechlichkeit der Wahrnehmung wird Camus auch später daran hindern, die Befreiung von Paris als Akt aus eigener Kraft zu idealisieren und die Taten des Widerstands als Wende im Kampf gegen die Besatzer zu glorifizieren. Als er weiter reflektiert, kommt es noch härter: »Der Franzose hat die Gewohnheit und die Traditionen der Revolution beibehalten. Es fehlt ihm nur der Mut: er ist Beamter geworden, Kleinbürger, Midinette. Der Geniestreich besteht darin, ihn in einen legalen Revolutionär verwandelt zu haben. Er konspiriert mit dem Segen der Behörden. Er verbessert die Welt, ohne den Hintern vom Sessel zu heben.« (T I, 203)

Niemals ginge Camus so weit, Verdikte dieser Deutlichkeit auch öffentlich auszusprechen. Aber man findet auch in Tagebüchern anderer französischer Schriftsteller selten Ähnliches. Wie oftmals erwächst daraus wiederum eine philosophisch-kulturhistorische Ableitung, die das Partikulare im Großen verortet. Unter dem Stichwort »Für eine großzügige Psychologie« plädiert Camus dafür, dem Menschen nicht von seinen Fehlern, sondern von seinen Qualitäten zu reden. Zwanzig Jahrhunderte Christentum hätten freilich die Vorstellungen so verändert, dass der Mensch sich mit einem Bild der Erniedrigung seiner selbst abzufinden habe. Was wäre geschehen, wenn dagegen das antike Ideal der schönen menschlichen Gestalt seine Gültigkeit behalten hätte? Die Frage ist rhetorisch. Camus stellt sie, wenn man so will, als Adept Nietzsches, der damit das Kleingeistige der Unterwerfung unter eine Moral von Schuld und Verfehlung kritisiert. – Aber mehr noch: Das Christentum hat auch dem Tod eine Übermacht über das Dasein dekretiert, wodurch Erlösung und Jenseits um so attraktiver werden sollen. Aus Baudelaires Satz »Vivre et mourir devant un miroir« zieht Camus den Schluss, das wahre und schwierige Ziel sei dabei, sich zum Herrn über seinen Tod zu erheben.[13]

Und für das Geheimnis seines persönlichen Universums:»Imaginer Dieu sans l'immortalité humaine«. (II, 945) Ein Paradox, natürlich; jedenfalls unter den Voraussetzungen des Neuen Testaments. Doch für den Menschen existierte nur die eine und einzige Welt zwischen möglicher Erfüllung und häufigem Entzug, woraus zu lernen wäre, Gnade und Mitmenschlichkeit ohne Aussichten auf himmlische Belohnung zu üben. Wenn tatsächlich, mit Nietzsche zu argumentieren, die Epoche des europäischen Nihilismus angebrochen ist, müssten – dagegen – Ethik und Moral als Philosophie der Nächstenliebe praktiziert werden. Weder empfehlen sich die diversen »retours«, wie sie französische Theologen einklagen, noch soll – daraus – ein Wille zur Macht abgeleitet werden, der nun mit revolutionär-totalitären Mitteln das Paradies auf Erden einzurichten sich anschickt.[14] – Spuren und Motive zum »Homme révolté« finden sich in den Cahiers weit verstreut und oft auch in überraschenden Übergängen. Für Camus präzisieren sich Begriff und Intention der Revolte im Gegenzug sowohl zu jenen metaphysischen Tröstungen, die parallel dazu das Diesseits dämonisieren, wie auch zu den Versprechen der Geschichtsauguren, die im Dienst für ihre Zukunftsutopien jedes Mittel legitimieren.

Daneben gilt es, den Interpretationen, Kritiken und Unterstellungen Rechnung zu tragen, die seit dem Erscheinen des »Étranger« im Mai 1942 die Runde machen. Camus' Selbstbewusstsein gegenüber dem Roman wird gestärkt, als André Malraux nach Lektüre des Manuskripts positiv sich äußert.[15] Bei Gallimard ist Jean Paulhan die treibende Kraft, sowohl für den »Étranger« wie für »Le Mythe de Sisyphe«.[16] Doch die Geschichte um Meursault gibt vielen Lesern Rätsel auf. In einem Brief, dessen Inhalt er ins Tagebuch überträgt, bietet Camus eine Deutung an, die ihren ironischen Unterton nicht verleugnen will. Die beiden Teile, schreibt er, seien in ihrer Parallelität darauf angelegt, zu erkennen zu geben, dass die Gesellschaft auf Leute angewiesen sei, die beim Begräbnis der eigenen Mutter weinen, anders gesagt, man werde niemals für das Verbrechen verurteilt, das man selber für die Ursache des Verdikts halte. Anderseits seien auch zehn weitere Schlussfolgerungen möglich. (II, 951)

So locker zeigt sich der Diarist freilich schon auf der nächsten Seite des Cahier nicht mehr. Wieder geht es um den »Fremden«, nun allerdings unter der Überschrift »De la critique«. Als Rezensent für den »Figaro« hat der Kritiker André Rousseaux das Buch ohne Verständnis präsentiert. Camus antwortet – nicht zum ersten Male – mit einem Brief, der dazu bestimmt ist, nicht versandt zu werden. Es sei unsinnig, ihm, dem Autor, die Ambition anzudichten, er suche den Realismus, wie es ähnlich abwegig sei, zu behaupten, er glaube an den »homme naturel«, den Meursault gleichsam in vegetativer Existenz und damit ohne Antennen für die Moral verkörpere. Weiter: »Die Hauptperson des Romans ergreift nie die Initiative. Sie haben nicht bemerkt, dass sie sich stets darauf beschränkt, auf Fragen zu antworten, die des Lebens oder die der Menschen. So behauptet sie niemals etwas. Und ich habe nur ein Negativ von ihr gegeben. Nichts erlaubte Ihnen, über ihre Grundhaltung Mutmaßungen anzustellen, außer eben das letzte Kapitel. Aber das ›lassen Sie außer Acht‹.« (T I, 219)

Solche inneren Dialoge dienen der Klärung des Eigenen und sind dazu bestimmt, Dampf abzulassen. Gedanklich ist Camus längst weiter. »La Peste« absorbiert die kreativen Kräfte. Im September 1942 unternimmt der Schriftsteller eine Verhältnisbestimmung zwischen dem »Fremden« und der »Pest«. Ersterer beschreibe die Nacktheit des Menschen gegenüber dem Absurden, letztere die tiefe Gleichwertigkeit individueller Perspektiven gegenüber demselben Absurden. (II, 955) Camus bezeichnet diese Verschiebung vom Einzelschicksal zur Gruppe hin ausdrücklich als einen Fortschritt, der in weiteren Werken zu präzisieren sein werde. Darüber hinaus aber – ein zentraler Punkt ihrer »Bedeutung« – führe die Pest vor, dass das Absurde nichts lehre. Dies nun sei der definitive Fortschritt.

Philosophisch reflektiert: Die Erfahrung, dass die Schöpfung keinem Sinn gehorcht und dem wacheren Geist nur die Absurdität seines Daseins eröffnet, soll nicht dazu verleiten, eine geheime Macht herauszulesen, die einmal aus ihrer Verborgenheit in die Kenntlichkeit des Heils heraustritt. Eine literarische Verwandtschaft – so wäre Camus' Gedanke weiterzuentwickeln – böte sich etwa in Kafkas Roman »Das Schloß«. Auch da meinen die Menschen, der Unerreichbarkeit des Orts und dem Schweigen seiner Herren eine höhere Wirkung andichten zu dürfen.[17] – Umgekehrt fordert und fördert die Erkenntnis der Sinnferne von »Welt« die Arbeit des Künstlers als eines Gegengewichts zu solcher Leere. Camus will den Auftrag, dennoch etwas zu schaffen, was den Menschen mit dem Absurden versöhnt, nicht verallgemeinern. Aber er geht insgeheim gleichwohl davon aus, dass es die Gemeinschaft aus artistischer Berufung ist, die hier tätig wird.

Im November 1942 trägt er hierzu Entscheidendes zusammen. »Ich hätte nicht schreiben sollen: wenn die Welt verständlich wäre, gäbe es die Kunst nicht – sondern: wenn die Welt mir sinnvoll vorkäme, schriebe ich nicht. Es gibt Fälle, in denen man persönlich sein muss, aus Bescheidenheit. Hinzuzufügen, dass die Formulierung mich gezwungen hätte, sorgfältig nachzudenken, und dass ich sie letzten Endes nicht niedergeschrieben hätte. Es ist eine blendende Wahrheit, die der Begründung entbehrt.« (T I, 237) – Es ist, so könnte man hinzufügen, eine mystische, in ihrer Helle unbegriffliche Einsicht. Während die Lektüre Spinozas dem Suchenden zu bestätigen scheint, was ihn ohnehin kaltlässt – nämlich ein Universum der Gleichgültigkeit gegenüber allen irdischen Regungen –, findet er anderswo Beispiele des Widerstands gegen das Unvermeidliche, und zwar bei Autoren, die ihm ebendadurch imponieren. Joyce sei bewegend weniger durch sein Werk als durch die Tatsache, dass er es überhaupt auf sich genommen habe, notiert er, und an Prousts »Recherche« lobt er das Heldische und Männliche, das sich in der Konstanz des schöpferischen Willens kundtue.[18] – Dass die Revolte ästhetischen Vollbringens auch mit Askese verbunden ist, beobachtet der Kommentator an sich selber. Zügellose Sexualität führe zu einer Philosophie der Sinnlosigkeit, heißt es; wenig später wird diese Bemerkung noch mit dem Hinweis überboten, dass die Frau per se langweilig sei. (II, 965)

Man muss hier nicht alles beim Nennwert nehmen. Was scheinbar nur aus persönlichen Erlebnissen schöpft, ist oftmals in den Kontext literarischer Projekte gerückt. Der »Homme révolté« befindet sich *in statu nascendi*, was sich etwa an einem Notat ablesen lässt, das die weitere Entwicklung des Absurden festhält. Wenn die Grundsorge dahingehe, das Bedürfnis nach Einheit zu stillen, doch weder Welt noch Gott es zu erfüllen vermöchten, sei es am Menschen, sich eine Einheit zu bilden, sei es, indem er sich von der Welt abwende, sei es im Inneren dieser Welt. Damit würden eine Moral und eine Askese restituiert, was weiter zu präzisieren bleibe. (II, 969)

Im Januar 1943 thematisiert ein langer Eintrag den Bauplan für »La Peste« und mehr noch die Elemente ihrer Bedeutungen. Camus mag zwar nach außen gerne verbergen, was Absicht und Botschaft seiner Schriften betrifft, doch zumal im Selbstgespräch ist er nicht selten sein intensiver Kommentator. Technisches zum Lokalkolorit geht über in die Positionierung der Personen, die Krankheit als solche wird ebenso erwähnt wie der Streit zwischen Medizin und Theologie. Ein maßgeblicher Satz findet sich fast beiläufig zwischen solche Traktanden eingerückt: »Moralité de la peste: elle n'a servi à rien ni à personne.« (»Moral der Pest: Sie hat niemandem und nichts genützt.«) (II, 977) – Das kann nun vom Gedanken her niemanden mehr überraschen; es ist gleichwohl die kürzeste Zurückweisung aller möglichen denkbaren Interpretationen, das Übel als Strafe und Läuterung zu verstehen. Der letzte Abschnitt schließlich muss als Selbstvergewisserung von Autorschaft dienen. »Ich will mit der Pest das Ersticken ausdrücken, an dem wir alle gelitten haben, und die Atmosphäre der Bedrohung und des Verbanntseins, in der wir gelebt haben. Ich will zugleich diese Deutung auf das Dasein überhaupt ausdehnen. Die Pest wird das Bild jener Menschen wiedergeben, denen in diesem Krieg das Nachdenken zufiel, das Schweigen – und auch das seelische Leiden.«

»Existence en général« – das ist das Stichwort. »Politische« Implikationen sind selbstverständlich intendiert, aber es soll nicht sein, dass sich die Bedeutung des Romans darin erschöpfen würde.[19] Kein Werk Camus' dürfte bloß als Zeugnis »engagierter« Literatur oder gar »realistischen« Erzählens hingenommen werden. – Das Jahr

1943 bringt keine dramatischen Veränderungen. Camus hält sich in Paris und auf dem Lande auf, wo er weiter an der »Pest« arbeitet. Im Juni trifft er Sartre und Simone de Beauvoir anlässlich der Generalprobe von Sartres Stück »Les Mouches« (»Die Fliegen«), woraus sich allmählich die bekannt prekäre Freundschaft entwickelt. Im Oktober nimmt er Kontakte zu der Widerstandsgruppe »Combat« auf. Im November erhält er die Stelle des Lektors bei Gallimard.

Das Cahier berichtet nicht darüber. Es bleibt weiterhin hauptsächlich das Journal der Arbeit und der Reflexionen über Seinszustände, die den Verfasser umtreiben. Er reflektiert über die Krankheit und deren positive Seiten, über Liebe, Treue und die Kontingenzen der Zuneigung, über die Trennung, die zu den wichtigen Motiven der »Pest« gehört, und abermals über die Einsamkeit. Camus erwähnt seine Einbildungskraft, die ihm als maßlos und ein wenig monströs erscheint, was ihm bis anhin nicht so recht aufgefallen sei. Als großes Problem, das freilich »praktisch« zu lösen sei, wird die Frage definiert, ob man zugleich glücklich und einsam sein könne. Wenig später kommt Nietzsche zu Hilfe – der Mann, dessen äußerliches Leben unfassbar monoton gewesen sei, beweise zugleich, dass das Denken in völliger Einsamkeit ein schreckliches Abenteuer zu sein vermöge. Zuversichtlicher liest sich die Bemerkung, dass es in dieser Welt keine kontinuierlichen Leiden gebe – ein Schmerz verschwinde, eine Freude entstehe, alles befinde sich im Gleichgewicht. »Ce monde est compensé.« (II, 996) Als tragisch ist ein Notat wahrzunehmen, das den Flug der Vögel erwähnt. Tagsüber scheine er ohne Ziel, abends finde er immer wieder eine Bestimmung. Die Vögel flögen auf etwas hin – so auch der Lebensabend. »Gibt es einen Abend des Lebens?«

Nicht für Camus. – Der dreißigste Geburtstag naht. Als er eintrifft, heißt es nur: »Trente ans.« (II, 1007) – Vorher und nachher wiederum Reflexionen zur Kunst. Sie sei, notiert er, diejenige Distanz, die die Zeit dem Leiden verleihe. Darauf, Kunst und Künstler erschafften die Welt neu, doch immer mit dem Hintergedanken des Protests. Die Losung lautet: »La création corrigée«, und sie wird ausdrücklich auch auf das eigene Werk angewendet. Und mit einem »prometheischen« Unterton: »An uns ist es, Gott zu schaffen. Nicht er ist der Schöpfer. Das ist die ganze Geschichte des Christentums.

Denn wir können Gott auf keine andere Weise schaffen, als indem wir Gott werden.« (T I, 297) – *Eritis sicut Deus* ... – Ihr werdet Gott sein und das Gute wie das Böse erkennen. Auch das Versprechen der Schlange im Paradies aus der Genesis kehrt hier in nicht allzu fernem Klang wieder. Doch wie sich zeigen wird, zielt Camus' Umkehrung der Autorität des Schöpfers nicht auf totalisierende Kompetenz: Der »Homme révolté« warnt im Gegenteil davor, die Geschichte des Menschen zum höchsten Ziel zu erheben, das mit menschlichen Mitteln schließlich den Himmel auf die Erde holen soll. Entsprechend zurückhaltend formuliert der Verfasser des Tagebuchs, was die Aufgabe seines eigenen Werks zu sein hat – die Gnade zu suchen und sich um die Verbannten zu kümmern. Ein »Christentum« ohne Erlösergott – das wäre angebracht und zu fordern.

Camus' Konzept der Revolte orientiert sich wesentlich an der Freiheit. Diese ist Begriff und Realität eines Verhaltens, das jeder Form von Vorbestimmtheit entgegentritt, sei sie eschatologisch gegründet, sei sie säkular abgewandelt in den Plan, die Welt politisch zu vollenden. Zum Themenkomplex der Revolte, der Camus im Sommer 1945 wieder stark beschäftigt, heißt es: »Revolte. Schließlich habe ich die Freiheit gewählt.« (T I, 305) Die Freiheit habe gegenüber der Gerechtigkeit den Vorteil, dass sie auch dann noch zu protestieren vermöge, wenn die Ungerechtigkeit herrsche. Das wahre Übel, so philosophiert Camus hier, manifestiere sich überdies schlagend in allen Formen der Abstraktion und verursache damit Kriege, Folter, Gewalt. – Doch ein Grundproblem praktischer Philosophie bleibt bestehen. Es kleidet sich in die Frage: Kann man die Welt verändern, ohne an die absolute Macht der Vernunft zu glauben? Für den Verfechter der Freiheit ist klar, dass dies möglich ist, allerdings mit Abstrichen: Keine menschliche Vernunft ist absolut zu setzen, und deshalb berechtigt auch nichts dazu, der Veränderung eine geschichtsphilosophische Logik zu unterlegen. Die Wege der Freiheit hingegen sind – entgegen anderslautenden Meinungen – nicht determiniert; determiniert ist nur, was gelebt worden ist. Gott selber vermöchte, wenn er denn existierte, die Vergangenheit nicht zu verändern, wie ihm auch die Zukunft weder mehr noch weniger als dem Menschen gehöre.[20]

Mit diesen Erörterungen zu Vorbestimmung und Freiheit eröffnet Albert Camus im September 1945 das fünfte seiner Cahiers, das ihn bis zum April 1948 begleiten wird. Es wird rasch einsehbar, dass nun alle wesentlichen Erkenntnisse und Selbstgespräche dazu dienen, den »Homme révolté« näher einzukreisen. Für das Thema der »Ästhetik« der Revolte, die in dem Essay dann mit den künstlerischen Ausdrucksweisen zusammengebracht wird, zieht Camus seine Lektüre von Shelley, Nietzsche oder auch E. M. Forster heran; für jenes der »Politik« oder Philosophie sind es Hegel und Marx, die als – allerdings stets kritisch hinterfragte – Leitfiguren auftauchen. Gleichzeitig sondiert der Beobachter das Terrain seiner Zeit. Denn das Buch vom Menschen in der Revolte will letztlich nicht beweisen, dass einer die Geistesgeschichte gründlich studiert hat, sondern den epochalen Befindlichkeiten den Spiegel der Kritik vorhalten – aus dem Bewusstsein von den Werten freiheitlicher Daseinsverfassung.

Dass die Freiheit indes unter den individuellen Leidenschaften als die letzte rangiert, ist für Camus unbestreitbar. Deshalb werde sie, daraus die Konklusion, heute als unmoralisch betrachtet. Dazu passt folgendes Notat, im Sinne einer Beschreibung des aktuellen Normalzustands: »Revolte. Die kollektiven Leidenschaften gewinnen die Oberhand über die individuellen Leidenschaften. Die Menschen haben das Lieben verlernt. Was sie heutzutage interessiert, ist Conditio humana und nicht mehr die Einzelschicksale.« (T I, 319) – Für den Individualisten, der ähnlich wie seinerzeit der bewunderte Stendhal hin- und hergerissen wird zwischen persönlicher Lebensgestaltung mit entsprechenden Chancen für den Beruf des Schriftstellers und allgemeiner Beunruhigung über den Kurs, den die Welt nimmt und mit dem Beginn des Kalten Kriegs verschärft nehmen wird, ist die Lage schwierig geworden. Eskapismus kommt nicht in Frage. Dafür eignet sich Camus nicht, der seit seinen Studentenjahren sein Engagement für die »affaires publiques« bezeugt. Aber das Heulen mit den Wölfen linksgerichteter Gleichschaltung ist noch weniger seine Sache.

Im November 1945 verzeichnet er seinen 32. Geburtstag. Auch diesmal gibt es keinen Grund, feierlichen Gedanken nachzuhängen; Persönliches taucht ohnehin nicht auf. Stattdessen meditiert Camus über die »natürlichste Neigung« des Menschen, sich und die Welt zu ruinieren. Der Ausflug in die Anthropologie wiederholt, was sich schon anderenorts kundgetan hat. Gleichwohl ist überraschend, mit welcher Hartnäckigkeit ein immer noch junger Mann das Lied des Pessimismus anstimmt. Wieder wehrt er die fremden Götter – Religion und Geschichte – ab, und wieder sieht er nur in der menschlichen Kreativität die Chance, etwas Lebensfähiges zu realisieren. Der einzige Satz, der an sich selbst gerichtet ist, beendet den Passus im Sinne einer Maxime: Bevor man zu den großen Taten aufbreche, müsse man Herr über die eigene Person werden. – Sooft Camus eine nähere Zukunft ins Auge fasst, die ihm endlich die eigene Freiheit bescherte, so oft läuft diese Zukunft wieder ins Ungewisse. Und unfreundlich rückt entsprechend die Gegenwart nach vorne, die vielerlei Anlass bietet, ihr Zustimmung zu verweigern. Der Ton des Haders, der auch in den Briefen anklingt, dort aber gemildert ist durch den Verkehr mit einem Gegenüber, zählt in den »Cahiers« zu den dunklen und unerlösten Melodien.

Das »Contra« nimmt in diesen Monaten der unmittelbaren Nachkriegszeit, die ohnehin nicht dazu angetan ist, die allgemeine Stimmung zu heben, breiten Raum ein – Camus argumentiert oder apostrophiert gegen den Marxismus, gegen die engagierte Literatur, gegen Gott, gegen die Geschichte sowie gegen die Vorstellung von einer Gesellschaft, die das Alleinsein aufgehoben haben möchte: Man sterbe allein, so viel sei unumstößlich klar wider die Apologeten sozialer Solidarität. – Es passt, dass solche düsteren Beobachtungen und Reflexionen im Milieu einer Realität getätigt werden, die Camus' innersten Bedürfnissen nicht entsprechen kann. Er zitiert Hegel, der gesagt habe, nur die moderne Stadt biete dem Geist das Terrain, wo er zu sich selber komme, um zu bestätigen, dass die Zeit der großen Städte längst angebrochen sei. Dabei sei freilich der Welt ein Teil ihrer Wahrheit amputiert worden, der ihr ihre Dauer und ihr Gleichgewicht verleihe – die Natur, das Meer. Alles weggedrückt, was den Sinnen zuspielt, die Poesie beflügelt, das physische Dasein beglückt – später wird er betroffen registrieren, dass ihm die Beschreibungen von Natur und Landschaft auch in den »Cahiers« immer häufiger abhandenkämen.

*

Als hätte es eines weiteren und unbezweifelbaren Beweises für seine Diagnose von den urbanen Wüsten und vom Tod des naturnahen Lebens bedurft, stellt er ihn selber her: Am 10. März 1946 schifft sich Camus in Le Havre an Bord der »Oregon« für eine Reise in die Vereinigten Staaten ein. Der äußere Anlass: eine Reihe von Vorträgen in New York, dazu kurze Ausflüge nach Montreal und Québec. Ein einziges Mal nur lässt er sich von der Weite der Landschaft beeindrucken, als er die Mündung des Sankt-Lorenz-Stroms besucht. Der Rest ist Versteinerung babylonischen Ausmaßes – New York als Alptraum.

Der Bericht dieser Reise ist insgesamt in einem durchlaufend erzählerischen Rhythmus gehalten. Camus fasst überblickartig zusammen, auch wenn da und dort einzelne Tage in ihrem Geschehen geschildert werden. Ursprünglich hätte auch die Arbeit an »La Peste« weiter verfolgt werden sollen, doch dazu kommt es allenfalls in Ansätzen und Aperçus – etwa wenn festgehalten wird, die »Pest« sei eine Welt ohne Frauen und folglich dem freien Atem unzugänglich. Was die Frauen der Wirklichkeit betrifft, so hält sich Camus nicht gar zurück; jedenfalls lernt er eine junge Amerikanerin, Patricia Blake, kennen, die ihn noch lange näher, schließlich aus der Ferne begleiten wird.[21] Allein, die *joie de vivre* ist eingeschränkt, was auch mit Anfällen einer Grippe zusammenhängt, die der Reisende nicht loswird. Auf der Überfahrt interessiert ihn kurzzeitig eine Blondine, das offene Meer bei insgesamt schönem Wetter animiert ihn zu Betrachtungen über die Vergänglichkeit der Existenz und jene Weite aus Meer, Licht und dem Schaum des Kielwassers, die ihm inzwischen so ferne geworden sei. Als das Schiff in den Hafen von New York einläuft, nimmt er – die Stadt ist in Nebel getaucht – ein »spectacle formidable« wahr: Ordnung, Macht, ökonomische Potenz, alles sei da, heißt es halb erstaunt, halb argwöhnisch: »Le cœur tremble devant tant d'admirable inhumanité.« (II, 1052)

Die Architektur von Manhattan lässt keinen kalt, der sie zum ersten Mal erlebt. So meldet Camus dem Cahier eine Orgie grausamer Lichter, eine fünfzehn Meter hohe Reklame für die Zigarettenmarke »Camel«, die übermenschlichen Proportionen der Wolkenkratzer, die Taxis, die insektengleich die Straßenschluchten durchfahren, die Frauen in ihren farbigen Kleidern, die Krawattengeschäfte – und einen schlechten Geschmack, der beinahe unvorstellbar sei. Auf den Spuren Vicos studiert er den eigentümlichen Begräbniskult, der, anders als in der Alten Welt, alles schon im Voraus regle. Unter früheren und neuen Bekannten figurieren Nicola Chiaromonte, die Verleger Schiffrin und Knopf und weitere Bewunderer seines Werks, die ihm die Stadt zeigen und ihn nach New Jersey begleiten. Er diskutiert mit Studenten und stellt fest, dass ihnen etwas fehle. Was könnte es sein? Nichts anderes als das Tragische; das Land setze alles daran, zu beweisen, dass das Leben nicht tragisch sei – ein pathetischer Effort, der allerdings falschlaufe. Denn man könne das Tragische erst zurückweisen, wenn man es zur Kenntnis genommen habe, nicht schon vorher.

Erst ein Ausflug nach Kanada scheint die Nerven ruhiger zu stimmen – eine kleine Herberge in den Adirondacks gibt Camus die Gefühle jener Einfachheit und abgeschiedenen Stille zurück, die seinem Wesen entsprechen. Er will das Nachdenken der Griechen als eine Revolte gegen das Heilige verstehen und für sein eigenes Werk weitertreiben. Das Grundübel aller Fanatismen beruhe auf der Idee des Messianismus. Diese Einsicht verwandelt sich sowohl in die Handlung von »La Peste« wie später auch in die polemischen Partien des »Homme révolté«. Zurück in Manhattan, erinnert er sich daran, dass diese Wüste aus Eisen und Zement eine Insel sei – oder eine immense Anlage von Grabstelen, die von Toten bewohnt werde. Kurz vor der Abreise reflektiert er darüber, dass seine Zeit das Ende der Ideologien markiere. Warum? Die Atombombe verbiete die Ideologie. Das lässt sich freilich so nicht halten: Sie mag die »letzten« Kriege verhindern, während ebendeshalb die ideologischen Auseinandersetzungen um so heftiger geführt werden. Auf der Rückfahrt abermals die Abende der Meeresstille, einzige Momente, wo Camus zu spüren glaubt, dass sein Herz sich etwas entspannt. Doch daneben der Eindruck der Traurigkeit darüber, sich immer noch so verletzlich zu fühlen. In fünfundzwanzig Jahren werde er 57 sein, folglich habe er noch ein Vierteljahrhundert Zeit, sein Werk zu bestellen und zu finden, wonach er suche. Danach Alter, danach Tod. Indessen sei er noch weit von jener Überlegenheit entfernt, die er so sehr brauche, obwohl er zwei oder drei Dinge zu beherrschen gelernt habe. Der letzte Satz zur amerikanischen Reise transformiert sich in einen poetisch-pathetischen Aufruf, dessen Gehalt aus den Tiefen mediterraner Herkunft zu kommen scheint. »O Süße der Nächte, in denen alle Sterne funkeln und über die Masten hingleiten, und diese Stille in mir, diese Stille endlich, die mich von allem erlöst.« (RT, 43)

Man wird nach diesen Notaten nicht behaupten wollen, dass die erste und zugleich letzte Begegnung mit der Neuen Welt Nordamerikas dem Besucher eine Erweiterung des Horizonts in »positivem« Sinne gebracht hätte. Camus ist und bleibt Alteuropäer einer Herkunft aus der Kolonie, Frankreich und das Mittelmeer sind und bleiben die bestimmenden Pole, und wenn er noch einmal in die Weite aufbrechen wird, um Südamerika zu durchreisen, wird sich daran nichts ändern. Allein die Fahrten nach Italien und nach Griechenland entsprechen seinem Bedürfnis: Korrelationen und Wurzeln zu finden, die ihm Denken und Anschauung in den vertrauten Bahnen bestätigen. – Anders gesagt, die Dynamik der Moderne, die sich von den Vereinigten Staaten her seit den fünfziger Jahren auch in Westeuropa zunehmend realisiert, ist nur der Ausdruck eines Menschentums, das sich seit Descartes' Forderung ungestüm aufmacht, »maîtres et possesseurs de la nature« hervorzubringen – eine Gattung, deren Hybris Wissenschaft und Wirtschaft mobilisiert, um der Geschichte Herr zu werden. Die schlimmstmögliche Façon solcher Bemächtigungen etabliert sich freilich im Zeichen des marxistisch-kommunistischen Totalitarismus und seiner Agenten und Mitläufer.[22]

Nach der Rückkehr in die Heimat hält sich Camus im August 1946 im Haus von Michel Gallimards Mutter in der Vendée auf, wo er – endlich, möchte man mit ihm ausrufen – den Roman »La Peste« vollendet. Er hat nicht nur viel Zeit, sondern auch großen gedanklichen und stilistischen Aufwand in dieses Werk investiert; entsprechend groß ist die Erschöpfung. Zu den letzten Notaten, die im Tagebuch das Thema behandeln, zählt der Satz: »La Peste est un pamphlet.« (II, 1067) Das Wort *pamphlet* ist unterstrichen, woraus dessen Wichtigkeit kenntlich wird. Aber auch hier verhält es sich wie mit so vielem, das scheinbar bedeutungsvoll herausragen soll: Der nach außen gerichtete Appell ist lediglich ein Aspekt unter anderen – gemeint ist dabei wohl der religionskritische Zug gegen

»metaphysische« Absicherungen, Unglück auf Erden werde kompensiert im Jenseits. – In den gleichen Zeitraum fällt ein Aufenthalt in Lourmarin, dem kleinen Dorf zu Füßen des Lubéron. »Lourmarin. Der erste Abend nach so vielen Jahren. Der erste Stern über dem Lubéron, das gewaltige Schweigen, die Zypresse, deren Wipfel in der Tiefe meiner Müdigkeit bebt. Ein Land, feierlich und herb – trotz seiner überwältigenden Schönheit.« (T I, 339) – Noch kann er nicht ahnen, dass er Jahre später und mit der Summe, die ihm der Nobelpreis bringt, dort ein Haus kaufen wird, das ihm als Refugium die so lange ersehnte institutionelle Abgeschiedenheit anbietet.

Der Arbeitsprozess ist nun konzentriert auf den Essay über den Menschen in der Revolte gerichtet. Gleichzeitig beginnen sich die Konturen eines weiteren Romans abzuzeichnen. Im Cahier schlägt Camus ein paar Motive an – eine Kindheit in Armut, das Band zu den Eltern, dann eindeutig autobiographische Erfahrungen mit einer Mutter, die niemals verzweifelt gewesen sei; man müsste ergänzen: obwohl der Vater schon als junger Mann im Weltkrieg gefallen war. – Das ist der Stoff, aus dem »Le Premier Homme« herauswachsen wird als Geschichte des eigenen Lebens und als Mischung aus Fakten, Mutmaßungen und Ausflügen ins Fiktive. Auch da kann der Verfasser nicht ahnen, dass ihn das Projekt bis in den Tod begleiten wird. Im Trümmerwagen von Michel Gallimard wird Camus' Handkoffer geborgen, der einen größeren Teil des Manuskripts enthält.

Paris offeriert dann mehr und mehr durchzogene Freuden. Der Existentialismus, der dort in aller Munde ist und Sartre als seinen bald überlebensgroßen Vertreter erscheinen lässt, findet bei Camus wenig Sympathien. Das Missverständnis, auch er zähle zu den Adepten der philosophischen Mode, führt dazu, dass er's mitunter auch öffentlich korrigiert. Im Herbst 1946 heißt es hierzu im Cahier, der fundamentale Irrtum des Existentialismus beruhe wie beim Hegelianismus darauf, dass beide den Menschen auf die Geschichte reduzierten und ihm damit jegliche Freiheit verweigerten. Mit Koestler geht Camus einig, dass kein Ziel die Mittel heilige. Als man wenig später auch mit Sartre, Malraux und Sperber zusammensitzt, brechen Gräben auf, denn Sartre neigt dazu, den sowjetischen Totalitarismus mit den Realitäten der Vereinigten Staaten gleichzusetzen. Wie ein Hilferuf mutet an, was Camus nach der Zusammenfassung des Diskussionsabends dem Tagebuch als virtuelles Projekt anvertraut: die Geschichte eines Zeitgenossen zu schreiben, der von seinen Zerrissenheiten geheilt werde einzig durch die langanhaltende Betrachtung einer Landschaft. Solche Assoziationen »therapeutischer« Funktion sind zuvorderst als Beiträge für den Umgang mit sich selbst und als Antidot gegen das Milieu abstrakt-intellektueller Streitigkeiten zu nehmen. Auch hier wäre Hegel der Widerpart, der – gerade umgekehrt – der Natur die Kategorie des Abstrakten, dem Geist jene des Konkreten zugeordnet habe, weshalb dann das große Abenteuer der Intelligenz begonnen habe, alle Dingwelten zu töten.

Im Frühling 1947 fasst Camus zusammen, was er bisher geleistet hat und was unter die kommenden Projekte einzuordnen ist. Die sogenannte erste Serie unter der Losung des Absurden enthält den »Étranger«, »Le Mythe de Sisyphe«, »Caligula« und »Le Malentendu«. Die zweite mit dem Motto der Revolte betrifft »La Peste«, »L'Homme révolté« sowie »Les Justes«. Die dritte ist erst in Planung. Sie zielt mit dem Stichwort »Le Jugement« auf den Roman »Le Premier Homme«. Es folgt das Thema »L'amour déchiré« mit den Arbeiten der Titel »Le Bûcher«, »De l'Amour« und »Le Séduisant«. Schließlich listet Camus die fünfte Periode auf. Der Generalnenner lautet »Création corrigée ou Le Système« und verlangt einen »grand roman«, eine »grande méditation« und eine »pièce injouable«. (II, 1085)

Die Vorstellung von einem »unspielbaren« Theaterstück mag ins Repertoire ironischer Projektionen gehören. Der Rest ist überaus ernst zu nehmen. Dass Camus nicht einmal die literarisierte Geschichte seiner Herkunft, Kindheit und frühen Jugend des symbolischen Titels »Der erste Mensch« fertigzustellen vermag, zählt zur Tragik dieser Vita. Mit der vierten und der fünften »Serie« aber hätte er den Leser sowohl in die Gefilde der Psychologie und des Nachdenkens über die Liebe und deren Verführungen als auch auf das Terrain systematischer Entwürfe zu seiner Idee von der »korrigierten Schöpfung« gelenkt. Alles, was hiervon überhaupt Umrisse annimmt, muss den Einträgen im Tagebuch entnommen werden. Die letzten

Lebensjahre spielen mit der Figur eines »Don Faust« – man hätte sich wohl einen »idealen« Menschen vorzustellen, der in sich den Trieb des Eros und jenen der Erkenntnis vereinigte –, auch da mit dem Seitenblick in den eigenen Spiegel.

Und wieder geht es weiter mit kritischen Bemerkungen zum Geist der Zeit und zu jenen, die in Camus' Augen der Gesinnungstyrannei huldigen. Man hüte sich vor der formellen Tugend, notiert er; ein ergänzender Hinweis gilt dem »Étranger«, der dazu das Wichtigste gesagt habe. Zur selben Zeit konkretisieren sich auch die Arbeiten zu dem Theaterstück »Les Justes«, das ebendieses Motiv einer sich absolut setzenden Idee von Gerechtigkeit und Vergeltung gestalten soll. Auch Sartre steht für Camus im Bann eines Weltbilds gemeinschaftlicher Harmonisierung aller Gegensätze bei hoher Bereitschaft, die Abweichler zur Rechenschaft zu ziehen. Dazu heißt es nur knapp: »Sartre ou la nostalgie de l'idylle universelle.« (II, 1095) – Als der Verfasser der Tagebücher sie einmal wieder durchliest, fällt ihm auf, wie ihm die Themen der Natur verschwänden. Um so mehr zieht es ihn mittlerweile nach Südfrankreich, in den Lubéron, nach dem Städtchen L'Isle-sur-la-Sorgue, wo ihn ein neu gewonnener Freund, der Dichter René Char, wiederholt in seinem Haus empfängt. Für die letzten zwölf Jahre wird Char, der im Maquis gegen die deutschen Besatzer gekämpft hat, zum wichtigsten Gesprächspartner nicht nur auf intellektuellem Gebiet, sondern auch in Dingen des privaten Lebens mit seinen Sorgen, Befürchtungen und Affären.[23]

Camus wird immer mehr zum Solitär. Er kann nicht anders, und er will nicht anders. Das Misstrauen gegenüber vermeintlichen Freunden wächst, der Widerwille gegenüber Gegnern, die ihn missverstehen und später ächten, steigert sich. Dem Cahier berichtet er eine geniale Bemerkung Saint-Beuves: Wenn alle sagen würden, was sie denken, bräche die Gesellschaft zusammen. Auf einem Flug von Paris nach Algier nimmt er wahr, wie das Flugzeug ein Element der Negation und der modernen Abstraktionen sei – von oben her betrachtet, gebe es keinerlei Natur mehr: die tiefe Schlucht, das starke Relief, der Sturzbach, alles verschwinde. Oder ins Metaphysische gewendet, der Mensch nehme die Perspektive Gottes ein und müsse dabei feststellen, dass Gott nur eine abstrakte Sicht auf die Welt besitze. Dem Vorwurf – wie er etwa später von Roland Barthes gegenüber der »Pest« geäußert werden wird –, seine Bücher ließen den »politischen Aspekt« vermissen, kontert er im Selbstgespräch damit, dass er nur Individuen in Szene bringe, die sich gegen die Staatsmaschine wendeten. Dann wieder persönliche Ermahnungen, wie etwa jene, die wahre Tugend bestehe darin, die Leidenschaften auszugleichen.

*

Im April 1948 beginnt das sechste Cahier. Es deckt nur neun Monate ab. Vor einem Aufenthalt in L'Isle-sur-la-Sorgue, wo er für sich und die Seinen ein Haus gemietet hat, reist Camus nach London und Edinburgh, um Vorträge zu halten. Das Tagebuch berichtet lediglich kurz darüber – in der National Gallery faszinieren ihn Bilder von Piero della Francesca und Velazquez, in Edinburgh spürt er Nebel und Geheimnis. Der Besuch in Algier hat zwiespältige Gefühle hinterlassen. Nach zehn Jahren ist ihm die Stadt fremd geworden, die Gesichter, die er nach einigem Zögern erkennt, sind gealtert. Er vergleicht das Erlebnis mit Prousts »Soirée des Guermantes« in der »Recherche«, doch in einem Maßstab, der ihn wie einen Verirrten ausweist. »Il n'y a pas de retour sur moi-même.« (II, 1121) Was lebensweltlich nicht mehr möglich ist – der Anschluss an das Frühere als Begegnung mit sich selbst –, wird dann »Le Premier Homme« zur literarischen Recherche überhöhen. – Schon ist das siebte Cahier eröffnet, das ein großes Arbeitsprogramm herausstellt und ihm diätetische Regeln empfiehlt: früh aufstehen, vor dem Frühstück duschen, keine Zigaretten vor dem Mittag. – Zum Evangelium kommentiert er, es sei eigentlich »realistisch« gehalten, obwohl es unmöglich sei, es zu praktizieren. Es wisse nämlich, dass der Mensch nicht rein sein könne. Doch könne er sich bemühen, seine Unreinheit zu erkennen, das heißt: zu verzeihen. Immer wieder kreisen die Tagebücher um die beiden Pole christlicher Wahrheit. Während Camus das Dogma von der Auferstehung des Gottessohns und der damit angestoßenen Erlösung der Menschheit hartnäckig zurückweist, hat er die »zwischenmenschlichen« Verhaltenslehren des Neuen Testaments schon lange verinnerlicht. Dazu fügt sich ein Passus folgender Einsicht: Wenn man nur einmal das Glück auf dem Gesicht eines Wesens gesehen habe, welches man liebe, wisse man auch, dass es keine andere Berufung für den Menschen gebe, als dieses Licht auf den Gesichtern derer, die einen umgeben, zum Leben zu erwecken.

*

Ende Juni 1949 beginnt die zweite große Reise, die Camus bis zum August nach Südamerika entführt. Die Begeisterung hält sich auch deshalb in Grenzen, weil sich noch heftiger als während des Amerika-Aufenthalts gesundheitliche Probleme bemerkbar machen – die lange Tournee mit Vorträgen, Konferenzen, Theaterbesuchen und riskanten Fahrten durch Berge und Täler ist im Grunde genommen eine einzige Strapaze mit wiederholten Schüben von Grippe und Erschöpfung. Bereits auf dem Schiff quälen ihn Anfälle von Fieber. Trotzdem verspricht er sich, jeden Abend getreulich festzuhalten, was geschehen ist, »ohne irgend Intimes zu bekennen« (IV, 1008). – Und so kommt es auch, wenn auch nicht mit der in Aussicht gestellten Regelmäßigkeit. An Bord verdrießt ihn das Faktum, dass keine hübschen Frauen unterwegs seien. Gedanken an den Selbstmord tauchen auf. Zwei Tage später zitiert er Vigny – zum eigenen Gebrauch. Wenn der Suizid, so der Dichter, überhaupt erlaubt sei, dann in einer Situation, in der der Mann im Milieu der Familie lebe und mit seinem Tod all jenen den Frieden brächte, die sein Leben störe. – Dass eine gewisse Ironie die Feder lenkt, zeigt schon der nächste Satz an, der auf die eigene Erscheinung bezogen ist. »Es muss indes gesagt werden, dass ich – braun gebrannt, ausgeruht, wohlgenährt und hell gekleidet – wie das blühende Leben aussehe. Mir will scheinen, ich könnte gefallen. Aber wem?« (RT, 52) Immer noch auf hoher See und nun bei stürmischem Wetter, gesteht er sich wiederum ein, dass ihm der Sinn nicht nach anderen Menschen stehe; stattdessen orientiere er sich in Richtung Meer und sei erfüllt von einer tiefen Traurigkeit, die ihm ungewohnt sei.

Stimmungen, Erkenntnisse, Ermahnungen, Wünsche kommen und gehen. Leicht vergisst sich, dass dieser so hartnäckige Beobachter seines Daseins erst sechsunddreißig Jahre alt ist. Eigentlich möchte er nur ein »normales Leben« führen, schreibt er. Möchte er damit sich selbst zur Ruhe bringen – oder eine Frau und zwei Kinder, die wenig von dem *pater familias* haben und immer wieder erfahren müssen, dass er unter Anrufung seines Künstlertums entschieden, gelegentlich bedenkenlos eigener Wege geht? – Die Überfahrt dauert so lange, dass auch viel Zeit bleibt, das Meer in seinen wechselnden Konstellationen und im Spiel von Sonne, Wolken, Regen und Licht zu studieren.[24] Endlich findet Camus einmal wieder Muße, sich der Natur hinzugeben und sie in dichten Schilderungen aufzufangen. Ein Zwischenhalt in Dakar lässt ihm den Geruch »meines Afrikas« entgegenwehen – »Geruch des Elends und der Verlassenheit, jungfräulicher und so starker Geruch, dessen verführerische Macht ich kenne«. (RT, 53) Dann geht es auf direktem Kurs nach Rio de Janeiro.

Albert Camus wäre der falsche Chronist, Südamerika mit der Begeisterung des Entdeckers neuer Horizonte und vitaler Rhythmen zu feiern. Der Grundton ist auch da auf Nachdenklichkeit und Skepsis gestimmt. Rio ist Luxus und Elend, was niemanden überraschen kann, die Innenstadt zeigt Häuser im maurischen Stil, und als der Tourist die erste Straße durchläuft, die den Namen verdient, stößt er auf einen Tempel des Positivismus, der dem Gedenken an Auguste Comte gewidmet ist – allerdings ist Brasilien das einzige Land, das den utopischen Visionen von Comtes Sozialphilosophie huldigt.[25] Das Volk weiß davon kaum etwas. Es ergeht sich in seinen Zeremonien und Ritualen zwischen Katholizismus und afrikanischem Brauchtum. Ein Ausflug in die Berge bringt Camus das Privileg, von Lucien Febvre, dem eminenten Historiker der Schule der »Annales« und Professor am Collège de France, begleitet zu werden. Offenbar inspiriert solche Nähe auch wieder geschichtsphilosophische Reflexionen: Brasilien sei ein Land ohne Menschen, alles, was hier aufgebaut worden sei, habe maßlosen Effort eingefordert, die Natur ersticke alles. Anderseits legt die Größe des Landes nahe, einen kritischen Blick zurück auf Europa zu werfen. Je schneller das Flugzeug werde, um so mehr verlören Frankreich, Spanien, Italien ihre Bedeutung. Früher Nationen, seien sie inzwischen zu Provinzen geworden, und morgen würden sie Dörfer in der Welt sein. Oder noch anders, die Zukunft wohne nicht mehr in Europa – Deutschland habe den Krieg verloren, weil es eine Nation sei und der moderne Krieg die Mittel von Imperien erheische. Morgen dann brauche es hierzu das Instrumentarium von Kontinenten. Was bleibt? Die Antwort verrät sich als Hoffnung aus der Defensive: Die einzige Chance sei, dass eine neue Kultur geboren werde und dass Südamerika vielleicht helfe, die Dummheiten der Mechanisierung zu mildern. Der schweigsame Lucien Febvre reagiert nicht auf solche weltgeschichtlichen Betrachtungen; jedenfalls ist seine Reaktion nicht dokumentiert.

Als bei einem Treffen mit dem Dichter Murilo Mendes dieser kundtut, dass er René Char kenne und zitieren könne, und weiter behauptet, dass Char seit Rimbaud der wichtigste französische Poet sei, ist Camus für einmal zufrieden – offenbar ist doch noch nicht alles verloren. Ein Wochenende in den Bergen verläuft riskant; der Diarist berichtet von barbarischen Auto-Unfällen. Die Grippe stört die Lebenslust, ein Vortrag über Chamfort gehört zum Kulturprogramm, und nebenbei fragt sich Camus, weshalb er so anziehend auf die Frauen wirke. Auf dem Flug nach São Paulo äußert er den Wunsch zu sterben. Diese Misanthropie setzt sich fort bis nach Montevideo. Dort notiert er unter dem Datum des 10. August: »Gezwungen, mir einzugestehen, dass ich zum erstenmal in meinem Leben in eine richtige psychische Krise geraten bin. Dieses hart erkämpfte Gleichgewicht, das bisher allen Belastungen standgehalten hat, ist all meinen Anstrengungen zum Trotz zusammengebrochen. In mir fluten grau-grüne Wasser, in denen sich verschwommene Formen bewegen, in denen meine Tatkraft sich auflöst. Diese Depression ist in gewisser Hinsicht die Hölle. Wenn die Leute, die mich hier empfangen, merkten, wie sehr ich mich anstrenge, normal zu erscheinen, würden sie sich wenigstens anstrengen, einmal zu lächeln.« (RT, 109)[26]

Das ist – gegenüber den anderen – eher ungerecht. Die Schriftsteller bewundern ihn, junge Leute versuchen, seine Theaterstücke zu inszenieren, doch es nützt alles nichts oder wenig.[27] Die schwere körperliche Erschöpfung legt sich über den Seelenspiegel, und daraus zieht der Kranke die Figuren einer Beschädigung, die nun die gesamte Existenz dem Zweifel unterwirft. In Chile hat sich die Grippe so sehr verschärft, dass ein Arzt Penizillin verabreichen muss – die letzten Aufzeichnungen der Reise geraten zu kurzen Ausrufen des Widerwillens und der Not. Zurück in Paris, schreibt Camus weiterhin mit dunklen Gedanken und Worten. Im September 1949 heißt es, die einzige Anstrengung, die ihm verbleibe, sei, das Leben eines normalen Menschen zu führen. Er wünsche nicht ein Mann der Abgründe zu sein. Doch dieses Bemühen habe nichts gebracht, denn nach und nach und anstatt in solchen Vorsätzen zu reüssieren, müsse er wahrnehmen, dass der Abgrund immer näher komme. (IV, 1056)

*

Zehn Jahre verbleiben ihm noch, bevor der wahrhaft absurde Tod im Automobil diesem Leben ein Ende macht. Zehn Jahre befördern weiteren Ruhm, mit der Verleihung des Nobelpreises vom Oktober 1957 gar Weltruhm, damit auch weitere Feindschaften, Neid, Missgunst. Gleichwohl gäbe es, rein äußerlich betrachtet, nicht allzu viele Gründe, mit dem Dasein so heftig zu hadern. Leiden und Verdruss wurzeln im Inneren, sind intrinsisch angelegt und deshalb kaum ins Gegenteil zu wenden. Die Tagebücher schaffen einen Ort, diese Phasen der Pein dadurch zu objektivieren, dass sie durch das Medium des Nachdenkens laufen. Verschriftlichung ist ein Mittel der Distanz, und häufig übersetzt sich das Persönliche ins Allgemeine. Nicht zu vergessen ist, dass die physische Hinfälligkeit stark dazu beiträgt, die Aussichten einzutrüben. Die Grippe, die Camus schon zu Beginn der Südamerika-Reise gepackt hat, entpuppt sich nach der Rückkehr als Ausdruck der periodisch aufbrechenden Tuberkulose. Ende Oktober 1949 meldet das Cahier einen Rückfall – und entsprechend folgen Reflexionen über das Kranksein. Camus zitiert Keats, der glücklich darüber sei, dass es hienieden so etwas wie das Grab gebe. Kleist, heißt es dann, habe seine Manuskripte zwei Mal verbrannt, Piero della Francesca sei am Ende erblindet, Ibsen von Gedächtnisschwund befallen worden. Der abschließende Aufruf klingt wie ein vergeblicher Appell:»Courage! Courage!« (IV, 1062) Gleichzeitig stellt Camus Betrachtungen zur Seele an: »Wenn es eine Seele gibt, ist es ein Irrtum, zu glauben, dass sie uns fertig erschaffen verliehen wird. Sie schafft sich hier, das ganze Leben lang. Und leben ist nichts anderes als diese lange und qualvolle Geburt. Wenn die Seele bereit ist, von uns und dem Schmerz erschaffen, kommt der Tod.« (T I, 429) Im Januar 1950 trägt der Kranke erstmals ein, was er an Medikamenten eingenommen hat: »Strepto – 40 grammes du 6 novembre au 5 décembre 49 P.A.S. 360 grammes du 6 novembre au 5 décembre 49 + 20 gr. Strepto du 13 novembre au 2 janvier.« (IV, 1068)

Der Mann, den es so sehr nach sportlicher Betätigung des Körpers zöge, der passioniert eintaucht in die Wellen des Mittelmeers, der den Fußball nicht nur als Zuschauer kennt, muss erfahren, dass ihm das Leben solches intermittierend verwehrt und zum Gefängnis der Arbeit geworden ist. Als er Delacroix' Bekenntnis entdeckt, wahre Befriedigung stelle sich erst nach einem echten Arbeitstag ein, nimmt er's als positives Echo auf die eigene Befindlichkeit. Im Februar, immer noch über der Lektüre von Delacroix' Tagebüchern, zitiert er den Maler nochmals und ebenfalls in eigener Sache. »Gedächtnis lässt immer mehr nach. Sollte mich entschließen, ein Tagebuch zu führen. Delacroix hat recht: alle diese Tage, die nicht aufgezeichnet wurden, sind wie Tage, die es nicht gegeben hat. Vielleicht im April, wenn ich wieder etwas Freiheit habe.« (T I, 449)[28]

Die Stelle ist auch deshalb aufschlussreich, weil sie belegt, dass Camus seine »Cahiers« nicht als Diarien im eigentlichen Sinne versteht: Statt der Intimität von Tag zu Tag nachzugeben und sie festzuhalten, überhöht er – Ausnahmen bestätigen diese Regel – das Geschehende in die Richtung theoretischer Anschauung. Das Werk ist der eigentliche Angelpunkt, und die Zeit, in die es fällt und die es sowohl spiegelt wie zu überwinden trachtet, bildet den begleitenden Hintergrund. Dem Aperçu, Wagners Schaffen sei Sklavenmusik, folgt eine »chinesische Weisheit«, die besage, Reiche, welche zu viele Gesetze hätten, seien nah am Ende. Die Formel »Heidentum für einen selbst, Christentum für die anderen« drücke ein instinktives Bedürfnis aller Menschen aus. Zum eigenen Werk findet sich, zwischen zwei Sterne gesetzt, ein Hauptsatz folgenden Inhalts: »Toute mon œuvre est ironique« (IV, 1085) – was, wenn die These vollkommen zuträfe, deren Aussage wiederum relativieren müsste. – Darauf wieder Warnungen vor dem übermächtigen Staat – kein Wissenschafter stelle sich heute in den Dienst der Verteidigung des Individuums – sowie vor dem modernen Nihilismus, der nur Angst produziere und damit verhindere, dass Meisterwerke geschrieben würden. Als Heimat anerkennt Camus lediglich die französische Sprache; Frankreich hingegen muss als eine militärische Nation betrachtet werden, weshalb der Kommunismus hier Chancen besitze. Seltsam ahnungsvoll mutet eine Vision vom Februar 1951 an. »Zuweilen wünschte ich mir einen gewaltsamen Tod – gleichsam einen Tod, der es entschuldbar macht, wenn man gegen das Herausreißen der Seele aufbegehrt. Zu anderen Zeiten träumte ich von einem langen, völlig bewusst erlebten Ende, damit wenigstens nicht gesagt werden könne, ich sei überrascht worden – in meiner Abwesenheit – mit einem Wort, um zu wissen … Aber man erstickt in der Erde.« (T I, 479) – Am 7. März 1951 bestätigt das Cahier den Abschluss der ersten Redaktion des »Homme révolté«. Mit diesem Buch seien die ersten beiden Werkzyklen vollendet. Dann: »37 Jahre. Und kann das Schaffen jetzt frei sein?« (T I, 480)

Natürlich nicht. Je näher sich Camus dem – freilich stets vage gehaltenen – Ziel eigenen inneren Freiseins zu nähern glaubt, um so mehr entschwindet es wieder in die Fernen eines Horizonts, der auch deshalb unbestimmt sein muss, weil die »äußeren« Überraschungen, von denen der Schriftsteller bis zuletzt affiziert bleibt, nicht nachgeben. Und dass der »Homme révolté« im Milieu der Pariser Linksintelligenz mit dem Feuer spielt, dürfte seinen Verfasser in der Rolle des absichtsvollen Provokateurs nicht wirklich erstaunen. – Das siebte Cahier deckt die Jahre vom März 1951 bis zum Juli 1954 und wird mit einem Motto Nietzsches überschrieben: »Wer erkannt hat, was groß ist, muss auch danach leben.«

Ein fragwürdiges Motto für einen, der sich selbst und die anderen und die Welt *in toto* immer wieder dem Zweifel und der Skepsis unterwirft. Camus denkt Nietzsche weiter, wenn er alsbald bestreitet, dass die Hinnahme dessen, was ist, ein Zeichen von Stärke sei. Im Gegenteil sei sie ein Zeichen der Knechtschaft: Man möge akzeptieren, was gewesen sei, doch für das gegenwärtig Seiende laute die Losung: Kampf. Auf eine Umfrage nach seinen zehn Lieblingswörtern antwortet er: die Welt, der Schmerz, die Erde, die Mutter, die Menschen, die Wüste, die Ehre, das Elend, der Sommer, das Meer. Daraus ließe sich tatsächlich leitmotivisch der Kosmos zum Klingen bringen, der ihn beseelt. – Weiter ist von dem servilen 20. Jahrhundert die Rede, vom Tod, der seit zweihundert Jahren ohne Hoffnung auf ein Jenseits wahrgenommen werde, vom Absurden, das sich als Produkt des Widerspruchs zwischen der Welt und unserer Erfahrung konstituiere, vom Wunsch nach Gleichgewicht und Harmonie, der nicht erfüllt werde, und von der Aufforderung an sich selbst, nur noch die Schöpfung zu kritisieren, nicht aber die Menschen. Im Grunde seines Herzens, schreibt er, wohne eine »spanische Einsamkeit«; weiter, er wünschte sich nichts mehr als einen Tod ohne Aufruhr, der jene befriedet hinterlasse, die er liebe; doch selbst sein Tod werde zu Disputen Anlass geben. – Nach den Stürmen, die die Publikation des »Homme révolté« entfacht hat, kommentiert Camus dies als das Massenaufgebot der »Ténébrions«. In Littrés Wörterbuch meine »Ténébrion« erstens den Freund intellektueller Dunkelheiten, zweitens eine Art von Käfer, dessen Larve im Mehl lebe. Dazu nur kurz: »Amüsant.« (T II, 48)

Lange kann es bei diesem Amüsement nicht bleiben, wovon auch das Cahier da und dort betroffen ist. Doch weil es eben sich den Usancen des Tagebuchs verschlossen hat, findet sich wenig, was uns die immense Enttäuschung über den Verrat früherer Freunde mitteilen würde. Es gilt die Devise: über den Sachen stehen, und Camus löst sie weitgehend ein. Zum Stichwort Humanismus notiert er, es falle ihm schwer, die Menschheit zu lieben. Zunächst einmal fühle er sich solidarisch, was nicht dasselbe sei, und dann liebe er einzelne Menschen, Lebende oder Tote. (IV, 1153) Ein großer Exkurs zu Tolstoi vom Sommer 1953 verzeichnet genaue Lektüre und biographische Besonderheiten und natürlich Äußerungen des Meisters zur Rolle des Schriftstellers in seiner Zeit. »L'artiste et son temps« – unter diesem Titel erarbeitet sich Camus ein eigenes Konzept, das ihn dazu veranlasst, einen Essay zu schreiben, dessen Kerngedanken wiederum in die Rede anlässlich der Verleihung des Nobelpreises eingehen werden.[29]

Tolstoi ist beides – Künstler im Großformat und Zeitgenosse in herausragendem Sinn. Gegen solches Vorbild schneiden Rilke oder Kafka weniger gut ab; an ihnen störe das Subjektive. Mozart hingegen – zumal von »Don Giovanni« her beurteilt – sei der Gipfel über allen Künsten. Ohne sich mit den Genannten vergleichen zu wollen, verlangt Camus für sich selbst und in aller Bescheidenheit: »... être lu avec attention.« (IV, 1165), »mit Aufmerksamkeit gelesen werden.« – Genau dies aber verweigert ihm die Öffentlichkeit des Zeitgeists. Das Talent der Franzosen, so die weitere Überlegung, beweise sich vor allem darin, »gegen« etwas zu sein. – Die eigentlich kreative Aufmerksamkeit wendet sich nun dem Roman »Le Premier Homme« zu. Im ersten Teil, so das Cahier, sei zu behandeln: »Recherche d'un père ou le père inconnu.« (IV, 1173), »Suche nach einem Vater oder der unbekannte Vater.« Kurz darauf entwickelt Camus einen knappen Plan, dann schon eine Minimalsynthese der »Botschaft«.[30] Es geht darum, in der und durch die »Recherche« die Position, eher noch die Wesensart des Sohnes zu entdecken, der seinen Vater nie gekannt hat. Autobiographisches wird sich am Ende in eine unauffällig intensive Literarisierung von Kindheitsmustern und Familiengeschichten verwandelt haben – nicht in emphatischem Sinne als Vermächtnis, das Camus nicht beabsichtigt gehabt haben könnte, doch als sein letztes und unvollendetes Werk.

Mit der Erfahrung, selten genau gelesen zu werden, kombiniert sich weitere Unzufriedenheit. Die Welt, wie sie sich politisch wie ideologisch darbietet, nährt auch weiterhin den Argwohn ihres Kommentators. Camus sieht die Linke im Zustand der Kollaboration mit Moskau, und abermals heißt es, die Geschichte habe keinen Gott. Humanität sei eine Leerformel, der Existentialismus entrate jeden Mitgefühls, während die Menschen davor zurückschreckten, beurteilt zu werden. – Auch die persönliche Lage kann wenig Zuversicht ausweisen. Seit dem Herbst 1953 leidet Francine unter schweren Depressionen, im Dezember verschlechtert sich ihr Zustand, so dass Camus eine geplante Reise nach Ägypten absagt und mit seinem Sohn Jean nach Oran fliegt, wo sich seine Frau einer Erholungskur unterzieht. Francines Krankheit überträgt sich auf ihn selbst. Im Frühjahr 1954 bekennt er seinen Nächsten, dass er kaum noch zu schreiben vermöge.[31] Camus wechselt in eine kleine Wohnung in der Rue de Cha-naleilles, im September kehrt er in die gemeinsame Wohnung an der Rue Madame zurück – Francine geht es besser.

Das achte und vorletzte Cahier dokumentiert die Zeit vom August 1954 bis zum Juli 1958. Metaphysische und politische Exkurse mi-schen sich mit Gedanken zum Ästhetischen, das Motiv des Todes zieht sich wie ein roter Faden durch die Notate. Über Cézanne heißt es, seine Disziplin sei erschreckend, Wagner und Mahler geraten ins Zwielicht. Im November reist Camus nach Turin, Genua und Rom, um dort Vorträge zu halten; das »völkerkundliche« Fazit lautet, die Italiener stünden mit ihrer Lebensfreude deutlich über den stets schlechtgelaunten Franzosen. Russland wiederum demonstriere zeit-gemäß den Triumph des Individualismus in seiner zynischen Façon. Der Rom-Begeisterte, der mit poetischer Feder seine Wahrneh-mungen skizziert, bedauert, dass er so viele Jahre in Paris verbracht habe. – Ortlosigkeit also, nach innen und nach außen: nach innen auch mit der Selbstbeobachtung, er glaube zwar nicht an Gott, sei aber auch nicht Atheist.

Schon der junge Mann zeigte sich fasziniert von den römischen Ruinen rund um die Küste Algeriens. Der Zauber schweigender Ver-gangenheiten ergab sich freilich erst aus der umgebenden Macht der Natur, die sie mit dem Leben des Unvergänglichen umspielte. In Rom kehrt solche Epiphanie im Widerspiel zwischen menschlicher Aktivität und naturaler Kraft zurück. Man muss die Passage als Zeugnis einer Wiedergeburt im Wortlaut zitieren. »Vorgestern, auf dem Forum, wo es wirklich in Ruinen liegt (nahe beim Kolosseum) und nicht im überspannten Ramsch der anmaßenden Säulen, der sich unter dem Campidoglio findet, und dann auf dem wunderbaren Hügel des Palatin, dessen Schweigen und Frieden unerschöpflich sind, eine immer entstehende und immer vollkommene Welt, habe ich angefangen, mich selbst wiederzufinden. Gerade dafür dienen die großen Bilder der Vergangenheit, wenn die Natur sie aufzuneh-men und den in ihnen schlummernden Lärm zu dämpfen vermag: Herzen und Kräfte sammeln, die nachher der Gegenwart und der Zukunft besser dienen werden. Man spürt das auf der Via Appia, wo ich auf meinem Spaziergang mein Herz so voll fühlte, obschon es am späten Nachmittag war, dass das Leben mich in diesem Augenblick hätte verlassen können. Aber ich wusste, dass es weitergehen würde, dass in mir eine Kraft wohnt, die vorwärts geht, und dass diese Rast dieses Voranschreiten noch fördern würde. (Seit einem Jahr habe ich nicht mehr gearbeitet, nicht arbeiten können, obschon zehn Themen warteten, deren Außergewöhnlichkeit mir klar ist, die ich aber nicht angehen konnte. In diesen Tagen wird es ein Jahr, und ich bin nicht verrückt geworden.) Man könnte gut in dem Kloster und dem Zimmer leben, wo Tasso gestorben ist.« (T II, 166f.)

Camus geht nicht so weit, sich mit Tassos Schicksal, wie es Goethe gestaltet hat, zu identifizieren. Er bringt eine feinere Variante in Anschlag mit der Bemerkung, dass die römische Aura dazu animiere zu erkennen, es sei schon alles gesagt. (IV, 1207) – Alles ist noch nicht gesagt. In diese letzten Lebensjahre fallen – unter Anstrengungen und gegen die Bedrängnisse des Gefühls, kaum noch schreiben zu können – die meisterliche Erzählung »La Chute«, die sechs Kurzgeschichten unter dem Titel »L'Exil et le Royaume« (»Jonas oder Der Künstler bei der Arbeit«), ein paar wegweisende Essays und schließlich der Roman »Le Premier Homme«. – Kunst sei, notiert der Besucher der Sixtinischen Kapelle danach, der Triumph der Leichtigkeit über die Schwere. Schwere ist für Camus' Spätzeit auch als psychische und physische Not zu verstehen, die der gleichwohl unermüdliche Arbeiter in Schach hält. In Neapel befällt ihn starkes Fieber. Ein erster geplanter Besuch der Ruinentempel von Paestum scheitert an der Hinfälligkeit. Beim zweiten Mal erfüllt sich doch noch der Traum, der die steinernen Denkmäler als lebend und unvergesslich erkennt und auch die Erinnerung an die Morgenröte über den Ruinen von Tipasa herzustellen weiß. Als Ruinenphilosophie empfiehlt sich folgende Wahrheit: »Nicht die Melancholie der verfallenen Dinge bedrückt das Herz, sondern die verzweifelte Liebe zu dem, was in der ewigen Jugend ewig dauert, die Liebe zur Zukunft.« (T II, 177)[32]

Mitte Dezember 1954 ist Camus zurück in Paris. Zum ersten Mal, so scheint es, hat ihn eine Reise innerlich gekräftigt. Weitere Reisen folgen: im Sommer 1955 nochmals nach Italien, zwischendurch mit kürzeren Stationen nach Algerien, im Dezember 1957 nach Stockholm, im Juni 1958 in Begleitung von Maria Casarès nach Griechenland, endlich im Juli 1959 nach Venedig. Die französische Hauptstadt aber bleibt der ungeliebte Ort der Pflichten und Projekte, jedenfalls kein Grund zur Freude. Ende 1954 trägt der Schriftsteller erste Ideen zur Erzählung »La Chute« zusammen sowie Notate zu einem nie geschriebenen Werk des Themas »Don Faust«.

Die römische Elegie hält nicht lange vor. Der Getriebene findet zwar gelegentlich noch Inseln der Ruhe und der Konzentration, aber sowohl die Umstände seines Lebens als Intellektueller, Schriftsteller, *homme de famille* und *homme à femmes* wie das Temperament des Auseinanderlegens, Drehens und Wendens verhindern die ersehnte Kontemplation. Vielleicht ist Camus auch einfach noch zu jung, die notwendigen Kreise der Distanz um sich zu legen. Das Cahier spiegelt nach Rom sogleich wieder die Rastlosigkeit zwischen den Projekten um den »Premier Homme«, einzelne Kurzgeschichten und Entwürfe zum Komplex von »Don Faust« sowie der Introspektion und Prüfung des Persönlichen. Was Camus an seiner Version von Faust fasziniert, ist eine Abwandlung des Teufelspakts: Der Gelehrte wünscht alles zu wissen und alles zu besitzen; Mephisto verleiht ihm die Gabe der Verführung. »Und Faust wird Don Juan.« (T II, 185) – Es fiele schwer, diesen »Transfer« nicht referentiell zu lesen. Bis zuletzt will Camus Erkenntnis – über sich, über die anderen, über die Geschichte, über die Welt –, und bis zuletzt erweist er sich als Verführer und Liebhaber des schönen Geschlechts.[33] Man kann sich nur vorstellen, was aus dem Projekt geworden wäre, das solche Konstellationen zu Papier gebracht hätte; nicht ausgeschlossen, dass es – solchermaßen objektiviert – auch eine lebensmäßige Befreiung von manchem erreicht hätte.

Im Tagebuch stellt sich das Dilemma wesentlich nüchterner dar: Alles Schwierige komme nur daher, schreibt der Verfasser, dass es ihm unmöglich sei, ein Bürger und überdies ein zufriedener Bürger zu sein. Die geringste Stabilität im Leben erschrecke ihn zutiefst. (IV, 1215) – Im Januar 1955 fügt er dem Cahier einen Brief ein, der schonungslos kritisiert, wie die kommunistische Macht den Aufstand der Arbeiter in Ost-Berlin niedergedrückt hat – unter den Generälen der DDR befänden sich überdies nicht wenige alte Nazis.[34] Das richtet sich nicht nur gegen den cäsarischen Sozialismus, sondern auch gegen dessen Apologie unter den französischen Genossen. Es ist immer dasselbe: Das Opium der Ideologie gestattet es ihren Gefolgsleuten, auch schlimmste Verbrechen und Repressionen mit gutem Gewissen wahrzunehmen und abzubuchen. Ein Aufenthalt in Algerien lässt ihn wiederum das Glück feiern, statt in St. Etienne oder in Roubaix dort geboren zu sein. Am 26. April bricht er nach Griechenland auf, und noch einmal empfindet er – in Begleitung seiner Geliebten Maria Casarès – ein unbeschwertes Glück, das ihn weinen machen könnte. Die Fahrt zwischen den Inseln gestaltet sich im Cahier wie ein Hymnus auf Natur und Meer. »Bonheur enfin, bonheur tout près des larmes.« (IV, 1230) Es sind Quellen des Lichts, die damit auch Reminiszenzen an Kindheit und Jugend in Algerien wachrufen. »Stupide envie de pleurer.« (IV, 1233)

Entsprechend hart ist – nun schon zur Gewohnheit geworden – das Erwachen nach der Rückkehr. Der Ironiker, ja der Zyniker meldet sich zu Wort, wenn es heißt, die einzige französische Industrie, die keine Unterbeschäftigung kenne, sei die Böswilligkeit. Er erstellt eine Liste von Orten, wo er sowohl leben wie sterben könnte – *mourir* ist unterstrichen: Es handle sich ausnahmslos um kleine Städte, also Tipasa, Djémila, Cabris, Valdemosa, Cabrières. Noch fehlt das Dorf im Lubéron, wo er mit dem Preisgeld des Nobelpreises wenig später ein Haus kaufen wird: Lourmarin. Tücke des Schicksals, dass ihn der Unfalltod ausgerechnet da ereilt, als er von Lourmarin im Wagen von Michel Gallimard nach Paris zurückfährt.

Im Gegenzug zu solchen Meditationen, die so oft, ja fast obsessiv auch das Sterben mit sich führen, findet er auf einer weiteren Italien-Reise vom Sommer 1956 in Palermo eine Art von künstlerischer Diätetik. Was er im Lauf der Jahre für seine innere Haltung gefunden habe, sei die Weigerung, aus der Welt zu verschwinden, sich von ihren Freuden, ihren Leiden zu verabschieden – dieser Widerstand habe aus ihm einen Künstler gemacht. (IV, 1246) Etwas später, die Freiheit meine nicht Hoffnung auf die Zukunft, sondern Gegenwart und Übereinstimmung mit den Menschen und der Welt im Hier und Jetzt. Alles, was in der frühen Abschlussarbeit an der Universität von Algier theoretisch erkundet war – nämlich die unterschwellige Kritik am Jenseitsglauben christlicher Metaphysik –, wiederholt sich hier wie eine Übertragung und Übersetzung auf die eigenen Lebensverhältnisse. Schwieriger wird es, der Liebe gerecht zu werden. Sie sei, so notiert Camus, nur in ihrer Tragik auch als Glück zu begreifen, und sobald das Tragische aus ihr verschwinde, werfe sich das Dasein in eine neue tragische Gestalt.

Im Jahr 1957 werden die Aufzeichnungen spärlicher, setzen kurze Beobachtungen zur Moralistik zwischen mit Sternen versehene Leerräume. Von gefährlicher Einsamkeit ist die Rede, von der Suche nach der Wahrheit, vom eigenen Ungenügen. Ein Eintrag vom 8. August 1957 in Cordes meldet die Lektüre von Dostojewskis »Schuld und Sühne« und, davon angestoßen, einen »absoluten Zweifel« an der eigenen Berufung. Er prüfe allen Ernstes die Möglichkeit, seine Arbeit niederzulegen. Bin ich ein Schöpfer?, fragt er sich. Er meine, es gewesen zu sein; heute zweifle er daran. Unterm Stichwort »Némesis«, das auf ein weiteres ungeschriebenes Projekt zielt, subsumiert Camus die tiefe Komplizenschaft zwischen Marxismus und Christentum, was weiterzuentwickeln sei, ihn aber dazu bringe, gegen alle Götter zu sein. – So geht es zügig und unsystematisch durch Tage, Wochen, Monate. Und aus der Perspektive oben ausführlich verhandelter Selbstzweifel und Nöte müsste es geradezu ironisch anmuten, dass schließlich das Datum des 17. Oktober 1957 die Verleihung des Nobelpreises registriert. »Nobelpreis. Eigenartiges Gefühl der Niedergeschlagenheit und der Wehmut. Als ich 20 war, arm und nackt, habe ich den wahren Ruhm gekannt. Meine Mutter.« (T II, 270)[35] Zwei Tage später: »Erschrocken über das, was mir zustößt und was ich nicht verlangt habe. Und zur Krönung des Ganzen so gemeine Angriffe, dass es mir das Herz zuschnürt.« (T II, 271)

Kurz darauf stellen sich Erstickungsanfälle und »klaustrophobische Panik« ein. Die Reise nach Stockholm mit Festrede und Auftritten findet keinerlei Echo. Zwischen dem 19. Dezember 1957 und dem 4. Januar 1958 meldet das Cahier weitere Anfälle von Panik, ja für Minuten von Wahnsinn, der Erschöpfung, des Zitterns, das Einnehmen von Beruhigungsmitteln, in den Nächten »endlose Angstzustände« und »verdoppelte Beängstigung«. Camus' Zustand bessert sich darauf, dafür herrscht »dumpfe und ständige Beklemmung« vor. – Die Auszeichnung lässt freilich Frankreich, das sich so gerne zum eigenen Ruhme an Titeln und Ehrungen orientiert, nicht unberührt. Im März wird der Schriftsteller zur Audienz bei de Gaulle gebeten. Jetzt ist er eine Autorität, deren Meinung auch in der Algerien-Causa gefragt scheint. Der Akzent liegt auf »scheint«. Am 5. März referiert der Besucher seine Begegnung. »Gespräch mit de Gaulle. Als ich von der Gefahr von Unruhen spreche, falls Algerien verlorengeht, und in Algerien selbst von der rasenden Wut der Franzosen Algeriens: ›Die rasende Wut der Franzosen? Ich bin 67 und ich habe nie einen Franzosen andere Franzosen töten sehen. Außer mir.‹ Frankreich mit dem übrigen vergleichen. ›Genau besehen‹, sagte er, ›ist noch nichts Besseres erfunden worden als Frankreich.‹« (T II, 273) – Camus kommentiert diesen Gipfel der Erkenntnis nicht; die Worte sprechen für sich.

Ende April fasst Camus unter dem Titel »Étapes d'une guérison« zusammen, was ihm bei inzwischen verbessertem Befinden die weitere Stabilisierung von Körper, Seele und Geist sicherstellen soll. Darunter figurieren Anweisungen wie jene, sich in ein Verhältnis zum Tod zu setzen, um ihn akzeptieren zu können, oder auch: »relaxation générale«, das Wiederfinden von Energie, die Anerkennung der Notwendigkeit von Feinden und zuletzt: »Systematisch die Automatismen vom geringsten bis zum höchsten brechen. Tabak, Nahrung, Sex, die affektiven Reaktionen der Verteidigung (oder des Angriffs. Es sind die gleichen) und selbst das Erschaffen. Askese nicht im Verlangen, das unversehrt bewahrt werden muss, sondern in seiner Befriedigung.« (T II, 280f.)

*

An Vorsätzen war in den »Cahiers« nie Mangel. Ihre Übertragung in die Realitäten der Lebensführung hingegen gestaltete sich, wie wir jetzt wissen, alles andere als einfach. Doch die Tagebücher der allerletzten Periode könnten vermuten lassen, dass so etwas wie innere Beruhigung allmählich um sich greift. Man wird das, in Kenntnis der Biographie, kaum unter dem Titel der Askese begreifen wollen. Gleichwohl, das Schlimmste scheint überstanden. Das letzte Cahier der Nummer neun beginnt im Juli 1958 und endet im Dezember 1959 in Lourmarin, nur Tage vor Camus' Tod. Im Juli 1958 nimmt der Verfasser von »La Chute« deren Lesung für die Schallplatte auf. Im August bekennt er, die »Cahiers« nur unter Anstrengung zu verfassen, weil das Leben für ihn ein Geheimnis sei. Sogar ist er sich nicht mehr gewiss, sie überhaupt fortführen zu können. Im September erzählt er von einer langen Wanderung an der Seite René Chars auf den Höhenzügen des Lubéron, wo er eigentlich wohnen möchte. Am 30. September 1958 ist der Kauf des Hauses in Lourmarin vermeldet. Am 7. November, dem Tag des 45. Geburtstags, heißt es:»Wie beabsichtigt ein Tag des Alleinseins und der Besinnung. Schon jetzt mit der Loslösung beginnen, die mit 50 vollendet sein muss. An dem Tag werde ich herrschen.« (T II, 328)

Dass auch hier noch manches zu leisten wäre, belegt ein Eintrag vom Frühling 1959 in Lourmarin. »Jahrelang wollte ich der allgemeinen Moral gemäß leben. Ich habe mich bemüht, wie alle Leute zu leben, allen Leuten zu gleichen. Ich habe gesagt, was nötig war, um zu vereinen, auch wenn ich mich getrennt fühlte. Und das Ergebnis war die Katastrophe. Jetzt irre ich durch die Trümmer, ich habe kein Gesetz, ich bin zerrissen, allein und bereit, es zu sein, ich finde mich mit meiner Besonderheit und meinen Unzugänglichkeiten ab. Und ich muss eine neue Wahrheit aufbauen – nachdem ich mein Leben lang in einer Art von Lüge gelebt habe.« (T II, 335f.) – Wir wissen nicht, wie es mit dem Aufbau solcher Aufrichtigkeit gekommen wäre. Was die Liebe betrifft, geht Camus auch weiterhin mancher Wege, deren Verlockungen nicht zu widerstehen ist. Das Cahier enthält für die letzten Monate ein paar Stellen, die davon berichten; auf Wunsch seiner Familie wurden sie für die Publikation gestrichen. Die allgemeine Erkenntnis zu diesem Thema findet sich aus den Tagen vom September 1959: Nur glückliche Lieben verlängerten dem reifen Mann seine Jugend, schreibt der Verfasser, alle anderen würfen ihn blitzartig ins Alter. So zeigt sich gegen alle moralischen Vorsätze doch immer auch und bis zuletzt die Beweglichkeit dessen, der nicht nur zu genießen versteht, sondern auch Formeln findet, den Genuss zu legitimieren. Auf den letzten Seiten des letzten Cahiers fände sich für solche Fähigkeit, Praxis mit Theorie auszustatten, ein Bekenntnis, das nun allerdings die Tätigkeit des Menschen und Künstlers insgesamt sowohl erklärt wie auch an höherem Ort – man dürfte nicht direkt von Transzendenz sprechen – verankert. »Je suis un écrivain. Ce n'est pas moi mais ma plume qui pense, se souvient ou découvre.« (IV, 1303) Zu Deutsch: »Ich bin ein Schriftsteller. Nicht ich, sondern die Feder denkt, erinnert sich oder entdeckt.« (T II, 347) – Womit wir uns der letzten Periode jener Werke zuwenden dürfen, die so in Tinte gerannen.

VI.
Verlorene Zukunft – späte Prosa

Man hätte Albert Camus für seine letzte Lebenszeit glücklichere Jahre gewünscht. Im Januar 1954 wird Francine in einer Klinik gegen ihre Depressionen behandelt, im Frühling wird die Tochter Catherine zu Francines Mutter noch Oran gebracht, während der Sohn Jean sich in Saint-Rémy-de-Provence aufhält. Camus selbst bezieht eine kleine Wohnung an der Rue Chanaleilles in Paris. Im Sommer verbringt er mit seinen Kindern einen Monat bei seinen Freunden Michel und Janine Gallimard in Eure-et-Loir. Er setzt sich für die Begnadigung algerischer Widerstandskämpfer ein, wirbt weiterhin für Verständigung und Frieden unter den befeindeten Parteien und lässt die Sammlung von Texten des Titels »L'Été« erscheinen. Im Oktober 1954 verbringt er einige Tage in den Niederlanden, kurz darauf reist er für Vorträge und Konferenzen nach Turin, Genua und Rom. Das Jahr 1955 beginnt mit einer Reise nach Algier, wo Camus den Spuren der Kindheit nachforscht. Es folgen im April ein Abstecher nach Griechenland und im Sommer ein weiterer Aufenthalt in Italien. Camus beendet den Zyklus von Erzählungen des Titels »L'Exil et le Royaume« (»Jonas oder Der Künstler bei der Arbeit«).

Algerien hält ihn immer noch in Atem. Am 22. Januar 1956 tritt er mit einer Ansprache in Algier für einen Burgfrieden ein. Im Februar beendet er nach Meinungsverschiedenheiten mit dem Herausgeber von »L'Express« seine Mitarbeit bei der Zeitung. Im Mai publiziert Gallimard die Erzählung »La Chute« (»Der Fall«). Im August arbeitet Camus an den Proben für das Theaterstück »Requiem pour une nonne« (»Requiem für eine Nonne«), das er nach der Vorlage von William Faulkner adaptiert hat. Nach dem Ungarn-Aufstand vom November publiziert er mehrere Artikel des Protests gegen den Einmarsch der Truppen des Warschauer Pakts. Im Sommer 1957 erscheint sein Plädoyer gegen die Todesstrafe, und am 16. Oktober wird ihm der Nobelpreis für Literatur zugesprochen. Daran schließt sich die Reise nach Stockholm und Uppsala an. Das nächste Jahr sieht eine weitere Reise: nach

Griechenland, mit Maria Casarès und den jungen Gallimards. Im Sep-
tember kauft Camus ein Haus in Lourmarin.

Das letzte Jahr beginnt mit der Premiere des Stücks »Les Possédés«
(»Die Besessenen«) nach Dostojewski, bei dem Camus selbst Regie
führt. Nochmals besucht Camus darauf seine Mutter in Algier. Im Mai
wird er vom Fernsehen porträtiert, im Juli fährt er zur Aufführung von
»Les Possédés« nach Venedig. Seit dem 15. November 1959 weilt er in
Lourmarin, am 20. Dezember gibt er sein letztes Interview, und am
3. Januar 1960 bricht er zusammen mit Michel und Janine Gallimard
und deren Tochter zur Rückkehr nach Paris auf. Tags darauf kommt
Gallimards Wagen bei Villeblevin im Departement Yonne von der
Straße ab und prallt in einen Baum. Camus ist sofort tot, Michel Galli-
mard stirbt wenige Tage später, seine Frau und seine Tochter bleiben
unverletzt. Sartre lässt es sich nicht entgehen, am 7. Januar in »France-
Observateur« einen kurzen, sorgfältig verdrehten Nachruf publizieren
zu lassen.

*

Kein angekündigter Tod welcher Modalitäten auch immer beendet
Albert Camus' Leben. Ein letztlich banaler Unfall im Automobil setzt
den Schnitt. Er wäre zu vermeiden gewesen, wenn der Reisende mit
dem Zug nach Paris zurückgekehrt wäre, wie es ursprünglich geplant war: Die Fahrkarte war bereits gekauft. So aber ist der letale
Ausgang um so perfider, als der Schriftsteller gelegentlich selbst dazu sich äußerte, wie solche Schicksale nicht nur der Würde, sondern
auch jeglichen Sinns entbehrten. Oder, wenn man will, mit einer
Formel, die Ernst Jünger geprägt hat: Der Tod in der technischen
Welt entspricht dieser insofern, als reine Mechanik das Geschehen
durch Vollzug definiert. Zeit der Einkehr und der Vorbereitung ist
durchgestrichen, stattdessen steht die Uhr einfach still. Als die Ex-
perten am 4. Januar 1960 den Wagen untersuchen, der auf schnurge-
rader Straße bei Villeblevin von der Fahrbahn abgekommen war,
lesen sie auf dem Armaturenbrett 13.54 oder 13.55 Uhr.[1]

Aber wir greifen vor. Tatsache ist weiter und auf andere Weise
quälend, dass Camus' letzte Jahre weder die erwünschte und immer

wieder in Aussicht gestellte Freiheit noch den inneren Frieden aus Reifung und Gelassenheit zu bringen vermögen. Das Zerwürfnis mit früheren Weggefährten mag allmählich verarbeitet sein, die Angst, weder dem eigenen Können noch den Erwartungen der Öffentlichkeit zu genügen, ist es nicht. Bereits im Frühling 1954 und unter dem Eindruck der Depressionen Francines gesteht der Autor seinen Nächsten, dass er kaum noch in der Lage sei zu schreiben. Diese Krise setzt sich im Hin und Her zwischen Zuversicht und neuerlichen Befürchtungen fort bis zur Verleihung des Nobelpreises im Herbst 1957 und darüber hinaus. Erst seit dem Sommer des folgenden Jahres scheinen sich die Sorgen etwas zu lichten – die verbleibende Lebensfrist gilt der Arbeit an dem letzten Roman, »Le Premier Homme«, dessen handschriftlicher Torso schließlich in der Mappe im Innenraum des zerstörten Facel Vega geborgen wird. Nicht auszudenken, wenn der Text dabei zuschanden gekommen wäre: die große, auch neuartige Erzählung zum Thema von Recherchen zur Herkunft mitsamt ihren schwer liegenden Dunkelheiten über einem niemals gekannten Vater.

Dieses Fragment macht den Schlussstein im Œuvre. Ihm gehen voraus zwei Bände mit kürzeren Prosastücken. Schon im Februar 1954 publiziert Gallimard unter dem Titel »L'Été« (»Der Sommer«) acht Miniaturen, die zwischen 1939 und 1952 entstanden sind und insbesondere die Lebenswelt wie die Mythen des Mittelmeers umkreisen. Im Mai 1956 erscheint ebenfalls bei Gallimard die Erzählung »La Chute«, eine Parabel um Verführung, Schuld und Gerechtigkeit, die maßgeblich dazu beiträgt, dass die Stockholmer Akademie Camus den Nobelpreis zuspricht. Im März 1957 erlebt Albert Camus die Veröffentlichung seiner letzten literarischen Arbeit – es handelt sich um sechs kürzere Erzählungen unter dem Obertitel »L'Exil et le Royaume« (»Jonas oder Der Künstler bei der Arbeit«). Was nun noch folgt, läuft unter dem Begriff von Schriften zur Zeit – etwa die Reden anlässlich der Feiern in Schweden, »Discours de Suède« – oder das Kompendium der »Actuelles III. Chroniques algériennes«, das entweder keine oder dann feindliche Resonanz erhält. Ein philosophisches Projekt des Arbeitstitels »Némesis« über Maß und Recht hinterlässt keinerlei konkrete Resultate.

Kurz, die Werkstatt lässt zwar einiges Gewichtige noch entstehen, aber der Ordnungssinn eines Dichters, der sich darauf rechtens viel zugutehält, schafft keine deutlichen Strukturen mehr. Geschriebenes und Gedachtes gehen ohne festes Programm ineinander über, für Camus bleibt wichtig und stärkend, dass manches gleichwohl zum Abschluss gelangt. »La Chute« sorgt – für den Verfasser überraschend – nochmals für Erfolg beim Publikum, wie er letztmals zuvor sich für »La Peste« eingestellt hatte: Innerhalb von sieben Monaten verkauft der Verlag fast hundertdreißigtausend Exemplare. Das Echo der Kritik ist wohlwollend, auch bei der Linken.[2] An der generellen Wahrnehmung der Bedeutung Camus' ändert das allerdings wenig – der Autor des »Étranger« ist seit längerem zum Außenseiter geworden, dem viele Intellektuelle das Zerwürfnis mit Sartre bis zu seinem Tod und noch darüber hinaus übelnehmen.

»La Chute« hätte möglicherweise Anlass für weitere Polemik geben können. Die moralische Kernaussage lautet: Menschen, die sich ihrer eigenen Fehler und Verbrechen bezichtigen, haben dabei die anderen im Visier. Doch wäre sorgfältiges Lesen zwischen den Zeilen nötig gewesen, diese subtile Attacke auf die Hypokrisie des politisierten guten Gewissens auch in den Anspielungen auf das Milieu von Saint-Germain-des-Prés zu erkennen. Von grundsätzlich unverfänglicherer Botschaft sind nun aber die kurzen und kürzeren Texte, die Camus zwischen 1954 und 1957 unter den Sammeltiteln »L'Été« respektive »L'Exil et le Royaume« veröffentlichen lässt. Was nicht heißt, dass der Gestus feiner Provokation einfach zurückgehalten worden wäre – Camus schreibt immer mit Spitzen, und sei es, mit verdeckt pädagogischem Elan, gegen eigene Bequemlichkeiten.

*

Als »L'Été« 1954 bei Gallimard erscheint, haben sich die schwersten Stürme um die Philosophie und die Rezeption des »Homme révolté« gelegt. Verglichen mit dem ausholend fundamentalen Essay, erweisen sich die acht Skizzen oder Gedankenblätter freilich als Ausflüge an die Peripherie von Chronistenarbeit und poetischer Vergegenständlichung erlebter Momente. Hinzu kommt, dass der erste Text bereits 1939 entstanden ist, während die beiden letzten von 1953 stammen: »Retour à Tipasa« berichtet von einem Besuch in Algier im Dezember 1952 mit dem Abstecher zu den römischen Ruinen von Tipasa; »La Mer au plus près« ist ein eindringliches Stück über die maritime Natur, mit Anschauung unterlegt dank den beiden längeren Überfahrten nach den Vereinigten Staaten und später nach Südamerika. Dazwischen findet sich Prosa philosophischer Faktur, inspiriert – wie die knappe Reflexion über Prometheus zeigt – von Bedeutung und Macht der Mythen, oder auch solche im Stil eines sanft ironisierenden Reiseführers, wie bereits der Titel suggeriert: »Petit guide pour des villes sans passé«, zu Deutsch: »Kleine Anleitung zu Städten ohne Vergangenheit«.

An allen diesen Arbeiten, die ohne bedeutsame Absichten entstanden sind, lässt sich die Hand des versierten Stilisten beobachten. Der Stil findet schnell zum Rhythmus, längere Satzperioden wechseln mit kurzen Einwürfen, der erzählende Ton sucht und findet Nähe und Einvernehmen mit dem Leser. Das andere ist, dass etliche Motive und Überlegungen präsentiert werden, die später in weiteren, teils gewichtigen Werken ausgreifender wiederkehren. Beispielhaft steht hierfür der 1939 verfasste Essay über die Stadt Oran.[3] Camus liefert einen Beitrag zur Physiognomie, der weit übers Deskriptive hinaus auch Emotionen einbringt und – wie darauf in »La Peste« – Menschenkunde betreibt. Der Aufsatz verteilt sich auf einzelne Kapitel oder Stationen, die jeweils Charakteristisches zum urbanen Gesicht – so davon überhaupt gesprochen werden kann – beisteuern wollen.

Aber eben, viel herausragend Erwähnenswertes ist kaum zu melden, und wenn der Titel des Texts das mythische Untier heraufbeschwört: »Le Minotaure ou la Halte d'Oran«, dann wohnt seinem Labyrinth kein Geheimnis inne – die Stadt ist hässlich, bar jeder Poesie, kann mit anderen Städten niemals mithalten und beweist gerade dadurch ihre Zweckdienlichkeit als ein Ort, dem der Frieden der Steine eigen sei (III, 568). Staub, Kiesel, Sonne, Hitze, dazu ein schlechter Geschmack mit barocken Auswüchsen, viele Cafés, Fotostudios mit antiquierten Apparaten, erstaunlich viele Bestattungsinstitute: Das soll begreifen lassen, dass Oran eine Kapitale der Gleichgültigkeit und der Indifferenz ist. Umsäumt von einer reichen und verlockenden Natur, dreht die Stadt den Rücken zum Meer, ist in sich verriegelt, ohne Übersicht, ohne den Faden der Ariadne anzubieten, so dass die Menschen, die hier leben, zuletzt vom Minotaurus verschlungen werden. Wie wäre das Wesen dieses finsteren Wächters zu bestimmen? »... c'est l'ennui.« (III, 573) Langeweile, Überdruss, womit man sich übrigens abgefunden habe.

Acht Jahre nach der Abfassung des Stücks über Oran überrascht Albert Camus die literarische Welt mit seinem großen Roman des Titels »Die Pest«. Man erkennt, dass das vorgeschaltete Porträt der Hafenstadt wie eine Vorahnung auf Kommendes anmutet. Orans harmlose und reichlich öde Physiognomie kehrt wieder, und zu Beginn ergehen sich auch in »La Peste« die Menschen in ihren alltäglichen Rhythmen. Der *ennui* ist ebenso präsent wie die hässliche Anonymität, die aus der Architektur sich auf das gesamte Leben legt. Doch der Minotaurus, dessen Tücke nun zuschlägt, hat das Attribut der Seuche angenommen. – Alles andere, was Camus im Jahr 1939 über Oran vermeldet, hält sich in den Grenzen der Normalität. Die Rivalität zwischen Algier und Oran wird abgelesen an den Boxkämpfen, die in Oran stattfinden, künstlerisch verdächtige Ambition manifestiert sich in zwei Löwen des Bildhauers Caïn, der unmögliche Dialog zwischen Land und Meer wird greifbar im Ausbau des Hafens – große Steinblöcke werden ins Wasser versenkt, als gälte es, babylonische Mauern zu schichten. Die wahre Arbeit des Menschen, so reflektiert der Betrachter, beruhe darauf, die Dinge von ihrem Ort wegzubewegen. Hier klingt, von ferne, der Mythos des Sisyphos an, ebenso mit dem Gedanken, dass es durchaus wünschenswert sein könnte, aus der Langeweile heraus das Nichts zu ersehnen – »N'être rien!« (III, 584) –, denn um vom Minotaurus verschont zu werden, sei es am besten, ihn zu bejahen.

Die weiteren Texte der Sammlung »L'Été« zielen bereits schärfer aufs Philosophische. Seit dem Ausbruch des Zweiten Weltkriegs verdüstert sich auch Camus' Perspektive auf das Geschehen. In dem Stück »Les Amandiers« von 1940 statuiert der Autor eine ungerechte Welt, die den Glauben sowohl an den Fortschritt wie an die Geschichte *ad absurdum* führe. Von 1946 stammt der knappe Essay

»Prométhée aux Enfers«. Wieder dient eine Gestalt der Mythologie dazu, Gegenwärtiges in seinem Bedeutungskern zu öffnen. Prometheus ist für Camus – man bemerkt den Vorlauf auf den Essay über den »Homme révolté« – auch ein Modell des zeitgenössischen Menschen. Doch anders als der Held der ursprünglichen Revolte gegen die Götter, der Feuer, Freiheit, die Technik und die Künste gebracht habe, sei das zeitgenössische Idol nur noch als Regisseur einer seelenlosen Mechanisierung präsent. Prometheus in der Hölle: Die Hölle ist das radikalisierte Diesseits technischer Ermächtigungen bis hin zur Paradoxie, dass der echte Lichtbringer heute und im Namen seines Humanismus von den Menschen an den Felsen geschmiedet würde. – Die Gegenwelt dazu legt sich Camus dar anlässlich eines Abends in der Provence; im stillen Glück von Natur und Himmelsweite. Für das »andere«, nicht vom Willen zur Macht dominierte Europa hieße dies: »... tout est encore à faire.« (III, 591) Alles ist noch zu tun, die Menschen aus ihren Trieben nach Herrschaft und Unterdrückung zu befreien. Der Gott der Geschichte hat keine Augen. Mit einer bemerkenswerten Adnote zu Wesen und Funktion des Mythos klärt Camus die Aufgaben, die sich daraus für den revoltierenden Geist rechtens stellen. »Les mythes n'ont pas de vie par eux-mêmes. Ils attendent que nous les incarnions. Qu'un seul homme au monde réponde à leur appel, et ils nous offrent leur sève intacte.« Oder frei übersetzt: Die Mythen leben nicht aus und in sich selbst. Sie warten im Gegenteil darauf, dass wir sie verkörpern. Ein Einziger, der ihrem Aufruf folgt, wirkt darauf hin, dass sich ihr Elan unversehrt mitteilt.[4]

Zwei Jahre später zieht Camus nochmals eine mythische Figur heran, der Epoche den Spiegel vorzuhalten. Der Text von 1948 trägt den Titel »L'Exil d'Hélène« und ist zu lesen als eine Verteidigung der Schönheit, die, so der kritische Befund, der Jetztzeit gänzlich abhandengekommen sei. Denn während den Griechen der Gedanke von Grenze und Maß noch völlig selbstverständlich gewesen sei – Nemesis sei nicht die Göttin der Rache, sondern des Maßes gewesen –, habe die Moderne damit gründlich aufgeräumt. Zuerst hat das Christentum die Kontemplation der Welt mit der Tragödie der Seele vertauscht. Dann wurde die Geschichte auf den Thron Gottes erhoben. Seit Dostojewski sind die großen Landschaftsbilder in der Literatur verschwunden. Und inzwischen philosophiert Europa nicht einmal mehr mit Nietzsches Hammer, sondern mit der Schlagkraft der Kanonen. – Es ist eine Ultrakurzerzählung der Umbesetzung von Weltbildern mitsamt den ihnen zugehörigen Verhaltensmustern, die der Autor hier wagt: vom Einklang mit der Natur, wie sie die Antike fand und lehrte, über die Theologie von Schuld und Sühne, die christliche Doktrin festschrieb, bis zur modernen Entgrenzung alles Machbaren im Dienste von Unterdrückung und Formatierung des freien Daseins. »Je hais mon époque.« (III, 600) Diesem Ausruf Saint-Exupérys kann Camus nur Verständnis entgegenbringen.[5] Was der »Homme révolté« 1951 ausführlich und mitunter umwegig erläutern wird, nämlich eine demiurgisch fiebrige und damit fehlgeleitete Welt, die nur noch dem Wollen durch Geschichte huldigt und die Pflichten der Kunst verachtet, empfiehlt sich hier polemisch zugespitzt mit einem knappen Narrativ als Diagnose zu den Beschädigungen der Epoche.

»L'Été« rundet sich in drei Stücken, die aus persönlichen Bekenntnissen leben, bevor auch da ein gedanklicher Horizont aufgespannt wird. »L'Énigme« aus dem Jahr 1950 beginnt mit der Beschreibung der Provence, wo sich die Sonne gleißend über dem Gebirge des Lubéron erhebt. Daran schließt eine Betrachtung an, die den zwei Charakteren des Mannes – genauer dann: des Autors – nachforscht. Camus klärt, zunächst für sich selbst, das Missverständnis, er sei der Schriftsteller des Absurden. Das Etikett treffe schon deshalb nicht, weil er das Absurde zunächst auf den Straßen seiner Zeit gefunden habe, worauf es ihn als Thema zu beschäftigen begann. Solche Einlassung kann nicht mehr als eine »position de départ« beanspruchen: Es wäre verfehlt, daraus den totalen Nihilismus oder die gänzliche Bedeutungslosigkeit des Seienden abzuleiten. Anders formuliert, Erkenntnis der Absurdität im Verhältnis zwischen Mensch und Welt ist ein Durchgangsstadium; folgt daraus – im Dienst des Lebens und des Lichts – die Überwindung des Nihilismus. – Wie kurz darauf in den Schlusspartien des »Homme révolté« deutet Camus schon hier auch die Lebenslehre einer mediterranen Daseinsverfassung an. Hier wie dort bleibt im Vagen, wie sich diese – über das privat-persönliche Exerzitium hinaus – ins Allgemeine zu steigern vermöchte.

»Retour à Tipasa« von 1952 ist vermutlich der schönste, literarisch vollkommenste Text des Konvoluts. Er scheint den Sommerfreuden des Generalnenners zu widersprechen: Camus besucht im Dezember die Stadt Algier und bezeichnet es als eine Verrücktheit, zu solch trüber Jahreszeit die Orte seiner Jugend erkunden zu wollen. Damals, vor zwanzig Jahren, habe er ganze Vormittage zwischen den römischen Ruinen des nahe gelegenen Tipasa verbracht. Heute ist die Anlage mit Stacheldraht umsäumt, dem Symbol der Tyrannei, und die Welt ist mit einem Schlag alt geworden. Doch die Dramaturgie richtet es ein, dass der Wind die Regenwolken verscheucht und eine helle Sonne über Tipasa zu leuchten beginnt. Wie am ersten Tag der Schöpfung verklärt das Licht die Landschaft, »le désir de vivre« meldet sich zurück, gegen die »clameur«, in welcher die Menschen existierten, ergeht der Ruf, sich die Frische zu erhalten. Mitten im Winter empfindet der Wanderer »un été invincible« (III, 613), was heißen soll, dass Tipasa – nunmehr jünger als die Steinbrüche der Moderne – das innere Feuer des solchermaßen Beglückten angesteckt hat. – Solche und ähnliche Ausflüge ins Reich der Memoria mit dem Zuschuss der Epiphanie, die dem grauen Einerlei der Epoche den Zauber des Mittelmeers entgegensetzt, konnten im Milieu der kritischen Pariser Intelligenz allzu leicht sarkastische Kommentare provozieren. Sie verweisen auf den »anderen« Camus, dessen südliche Herkunft am Anfang seiner Laufbahn das Auge lenkte und die jetzt für die letzte Lebenszeit abermals bestimmend geworden ist. – Der Schlusstext – »La Mer au plus près« – muss als Huldigung an das Meer gelesen werden. Er zieht die Transatlantikfahrten nach Nord- und etwas später nach Südamerika zusammen, berichtet vom ewigen Wechsel des Elements und gipfelt in dem hymnischen Bekenntnis »J'épouse la mer«. (III, 618) Man mag den Überschwang in die *unio mystica* belächeln; an der genauen und zugleich feinen Kraft dieser beschreibenden Prosa prallt Kritik gleichwohl ab.

*

Es sind gewiss mehr Gelegenheitsstücke als kapitale Brocken, die der Schriftsteller 1954 der Öffentlichkeit übergibt. Entsprechend nonchalant fällt das Echo aus. Den Verdacht aber, dass sich Camus nunmehr auf den Weg einer schwer zu fassenden Naturphilosophie begebe, zerstreut der Schriftsteller mit seiner letzten größeren Arbeit. »La Chute«, »Der Fall«, 1956 veröffentlicht und maßgeblich für die kurz darauf zugesprochene Prämie des Nobelpreises, ist eine Erzählung von ätzender Ironie. Sie verdankt ihre Entstehung mindestens teilweise den aufgelaufenen Frustrationen mit der Rezeption des »Homme révolté«, und wenn sie auch nicht als ein Passepartout hierzu verstanden werden soll, figuriert das Motiv der Heuchelei und des nach außen gestellten guten Gewissens an prominenter Stelle. Spiel- und Tatort ist hauptsächlich die Stadt Amsterdam, Rückblenden auf Paris sowie ein Seitensprung hin zur Zuidersee runden die Geographie.[6]

Nochmals dürfen wir den Stilisten einer klaren und häufig knapp gefassten Prosa bewundern. Die Geschichte unterstreicht damit den Charakter der Parabel oder des Lehrstücks, obwohl Camus wie stets verschiedene Ebenen der Bedeutung gestaltet. In einer Amsterdamer Bar des dort exotischen Namens »Mexiko-City« bietet ein Mann seine Dienste an. Er verwickelt einen Passanten ins Gespräch, und was daraus folgt, ist ein einziger, riesiger Monolog über mehr als hundert Seiten. Der Redner heißt in der deutschen Übersetzung Johannes Clamans; der lateinisch anmutende Name trifft genau.[7] Clamans, früher Anwalt in Paris, inzwischen eine gescheiterte Existenz, berichtet von seinem Leben, als ob die Suada aus Klagen, Selbstmitleid, unverdecktem Stolz und viel Sarkasmus das eigentliche und unübertreffbare Kunstwerk später Erkenntnis sein sollte. Der Ich-Erzähler überschlägt sich in Mitteilsamkeit, woraus schnell hervorgeht, dass er mit allen Lastern gewaschen ist: Hurerei und Täuschung, ein rabenschwarzes Bild von den Menschen, dazu bösartige Intelligenz – unangenehmer dürfte ein Zeitgenosse kaum in Erscheinung treten.

Sein Gegenüber bildet lediglich den Echoraum. Wir erfahren, dass er um die Vierzig ist, im Geschäftsleben steht, von aufgeschlossener Wesensart ist und zufällig ein paar Tage in Holland verbringt. Mit wenigen Strichen hat Camus das Setting fixiert. In sechs Kapiteln steigert sich die Rezitation, nur unterbrochen von einigen Pausen, die zwischen die Tage gelegt sind. Clamans besitzt den Körper eines Rugbyspielers, verkehrt als Stammgast in den Matrosenkneipen, wohnt im Judenviertel und sagt von sich selbst: »Ich habe keinerlei Besitz.« (Fa, 13) So ist es. In Holland, das ein Traum aus Gold und Rauch sei und wo die Kanäle wie Kreise der Hölle das Bürgertum umschlössen, bewegt sich der Held mit den Listen eines Anarchen ohne Bindung oder Sicherheit. Das Vergnügen erschöpft sich darin, die Gäste der Kneipen anzuziehen, um ihnen – doch dies wird erst später enthüllt – Lektionen in »Moral« zu verabreichen. Daher hat sich Clamans den Titel eines »Buß-Richters« zugesprochen. Als sein Gegenüber wissen will, worum es sich dabei handelt, überschlägt ihm der Doktor die wesentlichen Teile seiner Biographie.

Bis vor ein paar Jahren hatte er in Paris als Rechtsanwalt praktiziert. Seinem Herz für die Opfer der Gesellschaft entsprach der Hass auf die Richter im Allgemeinen. Er verteidigte beispielsweise einen »gutartigen Mörder«, war daneben freigebig und zuvorkommend und fühlte sich nur in den »Höhenlagen« wohl, derweil ihn das »Unterirdische« abstieß. – Ein »Gerechter« denn, mit Neigungen zur Überheblichkeit; einer, der sein Leben genoss und sich daran ergötzte, ein hervorragender Mensch zu sein. Von den Mördern glaubte Clamans zu wissen, dass sie vor allem danach strebten, bekannt zu werden und im Rampenlicht zu stehen. Er selbst benötigte damals kaum solche Prämien. Er schlief solide und war überaus zufrieden mit sich selbst. Gerne frönte er der Lust des Fleisches, und mit der Mischung aus körperlicher Präsenz und intellektuellem Durchblick fühlte er sich mitunter wie ein »Übermensch«. So verbuchte er seinen Erfolg auch vor dem Hintergrund einer gewissen Auserwähltheit, obwohl ihm jeder religiöse Glaube abging. Allerdings begleitete ihn dabei ein ewiges und unbefriedigtes Verlangen – nach Sinn? Clamans sagt selbst: danach, das Geheimnis von Welt und Mensch zu lüften. – Das Ergebnis war wenig befriedigend. Was Johannes Clamans wahrnahm, waren Egoismus, Verstellung, Selbstbetrug. Der Mensch könne nicht lieben, ohne insbesondere sich selbst zu lieben. Der *ennui* schaffe Verstrickungen, aus denen die meisten nur über das Ende in der Tragödie wieder entschlüpften. Freundschaften seien

Projektionen oder Zweckbündnisse. Die Toten würden deshalb geehrt und geschätzt, weil man ihnen gegenüber keinerlei Verpflichtungen mehr habe. – Man muss solche Paragraphen aus dem Arsenal der zynischen Vernunft wörtlich zitieren, um ihrer Melodie gewahr zu werden. »So ist der Mensch, Verehrtester, er hat zwei Gesichter: Er kann nicht lieben, ohne sich selbst zu lieben. Beobachten Sie bloß Ihre Hausgenossen, wenn das Glück ihnen einen Todesfall unter den Nachbarn beschert. Männiglich war in seinem ereignislosen Leben eingeschlafen, und nun stirbt zum Beispiel der Concierge. Sogleich erwachen sie alle, entfalten ein eifriges Getue, gieren nach Einzelheiten und zerfließen in Mitgefühl. Ein Toter auf dem Programm, und das Schauspiel kann endlich beginnen! Sie brauchen die Tragödie, was wollen Sie, das ist ihre kleingeschriebene Transzendenz, ihr Aperitif.« (Fa, 40f.) Dem Concierge ward eine mitfühlende Bestattung beschert; tatsächlich gerierte er sich zu Lebzeiten als Scheusal.

So hätte Clamans mit ausgeruhter Versonnenheit noch ewig über die Wechselfälle des Lebens meditieren und dabei den geschützten Winkel seiner sorglosen Existenz genießen dürfen, wenn nicht ein besonderer Abend dazwischengefahren wäre und seinen satten Zynismus auf den Kopf gestellt hätte. Jener Abend nun war ein schöner Pariser Herbstabend. Clamans ging am Ufer der Seine, gab einem Blinden hilfreiche Begleitung, wähnte sich wie auf einer Insel im Gefühl seiner Macht und vernahm plötzlich ein Lachen in seinem Rücken. Es kam, so schien es ihm, aus dem Nichts; vielleicht auch aus dem Wasser. Das Lachen wiederholte sich später unter seinem Fenster. Nichts – oder doch nun mit aufsteigender Wirkung eine Irritation. Dann begann Clamans die Seine-Ufer zu meiden, dann schien ihm seine Gesundheit zu schaffen zu machen. Es folgten Depressionen, Besuche bei Ärzten, allerlei Verunsicherungen. Aus dem Bonvivant wurde ein Melancholiker: »Ich trug schwer am Leben: freudloser Körper, freudloses Gemüt. Mir schien, ich verlerne teilweise, was ich gelernt hatte und doch so gut konnte, nämlich leben. Ja, ich glaube wirklich, dass damals alles seinen Anfang nahm.« (Fa, 49f.)

Und so ist es immer noch, mitten in der Gegenwart des Erzählens. Die Metamorphose zieht nach sich, dass der Protagonist sich hingezogen fühlt zur morbiden Atmosphäre des Amsterdamer Spätherbsts, seinem Gegenüber eingesteht, dass er den fauligen Geruch der Kanäle suche – und ihm zugleich eröffnet, allzu ernst seien diese Symptome nicht zu nehmen, denn sie gründeten letztlich in einer Pose. – Das Verwirrspiel ist damit noch lange nicht beendet. Clamans verschärft den Ton, als er – im dritten Kapitel seiner Beichte – dem Zeitgeist auf den Leib rückt. Macht sei es, die entscheide. Früher habe man diskursiv philosophiert und die eigenen Gedanken als Meinung vorgebracht; heute werde ohne Zögern die Wahrheit statuiert und als Verlautbarung ausgewiesen. Früher sei man bescheiden-kritisch in seinem Selbstbewusstsein gestanden, heute vervielfache man seine Identität mit Rollen und Komödien. Clamans spricht von sich, wenn er über die Eitelkeit räsoniert, die der Gesellschaft aufsitze. Er habe begonnen, vor den Blinden, die er über die Straße geleitete, den Hut zu ziehen. Was diese nicht sehen konnten, war für das Publikum bestimmt.

Die Eigenliebe wuchs und mit ihr die Indifferenz. »Ja, alles glitt an mir ab.« Und weiter: »So lebte ich dahin, und das einzig Beständige im Wechsel der Dinge war mein Ich, ich und nochmals ich. Es wechselten die Frauen, es wechselten Tugend und Laster, immer in den Tag hinein, wie die Hunde, aber alle Tage, ohne Ausnahme, ich, unerschüttert derselbe. So bewegte ich mich ständig an der Oberfläche des Lebens, gewissermaßen in tönenden Worten, nie in der Wirklichkeit. All die kaum gelesenen Bücher, die kaum geliebten Freunde, die kaum gesehenen Städte, die kaum besessenen Frauen! Mein Tun und Lassen war von Langeweile oder Zerstreutheit bestimmt. Die Menschen folgten nach, wollten sich anklammern, aber sie fanden keinen Halt, und das war das Unglück. Für sie. Denn ich für mein Teil vergaß. Ich habe mich nie an etwas anderes erinnert als an mich selber.« (Fa, 57ff.)

Gerne wäre Clamans »ein ganzer Mensch« gewesen, stattdessen zerfiel ihm jedes Rechts- und Moralgefühl – was allerdings inzwischen für die meisten zutreffe: Eigentlich träume jeder intelligente Zeitgenosse davon, Gangster zu sein, aber sicherheitshalber gehe man in die Politik und trete der grausamsten Partei bei. »Süße Unterdrücker-Träume« geistern mittlerweile im Gehirn des Rechtsanwalts; im Folgenden schildert er ausführlich, wie er die Frauen

271

täuschte und missbrauchte, wie er sie mit endlosen Lügen umgarnte, wie er zum Kerkermeister wurde, der die Opfer quälte. »Kurzum, damit ich glücklich sein konnte, durften die von mir erwählten Geschöpfe kein Leben besitzen. Sie sollten ihr Leben nur von Zeit zu Zeit nach meinem Belieben empfangen.« (Fa, 79) – Endlich ist ein Wendepunkt erreicht. Er meldet sich, als Clamans an einem Novemberabend in Paris über den Pont Royal nach Hause geht. Auf der Brücke steht auch eine schlanke, schwarzgekleidete junge Frau. Bevor er es realisiert, hat sie sich ins Wasser gestürzt. Kurz danach erschallt von der Seine her ein mehrfach wiederholter Schrei. »Ich habe vergessen, was ich in jenem Augenblick dachte. ›Zu spät, zu weit weg …‹ oder etwas Derartiges. Regungslos lauschte ich immer noch. Dann entfernte ich mich zögernden Schritts im Regen. Ich benachrichtigte niemanden.« (Fa, 81f.)

Zug um Zug lässt Camus seine Figur nach unten gleiten. Der Fall des Titels kommt nicht von ungefähr.[8] Die schiefe Ebene ist in Clamans' Wesen vorbereitet, wobei sich mit der Kumulation des Bösen auch die Wahrnehmung seiner Lebenswelt verändert. Zu Beginn des kapitalen Monologs noch rückblickend im Einklang mit sich selbst, sieht der Erzähler immer dunklere Schatten: Amsterdam wird zum lächerlichen Puppendorf, die Landschaft »negativ«, das Meer des Deichs zur gallertartigen Hölle. »Ist dies nicht die alles erfassende Auflösung, das sichtbar gewordene Nichts?« Dem Zuhörer bleibt die Antwort erspart. Clamans redet und redet, als ob ihn sonst nichts mehr zu halten vermöchte. – Nachdem ihn der Minotaurus der Langeweile verschlungen hat, avanciert er seinerseits zum Untier: ein Paranoiker, der sich von Feinden umstellt wähnt, ein übler Zauberer, der laufend Anekdoten beibringt, die abermals bestätigen sollen, wie schlecht die Menschheit geworden ist.[9] Schließlich legt sich Clamans seinen Niedergang damit zurecht, dass er seines einstigen Glücks wegen von den Mitmenschen verurteilt worden sei. »Ich wurde um eines ehemaligen Glücks willen verurteilt. Lange hatte ich im Wahn einhelligen Wohlwollens gelebt, während von allen Seiten Richtsprüche, Pfeile und Spötteleien auf mich, der ich zerstreut lächelte, herunterprasselten. An jenem Tag, da das Warnsignal mich aufschreckte, fiel es mir wie Schuppen von den Augen; ich empfing alle

Wunden gleichzeitig und verlor meine Kräfte auf einen einzigen Schlag. Und das ganze Weltall um mich herum begann zu lachen.« (Fa, 92f.)

Ein Lachen hat das Selbstvertrauen gesprengt. Eine Stimme – woher auch immer – ist der Überheblichkeit in die Parade gefahren. Es brauchte nicht viel, eine Krise auszulösen, die Clamans zum Hiob werden lässt, der seither alle Gipfel des Zynismus zu ersteigen trachtet: Wenn er schon büßen muss, soll jedermann von ihm hören müssen, wie erbärmlich seine Existenz abläuft. Opfer und Verbrecher finden zusammen – jenes soll wissen, dass niemand unschuldig ist, dieser vergessen, mit mildernden Umständen rechnen zu dürfen. Da das Urteil ohnehin feststeht, gibt es nur eines: ihm auf Zeit zu entgehen. Reichtum bedeutet zwar nicht Freispruch, doch immerhin Aufschub. Lüge ist besser als Wahrheit, doch empfiehlt es sich, so zu lügen, als ob man die Wahrheit spräche. – Nach eingehender Selbstprüfung entdeckt Clamans »das tiefgründige Doppelwesen des Menschen«. Nun kehrt er die Karten um und schlüpft in den Habitus von Bescheidenheit, Demut und Tugend. Nach außen, als Fassade, erscheint die Selbstlosigkeit; nach innen, als Substanz, die Verachtung. Denn ernst zu nehmen ist ohnehin nichts. »Ich spielte die Tüchtigkeit, Intelligenz, Tugendhaftigkeit, Gemeinsinn, Empörung, Nachsicht, Solidarität, Erbaulichkeit … Kurz, es reicht; Sie haben schon begriffen, dass ich war wie meine Holländer, die hier sind, ohne hier zu sein: Ich war gerade dann abwesend, wenn ich am meisten Raum einnahm … Auch jetzt noch sind die sonntäglichen Sportveranstaltungen in einem zum Bersten gefüllten Stadion und das Theater, das ich mit einer Leidenschaft ohnegleichen liebte, die einzigen Stätten der Welt, wo ich mich unschuldig fühle.« (Fa, 101)[10]

Ein reflektierter Autist empfiehlt sich der Öffentlichkeit, indem er sie auf den Arm nimmt. Aber selbst dieses Vergnügen währt kaum allzu lange – plötzlich beginnt die Maschine zu bocken, und Clamans fällt in die nächste Krise. Heftige Anfälle quälen ihn und drängen ihn dazu, Verwirrung zu stiften und die Maske zu lüften. – Eine Schifffahrt über die Zuidersee bietet Gelegenheit, dem unbekannten Zuhörer den Rest der Geschichte zu schildern. Das Ambiente passt. Die Ufer verschwimmen im Dunst, die Reise gleicht einem Traum.

Nochmals setzt Clamans sein Verhältnis zu den Frauen auseinander, nochmals berichtet er über unechte Leidenschaften zu dummen Geschöpfen. Nachdem er an der Liebe und an der Keuschheit zu verzweifeln droht, stürzt er sich in die Ausschweifung. Diese aber wäre nur das Revers des Verlangens nach Unsterblichkeit. Don Juan plus Faust – oder Don Faust: Man vergegenwärtigt sich Camus' in den späteren Tagebüchern umkreistes Projekt einer Figur, die den Verführer und den Erkenntnisforscher in sich vereinigen würde – Clamans verkörpert wenn nicht einen möglichen Prototyp, so immerhin dessen Vorstufe. – Echte Ausschweifung befreie, erklärt er dem Gegenüber; sie schaffe jegliche Verpflichtung ab und sei »ein Dschungel ohne Zukunft und Vergangenheit«. Alkohol ist das Schmiermittel, das alle Reste von Gewissen tilgt. Dass Clamans schließlich auch in der Gilde der Zuhälter wirkt, kann niemanden mehr überraschen. Schuld? Wohl nicht. Niemand, so die Legitimation seines Tuns, sei unschuldig. »Jeder Mensch zeugt vom Verbrechen aller anderen, das ist mein Glaube und meine Hoffnung.« (Fa, 128) Gäbe es indessen einen Gott, so bestünde seine einzige Daseinsberechtigung darin, die Unschuld zu verbürgen. Es gibt ihn nicht, und Religion ist – nach Clamans – eine einzige Weißwäscherei. »Ich will Ihnen ein großes Geheimnis verraten, mein Lieber. Warten Sie nicht auf das Jüngste Gericht: Es findet alle Tage statt.« (Fa, 130)

Clamans – und sein Erfinder – geht noch weiter. Denn an dieser Stelle flicht Camus eine längere »Theorie« ein, die seit seiner Beschäftigung mit Dostojewski und der Arbeit am »Homme révolté« als Paradigma von Schuld und Sühne den Erlösungsgedanken des Christentums konterkariert. Es handelt sich um die Abwandlung einer Parabel, die Dostojewski aus einem fingierten Gespräch zwischen Christus und dem Großinquisitor gewonnen hat.[11] Johannes Clamans bietet sie in seiner eigenen Version dar, hergeleitet aus der Sicht dessen, der als Mythos entlarven will, was gemeinhin als Errettung des Menschengeschlechts gilt. – Nämlich, Jesus sei auch deshalb gekreuzigt worden, weil er seinerseits »nicht ganz unschuldig« gewesen sei. Kein »Übermensch«, habe er begriffen, dass das »Weitermachen« hienieden und angesichts der Verbrechen, die auf Erden ständig stattfänden, nicht die Lösung sein konnte. Mit dem Ausruf am Kreuz »Warum hast du mich verlassen?« habe er zudem bewiesen, dass er den ersehnten Beistand von oben nicht gefunden habe. Mehr noch, mit seinem Opfer habe Jesus die Welt alleine gelassen und ihrem Schicksal anheimgegeben.[12] Fortan seien »wir alle« Richter und alle voreinander schuldig. Clamans aber zieht daraus die Konsequenz: Er hat sich selbst zum Buß-Richter ernannt. Mit kaum verhüllter Blasphemie verkündet er, bereits wieder in der alten Rolle des überhobenen Alleswissers: »Die Zahl der Propheten und Quacksalber schwillt an, sie sputen sich, mit einem guten Gesetz oder einer untadeligen Organisation anzukommen, ehe die Erde leer ist. Ich bin zum Glück angekommen! Ich bin das Ende und der Anfang. Ich verkünde das Gesetz. Kurz, ich bin Buß-Richter.« (Fa, 137) Was es damit auf sich haben soll, erklärt Johannes Clamans im letzten Kapitel seiner »Biographie«.

Dort allerdings empfängt er den Zuhörer endlich in seiner Behausung und im Bett liegend. Ein Fieberanfall hat den Mitteilungswilligen geschwächt. Unangenehmer Wacholdergeruch durchzieht das Zimmer, das sich dem Auge wie »ein Vermeer ohne Kochtöpfe« darbietet. Aber selbst die Krankheit vermag Clamans nicht daran zu hindern, weiter Geschichten aufzutischen; immer schwieriger wird es, Wahrheit von Lüge oder Phantasie zu unterscheiden. Camus' Technik, Gegenwart, Vorgegenwart, nähere und fernere Vergangenheit rund um die Existenz des Helden ineinander zu verschlingen, erklimmt die Höhen der Virtuosität. Clamans erwähnt, dass er einst von den Genossen eines Gefangenenlagers zum Papst gekürt worden sei. Die Zeit: der Zweite Weltkrieg, der Ort: irgendwo in Afrika in der Nähe von Tripolis. Ein junger Franzose habe nach solcher Führung verlangt, Clamans sei darauf eingegangen, diese Rolle »inmitten der Unglücklichen« zu übernehmen – anfangs unwillig und wie ein listiger Spieler, später »mit ständig wachsendem Ernst«. Der Leiter der Gruppe geht so weit, das Wasser eines Sterbenden zu trinken, und beginnt schnell zu begreifen, dass eben so – nämlich unter schwierigsten Bedingungen und mit rückhaltlosem Einsatz – große Reiche und Religionen entstünden. »Unter der Sonne des Todes« und im Ambiente von Verzweiflung und Sterben gewinnt das Bedürfnis nach Transzendenz seine deutlichste Richtung: Wo auf Erden nichts mehr zu erwarten ist, kann nur noch der Himmel für Erlösung sorgen. Hinzu trat damals die Idee, dass man dem Papst vergeben müsse.

Jede Episode, die Clamans aus der Erinnerung heraufruft, steht für ein Verhältnis zwischen dem Menschen und seiner gesellschaftlichen Verfasstheit: Jede reflektiert dabei moralische, politische, anthropologische und geschichtsphilosophische Überzeugungen. Dem früheren Rechtsanwalt und späteren Buß-Richter obliegt es, die Oberflächen der Konventionen und Gesetze zu durchstoßen, um freizulegen, was an Hypokrisie und falschem Gottvertrauen, an gespielter Solidarität und Eigeninteresse sich in den Tiefen des Allzumenschlichen tummelt. – Im Wandschrank seines Zimmers hält der Entlarver – noch eine Ironie – ein Gemälde der Brüder van Eyk verborgen, das aus der Kathedrale von Gent geraubt worden war. Lange habe es unerkannt in der Bar des »Mexico-City« gehangen, inzwischen sei es ins Versteck des Diebs und Hehlers gewandert.[13]

»Die gerechten Richter«: Das passt mit blasphemischer Verzerrung und wie eine spiegelbildliche Ikone auf den letzten Beruf, dem sich Johannes Clamans verschrieben hat. Der selbsternannte »Buß-Richter«, der nun auch noch als aufgeklärter Befürworter der Knechtschaft sein Unwesen treibt, ist in die Position des Richtenden geschlüpft, da Gott ohnehin nicht mehr in Mode sei. Wie funktioniert dies? Solcher Weise, dass er sich als Stammgast der Kneipe fortwährend mit Anklagen überhäuft und damit das Recht erwirbt, auch andere zu verurteilen. Der Richter zieht seine Klientel dadurch an, dass er ihr zur Nachahmung empfiehlt, was auch für ihn nur recht und billig sei: endlich Schuld und Sünde zu bekennen. Die eigene Schuld trägt er wie eine Maske, und indem er sich auf den jeweiligen Zuhörer einstellt, gelingt es ihm schnell, dessen Bekenntnisse hervorzulocken. Viele kommen, ihm zu huldigen, und sehen in ihm die Instanz. Er wiederum lebt im Rausch, sich als Gott Vater zu fühlen.

Clamans' dunkelste Hoffnung freilich würde sich erfüllen, wenn der unbekannte Zuhörer plötzlich als Polizist aufträte, um ihn für den Diebstahl der »Gerechten Richter« zu verhaften. Der Diebstahl ist mehr als nur die Entwendung eines weltbekannten Tafelstücks: Er ist der Rollenraub eines dem Satanismus zugefallenen Menschen, der im Unterwegs zum Schlechten nach und nach die Leiter des Bösen hinabsteigt, um tief unten als »Gott« sein Werk zu verrichten. – So weit darf es nicht kommen; alles verharrt in gespenstischer Schwebe. Doch auf den letzten Seiten verkündet Clamans dem verdutzten Passanten, wie es wäre, wenn es einträte. »Angenommen, Sie verhaften mich, das wäre schon ein guter Anfang. Vielleicht würde man sich dann auch mit allem übrigen befassen und mich beispielsweise enthaupten; ich aber hätte keine Angst mehr vor dem Sterben und wäre gerettet. Dann würden Sie meinen noch lebenswarmen Kopf über das versammelte Volk erheben, auf dass es sich in ihm erkenne und ich es abermals beispielhaft beherrsche. So wäre denn alles vollbracht, und ich hätte meine Laufbahn als falscher Prophet, der in der Wüste ruft und sich weigert, sie zu verlassen, ganz unversehens beendet.« (Fa, 171)

Hier sind Parallelen zum »Étranger« greifbar nahe. Doch anders als Meursault, dessen wahre Schuld niemals geklärt werden könnte, während die vom Gericht verfügte Todesstrafe ähnliche Assoziationen zur bevorstehenden Hinrichtung vor der Öffentlichkeit evoziert, bleibt Clamans, der verkommene Geist eines verkommenen Milieus, in jeder Beziehung unerkannt: Der Wunsch, gefasst und verurteilt zu werden, erscheint illusionär – abermals eine Volte, um der Menschheit ins Bewusstsein zu rufen, wie sie sich in nichts von ihrem erfindungsreichen Verführer abhebe.

Als Camus im Oktober 1954 nach Holland reist, hat sich die Story noch kaum angemeldet. Erst die trüben Tage in Rotterdam, dann in Amsterdam wecken die Inspiration. Die Orte regen dazu an, den schwankenden Grund zu legen, auf dem der Bekenner wandelt und dann einem Unbekannten seine Geschichte erzählt. Das Tagebuch gibt – anders als in vielen anderen Fällen für Projekte und Pläne – fast keine Hinweise auf das *work in progress*. Aufschlussreich ist vor allem eine Zeile vom November desselben Jahres, die auch anzeigt, dass eine Novelle beabsichtigt ist: »Titre nouvelle: Un puritain de notre temps.« Der Titel »Ein Puritaner unserer Zeit« kann allerdings abermals nur ironisch gelesen werden.

Denn zum Puritanismus »unserer Zeit« gehört die Hinterhältigkeit, ihn nicht nur zu heucheln, sondern auch als Instrument einer verbreiteten Rattenfängerei zu verwenden. Clamans ist der Agent solcher Doppeldeutigkeiten im Dienst von Macht und Herrschaftslaune, und seine Karriere dreht die Schläge des Schicksals, die ihn – übrigens viel eher auf der psychologischen als auf der existentiellen Ebene – über die Jahrzehnte der Biographie ereilen, mit Raffinement gegen die anderen. – Die Novelle sollte eine Zeitlang auch mit dem Titel »Le Cri« übertitelt werden. Doch »La Chute« trifft die Sache merklich besser. Der Fall in unergründliche Tiefen zieht mit Ausnahme des Zuhörers fast alle Figuren an, die mit Clamans in Berührung kommen, ihn selbst – in Freude und in Leid – ohnehin.

Es darf darüber spekuliert werden, wie weit die Geschichte auch – oder gar vor allem – referentiell verstanden werden muss. Nämlich im Sinne einer Abrechnung mit der intellektuellen Bohème von Saint-Germain-des-Prés und ihren Praktiken, per Selbstbezichtigung Moral zu lehren und einzufordern.[14] Für ihre Botschaft bleibt letztlich peripher, ob Clamans ein Porträt Sartres liefert, der sich nach dem Erscheinen von »La Chute« begeistert zeigte – oder ob er, mindestens da und dort, Züge seines Erfinders beansprucht.[15] Deutlicher tritt die Verwandtschaft mit Meursault zutage. Aber auch da wäre der »Fremde« erst ein Vorläufer ohne das Bewusstsein strategischer und taktischer Schachzüge gewesen, die eigene Lebensart an der Gesellschaft so zu erproben, dass überall nur Unheil entsteht. Nein, Johannes Clamans ist der negative »Übermensch« des Vorstoßes bis zu Gottes Ebenbildlichkeit: im politischen Verstand der Verächter jeglicher humanen Regung, ein Komödiant des Schreckens.

In keinem anderen Prosatext geht Camus so weit, so radikal Satire und Bitterkeit zusammenzuführen. Mag sein, dass die Empörung über Sartres Verrat am »Homme révolté« dazu Anlass gab, einmal noch literarisch zu verewigen, was damals und weiterhin in der Wahrnehmung des Verletzten die Praxis geistigen Umgangs mit Andersdenkenden war. Doch die mögliche Wut hat sich aufgelöst in ausgekühlte Erzählkunst, die mit leichter Hand über Abgründe hinweg formuliert, was epochal zur Beobachtung wie zur Diagnostik reizt: Dem Narzissmus des Ideologen ist alles erlaubt, solange es nur dessen Selbstwert bedient. – »La Chute«, als Erzählung in Camus' Œuvre ein besonderer Wurf und singulär im Duktus wie im Inhalt, reiht sich gleichwohl zeittypisch unter verwandte Versuche, die Realitäten der Kriegs- und Nachkriegsjahre aus der Perspektive einer zynischen Vernunft zu begreifen. 1944 übt Curzio Malaparte den bösen Blick auf die Greuel des Kriegs mit seinem Roman »Kaputt«. Fünf Jahre später erscheint Gottfried Benns »Ptolemäer« – ein Roman, dessen Held und Ich-Erzähler sich trickreich und abgebrüht durch die Chancen und Untiefen der bürgerlichen Gesellschaft schlängelt.[16]

*

Die unerwartete Prämie auf »La Chute« – und natürlich auf das Gesamtwerk – ist die Vergabe des Nobelpreises im Jahr 1957. Camus ist mehr irritiert als erfreut, hätte viel lieber Malraux in der Rolle des Ausgezeichneten gesehen und lebt weiterhin mit schweren Depressionen. Die Furcht, nicht mehr schreiben zu können, wird größer im Reflex auf Erwartungen, die nun »offiziell« und für alle Welt sichtbar geworden sind. – Die Auftritte in Schweden – am 10. Dezember in Stockholm, vier Tage darauf in Uppsala – sind Pflichten, die der Schriftsteller in Begleitung seiner Frau Francine absolviert. Die Dankrede vor dem Komitee und in Anwesenheit des Königs bleibt kurz. Der Vortrag in Uppsala hingegen gibt Gelegenheit, ein Thema wieder zu traktieren, das seit Jahrzehnten zu den Leitfiguren des Autors zählt: »Der Künstler und seine Zeit«.[17]

Beide Ansprachen wollen allerdings auch ihre politische Botschaft unmissverständlich zum Ausdruck bringen. Was Camus in Stockholm dazu ausführt, wird zunächst unauffällig eingeleitet mit dem Bekenntnis, dass »ein verhältnismäßig junger Mann«, dessen einziges Kapital seine Zweifel und ein Werk im Werden seien, die Auszeichnung eigentlich nicht verdient habe. Wer Camus kennt, weiß: Das ist kein bloßer Lippendienst. Und schon kommt der erste Hinweis: In einem anderen Europa lebten Schriftsteller, die dort zum Schweigen verurteilt seien. Da wird und wäre die Solidarität angesprochen. Und wenn Kunst auch zunächst einsiedlerisch ihre Vorstellungen entwickelt, so rührt sie die Menschen beispielhaft mit Bildern gemeinsamer Leiden und Freuden. – Ein Hin und Her also, zwischen der schöpferischen Introspektion und dem Verlangen nach Schönheit einerseits, dem Dienst an der Gemeinschaft anderseits. Auf den Spuren Nietzsches sind die Künstler vereint im Bund der Schaffenden, doch ihre Pflichten sollen dahin gehen, jenen Horizonte aufzuschließen, die mit der und durch die Geschichte zum Leiden verurteilt sind.

Man kann daraus nicht vorschnell folgern, dass Camus einer »littérature engagée« das Wort rede. Bevor sie Gesellschaft und Lebenswelt erreicht und diesen von den Möglichkeiten und Bedrohungen des Menschseins erzählt, ist die Dichtung das Werk aus Abgeschiedenheit und Imagination, ohne schon »instrumentell« politische Aussagen gemacht zu haben. Und wenn sie tatsächlich Wahrheit und Freiheit im Widerstand gegen die Unterdrückung mobilisiert, geschieht es immer auf dem Weg ästhetischer Vieldeutigkeit. Danach und damit dann stellt sie Mittel und Wege bereit, das Bewusstsein für das »andere« jenseits von Zwang und Diktat zu wecken. – Camus unterlässt es nicht, dem Stockholmer Publikum die Weltlage vorzuweisen – das potentielle Fanal völliger Vernichtung durch die Atomwaffen. Doch gegen solchen Nihilismus und gegen das gute Gewissen seiner Großinquisitoren, letztlich »gegen das instinktive Todesverlangen« einer zerstörerischen Epoche soll »eine Lebenskunst für Katastrophenzeiten« gewonnen werden, um »den Zerfall der Welt zu verhindern«. (FZ, 227)

Am 14. Dezember referiert der Nobelpreisträger an der Universität von Uppsala und vor einer Zuhörerschaft, die auch viele Studenten unter sich hat. Nun, ohne das Korsett diplomatischer Vorsicht, kann und will er noch deutlicher werden. Die Ouvertüre ist nicht dazu bestimmt, Zuversicht zu verbreiten. Camus beginnt mit dem Befund, dass heute sogar das Schweigen gefährlich sei. In Anspielung auf Pascals berühmtes Daseinsmotto – »Wir sind eingeschifft« – sieht er die Künstler auf den Galeeren der Zeit, deren Signum auf Auseinandersetzung und Kampf fokussiert ist. Längst vorbei die – freilich idealisierte – Ära, aus der Mozart seine »göttliche Freiheit« schöpfte, stattdessen unsichere Schritte von »Pfadfindern«, die – wie etwa in der Malerei der große Cézanne – mühsam und experimentell ihre Wege suchten. – Der moderne Künstler lebt nicht mehr mit den Segnungen des frei aus sich herausgestaltenden Genies. Er wirkt – nach innen wie nach außen – unter den Bedingungen von Risiko und Gefahr. Hinzu kommt, dass – mit Ortega zu sprechen – das Zeitalter der Massen auch neue und schwierige Aufgaben für den Künstler definiert.[18]

Camus präsentiert im Fortlauf ein gleichsam dialektisch aufgebautes Fragespiel. Die erste Frage lautet: Ist die Kunst – wie es inzwischen oftmals die Linke unterstellt – ein verlogener Luxus? Die Antwort lautet: Das kommt vor. Dann nämlich, wenn Formtüftler ohne Ansehung gesellschaftlicher Wirklichkeiten ihr »l'art pour l'art« betrieben. Hier, wie auch unter den Konditionen einer rücksichtslosen »Händler-Gesellschaft«, werde die Freiheit *ad absurdum* gebracht – isoliert, auf den reinen Egoismus gestellt, dem Interesse von Eigennutz und Narzissmus geopfert. – Anders gesagt: Wenn Kunst nur die Mystifikation ihrer Mittel inszeniert, gebricht es ihr am existentiellen Ernst. – Mit einem kühnen geschichtlichen Exkurs behauptet Camus mit Blick auf den sozialen Reflex des Ästhetischen, dass Literatur und Kunst bis zum Datum der Französischen Revolution von 1789 in Einklang mit und unter Zustimmung zur Gesellschaft gewirkt hätten. Danach seien sie zwangsläufig widerständig geworden, eine »Literatur der Auflehnung« gegen die bürgerliche Gesellschaft und kämpferisch wider deren Werte – sei es von unten und im Namen des Volks, sei es von oben, im Namen der Aristokratie, stets aber im Konflikt mit der »Attrappengesellschaft ihrer Zeit«. (FZ, 235)

Doch auch diese Position furioser Kritik am Bestehenden erschöpft sich im Lauf der Zeit und nimmt die Rollen von Pose und leerlaufender Empörtheit an. Das Attribut des Verfemten wird zum Klischee, mehr noch: Es legiert das »l'art pour l'art« mit der Rhetorik totaler Ablehnung. Am Ende ist die Jetztzeit erreicht: »Der zeitgenössische Künstler lehnt so lange alles ab, ja sogar die Tradition seiner Kunst, bis er wähnt, seine eigene Regel schaffen zu können, und sich schließlich für Gott hält. Gleichzeitig glaubt er auch seine Wirklichkeit selber schaffen zu können. Und doch wird er fern von seiner Gesellschaft nur formale oder abstrakte Werke hervorbringen, die als Experimente ansprechen, der Fruchtbarkeit der wahren Kunst jedoch entbehren, besteht doch die Berufung der wahren Kunst darin, Sammelpunkt zu sein.« (FZ, 236)

Man wird es mit dieser Analyse moderner Pathologien des Ästhetischen nicht allzu genau nehmen wollen. Camus doziert hier nicht als Wissenschaftler und Historiker der Literatur und ihrer Entwicklungswege, sondern – vor allem – als Anwalt in eigener Sache. »Sammelkunst«, wie er sie nennt, ist seine eigene so gut wie jene, die es erreichte, »erlebte und erlittene Wirklichkeit« in universalen Bildern und Appellen zur Sprache zu führen. Das Recht auf Einsamkeit ist ihren Urhebern verwehrt, der Monolog ein falsches Verfahren, weil schließlich der Mensch schlechthin angesprochen, bewegt und ergriffen werden soll. »Um jedoch von uns allen zu sprechen, muss man von dem sprechen, was alle kennen, und von der Wirklichkeit, die uns gemeinsam ist. Meer, Regen, Bedürfnis, Verlangen, Kampf gegen den Tod, das sind die Dinge, die uns alle verbinden. Wir gleichen uns in dem, was wir zusammen sehen, in dem, was wir zusammen leiden. Die Träume ändern sich mit den Menschen, aber die Wirklichkeit der Welt ist unsere gemeinsame Heimat. Das Bestreben des Realismus ist also berechtigt, denn es ist zutiefst im künstlerischen Erleben verankert.«

Zwei Stichworte fallen auf: Erleben und Realismus. Nur das, was zuvor aus eigener Erfahrung und Anschauung im Bewusstsein gerann, ist es wert, als Kunst weitervermittelt zu werden. Und folglich ist die Wirklichkeit von Lebenswelten der Ausgangspunkt ästhetischer Verwandlungen. – Was aber heißt »Realismus«? Mit dieser Frage schließt Camus an die frühere an, die auf den »Luxus« von Kunst gerichtet war. Die Antwort lautet: Realismus der reinen und ungetrübten Abbildlichkeit ist eine Fiktion. Unter solchen Bedingungen wäre allein Gott ein »realistischer« Künstler. Wahl und Auswahl, die sprachliche Inszenierung und das thematische Geflecht bearbeiten Wirklichkeit und Wirkliches – und transzendieren es in seiner gegebenen Unmittelbarkeit. Das ist Einspruch und Credo wider sozialistischen Realismus als Propagandakunst und wird wünschbar entschieden zu einer Zeit formuliert, da dieser noch kräftig im Schwange ist und nicht nur von Moskau her gefordert wird, sondern auch unter französischen Autoren der Linken einige Sympathien genießt.

Der Künstler in seiner Zeit: Er wäre denn weder der Artist einer sich selbst genügenden *décadence* noch der mit Schwarz und Weiß operierende Nachahmer »fotografischer« Linientreue, sondern jemand, der »die Auflehnung gegen das Flüchtige und Unvollendete der Welt« mit Phantasie und Lebenssättigung angeht – im Pakt mit den Mythen, weil sie Grundmuster des Menschen bildlich zur Unvergänglichkeit erheben, kein Richter, sondern »Fürsprecher des lebendigen Geschöpfes«. – Dies alles sagt Camus in Schweden und *coram publico*, weil es ohne Wenn und Aber seiner gedanklich-literarischen Mission entspricht, und zugleich weiß er, dass es im Heimatland abermals Irritation und gar Verachtung auslösen wird.[19] – Dass sein Œuvre weder einfach noch schlüssig wiedergäbe, was die Philosophie des Ästhetischen hier noch einmal im Aufriss vorzeigt, ist das andere: der Mehrwert einer Kunst, die zwar durchaus solchen Kriterien verpflichtet ist, sie allerdings immer wieder in Gestalten der Vielschichtigkeit präsentiert. Davon zeugen auch die letzten Erzählungen, die nur drei Monate nach den Reden von Stockholm und Uppsala im März 1957 bei Gallimard unter dem Titel »L'Exil et le Royaume« erscheinen und damit auch Camus' letztes zu Lebzeiten publiziertes literarisches Zeugnis bilden. Die Zeit der Entstehung fällt zwischen 1952 und 1956.[20]

*

»L'Exil et le Royaume« – zu Deutsch: Das Exil und das (König-)Reich. Der Titel klingt fremd, und so soll es auch sein. Auch wer noch nichts vom Stoff wüsste, hegte freilich, mit Camus' Werk vertraut, gewisse Vorstellungen – »Exil« wie »Reich« verweisen auf das Jenseits von Alltag und Eingewöhnung, markieren hier die Passage der Flucht mit unsicherem Ausgang, dort einen Herrschaftsraum, der jedenfalls nichts mit »demokratischen« Teilungen zu tun hat. – Aber wir greifen vor. Die sechs Erzählungen beschreiben höchst verschiedene Schicksale. – Der erste Text ist einer »Ehebrecherin« gewidmet; falls es tatsächlich zu einem Verrat käme, spielte er allein in einigen Gedanken der Frau. Der zweite, »Der Abtrünnige oder Ein verwirrter Geist«, entführt in eine phantastische Landschaft mit ebenso surreal anmutenden Situationen. Der dritte – »Die Stummen« – holt umgekehrt die Wirklichkeit nahe heran, indem er im Milieu einer Werkstatt zur Herstellung von Fässern siedelt. Der vierte, »Der Gast«, berichtet davon, wie ein Aufseher einen Gefangenen in der öden Landschaft der algerischen Berge betreut. Eingängig zeigt sich der fünfte, »Jonas oder Der Künstler bei der Arbeit« – er verdichtet symbolisch das Schicksal eines Malers, der vom gefeierten Star zum Autisten seines Unvermögens regrediert. Der sechste schließlich, »Der treibende Stein«, nimmt Camus' Erlebnisse während seiner Südamerika-Reise auf: Ein Architekt besucht ein Dorf des Urwalds, wo ihn ein Stammesritual und eine Prozession erwarten.

Schon dieses zusammenfassende Stenogramm macht klar: Es sind ausgewählte Ausschnitte aus dem Leben der Figuren, die dargeboten werden – Schicksalszeit, teils komprimiert, teils über einige Tage oder Wochen gestreckt, berührt ihre Existenz und verwandelt sie. Denn »Die Ehebrecherin« hat zu Beginn ihrer Geschichte noch keinerlei Ahnung, wohin sie der Aufenthalt in den Wüstenstrichen Algeriens treiben wird. Sie ist unterwegs an der Seite ihres Mannes, der mit Stoffen handelt und kaum Regungen der Seele kennt. Nach ermüdender Fahrt im Bus durch einen staubigen Wintermorgen landet man im Dorf. Die Oase verfügt über ein billiges Hotel, wo ein Zimmer reserviert ist. Draußen, stolze Araber und Nomaden, die bittere Kälte des Mittags, gleißendes Licht; drinnen, ein Raum im Niemandsland, allenfalls für Träume geeignet. Später am Nachmittag unternehmen die beiden einen Ausflug zum Fort, besteigen über endlose Treppen dessen Dach. Plötzlich erdröhnt der Himmel von einem einzigen, kurzen und schmetternden Ton. Die Frau, Janine, sieht von fern Zelte in der Wüste, Schriftzüge im Sand. Vor der Weite des Horizonts scheint sich der Knoten aus Langeweile und Gewohnheit zu lösen: »dort drüben« winkt ein Paradies, das immer ersehnt ward und gleichwohl unerreichbar bleibt. »Über die trockene, bis auf die Knochen aufgekratzte Erde dieses Landes ohne Maß zog seit jeher ruhelos eine Handvoll Menschen, die nichts besaßen, aber niemandem hörig waren, elende und freie Herren eines fremdartigen Reiches. Janine wusste nicht, warum diese Vorstellung sie mit einer so sanften und allumfassenden Traurigkeit erfüllte, dass sie die Augen schließen musste. Sie wusste nur, dass ihr dieses Reich seit Anbeginn der Zeiten verheißen war und dass sie es dennoch nie besitzen würde, nie mehr, außer vielleicht in diesem flüchtigen Augenblick, da sie die Augen wieder aufschlug, den mit einem Mal unbeweglichen Himmel gewahrte und die Fluten erstarrten Lichts, während die aus der arabischen Stadt aufsteigenden Stimmen jäh verstummten.« Und weiter: »Da schien ihr, dass der Lauf der Welt eben zum Stillstand gekommen sei und dass von dieser Sekunde an niemand mehr altern, niemand mehr sterben werde. Allüberall war von nun an das Leben angehalten, außer in ihrem Herzen, wo im selben Augenblick jemand Tränen des Kummers und des ungläubigen Staunens vergoss. (J, 129f.)

Was Camus, der mit der abendländischen Mystik seit Studienjahren an der Universität von Algier gut vertraut ist, hier in ausgreifender Sprache poetisiert, ist nichts anderes als das *nunc stans* – die plötzliche Epiphanie eines zeitlos gewordenen Augenblicks, in welchem die Welt jäh als Abbild der Ewigkeit aufleuchtet. – Auf die philosophischen Erklärungen darf indessen verzichtet werden: Was die Frau gegen den Leerlauf ihres Alltags schlagartig erfährt, ist die Aussicht auf ein Dasein, das ihr nie gehören wird. Das Reich der ruhelosen Nomadenherren, das Reich bewegungslos gehaltener Wirklichkeit – alles öffnet sich nur wie eine Spalte, um die Sehnsucht zu wecken. – Janine kehrt mit Fieber ins Zimmer zurück, schläft ein, erwacht wieder, beobachtet ihren schlafenden Mann, erinnert sich ihrer Ehe, seiner triebhaften Bedürfnisse, des Gewichts aus zwanzig Jahren, wird überfallen von dem Wunsch, erlöst zu werden. »Sie wollte erlöst werden, selbst wenn Marcel, selbst wenn alle anderen der Erlösung nie teilhaftig werden sollten!« (J, 133)

Mitten in der Nacht erhebt sie sich, kleidet sich an und stürzt ins Freie. Nochmals geht sie den Weg zum Fort, nochmals steht sie auf der Terrasse. Jetzt, wo Einsamkeit und Stille herrschen, wird die Verwandlung fällig. Der Sternenhimmel teilt sich ihr mit als Mirakel und Befreiung. »Die Sterne vor ihren Augen fielen einer nach dem anderen herab und erloschen dann inmitten der Steine der Wüste, und jedes Mal erschloss sich Janine ein bisschen weiter der Nacht.« Am Ende ist sie erfüllt von der Begegnung mit dem All, kehrt zurück in ihr Zimmer, trifft auf einen verständnislosen Marcel, beruhigt den Fragenden und beginnt fassungslos zu weinen. »›Es ist nichts, Liebling‹, sagte sie, ›es ist nichts.‹«

Zum Repertoire christlicher Apokalyptik gehört auch – in der Vision des heiligen Johannes – der Sternensturz als weiteres Exemplum dafür, dass das Ende der Zeiten angebrochen ist. Camus metaphorisiert dieses Ereignis nochmals, indem es – ganz unchristlich – für die erweckenden Momente im Leben einer Frau einsteht, die dadurch – vielleicht – zwar wieder, doch auch anders von vorne beginnen wird. Die Geschichte braucht keine umständlich beigebrachten Requisiten, den Einbruch des Spiels in die Zeit vorzuweisen. Im Gegenteil: Es muss elementar Natur nebst ein paar Zeichen archaischer Kultur sein, damit sich das Unerwartete erfüllt: der Übersprung aus seelenarmer Alltäglichkeit in ein Reich, das keine Dauer gewähren kann, doch immerhin eine Ahnung davon. – Von härterer Prägung ist die zweite Erzählung, »Der Abtrünnige oder Ein verwirrter Geist«, und zwar auch deshalb, weil sie ebenfalls mit religiösen Motiven spielt, diese jedoch sowohl ausdrücklich macht als auch – am Ende – ins beinah Blasphemische dreht.

Man muss darin keine bilderstürmerische Aufklärung am Werk sehen. Es geht Camus im Wesentlichen darum, die Folgen des Fanatismus zu illustrieren, während die Szenerie gelegentlich fast surreale Züge annehmen darf. Bereits in den »Cahiers« hält der Autor die Grundidee fest. Es gehe darum, so trägt er ein, einen verwirrten Geist vorzuführen, der, in der Rolle des Missionars, die Barbaren zivilisieren wolle, derweil diese ihm die Ohren und die Zunge abschnitten und ihn zum Sklaven machten. Wieder frei und vom Durst nach Rache erfüllt, lauere er dem nächsten Missionar auf und töte ihn. (II, 1140)

So in etwa geschieht es. Die Geschichte läuft, teils in verstörender Diktion, in der Ich-Form. In einem langen und wie von Céline inspirierten Monolog berichtet der Verrückte Vorgegenwart und Vergangenheit seines Tuns. Dazu zählen die Herkunft aus dem Massif Central, die Bekehrung zum Katholizismus, ein Seminar in Algier, die Flucht in die Sahara, nachdem er Geld entwendet hat, schließlich die Entführung durch Wilde, die ihn in eine geheimnisvolle und abgeriegelte Wüstenstadt verschleppen, foltern und unterjochen. Inzwischen lauert der Mann, versteckt zwischen Felsen und bewaffnet mit einem Gewehr, seinem Nachfolger auf – so groß ist der Hass auf die Institution geworden, dass ein beliebiger Nächster daran glauben muss. Intermittierend enthüllt er Details seiner Leidensvita: die Deportation, die Gefangenschaft im Haus des Fetischs, Folter und Zaubermacht, die Unterwerfung zum Diener des Götzen, derweil die Zeit als »gestaltloses Plätschern« zerrinnt, dann das Herausschneiden der Zunge und den Wunsch zu sterben.

Das alles klänge nach einem verzweifelten »De profundis« – wenn sich der Mann nicht aufgerafft hätte, am Leben bleiben zu wollen, um nunmehr aus den Energien der Wut zu schöpfen. Er schwört jeglicher christlicher Religiosität ab, beginnt stattdessen, das Prinzip des Bösen in der Welt anzubeten, übernimmt die Magie, die von dem Fetisch ausgeht, und bezeichnet das Gute als einen leeren Traum. Denen, die es genauer wissen wollen, schleudert er atemlos die neue Wahrheit grimmig entgegen: »... das Gute ist ein Traum, ein unaufhörlich hinausgeschobenes und mit erschöpfendem Bemühen verfolgtes Vorhaben, eine Grenze, die man nie erreicht, sein Reich ist unmöglich, einzig das Böse kann bis zu seinen Grenzen gehen und unumschränkt herrschen, ihm muss man dienen, um sein Reich sichtbar aufzurichten, später wird man weitersehen, später, was soll das heißen, einzig das Böse ist gegenwärtig, nieder mit Europa, der Vernunft, der Ehre und dem Kreuz. Ja, ich musste mich zu dem Glauben meiner Meister bekehren, ja, ja, ich war ein Sklave, aber wenn ich auch böse bin, bin ich kein Sklave mehr, trotz meinen gefesselten Füßen und meinem stummen Mund.« (J, 152)[21]

Später tauchen Soldaten auf, schaffen Ordnung, nehmen den Attentäter in ihre Gewalt. Dieser sieht sich von seinem Fetisch verlassen – »... o Fetisch, warum hast Du mich verlassen? Alles ist zu Ende, mich dürstet, mein Leib brennt, dunklere Nacht füllt meine Augen« – und erwartet die Strafe, als ob er seinerseits ein Gekreuzigter würde, der jede Hoffnung fahrenlassen muss. Der letzte Satz lautet bündig: »Eine Handvoll Salz verschloss den Mund des geschwätzigen Sklaven.« (J, 157) – Worauf eine Ironie den Sieg davongetragen hätte, die aus der Erkenntnis abgeleitet ist, dass sich fanatisierter Wahnsinn zuletzt selber richtet. – An keiner anderen Stelle seines literarischen Werks treibt Camus Motivik und Tonlage des Grausamen so weit vor. Aber das Ganze soll vor allem eine Parabel sein – eine finstere Variation auf die verführende Macht des Bösen, auf die Folgen einer fehlgegangenen Konversion, auf das zerstörende Potential von Ideologie und Verherrlichung ihrer Götter. Auch Jean-Baptiste Clamence, der Protagonist von »La Chute«, befleißigt sich des Hangs zur Unmoral. Der Verrückte aber dreht die Spirale des Verderbens noch viel weiter.

Aus den Tagebüchern Jean Greniers, des ehemaligen Lehrers von Camus, erfahren wir noch mehr. Grenier hat den Verfasser am 12. Juni 1956 und kurz nach dem Erstdruck von »Le Renégat ou Un esprit confus« in der »Nouvelle Revue Française« zu deren Bedeutung befragt. Camus hat ihm geantwortet, es handle sich bei der Geschichte eigentlich um den Intellektuellen, der damit ende, die Religion des Bösen anzubeten. Mehr noch, es handle sich dabei um Masochismus im Dienste der Knechtschaft.[22] – Während Clamans durch die Präsenz seines schweigenden Zuhörers immerhin in die Umgebung eines wenigstens virtuellen Dialogs gesetzt ist, entlässt der Verwirrte seine Überzeugungen aus einer Suada des inneren Monologs. Er ist des Sprechens nicht mehr fähig. Folglich oszilliert seine ganze Geschichte – bis auf den Schlusssatz – im Echoraum des Autismus: als hätte sich die Selbstbestrafung durch unbedingte Unterwerfung unter die Tyrannei einer makaber verrückten »Religion« längst aller Anschlüsse an Gemeinschaft oder Gesellschaft begeben.

Für die Dramaturgie von »L'Exil et le Royaume« ergibt sich so eine teils steigende, teils fallende Kurve von Erregung. Der Autor hebt mit einer Ouvertüre an, deren Titel falsche Erwartungen weckt: Janine ist »Ehebrecherin« nur insofern, als sie plötzlich sich eine Dimension von Leben und Weite erschließt, die im Haushalt der Gewöhnlichkeiten nicht vorkommen durfte. Mit dem »Abtrünnigen« allegorisiert Camus das Politische unterm Diktat pseudoreligiöser Ermächtigungen. Die dritte Erzählung hingegen wendet sich dem Alltag zu, wo Arbeiter Fässer herstellen. Zu den Schauplätzen ist zu sagen, dass sie allesamt mit eigenen Erfahrungen und Anschauungen ihres Erfinders konform gehen. Vier Erzählungen spielen in Nordafrika, eine holt Paris heran, die letzte siedelt in Südamerika. So inspiriert das Terrain deren »Moral« mit passender Atmosphäre, derweil der Stilist dafür sorgt, dass sich die Sprache variantenreich den einzelnen Themen anschmiegt.

Dem Wortschwall des Verrückten, der ohne Pause in sich hineinspricht, folgt mit der dritten Geschichte das Schweigen. »Die Stummen« (»Les Muets«) rückt Männer in den Mittelpunkt, die wenig zu sagen haben, weil sie vor allem ihre Arbeit tun. Sie stellen in einer kleinen Manufaktur einer algerischen Küstenstadt Fässer her. Yvars, die zentrale Figur, ist vierzig, lebt mit Frau und Sohn den Rhythmus der Kleinfamilie und bemerkt lakonisch das Vergehen des Glücks mit dem Ende der Jugendlichkeit. Weder glücklich noch traurig, trinkt er abends sein Aniswasser, still, wartend und ohne Spekulationen über mögliche Veränderungen. Den politischen Hintergrund macht ein gescheiterter Streik – nur dieser Misserfolg weckt Gefühle der Frustration und eine »spröde Wut«. – Der Chef des Unternehmens, Monsieur Lasalle, hat es von seinem Vater übernommen und ist noch jung. Er lebt mit der Familie in einer Villa mit Garten. Yvars und ein Kollege werden ins Haus gerufen. Ein Gespräch über bessere Arbeitsbedingungen kommt schon deshalb nicht zustande, weil die beiden keinerlei Bereitschaft zum Gespräch zeigen. Sie bleiben wortlos, stumm, worauf sie der Chef zum Teufel schickt.

Dann Mittagsmahlzeit, dann wieder Betrieb. Mit dichter Genauigkeit schildert Camus die Verrichtungen in der Werkstatt. »Die große Säge fraß sich knirschend durch das frische Holz der Daube, die Esposito langsam vor sich herschob. An der Stelle, wo sie hineinbiss, sprudelten feuchte Sägespäne empor und bedeckten die groben, behaarten Hände, die sich zu beiden Seiten der heulenden Klinge fest um das Holz schlossen, mit einer Art Paniermehl. Wenn eine Daube durchgesägt war, hörte man nur mehr das Summen des Motors.« (J, 170) Der Stil wird hier metonymisch, hebt einzelne Gegenstände und Körperteile aus dem Geschehen, das sich wie eine Physik der Materie verstehen lässt, wo das Tun des Menschen vollkommen dem Prozess der Arbeit sich eingefügt hat. Wenn der Arbeiter – wie Yvars – darüber nachdenkt, bleibt einem solchen Leben kaum mehr als Anspannung und Schlaf, und der Schlaf ähnelt bereits dem Tod: Arbeit, Schlaf, Tod – so spielt die Melodie im Hintergrund: Mehr ist für den Stand der Werktätigen nicht zu erwarten. – Ein einziger Zwischenfall erschüttert das eintönige Gefüge. Nochmals klingelt die Glocke des Vorgesetzten – jetzt heftig, ununterbrochen. Die kleine Tochter des Besitzers hat einen Anfall von Epilepsie gehabt, bald ist auch das Bimmeln des Krankenwagens zu hören.

Das ist schon fast alles. Der Rest des Nachmittags dehnt sich ohne Ende, Yvars fühlt Bedrückung. Dann der Heimweg, dann das gewohnte Ritual auf der Bank an der Terrassenmauer: Seine Frau bringt den Anis, zwei Gläser und einen Krug mit frischem Wasser. Yvars hält Fernandes Hand, erzählt ihr, was an diesem Tage vorgefallen ist. Der letzte Satz lautet, gegen den Absolutismus der Wirklichkeit, im Irrealis so: »Er hätte jung sein mögen, mit einer noch jungen Fernande, und sie wären fortgezogen, übers Meer.« (Jo, 173) – Keine der sechs Erzählungen von »L'Exil et le Royaume« bleibt näher an den Unmittelbarkeiten des Daseins, keine sperrt so ausdrücklich jeden denkbaren Ausweg in die Transzendenz. Wieder greift Camus auf Anschauungen aus seiner algerischen Heimat zurück – hier aber mit einer Poesie, die den Fatalismus des Lebens in Armut und Würde gleichsam mimetisch umkreist. – Und ähnlich strukturiert scheint zunächst auch der anschließende Text, der übertitelt ist mit »Der Gast« (»L'Hôte«). Das Prinzip heißt abermals Reduktion: Mit minimalistischen Mitteln wird beschrieben, wie ein Gefangener und Mörder über eine Hochebene zur Winterszeit ins Gefängnis geleitet werden soll. Dort oben, fern von jeder Zivilisation, steht ein Schulhaus, das nun nur noch der Lehrer bewohnt. Daru, ein kleingewachsener, doch kompakter Mann, der »ein mönchisches Dasein« führt, erhält den Besuch eines Polizisten, Balducci, der ihm den Araber bringt und zur Obhut überlässt. Schnee bedeckt die Landschaft, es ist bitterkalt.

Daru bereitet im Klassenzimmer den Tee. Er erfährt, dass der Täter seinen Vetter im Zorn getötet hat. Der Auftrag lautet, ihn nach Tinguit zu überführen, doch der Lehrer hat wenig Lust, dies zu tun. Zwischen Daru und dem Gendarmen entwickelt sich ein kurzes, einsilbiges Gespräch – Balducci warnt vor einem Aufstand der Araber im Lande, Daru behauptet, er seinerseits habe nichts zu fürchten. Der Polizist kehrt in die Stadt zurück, der andere ist mit dem Gefangenen allein. Daru meditiert darüber, wie die Vergänglichkeit sich

Algeriens bemächtigt. »So war es nun einmal, der Kiesel bedeckte für sich allein drei Viertel des Landes. Städte entstanden hier, blühten auf und gingen unter; Menschen traten flüchtig auf, liebten sich oder fuhren sich an die Gurgel und starben. In dieser Wüste zählte keiner einen Deut, er nicht und sein Gast nicht.« (J, 183f.) – Als der Araber seinen Hunger meldet, bereitet Daru ein Mahl. Dann holt er ein Feldbett aus dem Schuppen und stellt es neben sein eigenes. Befragt, weshalb er den Vetter getötet habe, meint er nur: »Er ist davongelaufen. Ich habe ihm nachgesetzt.« Auf die Frage, ob ihm die Tat leidtue, reagiert er verständnislos. Die Nacht fällt ein, Daru bleibt lange wach, spürt als Störung, dass ihm die Umstände eine Art von Brüderlichkeit aufzwingen, die er ablehnt. – Wachsamkeit, Argwohn, auch der Verdacht, dass ihn der Gefangene angreifen könnte. Aber nichts geschieht. Am nächsten Morgen steht die Sonne über der Ebene, der Schnee beginnt zu schmelzen, nach dem Kaffee brechen Daru und der Araber auf. Nach ein paar Stunden Wegs lässt Daru seinen Mann frei und zeigt ihm zwei Richtungen. Die eine weist nach Osten und nach Tinguit, wo die Behörden und die Polizei warten; die andere nach Süden, wo die Nomaden leben, die ihn aufnähmen und beschützten. – Daru ist bereits zur Schule aufgebrochen, als der Araber immer noch ratlos am Rand eines Hügels steht. Endlich läuft er – den Weg zum Gefängnis.

Damit ist das Ende beinah erreicht. Die letzte Szene ist dem Lehrer vorbehalten, der ins Schulhaus zurückgekehrt ist. »Ein wenig später stand der Lehrer am Fenster seines Klassenzimmers und schaute blicklos in das junge Licht hinaus, das sich stürmisch von der Höhe des Himmels über die ganze Weite des Hochplateaus ergoss. Hinter ihm auf der Wandtafel breiteten sich zwischen den Windungen der Ströme Frankreichs die von ungelenker Hand mit Kreide geschriebenen Worte, die er eben gelesen hatte: ›Du hast unseren Bruder ausgeliefert. Das wirst du büßen.‹ Daru sah den Himmel, die Hochebene und was sich unsichtbar dahinter bis zum Meer erstreckte. In diesem weiten Land, das er so sehr geliebt hatte, war er allein.« (J, 192)

Allein – oder auch fremd. Der eine wie der andere sind Menschen der Einsamkeit im eigenen Land: hier der Mörder, der seinem Schicksal, nach eigenem Entschluss, nicht entrinnt, dort sein Wächter, der von dessen Angehörigen fälschlicherweise als Handlanger der Kolonialmacht wahrgenommen wird. Die Fluchtlinie des »Étranger« hinterlässt auch hier noch Spuren, freilich mit politischen Implikationen: Das weite Land Algerien ist für viele bereits zum Niemandsland geworden. – Man wird sich hüten, in Daru einfach ein holzschnittartig vorgetriebenes Selbstporträt seines Erfinders sehen zu wollen, doch teilt Camus zur Zeit der Arbeit an dieser Erzählung die Frustration des Lehrers, auch von jenen, denen er beistehen wollte, falsch verstanden worden zu sein.[23]

Und bereits die nächste und vorletzte Geschichte des Zyklus ist noch mehr dazu angetan, Vergleiche zwischen dem Protagonisten und seinem Erfinder anzustellen. Tonfall und Aufbau des Texts sind auf Ironie und satirische Schärfe hin gestimmt; das Thema der allmählichen Verfertigung der Einsamkeit bleibt sich gleich. Der *plot* ist rasch berichtet. Der fünfunddreißigjährige Gilbert Jonas, Sohn eines großen französischen Verlegers, hat sich vom Lektor zum Maler verändert. Er glaubt, wie es mehrmals heißt, »an seinen Stern«, und der Erfolg gibt ihm recht. Einer verwöhnten Kindheit folgt nun eine brillante Karriere, zu der auch Jonas' Gattin beiträgt: Louise ist geschäftig und betriebsam wie eine Ameise und erleichtert dem Künstler die Pflichten des Alltags. Nach einiger Zeit einer auch kulturell gepflegten Ehe erhält die Familie nach und nach drei Kinder. Der Ort des Geschehens ist Paris, genauer: eine Wohnung mit drei Zimmern im Altstadtviertel. »Mir soll's recht sein«, sagt Jonas, wann immer sich etwas tut in seinem Leben.

Es tut sich nicht allzu viel. Das größte Zimmer dient als Atelier, aber auch als Salon für die wachsende Schar der Freunde – je bekannter Jonas wird, um so geselliger wird der Alltag. Dem Naturell nach eher ein zurückgezogener Mensch, akzeptiert er das bunte Treiben als weiteres Zeichen seines Sterns und fügt – im Stil von Flauberts Bouvard und Pécuchet – eine eigene Version des Gesetzes der Thermodynamik hinzu: »In der Kunst wie in der Natur geht nichts verloren.« (J, 205) – Jonas' Schüler sorgen dann dafür, dass seiner Arbeit auch ein intellektuelles Bewusstsein zuwächst: Sie erklären ihm, was er tut, unter Einschluss des moralischen Standpunkts. »So verging die Zeit.« Tatsächlich. Doch – und hier dreht die Erzählung – je berühmter der Maler wird, je mehr sich sein Agent die Hände reibt, je hymnischer die Kritik auf jedes neue Gemälde reagiert, um so langsamer funktioniert der Schaffenstrieb. Ironische Zwischenbemerkung des Autors: »Seine Berühmtheit wuchs zum Glück immer mehr, je weniger er arbeitete.« Dann indessen: »Aber das Leben ist kurz, die Zeit verfliegt, und seine eigene Energie hatte ihre Grenzen. Es war schwer, die Welt und die Menschen zu malen und zur gleichen Zeit mit ihnen zu leben. Andererseits durfte er sich nicht beklagen und auch die Gründe seiner Absagen nicht erklären. Denn dann klopfte man ihm auf die Schulter und rief: ›Glückspilz! Das hat man davon, wenn man berühmt ist.‹«

Immer turbulenter entäußert sich das Leben in der kleinen Wohnung. Jonas ist längst in ein Hinterzimmer verwiesen worden, derweil der Strom der Besucher – vom neuesten Boxmeister bis zum gefeierten fremdländischen Dramatiker – nicht abreißt. Zwei Setter sind inzwischen zum Familieninventar hinzugetreten, und überhaupt regiert, von Louise eigensinnig überwacht, ein Chaos, das jede Muße und Sammlung verhindert. Jonas enthält sich aller bösen Worte über Freunde und Bekannte. Anderseits wird er zerstreut und verträumt, und allmählich blättert der Ruhm ab. Ein kritischer Artikel beunruhigt den Händler seiner Werke. So nimmt das Schicksal seinen Lauf. Jonas flüchtet in Bars und Cafés, spricht dem Alkohol zu, beginnt Liebschaften und verkehrt mit Huren. Fast scheint es, dass er der unschuldige Bruder von Jean-Baptiste Clamence werden könnte. – Eine letzte Wendung versetzt die Geschichte in eine fast surreale Ambience. Denn Jonas zieht in den hohen Korridor der Wohnung eine zweite Etage ein. Dort oben, auf dem Bretterboden, abgeschirmt von allen Störungen, will er arbeiten und nachdenken. Ein einziger Freund ist noch würdig, in der Höhe empfangen zu werden, die ins Halbdunkel gehüllt ist. Allmählich bleiben die Besucher fern, das kuriose Verhalten des Meisters hat sich herumgesprochen. Endlich stellt Jonas eine Lampe auf, und während einer langen Nacht malt er ein Bild. Dann bricht er zusammen – Erschöpfung, wie darauf ein Arzt feststellt. Als der Freund das Bild betrachtet, das unter diesen Bedingungen entstanden ist, blickt er überrascht auf eine völlig weiße Leinwand. »Nur in der Mitte hatte Jonas mit ganz kleinen Buchstaben etwas geschrieben, das man wohl entziffern konnte, ohne indessen sicher zu sein, ob es heißen sollte ›solitaire‹ oder ›solidaire‹.« (J, 229)

Finis. Abermals liegt die Pointe im Schluss, doch schon zuvor wird die Falllinie kenntlich. Der »Naive«, der zunächst als Schöpfer die Welt zu Bildern bringt, wird irre an Ruhm und Geld und ist am Ende nicht mehr bereit und in der Lage, ihre Erwartungen zu erfüllen. Dieses Künstlerfatum ist so selten nicht. Besonders hingegen ist die Reaktion des Aussteigers: Er überlässt es der »Rezeption«, darüber zu befinden, was er ihr zum Abschied geschenkt hat. Das gemalte Wort – ähnlich einem Schriftzug von Magritte – schwebt zwischen den Bedeutungen von »einsam« und »solidarisch«, und vielleicht hat beides sein Recht.[24] – Wenn Camus mit dem »Abtrünnigen« eine auch mit Grausamkeiten besetzte Allegorie auf den Fanatismus verfasst, wählt er für seinen Jonas die Mittel der Satire, die irgendwo zwischen Kafka und Fellini zu verorten wäre. Der Duktus ist fast schwerelos, die Handschrift eher weit entfernt vom Durchschnittsgewicht seiner Prosa, der Unterton freilich gleichwohl nicht ohne eine sanfte Bitterkeit. Albert Camus ist nicht Gilbert Jonas. Aber er hat, wie sein Held, auch leibhaftig erfahren, was zumal in Frankreich einem Künstler geschehen kann, der ohne eigenes Zutun zuerst zum Genius erhoben, dann in die Tiefen des Versagens getaucht wird. Moral: Alles, was von außen kommt und teils heuchlerisch, teils grob bewundernd herangetragen wird, gehört in den Echoraum der Eitelkeiten – weniger dessen, der sie vielleicht auch selber gepflegt hat, als vielmehr derer, die sich im Erfolg des Mannes spiegeln und damit »Gesellschaft« konstituieren. Letztlich allerdings und jenseits der Botschaft triumphiert dieser Text – der mit Abstand bekannteste aus der Sammlung – mit einer subtil gestimmten Musikalität. Sie bestimmt das »Scherzando«, am Ende die philosophische Fermate, die absichtsvoll nicht weiterweiß.

Für die Schluss-Erzählung in »L'Exil et le Royaume« des Titels »Der treibende Stein« (»La Pierre qui pousse«) greift der Autor auf Erlebnisse seiner Reise durch Südamerika, näherhin durch Brasilien, zurück. Die Erzählweise wäre als »realistisch« zu bezeichnen; zwei Begebenheiten, die im Zentrum der Handlung stehen, sind es nicht: zum einen ein magischer, von der Trance der Beteiligten lebender

Tanz, zum anderen eine christliche Prozession. Aber ohnehin ist Brasilien in vielem ein Urland, wie schon der Verfasser der »Cahiers« immer wieder notierte. Unter dem Zwischentitel »Une macumba, au Brésil« hat Camus dem Tanzritual genaue Aufmerksamkeit geschenkt, und ebenso detailliert finden sich die Fahrt nach Iguape und der dortige Aufenthalt beschrieben.[25] In der Erzählung sind diese Ereignisse auf einen Brennpunkt hin zusammengezogen.

Nochmals darf ein Schaffender die Bühne betreten. Mit dem Auto und durch den Urwald und über den Fluss fährt der Ingenieur D'Arrast in eine kleine Stadt – Iguape –, wo Hilfe erwartet wird. Es soll ein Damm gebaut werden, der die tiefer liegenden Viertel vor Überschwemmungen schützt. Der Auftrag ist klar, die Begründung ist es ebenfalls. Aber die Rationalität von Mittel und Zweck bildet bloß die Folie, vor der die wahren Realitäten spielen. Zum einen herrscht die Armut – aus den Hütten am Strom quellen Rauch und Elend, dies in kräftigem Kontrast zur kleinen Welt der Honoratioren, die das Erbe der Kolonialzeit verwalten. Zum andern findet der Großteil der Bevölkerung eine Ersatzwelt mystisch-aufgepeitschter Erregung in Ritualen heidnischer und christlicher Prägung. D'Arrast ist kurz vor einer großen Prozession in dem Städtchen angekommen und erduldet die üblichen Empfangszeremonien zwischen Verehrung und Ungeschick. Dem feierlichen Umzug zur Kirche soll eine besondere Handlung mitgegeben werden: Ein Schiffskoch, der im Sturm beinah ertrunken wäre, hat Gott versprochen, im Falle des Überlebens einen Dienst zu leisten. Er will einen sehr schweren Stein über die volle Länge der Prozession auf seinem Kopf stemmen.

Abends zuvor und aus Anlass des Fests des heiligen Georgs findet eine Macumba statt. In einer größeren Hütte versammeln sich junge Männer und Frauen, die von einem Magier zu bald immer wilderen Tänzen aufgestachelt werden. Hitze, schwere Luft, Lärm und Trommelwirbel werden nur noch von der Ekstase der jungen schwarzen Frauen überboten. Bevor D'Arrast als Zaungast die äußersten Enthemmungen beobachten kann, wird er aus dem Raum gewiesen. – Tags darauf erfasst ihn ein seltsamer Ekel vor dem weiten Land. Brasilien sei – hier wiederholt Camus eine Bemerkung aus dem Tagebuch – zu groß. Alles verschwimmt vor dem Auge, löst sich auf, lässt die Zeit verschwinden. Folgt endlich die Prozession. Der Ingenieur nimmt sie zunächst vom Balkon des Hauses des Richters wahr. Tapfer, aber gezeichnet von den Ausschweifungen der vergangenen Nacht, trägt der Koch seinen Stein. Langsam verwandelt sich die Anstrengung zur Folter. Als der Träger die Grenzen des noch Möglichen erreicht hat, bricht er zusammen; die Last liegt am Boden. Da springt D'Arrast in die Bresche, hebt den Brocken empor, trägt ihn durch die Gassen und über den Vorplatz zur Kirche. Doch bevor er sie erreicht, biegt er ab, Richtung Fluss. Er steuert des Kochs Hütte an, stemmt mit dem Fuß die Türe auf, geht durch den Hauptraum und schleudert den Brocken auf die Feuerstelle.

Später, als die Bewohner der Hütte heimgekehrt sind, steht D'Arrast »mit geschlossenen Augen aufrecht an der hinteren Wand«. Der Bruder führt den Koch zum Stein, dieser lässt sich zu Boden fallen. »D'Arrast stand im Dunkeln, horchte, ohne etwas zu sehen, und das Brausen des Wassers erfüllte ihn mit ungestümem Glück. Mit geschlossenen Augen grüßte er freudig seine eigene Kraft, grüßte abermals das Leben, das neu begann.« – Abermals setzt ein Schlusssatz die gedankliche Unterschrift. »Der Bruder rückte ein wenig vom Koch ab, wandte sich halb nach D'Arrast um und wies, ohne ihn anzublicken, auf den leeren Platz: ›Setz dich zu uns.‹« (J, 269f.) – Solidarität und Gastfreundschaft, dazu Anklänge an den Mythos des Sisyphos: Was der eine begonnen hat, übernimmt der andere und beendet es. Die »Wiederholung« umkreist hier nicht den Stein, dessen Gewicht mit dem Wurf hinfällig wird, sondern Arbeit in der und für die Gemeinschaft, die niemals ein Ende findet, aber intermittierend ihre Gestalter deren Kraft und Können fühlen lässt, worauf für Augenblicke ein Gefühl von Glück und Freiheit einschießt. Es muss der brasilianische Urwald sein, Authentizität und Empfänglichkeit für solche Lebensmomente herzustellen. Zwischen Paris, wo der Maler Jonas das Scheitern lernt und seinen Rückzug in private Dunkelheit dagegen inszeniert, und dem südamerikanischen Niemandsland, wo alles immer noch Anfang und Versuch ist und religiöse Magie die Härte des Daseins überglänzt, könnte der Gegensatz nicht größer sein.

*

Es ist kaum Zufall, dass auf die Erdnähe dieser letzten Erzählung, die noch zu Lebzeiten des Schriftstellers publiziert werden kann, eine Geschichte von vergleichbarer Intimität mit den Arbeits- und Dingwelten der »kleinen Leute« folgen sollte: der große Roman »Le Premier Homme« (»Der erste Mensch«). Hier ist nicht der Ort, die teils schwierigen, teils unlösbaren Probleme der Philologie zur Genese und Entwicklung des Stoffs zu erörtern.[26] Zur Verdeutlichung der Sache gehört immerhin, dass Camus bereits in den vierziger Jahren und mit dem Blick über den Werkzyklus der Revolte hinaus eine solche Aufgabe projektierte. Die »Cahiers« erwähnen einen »grand roman«, der das »Sujet der Gerechtigkeit« behandeln würde, etwas später ist auch von einem »Roman d'amour« die Rede. Im Sommer 1953 werden die Tagebücher deutlicher. Camus entwirft einen Plan für den größeren Teil des Werks und den niemals mehr veränderten Titel. Ein paar Wochen später greift das Cahier, abermals in stenographischen Kürzeln, diesen Grundriss wieder auf und vertieft ihn. Im Sommer 1957 dann, nachdem »La Chute« und »L'Exil et le Royaume« veröffentlicht sind, beginnt im provenzalischen Cordes und nicht ohne Schwierigkeiten die Arbeit des Schreibens.

Was wird aus den frühen Brouillons für den Gegenstand des Erzählens kenntlich? Es geht um eine »Recherche d'un père« oder auch um einen »père inconnu«. Weiter um eine Armut, die als solche keine Vergangenheiten besitzt. Der zweite Teil soll eine Kindheit, der dritte die Erziehung zum Mann umkreisen. Folgten die Phasen der Krankheit, Krieg und Résistance, das Thema Frauen, das Leitthema Mutter. Für die fernere Entfaltung wäre eine Liebesgeschichte vorgesehen. Am 27. März 1954 gibt Camus einem Journalisten der »Gazette de Lausanne« ein Interview, das auch deshalb interessiert, weil neben der Bekräftigung des Romanprojekts die Erläuterung seines Titels angesprochen wird. Als Rahmen dienten jene Landstriche ohne Vergangenheit, die er in »L'Été« beschrieben habe, erklärt der Befragte. Sodann entwerfe er einen »ersten Menschen«, der bei null beginne, weder schreiben noch lesen könne und weder Moral noch Religion besitze. »Ce serait, si vous voulez, une éducation, mais sans éducateur.« (IV, 1512f.)

Erziehung ohne Erzieher – mindestens daran wird sich bis zum unbeabsichtigten Ende der Geschichte qua Fragment nichts mehr ändern. Doch für die Attribute und Zuweisungen dieses »Premier Homme« macht dann das Manuskript noch etliche Umbesetzungen geltend, und das Prädikat des ersten Menschen werden sich sowohl der Vater als auch sein Sohn – mit je verschiedenen Gründen – teilen dürfen. – Fassen wir zusammen: Camus konzipiert und schreibt einen Roman, der eine Vergangenheit ohne Vergangenheit zu rekonstruieren sucht; das Schicksal von Menschen, die es im 19. Jahrhundert aus Frankreich nach Algerien verschlagen hat, wo sie sich als Pioniere von Armut und Überleben einrichten; die kurze Biographie eines Vaters, der seine Familie ohne Ernährer zurücklässt, weil er 1914 bei der Schlacht an der Marne tödlich verwundet wird; Kindheit und Jugend eines Sohns, der zu sich selber finden muss inmitten eines Milieus, das ihn intellektuell nicht begünstigt. – Der Text bricht da ab. Alles Zusätzliche hin zu Reife und Bewährung in der Katastrophenlandschaft des 20. Jahrhunderts wäre wohl ebenfalls noch zur Schilderung gelangt, doch was auf die Nachwelt schließlich mit der Erstveröffentlichung des »Premier Homme« von 1994. – vierunddreißig Jahre nach Camus' Tod – zukommt, ist als Torso die sogenannte »éducation« früher Jahre: eine großartige und faszinierend helle Geschichte aus einem fremden Land.

Sie als Autobiographie oder mindestens als Beitrag hierzu zu lesen, ist nicht falsch. Camus erzählt sein Leben, erzählt von seiner Familie, erzählt aus der Fülle teils erheiternder, teils sorgenvoller Begebenheiten: Es ist die unerhörte Intimität mit dem Stoff, die diesen so anschaulich in Szene setzt. Doch wie Proust nicht »seine« Vita eröffnen, sondern im Rückgriff darauf ein Kunstwerk schaffen wollte, das – aus den Epiphanien des Zeitlichen geboren – die Zeit als Terror von Vergänglichem überwinde, so wiederholt Camus dessen ästhetische Mission. Der Text nicht als Steinbruch »referentieller« Episoden, vielmehr als Literatur, die zu Wahrheit, Schönheit und Moral im übergeordneten Sinne vordringt – darum geht es hier. Die Widmungszeile an seine Mutter, Catherine Camus, geborene Sintès, lautet: »Dir, die Du dieses Buch nie wirst lesen können.« (EM, 11)

Der Torso zerfällt in zwei Teile. Unter den ersten, betitelt »Suche nach dem Vater«, reihen sich neun Kapitel. Der zweite, »Der Sohn oder Der erste Mensch«, nimmt noch deren vier auf. Das letzte trägt die Überschrift »Sich selbst unklar« (»Obscur à soi-meme«).[27] Es führt aus dem Klima von Ferienzeiten und Freizeitarbeit hinein in die Irrungen und Wirrungen der Adoleszenz − hier allerdings erst mit einigen Ahnungen. Wir sind gezwungen, Jacques Cormery im Alter von dreizehn, vierzehn Jahren verlassen zu müssen. Und wir werden niemals wissen können, ob Camus schon zu wissen begann, wie es weitergehen sollte.

Jacques Cormery, so heißt der Held und Hauptprotagonist des Romans. Camus gibt den Figuren »literarische« Namen, wobei das Manuskript nicht überall konsequent verfährt − bei manchen schwankt die Zuschreibung noch, was auch zeigt, wie sehr dieser Text als Rohfassung und Vorlage intensiver Bearbeitungen betrachtet werden muss.[28] Das eröffnende Kapitel greift allerdings noch hinter Jacques' Existenz zurück. Genauer: Es schildert im Sinne einer dramatisierenden Ouvertüre die äußeren Umstände seiner Geburt. Ein Karren schleppt sich bei Wolken und Westwind durch das namenlose algerische Hinterland. Der Kutscher befördert einen Mann und seine hochschwangere Frau in eine Siedlung der Kolonie. Dort soll Henri Cormery als Gutsverwalter arbeiten. Der stürmische Novemberabend des Jahres 1913 verwandelt sich in eine schwere Nacht. Anklänge an die christliche Urszene werden aufgefangen, indem die Begebenheiten nur Härte, Furcht und Ungewissheit zulassen. Das Dorf Solférino liegt zwischen Weinfeldern, der Gutshof beherbergt das Nötigste. Cormery macht Feuer, lässt nach dem Arzt schicken, und wenig später kommt seine Frau mit einem Knaben − einem »Prachtsstück« − nieder. In das »unermessliche Land« ist ein neues Menschenleben gesetzt.

Vierzig Jahre danach ist Jacques Cormery − der Sohn Henris − im Zug unterwegs nach Saint-Brieuc. Dort, auf dem Friedhof, liegt sein Vater begraben, verwundet bei der Schlacht an der Marne am 11. Oktober des Jahres 1914 und gestorben in dem Lazarett der französischen Kleinstadt.[29] Der jüngere Cormery ist auf Geheiß der Mutter nach Saint-Brieuc gereist. Gleichzeitig beschäftigt ihn selber das Schicksal eines Mannes, der bei seinem Tod zwölf Jahre jünger war, als es der Sohn am Tag seiner Recherche ist. Verstörendes Mitgefühl ist die Reaktion: mit einem ungerecht hingemordeten »Kind«, mit allen Kindern, die auf solche Weise in der Erde verschwanden. Wer war dieser Mensch? Cormery bleibt die Antwort schuldig, muss sie schuldig bleiben. Er, der kaum halbjährig war, als der Vater fiel, muss nun auf verschlungenen Wegen zu rekonstruieren versuchen, was damals war und galt. Zum Hintergrund der Familie ist immerhin aus eigener Erfahrung bekannt, dass wenig gesprochen wurde und die meisten Angehörigen, darunter auch die Mutter, weder lesen noch schreiben konnten. – Saint-Brieuc gibt auch Gelegenheit, einen alten Freund aufzusuchen, den es durch Zufall ebenfalls dorthin verschlug. Von ihm heißt es, er habe Jacques die Türen zur Welt geöffnet – damals, in Algier, als wenige die Begabungen des Kinds erkannten. Die Recherche kommentiert Victor Malan damit, dass das alles schon recht sei. »Machen Sie sich kundig. Sie brauchen keinen Vater mehr. Sie haben sich ganz allein erzogen. Jetzt können Sie ihn lieben, wie Sie zu lieben verstehen.« (EM, 37)

Eine dritte Szene beschließt den Ingress des Romans – und nochmals mit der Absicht, der nachfolgenden Geschichte einen Vorlauf aus Erkenntnis und Empathie zu geben. Nun befindet sich Jacques Cormery in der Kabine eines Schiffs, das ihn von Frankreich in seine algerische Heimat bringt, wo er die Mutter und weitere Verwandtschaft besuchen wird. Das Schaukeln der Wellen, die Mittagshitze, ein kürzerer Schlaf – plötzlich beginnt eine Art von *mémoire involontaire* zu wirken. Jacques erinnert sich an die kleine Wohnung in Algier, wo er mit der Großmutter den Mittagsschlaf zu absolvieren hatte. Dann steigt ihm »gedämpfter Jubel« auf, das Herz weitet sich, der »Wald von Zement und Eisen«, sprich: Paris, tritt zurück. »... er war ausgebrochen, er atmete auf dem breiten Rücken des Meeres, er atmete in Wellen, unter dem hohen Wiegen der Sonne, er konnte endlich schlafen und in die Kindheit zurückkehren, von der er nie erlöst worden war, zu diesem Geheimnis aus Licht und warmherziger Armut, der ihm geholfen hatte zu leben und alles zu meistern.« (EM, 41)[30]

Die Prosa übernimmt hier den Rhythmus eines Daseins, das früher – zur Zeit der Kindheit – auf selbstverständliche und unbefragte Weise der Natur und einem Leben verbrüdert war, das sich immer nur am Nächsten und an den Nächsten orientierte. So gibt der Stoff seinem Verfasser erstmals auch die Chance, all das lebensweltlich breit und differenziert darzustellen, was ihm immer schon und gegen seine Präsenz in Paris und als Intellektueller wirklich erstrebenswert war: die Harmonie in und mit der Einfachheit. Hier endlich erhält die seit dem »Homme révolté« entworfene Lehre einer »Pensée de midi« in der gelebten Erfahrung gegründete Anschaulichkeit. – Kindheitsmuster, nah und fern zugleich, unverstellt von den Regeln höherer Kultur, von gesellschaftlichen Ambitionen, sind zu erforschen. Die ersten Bilder gehören noch immer dem Reisenden auf dem Schiff – Spiele am ausgetrockneten Springbrunnen von Algier, ein Spielplatz am Rand einer alten Böttcherei, der Hof nach hinten mit der Wohnung des spanischen Friseurs, die feuchten und geheimnisvollen Kellerhöhlen, die Pferde der Fuhrleute, frühe Kämpfe unter Altersgenossen, der Strand und immer wieder »die Herrlichkeit des Lichts«, fast liest es sich, als ob Camus die »Recherche« Prousts auf die Alltäglichkeiten in Unwissenheit und Armut übertragen wollte.

Mit dem fünften Kapitel des ersten Teils darf Cormery schließlich Heimatboden betreten, worauf die Suche ihr konkretes Milieu gefunden hat. Er nimmt seine Mutter in die Arme, begrüßt den Onkel Étienne, spürt, dass er in dem »engen, leeren, abgeschlossenen Universum« der Arbeiterwohnung im Arbeiterviertel ein wenig stört, und betrachtet Catherine Cormery mit genauem Blick. »Sie war dieselbe wie dreißig Jahre zuvor, und unter den Falten fand er dasselbe auf wundersame Weise junge Gesicht mit den glatten, glänzenden, gleichsam in die Stirn eingelassenen Augenbrauenbögen, der geraden kleinen Nase, dem trotz der um das Gebiss eingeschrumpften Winkel noch schön gezeichneten Mund. Selbst der Hals, der so schnell verfällt, wahrte trotz der knotig gewordenen Sehnen und des etwas erschlafften Kinns seine Form.« (EM, 54.) – Mikroskop und Zuneigung verbinden sich zu einer Übung in Lesbarkeit, die kurz danach sowohl die gesamte äußere wie vor allem nun die innere Erscheinung kenntlich machen soll. Keine Frage: Cormerys – man darf schon sagen: und Camus' – Mutter ist der stille Mittelpunkt des Romans, der damit seinerseits wie kein Werk zuvor einer Frau – und einer

Frau aus Fleisch und Blut – die Huldigung erweist. Was Sohnesliebe wohl nie direkt zu sagen wagte, findet seine Ableitung im Porträt der Literatur, die auch hier wieder an Prousts »Recherche« gemahnt. Über den längsten Teil einer Druckseite zieht sich als einziger Satz diese Phänomenologie für Wesen und Seele, was eingeleitet wird mit dem Wunsch des Sohnes, der Mutter sagen zu dürfen, wie schön sie sei, ohne dass er's jemals gewagt hätte. »Nicht, dass er fürchtete, zurückgewiesen zu werden, oder dass er zweifelte, ob ein solches Kompliment ihr Freude machen könnte. Sondern es wäre das Überschreiten einer unsichtbaren Schranke gewesen, hinter der er sie ein Leben lang verschanzt gesehen hatte – sanft, höflich, verbindlich, sogar passiv und dennoch von nichts und niemandem eingenommen, isoliert in ihrer Halbtaubheit, mit ihren Sprachschwierigkeiten, zwar schön, aber nahezu unzugänglich, und desto unzugänglicher, je freundlicher sie war und je stärker sein Herz zu ihr hindrängte – ja, sein Leben lang hatte sie den gleichen furchtsamen, ergebenen und doch zurückhaltenden Ausdruck gehabt, den gleichen Blick, mit dem sie dreißig Jahre zuvor ohne einzugreifen mit ansah, wie ihre Mutter Jacques mit der Peitsche schlug, sie, die ihre Kinder nie angerührt, sie nie wirklich ausgeschimpft hatte, sie, bei der man keine Zweifel haben konnte, dass diese Schläge auch ihr furchtbar wehtaten, sie, die es aber – wegen ihrer Müdigkeit, ihrer Schwäche im Ausdruck und der ihrer Mutter schuldigen Achtung vom Eingreifen abgehalten – geschehen ließ, es tagelang und jahrelang erduldete, wie sie selbst den harten Arbeitstag im Dienste anderer erduldete, die auf Knien gescheuerten Parkettböden, das Leben ohne Mann und ohne Trost zwischen den fettigen Speiseresten und der schmutzigen Wäsche anderer, die langen Tage des Schuftens, die sich aneinanderfügten, um ein Leben zu bilden, das dadurch, dass es ohne Hoffnung war, auch ein Leben ohne jeden Groll wurde, ein unwissendes, eigensinniges und schließlich in alle Leiden, ihre eigenen und die anderer, ergebenes Leben.« (EM, 55)

Mehrmals und immer an Gelenkstellen des Texts fügt Camus solche Perikopen von beinahe atemraubender Länge ein – sie fassen zusammen, verfugen scheinbar Widerstrebendes und enden, wie hier, im Fluchtpunkt jenes Begriffs von »Leben«, der als absolute und letzte Instanz aufgerufen wird. Leben ist für den Personen- und Figurenkreis des »Premier Homme« nicht vor allem das, was eine oder einer daraus macht, sondern etwas fast unheimlich Geschehendes, dem man sich seltener in Freude, zumeist in Leid und Not unterordnet. – Als Cormery versucht, mit seiner Mutter über den Vater ins Gespräch zu kommen, bleibt die Recherche unergiebig. An ein eher getrübtes Licht tritt, dass dieser schon 1905 und im Alter von zwanzig Jahren am Marokko-Krieg teilnahm, elsässischer Abstammung war, als Kind im Waisenhaus aufgezogen wurde, nicht lesen konnte und 1914 bei der Schlacht an der Marne von einem Granatsplitter tödlich verwundet wurde. Die Familie der Mutter hingegen kam aus Menorca. Einzelne Bruchstücke ergänzen das Bild: Die Ankunft des Bürgermeisters in der engen Wohnung von Belcourt mit der Meldung, dass Henri gefallen sei; kurz vor dem Tod im Hospital von Saint-Brieuc zwei Postkarten des Sterbenden, der noch schreibt oder schreiben lässt, dass »es« nicht schlimm um ihn stehe; das gänzliche Unwissen der Mutter in Bezug auf das, was man gemeinhin Geschichte nennt; die Tatsache, dass Frankreich für die Algerienfranzosen sehr weit weg liegt. Und wie zur Bestätigung, dass die Welt niemals zur Ordnung gelangen wird, explodiert, mitten in den Dialog zwischen Jacques und seiner Mutter, eine Bombe. Die Jetztzeit kehrt mit Wucht zurück: Im Land herrscht, teils verdeckt, teils offener, Bürgerkrieg.

Im Folgenden vertieft die Suche Weiteres aus dem Leben der Familie. Als Zeugin berichtet zunächst weiterhin Lucie Cormery.[31] »Sie redete in einem Zug, in einfachen kleinen Sätzen, die sich aneinanderreihten, als entleere sie sich von ihrem bis dahin stummen Denken. Und dann, wenn das Denken versiegt war, verstummte sie wieder und betrachtete mit zusammengepresstem Mund, sanftem und stumpfem Blick durch die geschlossenen Jalousien des Esszimmers das erstickende Licht, das von der Straße aufstieg, immer auf demselben Platz, auf demselben unbequemen Stuhl, und ihr Sohn lief wie früher um den Tisch in der Mitte.« (EM, 71) – Viel wird nicht offenbart. Mit ausdrücklichem Verweis auf Proust flicht der Erzähler eine Gegenwahrheit ein, wie sie für das soziale Ambiente der Cormerys und ähnlicher Familien unumstößlich gelten sollte. »Die verlorene Zeit wird nur bei den Reichen wiedergefunden. Für die Armen verzeichnet sie nur die undeutlichen Spuren des Wegs zum Tode.« (EM, 73)

Was freilich umgekehrt auch heißt, dass Jacques Cormery den größten Teil des Erinnerungsraums aus eigenen Erfahrungen – des Kinds, dann des Jugendlichen – bestücken muss. Nicht die Mutter, sondern die Großmutter hatte ihm jenes signifikante Erlebnis berichtet, das fortan so gewichtig zum Wesenskern des Vaters beitragen sollte: Nämlich dessen Besuch einer Hinrichtung, wofür er in aller Frühe aufgebrochen sei, dazu die sichtbare Todesangst des Mörders und schließlich die Rückkehr nach Hause mit Erbrechen und Schweigen.[52] – Überhaupt die Großmutter: eine überaus strenge Frau, bereit, Jacques zu züchtigen oder ihm damit zu drohen, dass auch er bei weiterhin ungehörigem Verhalten auf dem Schafott enden werde. Das Kind hat schweres Schuhwerk zu tragen; die Sohlen sind, zur Festigung, mit riesigen Nägeln besetzt. Alltag einer Arbeiterfamilie – keine Theorie, wenig Moral, direktes Geben und Nehmen, Überleben eben, mit seltenen Ausflügen ins freilich gänzlich unschuldige Milieu des Vergnügens: etwa wenn Jacques als Sänger, begleitet von der Geige seines Bruders, den Erwachsenen eine »Serenade« zum Besten gibt; oder wenn er mit der Oma das Stummfilmkino besucht und ihr den Text der Untertitel zuzuflüstern, eher: zu schreien hat, weil auch sie nicht lesen kann. Peinlichkeit, Qual, das Komische, elementare Gegenständlichkeit, der Unverstand – nein, die Welten der »Recherche du temps perdu« lägen tatsächlich Lichtjahre entfernt vom Absolutismus dieses Daseins.[53]

Erst mit dem Porträt des Onkels, Étienne, wird der Bericht zum Haushalt der Frauen aufgelockert. Jetzt treten die kommandierende Großmutter und die schicksalsergeben sanftmütige Mutter in den Hintergrund: Erste Zeichen einer »männlichen« Realität dürfen sich melden. Étienne ist kräftig, gutmütig, cholerisch, taub und ein guter Schwimmer. Er trägt das Kind auf seinem Rücken hinaus aufs offene Meer. Von Beruf ist er Fassmacher, also ein Arbeiter im wirklichen Leben.[34] – Auf zehn glänzend verfassten und prächtig illuminierten Seiten schildert Camus dann einen Jagdausflug, den der Knabe an der Seite seines Onkels mitgehen darf. »Wie das reichste aller Kinder« erlebt Jacques das Ereignis: am Vorabend das Reinigen und Zusammensetzen des Gewehrs, am frühen Morgen die Fahrt der Männerrunde im Dampfzug talaufwärts zum Revier, dann das Erlegen des Wilds, Speis und Trank, Lachen, Sprüche, einfallende Müdigkeit, Heimkehr. – Mit erwachendem Selbstbewusstsein – oder damals noch: Selbstgefühl – tritt das Kind nicht nur als Akteur stärker in Erscheinung; es zieht die Geschichten seiner Familie an sich, sammelt sie, deutet sie aus: Dreißig Jahre später wird Jacques Cormery in der Lage sein, dies alles nochmals zu sichten und in Sinn und Widersinn des Damals für das Heute zusammenzuführen. – Als aber der Onkel – in der Jetztzeit der Erzählung – an die Tür klopft und sich zu Mutter und Sohn gesellt, ist abermals wenig zu erwarten. Étienne bleibt wortkarg, hat vieles vergessen, die verstorbenen Verwandten kehren nicht ins Leben der Memoria zurück. »Und so wie die beiden um ihn waren, schweigsam und in sich versunken, lebten sie nun in der Nähe des Todes, das heißt immer in der Gegenwart.« Weiter: »Er würde nie von ihnen erfahren, wer sein Vater war, und trotzdem eröffneten sie durch ihr bloßes Dasein neue Quellen in ihm, die aus einer elenden und glücklichen Kindheit heraufgekommen waren ...« (EM, 116f.)

So ist es, und so wird es bleiben. Der Vater kehrt nicht zurück, und alles, was zu seinem Porträt beizutragen vermöchte, endet in Sackgassen – einzelne Andeutungen, knappe, vermutlich unzuverlässige Skizzen bilden den kläglichen Fundus. In diese Lücke pflanzt Camus die Geschichte des Sohns; auch sie ein Konstrukt aus Licht und Nebel, doch je mehr die Kindheit der Jugend weicht, um so deutlicher treten Konturen und Tiefen hervor. Das Kapitel über die Schule eröffnet mit dem Profil eines Lehrers. Monsieur Bernard, der Jacques in der letzten Volksschulklasse unterrichtet, ist von dessen Begabung beeindruckt. Folglich geht es darum, ihn einerseits auf die Aufnahmeprüfung ins Gymnasium vorzubereiten und anderseits die Familie davon zu überzeugen, dass dieses Talent gefördert werden muss. Bernard, eine gediegene, ja elegante Erscheinung, übernimmt eine Rolle, die Jacques' Vater, selbst wenn er noch gelebt hätte, niemals hätte ausfüllen können. Denn Bildung und Wissen, das Werden beruflicher Existenz über das Gewohnte hinaus und überhaupt ein

Weltverhalten gegen Vorurteil und Enge: dies alles ist dem Haushalt der Cormerys *terra incognita*. Selbst Jacques erfährt die Kluft zwischen der Nähe seiner Lebenswelt und der Ferne anderer Wirklichkeiten zunächst als Irritation – die in Frankreich gebräuchlichen Lehr- und Bilderbücher muten wie Boten aus schwer vorstellbarer Fremde an, wenn sie etwa den Winter, den Schnee und die Kälte zeigen. Doch dies gehört zur »Poesie der Schule«, die den Hunger nach Entdeckung mit immer neuen Überraschungen befördert. Das andere, kaum weniger wichtig: Der Schüler entwickelt ein Gefühl dafür, dass er existiert und Gegenstand höchster Achtung ist.

So findet der Übergang in die Adoleszenz wider Erwarten eine Leitplanke, die sich bis ins Lycée bewähren wird. Monsieur Bernard erzählt den Kindern von der Schlacht an der Marne, liest ihnen aus dem Roman »Die hölzernen Kreuze« vor und holt bei Bedarf auch die »Zuckerstange« hervor, wenn es gilt, eine Frechheit abzustrafen.[35] – Zu den Einschlüssen von Jetztzeit, die »Le Premier Homme« immer wieder vornimmt, zählt auch eine Begegnung mit dem alten Bernard. Cormery besucht ihn seit fünfzehn Jahren regelmäßig, der ehemalige Lehrer spricht dabei mit seinem Kanarienvogel und nennt Jacques auch weiterhin »mon petit«. – Ohne seine Insistenz wären Mutter und Großmutter niemals dafür eingetreten, den damals Neunjährigen für ein Stipendium am Gymnasium anzumelden. Erst Bernards Besuch in der Wohnung und dann ein Monat täglichen Unterrichts zur Vorbereitung auf die Aufnahmeprüfung öffnen den Weg, denn für das Kind war bald eine Lohnarbeit vorgesehen, die etwas Geld beigebracht hätte. – Wenn der Erzähler vom »furchtbaren Verschleiß durch die Armut« spricht, so justifiziert er dieses Milieu. Es ist sich selber gegenüber blind, bedarf des Blicks von außen, damit ihm jene Gerechtigkeit widerfahre, die es verdient. Das zeigt sich auch am Beispiel der Religion. Man könne sich, sinniert der Erzähler weiter, unter Bedingungen des existentiellen Minimums keine Friedhofsfrömmigkeit leisten, »die auf dem Höhepunkt von Zivilisationen blüht«. (EM, 142) Hier, wo primär das Überleben auf eine Kontinuität hin angelegt werden muss, ist der Raum für die Religion – für Kirchgang und rituelle Übungen – mehr als eng. Jacques' Großmutter pflegt die Gebräuche, so gut es eben geht. Die

Mutter spricht nie von Gott, »die Sanftheit war ihr ganzer Glaube«. Jacques aber berauscht sich in der Kirche am Brausen der Orgel und spürt dabei erstmals Kraft und Fähigkeit zum Siegen und zum Leben. Musik und Mystik: Was Camus viel später, unsystematisch und vorwiegend assoziativ darüber schreiben wird, hat — man darf da durchaus »referentiell« lesen — in der Adoleszenz eines Suchenden seinen Ursprung.[36]

Ein letztes Kapitel der Vaterforschung beschließt den ersten Teil des Romans. Der Schauplatz ist Mondovi, wo Camus am 7. November 1913 zur Welt gekommen ist: wohl kaum so, wie es die Ouvertüre des »Premier Homme« entwirft, aber gewiss in den frugal-bedrohlichen Verhältnissen, die auf dem Lande für die Kolonisten herrschten. Nur: Die Jetztzeit gibt keinerlei Hinweise mehr, dass sich die Geburtsgeschichte so hätte zutragen haben können. Als Jacques Cormery am Ort eintrifft, muss er feststellen, dass alles neu gebaut worden ist — nichts, was an das Gehöft und seine Umgebung erinnern könnte. Ein Bauer, der noch ansässig ist und seine Festung »bis zum Verrecken« gegen die Araber des Befreiungskampfs in Algerien zu halten gedenkt, vermag keine Auskunft zu erteilen. — Wieder nichts; wieder das Nichts einer wesenlosen Vergangenheit, die deshalb als Lektion in Geschichte zurückgebucht werden muss. Wie es gewesen sein könnte? Die Fahrt der armen Leute, die sich für die Kolonie entschieden hatten — seit 1849 auf Frankreichs Wasserstraßen, auf spartanisch eingerichteten Schiffen. Erreichen des Hafens von Bone an der algerischen Küste. Dann der Treck ins Landesinnere, ins unbebaute, unbepflanzte Nichts. Ein paar Baracken, kaum Hygiene, anno 1851 bereits Angriffe der Einheimischen gegen die Eindringlinge. — Und auch da bleibt nichts, die Spuren verwischen sich schnell im Sandwind der Zeiten. Kolonialfriedhöfe, das weiß Cormery inzwischen, sind teils Stätten mit aufgepfropftem Kitsch, teils Niemandsland mit verwitterten Ruinen. »Auf der einen Seite die scheußlichen neuen Anlagen nach der letzten Friedhofsmode, mit Zugaben vom Floh- und Trödelmarkt, wohin sich die zeitgenössische Frömmigkeit verirrt. Auf der anderen Seite, unter alten Zypressen, zwischen Alleen voller Piniennadeln und Zypressenzapfen oder neben den feuchten Mauern, an deren Fuß gelb blühender Sauerklee wuchs, waren alte, fast in die Erde übergehende Steinplatten unlesbar geworden.« (EM, 164.)

Doch plötzlich ist einer »da« gewesen: Der Vater, dann der Sohn mit der Auszeichnung eines »ersten Menschen« aus der Geburt auf algerischem Boden – »ohne Vergangenheit, ohne Moral, ohne Vorschrift, ohne Religion, aber glücklich, da zu sein und im Licht zu sein, voller Angst vor der Nacht und dem Tod«. (EM, 165) – So sind sie alle »erste Menschen« – Findelkinder oder verlassene Kinder, die dann vergängliche Städte bauen und in der »Anonymität von Blut, Tapferkeit, Arbeit und Trieb« leben und sterben. Weil dieses Land für sie keine Geschichte hat und auch keine Geschichte mehr entwickeln können wird, weil sie das meiste aus sich selbst heraus erarbeiten müssen, verdienen sie dieses Prädikat, das nicht als Begünstigung, sondern im besten Fall als Herausforderung für eine andere Zukunft aufzufassen ist. Man mag das Pathos beargwöhnen, das hier und an weiteren vergleichbaren Stellen des Texts großzügig Einzug hält. Allein, es ist – auch stilistisch – vollkommen auf der Höhe des Unterfangens der »Recherche«: Sie gelingt letztlich deshalb, weil sie das spärlich Gewusste der Wirklichkeiten aus Erinnerung mit dem Mythos je menschlicher Anfänge überhöht. Als Jacques Cormery im Flugzeug zurück nach Algier unterwegs ist und in blauer Höhe das Wasser übersieht, wird ihm klar, wie sehr das Mittelmeer zwei Welten in ihm trennt. Erstens musste er – aber diese Fortsetzung wäre dem weiteren Verlauf des Romans überlassen gewesen – in die Welt hinaus: nach Frankreich, ins Medium dessen, was »moderne« Geschichte mit all ihrem Verhängnis meint. Zweitens jedoch gelangt er über die Memoria des Tods seines Vaters und über den Friedhof von Saint-Brieuc in seine »wahre Heimat« zurück. Es ist nicht so, dass Jacques nicht immer wieder nach Algerien reiste: Aber erst der Roman, der nun alles zu ordnen und zu klären versucht und dabei so vieles offenlassen muss, macht mit der Heimkehr gleichsam testamentarisch ernst. Das kann nur Literatur, indem »es« Literatur geworden ist.

*

Für den zweiten – unvollendeten – Teil bleiben weniger als hundert Seiten. Nach der »Recherche du père« gilt es jetzt »Le Fils ou le Premier Homme«, zu Deutsch »Der Sohn oder Der erste Mensch«. Der Titel macht eine Verbindung ausdrücklich. Aber inzwischen wissen wir, dass alle, die von Frankreich auszogen, die Erde Afrikas zu bewohnen, als »erste Menschen« gelten können sollten, prominent mit Blick auf die Familie natürlich der Vater, dem es – weitere Tragik – nicht beschieden war, hier wirklich Wurzeln zu schlagen. – Camus verweigert sich da der Ironie, dass dieser Erstling im Dienste des Mutterlands bald dort und bei dessen Verteidigung den Tod fand. Er konzentriert sich nunmehr noch stärker auf die Geschichten, die sein Sprössling im Stadium der Adoleszenz in und um Algier erlebt.

Das erste Kapitel mit der Überschrift »Le Lycée« erzählt von den Jahren im Gymnasium, seit der Knabe »mit einem Gefühl unruhiger Einsamkeit einer unbekannten Welt« entgegenfährt, »von der er nicht wusste, wie er sich in ihr verhalten müsste«. (EM, 171) Ein Freund, Pierre, wird zum Gefährten von Abenteuern und Lektionen im Hin und Her zwischen den lebensweltlichen Bindungen und der Erziehung zum Bildungsmenschen. Schon dies verursacht Gefühle der Scham. Denn zu Hause fehlen sämtliche Voraussetzungen, an dem Neuen wenn auch nur indirekt teilzunehmen. Das Wort »Latein« ist einem Ambiente unbekannt, das sich vorzüglich an und mit den Gegenständen des unmittelbaren Gebrauchs orientiert. Alles, was Jacques aus der Schule heimzubringen vermöchte, trifft dort auf den Unverstand des Nichtwissens. Das Resultat ist Scham; ein Erleben von Dissonanz, das auch später den Argwohn gegenüber der Pariser Hochkultur und ihren Ritualen aus Snobismus und Überheblichkeit nähren wird. Oder anders gesagt: Der Antagonismus zwischen Camus und Sartre gründet letztlich schon in den Voraussetzungen differenter Sozialisation. Während der um acht Jahre Ältere 1964 in seiner autobiographischen Schrift »Les Mots« auch über das Milieu des gehüteten Einzelkinds inmitten einer bürgerlichen Familie berichten wird, kann und muss der Jüngere für dieselbe Periode auf eine Kindheit und Jugend des Pioniers verweisen – alles ist neu. Mehr noch: »Les Mots«, die Wörter eben, die Camus sich allein und ungeführt anzueignen hat, standen bei Sartres intellektueller Erziehung längst Pate.

Gleichwohl lesen wir, dass Jacques ein »vielgestaltiges Wesen« sein Eigen nennt. Er verfügt, wie er selber mitunter staunend bemerkt, über die Gabe der Anpassung, die es gestattet, an vielen Orten unbefragt akzeptiert, ja aufgenommen zu werden. Frankreich aber bleibt immer noch »etwas Abwesendes«, statt Anschaulichkeit Stoff fürs Lernen. – Die Passagen, die das Unterwegs zur Schule ins Bild bringen, sind von exemplarischer Kraft der Sprache erfüllt: die Fahrt mit der Straßenbahn, dort im Verlauf der Strecke die Wechsel der Passagiere als Spiegelungen sozialer Schichten, der Gang durch das Basarviertel mit seinen Gerüchen und Waren, alles lässt farbige Perspektiven zu, ohne dass, wie bei Proust, eine höhere Gesellschaftskultur dafür zu sorgen hätte. Selbst das Ritual des Zubettgehens kehrt wieder – mit einer abermals endlosen Perikope, die den Meister der »Recherche du temps perdu« (»Auf der Suche nach der verlorenen Zeit«) paraphrasiert, aber das Weh der Einsamkeit ganz anders gewichten muss. »Wieder war es die Großmutter, die Jacques sagte, er müsse ins Bett gehen, weil er am nächsten Morgen um halb sechs aufstehe, und er küsste zuerst sie, dann den Onkel und schließlich seine Mutter, die ihm einen liebevollen, zerstreuten Kuss gab, wieder im Halbdunkel ihre reglose Haltung annahm, den verlorenen Blick auf die Straße und den Gang des Lebens gerichtet, das unterhalb der Klippe, auf der sie saß, unermüdlich dahinfloss, unermüdlich, während ihr Sohn sie unermüdlich mit zugeschnürter Kehle im Dunkeln beobachtete und den gebeugten schmächtigen Rücken ansah und erfüllt war von einer diffusen Angst vor einem Unglück, das er nicht verstand.« (EM, 193)

Angst vor dem Unbekannten, Angst vor der Dunkelheit, Angst vor dem Tod – sie verflüchtigt sich immer nur für Zeiten kurzer Behaglichkeit, kehrt wieder mit den Schrecken des Alltags, wenn die Großmutter ein Huhn eigenhändig auf dem Küchentisch schlachtet. Lebenseuphorien gibt es freilich auch. Im Hinterhof der Schule, der ein Heim für Invalide zugebaut ist, basteln die Knaben gefährliche Gifte, und wenn der Wind zu tosen beginnt, stemmen sie sich mit dem Rücken gegen seine Kraft, um sich über den Platz treiben zu lassen. Für die Befriedigung geistiger Neugier hingegen ist die Stadtbücherei zuständig. Jacques' Lesehunger geht nach Geschichten, die sein Bedürfnis nach Fröhlichkeit und Mut stillen können, hinzu kommt der haptische Zauber der Bücher und ihr Geruch aus Karton, Papier und Leim. Der Rausch der Lektüre lässt die Außenwelt völlig zurücktreten, ja verschwinden.

Wohl speist sich Jacques' Verletzlichkeit im Letzten daraus, dass die Mutter als das ewige Schemen aus Zuneigung und Traumverlorenheit daran nicht Anteil zu nehmen vermag. Sie könnte niemals zurückgeben oder auch nur kommentieren, was ihren Sohn im Stadium des Schülers umtreibt. Es gibt dazu einen Satz, der nochmals literarisiert, was Camus schon zuvor mehrfach niedergeschrieben hat: das erschreckende Gewahrwerden eines nahen Menschen in der Präsenz eines völlig Fremden. Die Mutter beugt sich über die Schulter des Eleven. Dann: »Sie sah das doppelte Rechteck unter dem Licht, die regelmäßige Aufreihung der Zeilen an; auch sie atmete den Geruch ein, und manchmal strich sie mit ihren von der Waschlauge steifen und faltigen Fingern über die Seite, als versuche sie, besser zu erkennen, was ein Buch ist, und diesen mysteriösen, für sie unverständlichen Zeichen näherzukommen, in denen ihr Sohn so oft und stundenlang ein Leben fand, das ihr unbekannt war und aus dem er mit diesem Blick herauskam, den er auf sie richtete wie auf eine Fremde.« (EM, 211)[37]

Als Jacques für besondere Leistungen ausgezeichnet und während einer Zeremonie öffentlich ausgerufen wird, können Mutter und Großmutter ihren Stolz nicht zurückhalten. Dennoch sind die langen Sommerferien keine Zeit für Müßiggang. Noch immer ging es darum, dass der Junge seinerseits zum Unterhalt der Familie etwas beiträgt, und so muss er zuerst in einer Eisenwarenhandlung, dann bei einem Schiffsmakler seinen Dienst leisten. Arbeit im Büro gilt ihm freilich wenig; Arbeit ist Handwerk mit Schweiß und rechtschaffener Müdigkeit, wie es der Onkel in der Böttcherei vorlebt. Als Jacques dann einmal ungewollt die Beine einer Büroangestellten erspäht, erwacht seine Sexualität. Die Zeit der Kindheit läuft aus, plötzlich werden die Strafen, welche die Großmutter mit der Peitsche verabreicht, nicht mehr hingenommen, die Jahre der Revolte beginnin, und zum ersten Mal nascht Jacques »halb ohnmächtig vom Mund eines Mädchens«. Da merkt er, »dass in ihm das Kind tatsächlich gestorben war«. (EM, 232)

Was jetzt noch bleibt, sind sechs Seiten eines zweiten Kapitels mit der Überschrift »Sich selber unklar«, bevor das handschriftliche Manuskript auf Pagina 144 abbricht – immerhin nicht mitten im Satz, sondern mit einer letzten und ergreifenden Schleife, die den philosophischen Durchgang von »Obscur à soi-meme« so krönt, als hätte eine innere Stimme dem Autor dieses Ende im Fragment diktiert. Was wird noch gesagt? Dass Armut auch Lob verdient, weil man dadurch dessen im Leben gewahr wird, was man nicht kaufen kann. Dass für das Heranwachsen zum Mann jener »dunkle Teil des Seins« mitwirkt, der sich zuvor nur dumpf in dem Jungen geregt hat. Dass das Land Algerien in seinen Tagen und Nächten und mit Begierden und Eindrücken die Liebe für die Schönheit und den Körper und für die Wärme der Erde und des Lebens auf animalische Weise geweckt habe und den Wunsch hervortreibe, in ein Paradies zu entfliehen, »wo niemand altert und stirbt, wo die Schönheit unvergänglich ist, das Leben immer wild und strahlend …«. Der Schluss aber – man muss es nochmals sagen: der Absicht nach eine Fermate mit dem Ausblick auf den Fortgang des Romans – fasst dies alles nochmals zusammen. Dass die letzten Worte die Einwilligung in den Tod aufrufen, ist im Wissen um das, was bald darauf geschehen wird, nicht ein Werk, doch vielleicht immerhin eine Spur von Vorsehung.

Der Satz lautet: »Und auch er, mehr als sie vielleicht, da er auf einem Boden ohne Ahnen und ohne Erinnerung geboren war, wo die Vernichtung derer vor ihm noch totaler gewesen war und wo das Alter keinen der Rückhalte der Melancholie fand, den es in den zivilisierten Ländern erhält – er, gleichsam eine einzelne und stets vibrierende Klinge, dazu bestimmt, mit einem Schlag und für immer zerbrochen zu werden, eine reine Lebensleidenschaft konfrontiert mit einem totalen Tod, er spürte heute, wie das Leben, die Jugend, die Menschen ihm entglitten, ohne sie in irgendetwas retten zu können, und nur der blinden Hoffnung hingegeben, jene auch in härtesten Situationen gleich starke dunkle Kraft, die ihn so viele Jahre über die Tage getragen, uneingeschränkt gestärkt hatte, möge ihm mit der gleichen rastlosen Großzügigkeit, mit der sie ihm Gründe zu leben gegeben hatte, Gründe dafür liefern, alt zu werden und ohne Aufbegehren zu sterben.« – Das eine wird nicht eingetroffen sein; das andere, *force majeure*, schon.

*

Nachzutragen ist noch, was der Nachlass an Hinweisen und Ideen zu dem großen Projekt vermittelt.[38] Zunächst: Der zweite Teil, der mit dem Kapitel »Obscur à soi-même« das Thema der Selbsterforschung entfaltet, wäre unterwegs gewesen zur Mannesreife und hätte damit auch das politische Engagement und den Einsatz für die Résistance zur Sprache gebracht. Dass Jacques niemals wissen kann, wer sein Vater war, ist das eine; dass er für sein eigenes Dasein die Frage nach der Identität stellen muss, ist das andere. Doch die Antworten weisen ins Ungesicherte. Der Besuch am Grab des Gefallenen lässt den Sohn erkennen, dass da eine Scheidelinie erreicht worden ist: Die Zeit fällt, wie es in den Notaten heißt, auseinander. Die »neue« Ordnung, die daraus zu erstellen wäre, ist die Ordnung des Buches. Nur der Roman vermag solches zu leisten, nämlich das Unterwegs zu sich selbst im Medium erzählender Prosa. An keiner anderen Stelle wird die Vorlage Prousts kenntlicher.

Aber anders als die »Recherche du temps perdu« erhebt »Le Premier Homme« nicht den Anspruch auf eine Zusammenschau dessen, was so oder anders geschah. Mit einem einzigen Hauptsatz bekräftigt sich Camus, was auf ungewollte Weise ohnehin der Fall sein wird. »Das Buch muss unvollendet sein.« (EM, 256) Das Verb »muss« ist unterstrichen. Dies ergibt sich aus der Treue zu einem Stoff, der seine Lebenswelt in den Brüchen und Zerrissenheiten findet – in einem Milieu, das niemals über die Memoria verfügen könnte, wie sie groß-bürgerlicher Kultur auf Schritt und Tritt eingeschrieben ist. – Ein dritter Teil sollte die Mutter noch näher ins Bild rücken. Wieder vermerkt ein einzelner Satz, aphoristisch zwischen andere gesetzt, was Camus vorschwebte. »Seine Mutter ist Christus.« (EM, 253) Das Wort »ist« ist unterstrichen. Der quasi-religiöse Anspruch des Erzählers, deren Porträt so auszuführen, dass sie sowohl Heil wie Leiden und Opfer für die ihren verkörpert, korreliert indirekt mit Ideen, wie sie Camus aus der Botschaft des »Manns ohne Eigenschaften« herauslesen will. »Musils Thema: die Suche nach dem geistigen Heil in der modernen Welt …« (EM, 256) So weit kann »Le Premier Homme« die Ziele niemals stecken; es müsste genügen, dass wenigstens eine – Jacques' Mutter – im Ambiente einer der Armut unterworfenen Familie den Glauben an die Erlösungsfähigkeit des Menschseins alimentiert. Und auch dafür bietet Camus einen Kronzeugen auf, der solches aus intimer Kenntnis religiösen Verhaltens kommentieren könnte. Den Notizen und Plänen zum Roman ist ein Motto von Claudel vorangestellt, welches lautet: »Nichts wiegt ein demütiges, unwissendes, hartnäckiges Leben auf …« (EM, 249)[39]

Für Jacques Cormery endlich wäre noch einiges beizubringen gewesen. Etwa Charakterzüge, die in dem überlieferten Text noch nicht zur Sprache finden konnten, weil da erst von Jacques' Kindheit und Jugend erzählt wird. »Das Spanische an ihm – Nüchternheit und Sinnlichkeit, Energie und nada.« (EM, 254.) Man darf solches wohl durchaus im Sinne eines Selbstporträts lesen und als Strichzeichnung von Eigenschaften, die Camus lange und energisch begleiteten, ohne dass ihm jene Fülle an Lebenszeit vergönnt gewesen wäre, die dafür die immer wieder erwünschte und immer wieder gestörte Ruhe zustande gebracht hätte. Sehnsucht nach dem Nichts traf am 4. Januar 1960 auf einen vollkommen sinnlosen Tod.

Epilog

Was wir mit und durch Literatur erfahren wollen, unterliegt den Gesetzen der Zeit. Insofern sind auch Moden und Trends weder verwerflich noch beherrschbar. Weltliteratur zeigt ihre Qualität darin, dass sie das Zeitliche aufnimmt und zugleich überhöht – es zeigt nun hinter den Variationen geschichtlicher Verfassung auch Muster und Typen des Daseins an sich. Albert Camus schrieb Weltliteratur, weil er hinter dem erscheinenden Leben dessen grundlegende Bedingungen suchte und fand. Er hatte kein Programm, das zu illustrieren gewesen wäre. Aber er kannte die großen Themen metaphysischer Beunruhigung, und aus ihnen schöpfte er für sein Erzählen.

Wenn die Welt von Sinn und Absicht erfüllt ist, so liegt dies daran, dass ihr der Mensch jene Eigenschaften unterstellt. Ein solches Unterfangen ist nicht fruchtlos – im Gegenteil sorgt es dafür, dass der Planet im Lauf der Epochen etwas wohnlicher wird. Er verliert den Absolutismus von Zufall und Willkür wie auch den Schrecken, an dessen Ende nur der Tod sein kann. Kritische Geister aber geben sich damit nicht zufrieden. Sie üben sich darin, die Tröstungen von Religion und Philosophie zunächst zurückzulassen, um einen illusionslosen Blick auf eine Schöpfung zu werfen, die ihren Namen nicht immer verdient. Im 18. Jahrhundert lief ihre Arbeit unter dem Titel der Aufklärung bei insgesamt optimistischen Aussichten auf die Mehrung der Vernunft durch Wissenschaft und Technik. Zwei Jahrhunderte später war damit nicht mehr viel Staat zu machen. Phantasien der Weltbemächtigung hatten jedes Maß gesprengt, und totalitäre Ideologien von links wie von rechts waren angetreten, sich auch die Menschen zu unterwerfen.

Albert Camus hatte als Kind seiner Epoche wenig Grund, der Geschichte noch irgend Vertrauen entgegenzubringen. Der Vater, der ihm ein Unbekannter blieb, war an den Folgen einer Verwundung gestorben, die er sich bei der Schlacht an der Marne zugezogen hatte. Umgekehrt hielt sich in seiner algerischen Heimat noch jene Lebenswelt länger intakt, die als Milieu der Arbeiter und kleinen Leute ihren monotonen Rhythmus kannte und alles Historische – ganz anders als in Frankreich – hinter einem dichten Schleier verbarg. Was Camus allmählich lernte und ins Geistige fortbildete, stammte aus den Büchern und aus den Stoffen, die ihm kluge Förderer zuerst in der Schule, dann an der Universität vermittelten. Im Mutterhaus hingegen galt das Regime von Tag zu Tag; eine strenge, eng gefasste Erziehung mit seltenen Ausflügen ins Vergnügen, das dann vor allem in körperlicher Ertüchtigung bestand. So war der junge Camus unfreiwillig ein Antitypus zu den Heranwachsenden aus bürgerlichen oder gar großbürgerlichen Verhältnissen, wie sie Frankreich zu Ehre und Ruhm des Landes hervorbrachte. Sein Erfahrungsraum war das Mittelmeer der Küsten Nordafrikas, dessen einstige Größe sehr weit zurücklag und in den Stätten römischer Ruinen noch schemenhaft fassbar wurde.

Den Gegenpol stellte die Bildung. Sie kannte als System egalitären Auftrags keine fundamentalen Differenzen zwischen den Orten ihrer Verbreitung. Deshalb durfte der Schüler, dessen Neugier ausgeprägt war, bald eintauchen in den Fundus von Literatur, Philosophie, Theater und Geschichte, und neben den Klassikern begegnete er den Zeitgenossen, die damals den Ton angaben und für Gespräche sorgten – André Gide, André Malraux oder der schon kanonische Marcel Proust dominierten das Interesse. Dennoch war der Weg zur eigenen Autorschaft keineswegs vorgezeichnet. Camus begann mit kleinen Artikeln, erprobte dabei Sprache und Stil, wandte sich dann dem Theater zu und entdeckte dabei auch eine politische Ader. Dass die Menschen menschenwürdig leben und sich gegenseitig achten sollten, dass Herrschaft dem Volk gehört und vom Volk bestimmt sein muss, dass Armut und Leiden keiner Prädestination unterliegen, dass Humanität quer durch Rassen und Klassen zu befördern ist – dies alles entwickelte sich früh zum Credo ohne den Eifer einer Mission, die sich dafür dem Heil ideologischer Dogmen ausliefert.

Gegen jüdisch-christliche Wahrheit ist das Böse kein unumstößlicher Befund. Es verdient deshalb auch nicht den Eifer der Theologen, die es an den Wurzeln der Überlieferung bekämpfen. Es ist zwar »da« oder bricht überraschend ein, doch kann es nicht als Zeichen höheren Sinns fungieren; im äußersten Fall verdient es Mitleid. Hingegen gibt es Anlass, die Welt als eine Stätte des Absurden zu begreifen. Als Camus seine ersten Werke präsentierte, sollten sie allesamt darum kreisen: um die Kluft, die sich öffnet, wenn der Mensch nach Ordnung und Bedeutung verlangt und nun erkennen muss, dass stattdessen abweisende Unbegreiflichkeit regiert. Camus war damit noch nicht originell. Er holte aus der Luft der Zeit zwischen zwei Weltkriegen ein Daseinsgefühl, das sich dem Bedürfnis nach dem Höheren entfremdet hatte und – nach-metaphysisch – nun auf die Modalitäten der Existenz zurückgeworfen war.

»Der Fremde«, »Der Mythos des Sisyphos«, »Caligula« – in drei Formen der Darstellung wurde diese Wahrnehmung sowohl literarisch wie philosophisch konkret: philosophisch gegen die Gesetze einer orthodox-plausiblen Schulphilosophie, literarisch gegen die Tradition psychologisch ausufernder Seelenkunde. Dies aber war originell, ja des Aufsehens wert, dass ein junger Schriftsteller kam, den Höflichkeiten diskursiver Eleganz keinerlei Beachtung schenkte und in klaren, harten Sätzen zur Sache ging. Sowohl die Ouvertüre für die Erzählung vom Fremden – »Heute ist Mama gestorben. Vielleicht auch gestern, ich weiß nicht« – wie der Ingress zum Essay über den Mythos des Sisyphos – »Es gibt nur ein wirklich ernstes philosophisches Problem: den Selbstmord« – ließen ihre Leserschaft und insbesondere berühmte Kollegen wie Gide, Paulhan und Malraux überrascht aufhorchen.

Camus erzählte Geschichten, und zugleich tat er es nicht. Weder Meursault, der »Fremde«, der den Tod seiner Mutter mit Lakonik begleitet und bald danach am Strand einen Araber erschießt, noch Caligula, der Soldatenkaiser, der die Bühne in eine Schauerposse um Sein und Nichts verwandelt und jeder Laune seiner grausamen Seele frönt, waren damals dazu angetan, das Profil herkömmlicher Helden, seien sie gut oder böse, auszufüllen. Sie erschienen physisch und geistig wie Fremdkörper oder gefallene und letztendlich unverstandene Sterne. Die »Erklärung«, die freilich auch nicht als pädagogische Erleichterung zu nehmen war, lieferte »Der Mythos des Sisyphos«: Nach Nietzsche sind die Menschen dazu verurteilt, ihre eigenen Wahrheiten zu fingieren, und wenn sie etwas ehrlicher sind, versagt deren Fabrikation vor dem niemals zu ergründenden Schweigen der Welt. Anders gewendet, die *condition humaine* steckt in der Vorläufigkeit fest. Dann zieht der Tod den letzten Strich. Man tut am besten daran, dies zu akzeptieren. Dann darf man sich Sisyphos als einen glücklichen Menschen vorstellen.

*

Aber Camus war, was man erst später bemerken durfte, zugleich ein Mediterraner. Hier, an den Küsten Algiers und Orans, in den Wüsten des Hinterlands, zwischen Ruinen, Bergen und Oasen, nährte er seinen Lebensdrang. Früh von der Tuberkulose gezeichnet, wollte er um so heftiger ein Dasein, das ihm Licht und Lust zu sein hatte. Der solidarische Freund und der ausgeprägte *homme à femmes* konnte immer wieder auch rücksichtslos eigene Interessen verfolgen – für andere am unverfänglichsten, wenn er sich zurückzog in die Eremitagen von Arbeit und Meditation. – Auf »Paris« passte dies nur schwer. Es fügte sich gegenstrebig ins Gehäuse einer Intelligenz, die sich so viel auf ihre Brillanz, ihren Scharfsinn, ihr moralisches und ästhetisches Gewissen, ihren Stil, ihr Wort, ihre Rollenspiele zwischen Gesellschaft, Politik und Bohème zugutehielt. Als Journalist und Leitartikler im Dienst der Résistance von den Gefährten mit Wohlwollen aufgenommen, wurde Camus als Schriftsteller eigener Wege und unangepasster Vorstellungen gleichwohl bald zum Außenseiter: zu einem Fremden, dem man den Respekt nicht versagte, während man gleichzeitig wusste, dass er nicht eigentlich dazugehörte. Sartre wurde nach anfänglicher Zuneigung zu Camus' schärfstem und einflussreichstem Gegner.

Im Dschungel der Intrigen und Attacken *ad hominem*, wie sie in Frankreich und vor allem in der Hauptstadt durchaus Tradition hatten, konnte und wollte Camus nicht mithalten. Es ist bezeichnend, dass er seinen engsten Gefährten späterer Jahre in René Char fand, einem Lyriker, der sich während der Okkupation im Widerstand engagiert hatte und danach fernab der Öffentlichkeit seiner Poesie lebte. Mit Char teilte Camus die Begeisterung für Natur und Landschaft, die Stille der Dörfer und Wege der Provence, die Utopie eines Daseins ohne lästige Forderungen von Tag und Geschichte. Es waren stets kürzere Texte, die darüber Rechenschaft gaben – literarisch-essayistische Streifzüge durch Gegenden des Mittelmeers, die noch nicht von den Zumutungen der Zivilisation überrannt waren und das Statische eines archaischen Zeitmaßes in sich verwahrten.

Dass der große Roman »Die Pest« sich von solchen Begegnungen ausdrücklich absetzt, obwohl er in der Hafenstadt Oran spielt, war ein Opfer, das gebracht werden musste. Camus wollte für eine zweite Reihe von Werken sowohl veranschaulichen, wie das Absurde weitere Kreise ins Gesellschaftliche und Politische zieht, als auch – neu – vor Augen bringen, dass es dabei auf den Widerstand jener trifft, die seine Hinnahme nicht dulden. Dieses philosophisch gegründete Projekt bedurfte eines Settings ohne die Gegenwelten des Schönen. Die Pest konnte dann sogleich als Allegorie auf die Tyrannei der deutschen Besatzung genommen werden, und schon deshalb fand das Buch seit seinem Erscheinen reißenden Absatz. Sie gab noch viel mehr her: Als subjektlose Macht des Bösen stellt sie den Geist auf die Probe. Wo ist Gott geblieben, der solches zulässt? Welche Erwägungen zu Erlösung und Heil im real gewordenen Widersinn trifft die Metaphysik? Weshalb soll akzeptiert werden, dass sich dieser Gott in seiner vollen Wahrheit gerade und nur unter den Bedingungen seiner äußersten Ferne manifestiert? Damit warf Camus Fragen auf, die das Säkulum längst bedrängten, und wenn er sie – auf kunstvollen Umwegen – selber beantwortete, lenkten ihn zwei Gewissheiten. Erstens wäre es verwegen, an einer Lehre festzuhalten, die sich aus der Substanz von Schuld und Sühne *ex negatione* beweist. Und zweitens folgt aus der Hilflosigkeit der Theologen und ihrer Konstrukte, dass der Mensch aufgerufen ist, sein Schicksal mit eigenen Mitteln an die Hand zu nehmen. Angesichts der unkorrigierbaren Vorläufigkeit des Daseins kommt der Gemeinschaft hierbei besondere Wirkung zu. Der Weg führt aus der Einsamkeit des Zweifels und der Verzweiflung zur Solidarität mit möglichen Aussichten auf eine Humanisierung des Lebens.

»Die Pest« gibt dieser Aufgabe epische Dimensionen. Bis zuletzt muss im Unklaren bleiben, wie weit sie gelingt und ob der Terror wirklich besiegt ist. In dem Stück »Der Belagerungszustand« hingegen ist das Geschehende in knappe Bilder gepackt. Die Pest und das

Nichts sind zum personifizierten Gegenüber der Menschen geworden, und die Liebe, die in dem Roman keinen Auslauf haben darf, bietet ihnen hier Schach. Doch jetzt blieb der Erfolg aus. Camus' Welttheater des Absurden vor der Folie seiner Zurückweisung fiel durch. Die Franzosen waren nicht mehr bereit, an einem Thema näher Anteil zu nehmen, das sie schließlich mehr schlecht als recht hinter sich gebracht hatten. Auch schuf die Transposition der Handlung in das seit dem Bürgerkrieg von Franco beherrschte Spanien keine erwähnenswerten Solidaritäten politischer Façon mit den unterdrückten Zeitgenossen. Frankreichs Politik war wesentlich Innenpolitik im Streit der Parteien um die Zukunft des eigenen Landes zwischen links und rechts. Und Camus war jetzt nicht mehr, wie noch vor kurzem zur Zeit seiner Zwischenrufe als Journalist, der Mann, auf solchem Terrain Gehör zu finden.

*

Mit dem Essay »Der Mensch in der Revolte« von 1951 entfernte sich Camus abermals vom Mainstream. Kaum jemand wollte merken, worum es in dem ausladenden und tatsächlich wenig systematischen Traktat geht. Dabei war die Richtung des Denkens originell: die Revolte als Fundamentaltätigkeit des Menschseins seit der Bewusstwerdung seines Verhältnisses zu einer vielfach feindseligen »Schöpfung« auszuweisen. Dem Text lagen Ideen zugrunde, die der Student der Philosophie im Umgang mit der griechischen und der christlichen Metaphysik gewonnen hatte. Doch seine wahrhaftig attackierende Stoßkraft wendet sich gegen die Verabsolutierung der Geschichte, wo diese in die Lücke springt, die die Aufklärung mit ihrer Kritik an der Religion geschaffen hatte, um die säkularen Utopien des Fortschritts zu verkünden. Camus' beherzter Angriff auf den Stalinismus brachte die intellektuelle Linke in tiefe Verlegenheit, weil er einen Nerv ihrer Zuversicht und ihrer Moral des guten Gewissens getroffen hatte. Seither war Camus in ihren Kreisen *persona non grata.*

Es wäre eine andere Konstitution nötig gewesen, der Missgunst und der Häme ohne innere Beschädigungen zu trotzen. Dazu aber war der Hochempfindliche, dessen gesundheitliche Probleme periodisch heftig aufbrachen, nicht ausgebildet. Camus' Waffe blieb so eine Ironie, die bevorzugt mit sich selber ins Gespräch kam. Die Tagebücher seit den frühen dreißiger Jahren bis an die Schwelle des Unfalltods vom Januar 1960 dürfen sich als Resonanzkörper mithören lassen, der das Ich auch immer wieder unter den Vorzeichen seiner Anfeindungen zur Prüfung führt. Daneben offerieren diese Diarien oder »Cahiers« eine Fülle von Beobachtungen und Einsichten in der Auseinandersetzung mit den politischen, philosophischen und literarischen Gegenständen des Interesses. Camus ließ sich zwar nicht dazu verleiten, vorbehaltlos sein Herz zu öffnen. Wer das Private und das Prickeln aus Affären sucht, wird enttäuscht. Indessen legte Camus oftmals detailliert nieder, wie und weshalb ihn die Arbeit am Werk beschäftigte, und auch an Reflexionen zur Zeitgeschichte und überhaupt zur Zukunft der Menschheit ist kein Mangel. Gegen das vorschnelle Urteil oder die rhetorische Pointe triumphieren die wahren Tugenden einer Intellektualität aus französischer Bildung: Urteilskraft, Vernunft, Treffsicherheit und eine Prise Distanz.

Man kann – ohne verlässliche Resultate – endlos darüber spekulieren, ob Camus immerhin die Streifung einer Ahnung seines verführten und abrupten Todes hatte. Auch dafür böten die Tagebücher da und dort gewisse Indikationen. Gesichert ist jedenfalls, dass die Projekte und Verwirklichungen der letzten acht Jahre unter eigentümlichem Druck standen. Einerseits spürte Camus ein Schwinden der Schreibkraft, andererseits hatte sich eine wiederum große und herausfordernde Agenda mit Plänen zu Theaterstücken, Betrachtungen und Romanen gefüllt. Ein Leitthema, das Camus unter das Stichwort »korrigierte Schöpfung« brachte, hätte wohl als Gegenwurf zur Welt der jüdisch-christlichen Eschatologie mitsamt ihren Ablegern in die moderne Geschichtsphilosophie eine Erde diesseitiger Erwartungen und Erfüllungen gefeiert. Die Kunstfigur des »Don Faust« wäre dazu bestimmt gewesen, Eros und Erkenntnisdrang erzählerisch zu verbinden. Und das Losungswort »Nemesis«, das auf die griechische Göttin weniger der Vergeltung als vielmehr des Maßes anspielte, hätte ebenfalls eine Realität vorwiegend »mediterran« fundierter Daseinsbedingungen angepeilt, wie sie bereits die letzten und freilich allzu undeutlichen Kapitel des Essays über den Menschen in der Revolte beschrieben hatten.

Dies alles kam nicht mehr zustande. Dass sich Camus von seiner Öffentlichkeit offiziell mit einer Erzählung verabschiedete, die zwar nochmals viel Publikum fand, doch gleichzeitig den Pessimismus und sogar den Zynismus aufs Schild erhob, befestigte die Wahrnehmung vom finster, jedenfalls überaus skeptisch gewordenen Schriftsteller. Sie war ja nicht einfach falsch. Aber »Der Fall« war gleichwohl nur als weitere Durchgangsstation erdacht worden. Der Kontrast zu dem unvollendeten Roman autobiographischer Hintergründe, der erst Jahrzehnte nach Camus' Tod erschien, könnte größer nicht sein. Hier denn, in seinem Vermächtnis, wies Camus nochmals weit über Gegebenes und Erwartbares hinaus – »Der erste Mensch« hätte die Kraft gewonnen, zu den herausragenden Epen der Epoche zu zählen, da und jetzt vermittelt mit einer unerhörten Lebendigkeit in Anschauung und Zeitbezug.

Der Roman ist freilich selbst als Torso ein Meisterwerk. Zum ersten Mal tauchte Camus nicht nur wie bisher knapper und kürzer, sondern mit weitem Atem in die Lebenswelten seiner Herkunft ein, die ihm stets viel mehr bedeuteten als alles »Französische« politischer und intellektueller Faktur. Es ging um eine Selbstfindung aus dem Geist überaus präsenten Erinnerns mit den Mitteln einer Literatur, die den allegorischen Gehalt zugunsten des sozialen Realismus zurückließ, ohne dass darüber Poesie und Traum vernachlässigt worden wären. Camus konnte sich keine Vorstellungen mehr machen, wie dieses *opus magnum* bei der Leserschaft aufgenommen würde. Doch die Resonanz nach der Publikation im Jahr 1994 war gewaltig. Sie dauert bis heute an, mit Übersetzungen in viele Sprachen, und man darf vermuten, dass ein solches Echo kaum erreicht worden wäre, hätte der vollständige Text das Milieu der sechziger Jahre mit seinen militanten Politisierungen erreicht.

Was ist der Mensch? Wohin zieht es ihn? Wie stellt er sich seiner Endlichkeit? Weshalb ist es besser, nicht allzu viel zu hoffen, um stattdessen in Augenblick und geteilter Verantwortung zu leben? Womit kann die Kunst den Augenblick in Dauer verwandeln? Das sind die Fragen, die jenseits geschichtlicher Determinanten jeden reflektierten Geist beschäftigen müssen, ohne dass er darauf die ein für alle Mal gesicherten Antworten erhält. Camus besaß das Temperament und das Genie, die Radikalität im Umgang mit der Existenz niemals preiszugeben, um daraus zu lernen. Für sich selbst, vor allem dann für weitere Generationen, die nicht versäumen werden, ihn mit der Zustimmung aus Einsicht zu lesen. Mehr konnte er nicht gewollt haben.

Siglen

I   Albert Camus: Œuvres complètes I. 1931–1944. Édition de la Pléiade, Paris 2006.
II Albert Camus: Œuvres complètes II. 1944–1948. Édition de la Pléiade, Paris 2006.
III Albert Camus: Œuvres complètes III. 1949–1956. Édition de la Pléiade, Paris 2008.
IV Albert Camus: Œuvres complètes IV. 1957–1959. Édition de la Pléiade, Paris 2008.

*

B   Der Belagerungszustand. In: Albert Camus: ·Dramen. Ins Deutsche übertragen von Guido G. Meister. Reinbek bei Hamburg 2009.
Br   Albert Camus: Briefe an einen deutschen Freund. In: Fragen der Zeit. Deutsch von Guido G. Meister. Reinbek bei Hamburg 1997.
C   Caligula. In: Albert Camus: Dramen. Ins Deutsche übertragen von Guido G. Meister. Reinbek bei Hamburg 2009.
EM   Albert Camus: Der erste Mensch. Deutsch von Uli Aumüller. Reinbek bei Hamburg 2010.
F   Albert Camus: Der Fremde. Roman. In neuer Übersetzung von Uli Aumüller. Reinbek bei Hamburg 2010.
Fa   Albert Camus: Der Fall. Aus dem Französischen von Guido G. Meister. Reinbek bei Hamburg 2010.
FZ   Albert Camus: Fragen der Zeit. Deutsch von Guido G. Meister. Reinbek bei Hamburg 1997.
G   Die Gerechten. In: Albert Camus: Dramen. Ins Deutsche übertragen von Guido G. Meister. Reinbek bei Hamburg 2009.
GT   Albert Camus: Der glückliche Tod. Deutsch von Eva Rechel-Mertens. Reinbek bei Hamburg 2010.
J   Albert Camus: Jonas oder Der Künstler bei der Arbeit. Gesammelte Erzählungen. Deutsch von Guido G. Meister. Reinbek bei Hamburg 2010.
KP   Albert Camus: Kleine Prosa. Deutsch von Guido G. Meister. Reinbek bei Hamburg 2010.
LuS Albert Camus: Licht und Schatten. In: ders.: Kleine Prosa. Deutsch von Guido G. Meister. Reinbek bei Hamburg 2010.
M   Das Missverständnis. In: Albert Camus: Dramen. Ins Deutsche übertragen von Guido G. Meister. Reinbek bei Hamburg 2009.
MR   Albert Camus: Der Mensch in der Revolte. Aus dem Französischen

von Justus Streller, bearbeitet von Georges Schlocker unter Mitarbeit von François Bondy. Reinbek bei Hamburg 2009.

MS   Albert Camus: Der Mythos des Sisyphos. Deutsch und mit einem Nachwort von Vincent von Wroblewsky. Reinbek bei Hamburg 2010.

P   Albert Camus: Die Pest. Deutsch von Uli Aumüller. Reinbek bei Hamburg 1998.

RT   Albert Camus: Reisetagebücher. Herausgegeben und mit einer Einführung von Roger Quilliot. Deutsch von Guido G. Meister. Reinbek bei Hamburg 1980.

T I   Albert Camus: Tagebücher 1935–1951. Aus dem Französischen übertragen von Guido G. Meister. Reinbek bei Hamburg 1997.

T II   Albert Camus: Tagebuch. März 1951 – Dezember 1959. Aus dem Französischen übertragen von Guido G. Meister. Reinbek bei Hamburg 1997.

ZF   Albert Camus: Unter dem Zeichen der Freiheit. Herausgegeben von Horst Wernicke. Reinbek bei Hamburg 1993.

Anmerkungen

I.
Der Sprung ins Absurde

1 Dazu: Tony Judt: Past Imperfect. French Intellectuals, 1944–1956. Berkeley 1992. Sowie: ders.: The Burden of Responsibility. Blum, Camus, Aron, and the French Twentieth Century. Chicago 1998. Sowie: ders.: Thinking the Twentieth Century. London 2012.

2 In seinem autobiographisch inspirierten Roman »Les grèves«, Paris 1957, teilt sich Jean Grenier als philosophisch suchender, deutlich an der klassischen Metaphysik orientierter Geist mit. Dazu auch: Jean Grenier: Albert Camus. Souvenirs. Paris 1968. Vgl. auch: J.S.T. Garfitt: The Work and Thought of Jean Grenier (1898–1971). Oxford 1983. – Zur Rezeption des »Fremden« siehe: Olivier Todd: Albert Camus. Ein Leben. Reinbek bei Hamburg 1999, S. 328ff.

3 Siehe: Todd, a.a.O., S. 300ff. Sowie: Herbert Lottman: Albert Camus. Hamburg 1986. S. 215f.

4 Jean-Paul Sartre: Explication de l'Étranger. Wieder in: Situations, I. Essais critiques. Paris 1978, S. 92–112.

5 Hierzu aufschlussreich: Jean-Paul Aron: August 1955. Das Heidegger-Kolloquium in Cerisy. In: Jürg Altwegg (Hsg.): Die Heidegger-Kontroverse. Frankfurt am Main 1988, S. 28ff.

6 Vgl. Todd, a.a.O., S. 689ff.

7 Siehe hierzu die ausführlichen Kommentare im ersten Band der vierbändigen Edition der Bibliothèque de la Pléiade: Albert Camus: Œuvres complètes, I (1931–1944). Paris 2006, S. 1207ff.

8 A.a.O., S. 999–1081. Sowie kommentierend: a.a.O., S. 1424ff. – Die Arbeit trägt den offiziellen Untertitel »Diplôme d'études supérieures«. Dazu auch als Hintergrunderhellung: Correspondance Albert Camus, Jean Grenier 1932–1960. Paris 1981, S. 27ff., S. 33.

9 Vgl. Albert Camus, Œuvres complètes, a.a.O., S. 1425ff. – An Sekundärquellen erwähnt Camus in der angefügten Bibliographie neben einschlägigen französischen Titeln wie etwa Étienne Gilsons »Introduction à l'étude de Saint Augustin« (1931) auch ein paar englische Kommentare. A.a.O., S. 1077.

10 Nämlich am ausführlichsten in dem großen Essay »L'Homme Révolté« (»Der Mensch in der Revolte«) von 1951.

11 Wörtlich so: »Cette naïveté grecque dont parle Schiller était trop pénétrée d'innocence et de lumière pour abdiquer sans résistance.« –

Wir finden hier wohl das früheste Zeugnis einer Apologie des »Griechischen« im Zeichen von Unschuld und Licht, hier noch philologisch angeschlossen an den deutschen Klassiker, später dann frei verwendet auch in Anspielungen an die eigene mediterrane Herkunft und die Lebensführung wider die Zwänge unterm Diktat von »Paris«. A.a.O., S. 1074.

12 Noch im November/Dezember 1935 skizziert Camus in einem Brief an Claude de la Poix de Fréminville die Absicht, neben anderem auch einen Essay über die Metaphysik des Marxismus schreiben zu wollen – wohl damals noch aus wohlwollender Perspektive. (Todd, a.a.O., S. 97) – Dass aber die Marxsche Lehre mitsamt ihren Ablegern bereits nicht einfach liniengetreu als wissenschaftliche Doktrin apostrophiert ist, sondern mit der Metaphysik zusammengebracht wird, wird es dem späteren Kritiker – auch vor dem Hintergrund seiner Diplomarbeit zur Eschatologie des Christentums – ermöglichen, den geschichtsphilosophisch-messianischen Kern der von Marx gestifteten Religion kritisch zu präsentieren.

13 Albert Camus: La Mort heureuse. Die posthume Erstausgabe erscheint erst 1971 bei Gallimard in Paris unter dem Signet »Cahiers Albert Camus I«. 1972 folgt bei Camus' deutschem Hausverlag Rowohlt die Übersetzung von Eva Rechel-Mertens unter dem Titel »Der glückliche Tod«.

14 Zur Biographie der dreißiger Jahre siehe: Todd, a.a.O., S. 90ff. Zu den Erlebnissen und Abenteuern im Sinne von Vorlagen für den Roman, siehe: a.a.O., S. 139ff.

15 Albert Camus: ›La Nausée‹, par Jean-Paul Sartre. In: Alger républicain, »Le Salon de lecture«, 20 octobre 1938. In: Albert Camus: Œuvres complètes, a.a.O., S. 794. Alsgleich fährt der Rezensent fort: »Et dans un bon roman, toute la philosophie est passée dans les images.« – Mag er auch Lehrstück sein, so ist der Roman doch vor allem ein Schreiben und Verstehen in Bildern.

16 A.a.O., S. 1005ff. Für die deutsche Version: Der glückliche Tod. Roman. Cahiers Albert Camus I. Deutsch von Eva Rechel-Mertens. Nachwort und Anmerkungen von Jean Sarocchi. Rowohlt Taschenbuch Verlag, Reinbek bei Hamburg 1983.

17 Siehe: Todd, a.a.O., S. 137ff.

18 Albert Camus: Licht und Schatten. In: ders.: Kleine Prosa. Reinbek bei Hamburg 2010, S. 56.

19 Jean Grenier war der Mentor und Inspirator um einen Kreis von jungen Autoren, die in der Reihe »Méditerranéennes« des Buchhändlers Edmond Charlot in Algier publizierten. Bevor Camus seinen Erstling dem Lehrer und Mentor widmet, fragt er ihn höflich und per Brief an, ob solches denn gestattet sei. – Albert Camus – Jean Grenier: Cor-

respondance, a.a.O., S. 28. Ferner: Albert Camus, Œuvres complètes I, a.a.O., S. 1212ff.

20 Die Verwandlung der Kurzbiographie der frühen Jahre in Literatur fasst Camus so ins Porträt der Mutter und der Familie überhaupt: »Sie war gebrechlich, das Denken bereitete ihr Mühe. Sie hatte eine strenge, herrschsüchtige Mutter, die alles ihrer triebhaften überempfindlichen Eigenliebe opferte und den schwachen Geist ihrer Tochter lange bevormundet hatte. Die Ehe hatte sie frei gemacht, aber nach dem Tode ihres Mannes war sie fügsam ins Joch zurückgekehrt. Er war auf dem Feld der Ehre gefallen, wie man zu sagen pflegt.« (LuS, 69) – Das Staccato dieser Prosa – raffend, konzentriert, unterkühlt – weiß noch nichts von den langen Perikopen, die viel später in dem Roman »Le Premier Homme« dieselben Tatsachen ins Epische ausbreiten.

21 Maurice Barrès fasziniert schon den Schüler, und später wird André Malraux in den Prosastücken von »Noces« einen »Hauch Barrès« bemerken. Camus lässt sich von dessen Parteinahme für die französische Rechte und die »Action française« nicht beirren, wenn es gilt, den Schriftsteller zu legitimieren. So zitiert er ihn im letzten Absatz des letzten Stücks von »L'Envers et l'Endroit« zustimmend als Zeugen für eine Ironie, die er – im Dienste des Lebens – als »Bürgschaft der Freiheit« versteht. – Siehe: Todd, a.a.O., S. 313 zu Malraux, sowie: Albert Camus: Licht und Schatten, a.a.O., S. 98.

22 Es gehört zu einer Art von Arbeit in Stufen oder Etappen, dass Camus mit dem Erreichen bestimmter Ziele auch die Erwartung verbindet, danach wachsender Freiheit – eher noch: Befreiung – anteilig zu werden. Der Fortgang der Biographie zeigt indessen, dass hier der Wunsch der Vater der Gedanken ist. Die letzte Reflexion zum Thema erfolgt unter dem Datum des 7. Novembers 1958 anlässlich des 45. Geburtstages, wo sich Camus dazu aufruft, sich bis zum Fünfzigsten von Vielem lösen zu wollen. Dann sollte gelten: »Ce jour-là, je régnerai.« (IV, 1291) »7. November, 45 Jahre alt. Wie beabsichtigt ein Tag der Besinnung. Schon jetzt mit der Loslösung beginnen, die mit 50 vollendet sein muss. An dem Tag werde ich herrschen.« (TB 2, 328)

23 Am 15. März 1941 verzeichnet das Tagebuch ausdrücklich eine Konjektur zwischen dem Absurden und der Macht mit Hinweis auf Hitler: »Das Absurde und die Macht – zu untersuchen (vgl. Hitler)«. (TB 1, 176) Ansonsten findet sich wenig Substantielles zu dem deutschen Diktator, der Camus allenfalls in seiner Funktion, nicht aber in seiner Physiognomie interessierte.

24 Camus' Interesse an Caligula geht weit in die Studienjahre zurück, als Jean Grenier den Schülern die Lektüre Suetons empfahl, was aus Greniers eigenen Erinnerungen hervorgeht. Zur weiteren Beschäfti-

gung mit Sueton in Rücksicht auf das Theaterstück »Caligula« siehe: Albert Camus, Œuvres complètes I, a.a.O., S. 1303ff. – Nicht unerwähnt soll in diesem Zusammenhang bleiben, dass sich Camus während seiner journalistischen Arbeit bei der Widerstandszeitung »Combat« auch des Pseudonyms »Suétone« bediente, was auch seinem Sinn für ironische Nebentöne entsprach. Dazu: Todd, a.a.O., S. 400.

25 Der metaphorische Überschuss des Phänomens der Pest lässt sich dadurch nutzbar machen, dass sowohl ein Täter qua handelndes Subjekt zugeordnet werden kann, wie es »Caligula« und später »Der Belagerungszustand« vorweisen, als auch eine subjektlos allgemeine Plage im Sinne ideologischer Macht, wie es eine Lesart neben anderen in dem Roman »Die Pest« empfiehlt.

26 Albert Camus: Dramen. Ins Deutsche übertragen von Guido G. Meister. Reinbek bei Hamburg 2009. S. 10.

27 Der Bericht findet sich als Agenturmeldung vom 6. Januar 1935 sowohl in »L'Écho d'Alger« wie in »La Dépêche algérienne« als »un effroyable meurtre«. Siehe: Albert Camus: Œuvres complètes I, a.a.O., S. 1329.

28 Siehe dazu: Todd, a.a.O., S. 296.

29 Dazu: Annie Cohen-Solal: Sartre, 1905–1980. Reinbek bei Hamburg 1988, S. 167ff., 376ff.

30 Sartre zieht die einprägsame Szene zur Auslegung des »Étranger« heran, wenn er in seiner »Explication« darauf insistiert, dass das Unverstandene des Telefon-Gleichnisses nur »relativ absurd« sei. Sobald man nämlich die Türe zur Zelle öffnen und dem Gespräch lauschen würde, hätte die besagte »menschliche Aktivität« wieder ihre Bedeutung erlangt. – Jean-Paul Sartre: Explication de l'Étranger, a.a.O., S. 106.

31 Hierin erweist sich Camus bereits in frühen Jahren als zustimmender Leser Nietzsches, der es dem Menschen überlässt, sich entweder lebensdienliche oder lebensfeindliche Wahrheiten zu konstruieren, die über den Abgrund der transzendentalen Ortlosigkeit hinwegweisen.

32 Camus' erste Begegnungen mit Bergsons Lebensphilosophie weisen freilich noch eher in kritische Richtung. So rügt der angehende Student in einem Artikel des Titels »Philosophie dieses Jahrhunderts«, dass Bergson in seinem Buch »Materie und Gedächtnis« den Verstand als gefährlich verwerfe, dafür ein ganzes System auf unmittelbarer Erkenntnis und unreflektierten Empfindungen aufbaue und damit die Philosophie des Jahrhunderts damit zurücknehme. Siehe: Todd, a.a.O., S. 50. – Kurz: Erst die bald darauf einsetzende Beschäftigung mit Husserl und Heidegger lässt den jungen Philosophen die Defizite der klassischen Schulphilosophie erkennen.

33 Mit der Existenzphilosophie wird sich Camus indessen niemals – und mithin gegen mancherlei Etikettierungen – identifizieren wollen. Dabei darf die Absetzung von Sartre und seiner frühen Phase nicht unterschätzt werden. Noch 1945 lässt Camus in einem Interview verlauten: »Non, je ne suis pas existentialiste.« – Albert Camus, Œuvres complètes II, S. 655ff.

34 Don Juan spielt in Camus' Gedankenkosmos eine wichtige Rolle, ohne dass der Verführer jemals zum literarischen Sujet hätte werden können. Für die weiteren Projekte war dies geplant, vor allem mit der Kunstfigur eines »Don Faust«, der daneben auch den Willen zur Erkenntnis bekundet hätte. – Siehe: Kapitel 6 dieses Buches.

35 Camus' Bewunderung für Proust bleibt durch alle Phasen seiner Beschäftigung mit dem großen Romancier ungebrochen, auch wenn das Tagebuch einmal von der »terrible monotonie« spricht. Vorherrschend ist die Einschätzung, dass die »Recherche du temps perdu« ein »œuvre héroïque et virile« sei. Albert Camus, Œuvres complètes II, S. 959.

36 Für Paul Valéry hingegen, den Rationalisten als Zertrümmerer aller mythischen Residuen, reduziert sich Sisyphos' Leistung darauf, dass er sich bei seinem letztlich sinnlosen Tun immerhin Muskeln zugelegt habe. In den »Fragments des mémoires d'un poème«, 1937 in der Zeitschrift »Revue de Paris« erschienen, heißt es mit ironischer Färbung: »Un effort n'est jamais perdu. Sisyphe se faisait des muscles.« – Paul Valéry, Œuvres I. Bibliothèque de la Pléiade, Paris 1980, S. 1476. – Eine Anspielung auf Camus' »Mythos von Sisyphos« kann schon deshalb nicht beabsichtigt gewesen sein, weil dieser erst fünf Jahre später, 1942, erscheint. – Camus' Verhältnis zu Valéry wäre als freundlich-neutral zu bezeichnen und hinterlässt im Werk keinerlei signifikante Einflüsse oder Spuren.

37 Hans Blumenberg zitiert diesen Satz in seinem Werk »Arbeit am Mythos«. Das Paradox, das mit dem glücklichen Sisyphos gesetzt ist, wird verstanden im Sinne einer »Vermehrung der Sichtbarkeit des Potentials der Mythe«. Anders gesagt, die Mythe ist noch nicht erledigt, solange es möglich ist, ihr noch überraschende Bedeutungen einzusetzen. – Hans Blumenberg: Arbeit am Mythos. Frankfurt 1979, S. 79.

38 Dies gilt insbesondere für Sartres Parallel-Lektüre des »Étranger« und des »Mythe de Sisyphe«. Sartre, a.a.O.

39 Franz Kafka: Der Schlag ans Hoftor. In: ders.: Nachgelassene Schriften und Fragmente I. Herausgegeben von Malcolm Pasley. Frankfurt 1993, S. 361ff. – Der Ich-Erzähler, der an ein Hoftor geschlagen haben soll, sich jedoch dessen nicht mehr erinnert und sich keines Vergehens bewusst ist, endet in einer Bauernstube vor einem Gericht und einem Richter, der bekennt, dass ihm der Mann leid tue.

40 In »Der glückliche Tod« ist bereits das Motiv von Geräuschen aus dem Alltag verwendet, das die Gleichgültigkeit des Lebens gegenüber subjektiv besonderen Umständen zum Ausdruck bringen soll. Vgl. die Ouvertüre mit der Mordszene. – Albert Camus: Der glückliche Tod, a.a.O., S. 11ff.

41 Mit der Todesstrafe wird sich Camus – more philosophico – viel später, nämlich 1955, in seinem Essay »Die Guillotine. Betrachtungen zur Todesstrafe« befassen.

II.

Eine Welt von Unheil

1 Beispielhaft für vieles ist André Malraux' großer Roman »La Condition humaine«, der 1933 bei Gallimard in Paris publiziert wird und vor dem politischen Hintergrund des Kolonial- und Bürgerkriegs in China die Stadt Schanghai in den Mittelpunkt rückt, wo sich die Fraktionen blutige Kämpfe liefern und die existentielle Gefährdung keinerlei Auswege in die Transzendenz mehr erlaubt.

2 Allerdings deuten erste Reaktionen von Seiten der Literaturkritik auch in eine andere Richtung. Wichtig ist, dass André Malraux, Max Paulhan und Pascal Pia ihre Bewunderung bezeugen, und als Maurice Blanchot den Roman mit Faulkners »Freistatt« assoziiert, ist immerhin Augenhöhe erreicht. Dazu: Todd, a.a.O., S. 330ff.

3 Diesen Glauben wird Sarte in der Folge rasch und kräftig verabschieden. Er bleibt indessen für Camus lebenslänglich eine Leitlinie für das eigene Schaffen und dessen Moral. Auch diese Differenz zwischen Sartre und Camus wird dafür sorgen, dass sich die beiden entzweien.

4 Albert Camus: Der Mythos des Sisyphos, a.a.O., S. 25. Sartres Name fällt nicht, Camus genügt es, den Romantitel zu nennen. »… dieses Unbehagen vor der Unmenschlichkeit des Menschlichen selbst, dieser unberechenbare Sturz vor dem Bilde dessen, was wir sind, dieser ›Ekel‹, wie ein Autor unserer Tage es nennt, ist das Absurde.«

5 Jean-Paul Sartre: Explication de l'Étranger, a.a.O.

6 Etwa in einem Brief an Jean Grenier. Vgl. Todd, a.a.O., S. 340 – Ausführlicher und grundsätzlich zur Kritik dann im Tagebuch vom Herbst 1942 und unter der kursiven Überschrift »De la critique«. – Albert Camus, Œuvres complètes II, a.a.O., S. 952ff.

7 Sartre, a.a.O., S. 96.

8 A.a.O., S. 112. Schon zu Beginn der Rezension: »A vrai dire, ce ne sont pas là des thèmes bien neufs et M. Camus ne les présente pas comme

tels. Ils furent dénombrés, dès le XVIIe siècle, par une certaine espèce de raison sèche, courte et contemplative qui est proprement française: ils servirent de lieux communs au pessimisme classique.« A.a.O., S. 93.

9 Albert Camus: Œuvres complètes I, a.a.O., S. 794.

10 Albert Camus: Œuvres complètes II, a.a.O., S. 951.

11 Albert Camus: Noces. Œuvres complètes I, a.a.O, S. 99ff. Zur Philologie der Ausgaben sowie zur Inspiration des Titels durch Jean Grenier siehe: a.a.O., S. 1227ff.

12 Im Sinne Nietzsches gedacht und gegen die Abgeltungen in einer fiktiven Zukunft gerichtet – so liest es sich in einer Tagebuch-Notiz aus dem Zeitraum der Entstehung von »Noces«: »Tragischer Kampf der leidenden Welt. Belanglosigkeit des Problems der Unsterblichkeit. Was uns interessiert, ist unser Schicksal, gewiss. Aber nicht ›nachher‹, sondern ›vorher‹.« (T I, 41)

13 Diesseitsbejahung intensiviert sich damals vor dem Hintergrund physischer Hinfälligkeit durch die Lungenkrankheit. Camus entwickelt dabei eine Aufmerksamkeit gegenüber dem eigenen Körper im Auf und Ab der Vitalität, die ihn gar eine »Psychologie des Körpers« zu schreiben erwägen lässt. – Vgl. hierzu die Anmerkungen zu »Noces« in der Ausgabe der Pléiade, a.a.O., S. 1231.

14 Albert Camus: La Peste. Œuvres complètes II, a.a.O., S. 31ff. – Zum Brief an Guilloux, in dem auch von der Funktion des Erzählers die Rede ist, siehe: a.a.O., S. 1164f. – Noch 1942 scheint es Camus besser, »La Peste« nicht schon in den Titel zu nehmen, sondern den Roman stattdessen beispielsweise mit »Les Prisonniers« zu überschreiben. Vgl. dazu den Eintrag im Tagebuch, a.a.O., S. 958.

15 Dazu ausführlich: Todd, a.a.O, S. 270ff.

16 Roland Barthes: ›La Peste‹. Annales d'une épidémie ou roman de la solitude? – Der Text für eine französische Bücherzeitschrift datiert erst vom Februar 1955. Wiederabgedruckt in: Roland Barthes: Œuvres complètes I. Paris 2002.

17 Siehe dazu ausführlich das Kapitel »Repères médicaux, historiques et personnels« im Kommentar der Ausgabe der Pléiade. Camus beschäftigt sich intensiv mit der medizinischen Fachliteratur der Zeit. – Albert Camus, a.a.O., S. 1133ff.

18 Die Genese des Romans läuft durch diverse Stufen, Pläne und Fassungen. Siehe: A.a.O., S. 1136ff.

19 Im neunten Auftritt des vierten Akts holt Caligula zu einer ironisch-zynischen Assoziation aus, die eines der Leitmotive des Romans bereits antizipiert: »Mir ist übrigens ein hübscher Vergleich eingefallen, den ich euch nicht vorenthalten will. Meine Regierung war bis dahin eine zu glückliche Zeit. Weder weltverheerende Pest noch

grausame Religion, nicht einmal ein Staatsstreich, kurzum nichts, das euch der Nachwelt überliefern könnte. Das ist genaugenommen mit ein Grund, weshalb ich versuche, die Zurückhaltung des Schicksals wettzumachen. Ich meine ... Ich weiß nicht, ob ihr mich richtig verstanden habt. *Mit einem leisen Lachen*: Nun, ich trete gewissermaßen an die Stelle der Pest.« – Albert Camus: Dramen. Ins Deutsche übertragen von Guido G. Meister. Reinbek bei Hamburg 2009, S. 64.

20 Im Grund genommen geht die Suche nach dem »mot juste« in der französischen Literatur ausdrücklich mindestens bis auf Flaubert zurück. Camus kommentiert nirgends, wie weit er sich in Grands Bemühungen selber spiegelt. Nicht ausgeschlossen werden darf, dass er auch an Valéry gedacht hat. – Siehe auch: Albert Camus: Œuvres complètes, a.a.O., S. 1147.

21 Die »politische« Verfolgung darf in »La Peste« nicht so benannt sein. In dem Theaterstück »Der Belagerungszustand« hingegen, wo die Pest als Person auftritt und für alle administrativen Belange über eine Sekretärin verfügt, wird die Buchhaltung von Leben und Tod zum direkten Thema. So sagt die Pest zur Assistentin: »Lasst die großen, zwecklosen Unternehmungen beginnen! Halten Sie, liebe Freundin, bitte die Bilanz der Deportationen und Konzentrationen bereit. Beschleunigen Sie die Umwandlung der Unschuldigen in Schuldige, damit wir über genügend Hände verfügen. Deportieren Sie, was Rang und Namen hat. Es wird uns an Arbeitskräften fehlen, das sehe ich kommen!« – Albert Camus: Dramen, a.a.O., S. 152.

22 Es ist nicht zu dokumentieren, ob Sartres Theaterstück »Huis clos« (»Geschlossene Gesellschaft«) von 1944 irgendwelche Inspirationen für Camus' Engführung des Seuchenschicksals ausgelöst hat. – Sartres Darstellung der »Hölle« spielt in der Umrandung eines Kammerspiels über Liebe, Untreue und Eifersucht ohne Ausweg. Solidarität – falls es sie jemals gegeben hätte – zerfällt zusehends unter dem Druck der Passionen. In »La Peste« hingegen fände sich insofern eine »positive« Antwort, als Dienst in und an der Gemeinschaft wider das allgemein gewordene Verderben durchaus stattfindet.

23 Das Motiv von Lebenszeit und Weltzeit in ihrem tendentiell wachsenden Antagonismus zueinander versteht sich bei Camus primär vor dem Hintergrund weltzeitlicher Ablenkungen. Gelingende Lebenszeit ist – anders als für Sartre – nicht abhängig von möglichst dichter Anteilnahme am geschichtlichen Großverlauf, sondern im Gegenteil von den Freiheiten, sich ihm zu verweigern. Noch radikaler drückt dies bereits eine Maxime im Tagebuch aus dem Jahr 1937 aus: »Wir haben keine Zeit, wir selber zu sein. Wir haben nur Zeit, glücklich zu sein.« (T I, S. 79)

24 Das nächstliegende Vorbild Paneloux' wäre der Bischof von Marseille während der Pest daselbst im Jahr 1720. Henri François-Xavier de Belsunce de Castelmoron (1671–1755) erwies sich damals als tapferer Streiter gegen die Seuche. Paneloux zitiert ihn freilich in seiner zweiten Predigt als späteres Opfer seines Irrewerdens an Gott. Nachdem der Bischof glaubt, dass es keinerlei Abhilfe mehr gibt, lässt er sich in seinem Haus mit Lebensmitteln einmauern, worauf die Gemeinde im Zorn das Haus mit Leichen umringt, um ihn anzustecken. »So hatte der Bischof in einer letzten Schwäche geglaubt, sich in der Welt des Todes absondern zu können, und die Toten fielen ihm vom Himmel auf den Kopf.« – Albert Camus: Die Pest. Deutsch von Uli Aumüller. Reinbek bei Hamburg 1998, S. 328.

25 Rieux ist hier der philosophisch-zurückgehaltene Vertreter des Menschen in der Revolte: Ein »Aufklärer«, der nicht Atheist sein müsste, um dem christlich-katholischen Glauben die Widersinnigkeiten seiner Doktrin vorzuhalten. Für sich selbst klärt Camus das Verhältnis zu Gott im Tagebuch unter dem Datum des 1. Novembers 1954 so: »Ich lese oft, ich sei Atheist, ich höre oft von meinem Atheismus reden. Aber diese Worte sagen mir nichts, sie haben keinen Sinn für mich. Ich glaube nicht an Gott *und* ich bin kein Atheist.« (T II, 155)

26 Zur Ironie des scheinbar endlos betriebenen Unterfangens, den »ersten Satz« zu finden, gehört auch, dass dessen Signifikanten: die schöne Amazone, das herrliche Pferd, die blühenden Alleen im Pariser Bois de Boulogne, zu den wenigen »Einspielungen« zählen, die eine Gegenwelt zur tristen Stadtwüste von Oran eröffnen.

27 Hier ist die Bildlichkeit zur Referenz geworden, die schon damals jedermann zu begreifen hatte. »Bald mussten auch die Pesttoten selbst eingeäschert werden. Aber dazu musste man den alten Verbrennungsofen benutzen, der sich im Osten der Stadt, außerhalb der Tore, befand. Die Wachposten wurden weiter vorgeschoben, und ein Rathausangestellter erleichterte die Aufgabe der Behörden sehr mit seinem Rat, die Straßenbahnen zu benutzen, die früher über die Steilküstenstraße verkehrten und nun außer Dienst waren. Das Innere der Anhänge- und Motorwagen wurde für diesen Zweck hergerichtet, indem man die Sitze entfernte und die Gleise bei der Verbrennungsanlage umleitete, die so eine Endstation wurde.« (P, 258)

28 1946, also ein Jahr vor der Veröffentlichung von »La Peste«, publiziert Sartre den Essay »L'Existentialisme est un humanisme«, der die Intentionen des drei Jahre früher vorgelegten Werks »L'Être et le Néant« klären und vereinfachen soll. Zu den Hauptbestimmungen des Menschen im Sinne des Innewerdens seiner Existenz gehört, dass er eine Wahl zu treffen hat. – Camus' Abwehr dieser Möglichkeit

unter den Bedingungen der Seuche – und sei sie politischer Natur – darf sich von daher auch lesen lassen als eine Kritik am Existentialismus und dessen Hypostasierung von Subjektivität.

29 In der Nummer vom 20. Dezember 1945 der Zeitschrift »Servir« erläutert Camus – weder zum ersten noch zum letzten Mal, doch schon hier wachsend kritisch – sein Verhältnis zum Existentialismus, mit ausdrücklichem Bezug auf Kierkegaard: »Der Existentialismus hat zwei Formen: Die eine, vertreten durch Kierkegaard und Jaspers, endet über die Kritik der Vernunft im Göttlichen, die andere, die als atheistischer Existentialismus zu bezeichnen wäre und mit den Namen von Husserl, Heidegger und bald auch Sartre markiert wird, läuft ebenfalls auf eine Vergöttlichung hin – und zwar einfach der Geschichte als des einzigen Absolutums. Ich selber verstehe durchaus das Interesse an der religiösen Lösung, und ich nehme auch zumal die Bedeutung der Geschichte wahr. Aber ich glaube – im absoluten Sinne – weder an die eine noch an die andere.« Albert Camus, Œuvres complètes II, a.a.O., S. 659. (Übersetzung von mir.)

30 »Durch seine rote Robe verwandelt, war er weder gutmütig noch herzlich, und sein Mund ging über von gewaltigen Sätzen, die unablässig wie Schlangen daraus hervorkamen. Und ich begriff, dass er im Namen der Gesellschaft den Tod dieses Menschen forderte und sogar forderte, dass man ihm den Hals durchtrennte.« (P, 359)

31 Vgl. dazu: Todd, a.a.O, S. 619ff., 660ff.

32 Wie das eine, die Verbrennung des Manuskripts, mit dem anderen, der Genesung nach den Attacken der Pest, zu tun haben könnte, ist nicht einfach auszumachen. Camus suggeriert freilich einen Konnex – und damit auch die mögliche Lesart, dass ein Abschied von der Intellektualität des reinen *l'art pour l'art*, das bald darauf der Essay zum Menschen in der Revolte kritisieren wird, der Vitalität und der Selbsterhaltung förderlich sein könnte.

33 Hier vollzieht sich lebensweltlich, was Camus im Essay »Der Mythos des Sisyphos« theoretisch beschrieben und als Beispiel für den Einbruch des Absurden beigebracht hat. »Die Welt entgleitet uns, da sie wieder sie selbst wird. Die von der Gewohnheit verstellten Kulissen werden wieder, was sie wirklich sind. Sie entfernen sich uns. Wie es Tage gibt, an denen man unter dem vertrauten Gesicht einer Frau jene andere wie eine Fremde wiederentdeckt, die man vor Monaten oder Jahren geliebt hatte, so werden wir vielleicht gerade das begehren, was uns plötzlich so einsam macht. Doch ist die Zeit dafür noch nicht gekommen. Eines nur: diese Dichte und diese Fremdheit der Welt sind das Absurde.« – Albert Camus: Der Mythos des Sisyphos. Deutsch und mit einem Nachwort von Vincent von Wroblewsky. Reinbek bei Hamburg 2010, S. 25. – Ein gutes Beispiel dafür, wie Ge-

danken, Sujets, ja Formulierungen mitunter über weite zeitliche Strecken hinweg plötzlich wieder zum Einsatz gelangen.

34 Ausführlicher: Herbert Lottman: Camus. Eine Biographie. Hamburg 1986, S. 352ff.

35 Vgl. dazu: Todd, a.a.O., S. 520ff.

36 1722 erscheint Defoes fiktiver Bericht über die Pest in London im Jahr 1655 unter dem Titel »A journal of the plague year«. Die Technik mitsamt der Erzählperspektive eines engagierten Helden, der realistisch über die Ereignisse berichtet, als ob alles so und nicht anders stattgefunden hätte, nimmt Camus' eigene mindestens in Ansätzen vorweg. Camus zitiert daraus auch das einleitende Motto für seinen Roman. »Es ist ebenso unvernünftig, eine Art Gefangenschaft durch eine andere darzustellen, wie irgendetwas, was wirklich existiert, durch etwas, was nicht existiert.« –

37 Dazu: Herbert Lottman, a.a.O., S. 373ff.

38 Vgl. Lottman, a.a.O., S. 374f. – Camus repliziert im Dezember 1948 in der Zeitung »Combat« unter dem Titel »Pourquoi L'Espagne? Réponse à Gabriel Marcel«. Albert Camus: Œuvres complètes II, a.a.O., S. 482ff.

39 Dabei mag man sowohl an Aldous Huxleys »Brave New World« von 1932 wie an George Orwells 1945 veröffentlichten Roman »Animal Farm« denken. In beiden Fällen wird mit satirischen Mitteln das Terrorpotential totalitärer Gesellschaftsformen thematisiert. Camus' Lektüre Orwells insbesondere für den »Homme révolté« ist ebenso bezeugt wie jene Huxleys. Schon am 9. Oktober 1938 rezensiert der junge Journalist in der Literaturbeilage von »Alger républicain« Huxleys neuen Roman »Marina di Vezza«. – Albert Camus: Œuvres complètes I, a.a.O., S. 788ff. – Siehe auch: Lottman, a.a.O., S. 347.

40 Albert Camus, Œuvres complètes II, a.a.O., S. 483f.

41 Bereits der junge Schauspieler und Regisseur am »Théâtre du Travail« von Algier beschäftigt sich mit Calderon und möglichen zeitgemäßen Adaptationen seiner Bühnenstücke. – Vgl. Todd, a.a.O., S. 123f.

42 Der Ausruf ist eine perfekte Inversion des im Tagebuch immer wieder auf sich selbst bezogenen Diktums, durch Selbstbefreiung endlich herrschen zu können. So etwa anlässlich des 45. Geburtstags am 7. November 1958: »45 Jahre alt. Wie beabsichtigt ein Tag des Alleinseins und der Besinnung. Schon jetzt mit der Loslösung beginnen, die mit 50 vollendet muss. An dem Tag werde ich herrschen.« (T II, 328)

43 Diese Unterscheidung setzt sich fort in das nächste Theaterstück des Titels »Die Gerechten« (»Les Justes«), wo die einzige Frau unter den russischen Terroristen, Dora, völlig rechtens, doch zu spät darüber klagt, dass die Liebe keinen Ort finde unter zu allem entschlossenen Doktrinären. – Albert Camus: Dramen, a.a.O., S. 211ff.

44 Siehe Anmerkung 17.
45 Barthes, a.a.O., S. 544.
46 Albert Camus: Lettre à Roland Barthes. In: ders.: Œuvres complètes II, a.a.O., S. 285f. – Der Brief datiert vom 11. Januar 1955. Am 4. Februar 1955 antwortet Barthes. Die Höflichkeit hält sich in Grenzen. Camus frage ihn, Barthes, in wessen Namen er die Moral von »La Peste« ungenügend finde. Er antworte ihm frank und frei: im Namen des historischen Materialismus. Im Übrigen halte er eine Moral der Erklärung für weiter reichend als eine Moral des Ausdrucks. – Es braucht nicht viel Phantasie zu bemerken, dass sich Barthes hier in allem der Armaturen bedient, die Sartre vorgefertigt hat.

III.
Philosophie und Kritik der Revolte

1 Simone de Beauvoir: Les Mandarins. Paris 1954. – Die Hauptprotagonisten sind Robert Dubreuilh, dessen Frau Anne Dubreuilh sowie Henri Perron. Niemand, der die Pariser Szene der vierziger und fünfziger Jahre auch nur überblicksweise kannte, konnte die Referenzen übersehen. Dubreuilh alias Sartre und Perron alias Camus liefern sich vor dem Hintergrund einer prekären Freundschaft ideologische Dispute und Rivalitäten um Einfluss und Macht, während Anne alias Simone de Beauvoir ihre Beobachtungen in der Ich-Form zusammenträgt. Sie schreckt auch nicht davor zurück, Camus' unglückliche Ehe mit Francine – hier: Paule – zum Stoff von Enthüllungen und »existentiellen« Nöten zu machen.

2 Zu Beginn des Jahres 1946 befindet sich Sartre auf einer Vortragsreise in den Vereinigten Staaten. Vor der Abreise hat er »La Peste« gelesen und scheint – noch – begeistert. Deshalb will er an der Harvard University über den Roman improvisieren, statt das vorgegebene Thema zu behandeln. So geschieht es denn, offenbar zur Begeisterung der Zuhörerschaft, wie der Komparatist Harry Levine berichtet. Etwas später trifft Sartre in New York eine Gruppe um Hannah Arendt und Lionel Abel. Beim Lunch qualifiziert er Camus – noch – als Freund und als »begabten Schriftsteller« und »guten Stilisten«. Aber das Fazit lautet: »kein wirkliches Genie«. – Vgl.: Annie Cohen-Solal: Sartre. 1905–1980. Reinbek bei Hamburg 1988, S. 429–431.

3 Siehe dazu die ausführliche Kommentierung der über siebzig Artikel in: Albert Camus: Œuvres complètes II, a.a.O., S. 1311. Leitthemen

338

sind etwa die in der Öffentlichkeit ausgetragene Kontroverse zwischen Camus und François Mauriac über Schuld, Sühne und Vergebung im Kontext der Kollaboration oder auch Algerien. – Dazu auch: Lottman, a.a.O., S. 276ff.

4 Greniers erster und kritischer Kommentar nach der Durchsicht des Manuskripts lautet, dass das Buch »auf der reaktionären Linie Maurras'« liege und dem Autor viele Feinde bescheren werde. – Kommerziell startet es gut; innerhalb von vier Monaten verkauft Gallimard über 60 000 Exemplare. Nachdem die Polemik um den »Homme révolté« begonnen hat, sind die Verkaufszahlen rückläufig. – Vgl. Todd, a.a.O., S. 587f., S. 600.

5 Aufklärung verdrängt das mythische Denken durch Beherrschung der Natur mit den Mitteln von Vernunft und Rationalität, schlägt aber, absolut gesetzt und blind gegenüber ihren Voraussetzungen wie ihren Grenzen und unter der Instrumentalisierung durch den Faschismus – an den Kommunismus ist dabei nicht gedacht –, in Mythos zurück. – Max Horkheimer, Theodor W. Adorno; Dialektik der Aufklärung. – Die Erstausgabe erscheint 1947 im Verlag Querido in Amsterdam, geht also dem »Homme révolté« nur um vier Jahre voraus.

6 Camus dürfte Meister Eckart schon im Zusammenhang mit seiner Diplomarbeit über christliche Metaphysik und Neoplatonismus begegnet sein, da Eckart seinerseits stark vom Gedankengut Plotins beeinflusst wurde. Das berühmte Zitat stammt aus der 34. Predigt und lässt einen »gerechten Menschen« besagten Ausspruch tun: »Ich will lieber in der Hölle sein und Gott besitzen als im Himmelreich und Gott nicht besitzen.«

7 Das Tagebuch verzeichnet hierzu einen aufschlussreichen Kommentar: »Pest. Rieux sagte, er sei der Feind Gottes, da er gegen den Tod kämpfe, und es sei sogar sein Beruf, Gottes Feind zu sein. Er sagte auch, dass er Paneloux mit dem Versuch, ihn zu retten, gleichzeitig bewies, dass er unrecht hatte und dass Paneloux mit seiner Bereitschaft, sich retten zu lassen, gleichzeitig die Möglichkeit hinnahm, nicht recht zu haben. Paneloux antwortete nur, dass er recht behalten werde, da er ohne Zweifel sterben würde, und Rieux erwiderte, dass es vor allem darauf ankomme, nicht hinzunehmen, bis zum Schluss zu kämpfen.« (T I, 299)

8 Das Thema der Kollaboration im politischen Sinne liegt seit spätestens 1943 auf dem Tisch. Es justiert zunächst auf die Mitläufer und Mittäter zur Zeit der deutschen Besatzung, wobei Camus insbesondere als Kommentator für »Combat« eine harte Haltung verficht. Als der Schriftsteller Robert Brasillach, dessen Wirken Camus im Übrigen keinerlei Sympathien entgegenbringt, am 19. Januar 1945 zum Tod verurteilt wird, tritt auch Camus für eine Begnadigung ein. –

Vgl. Todd, a.a.O., S. 407f. – Die bald danach wahrzunehmende »Kollaboration« linker Intellektueller auf Seiten der Kommunistischen Partei Frankreichs und folglich Moskaus bietet dann interessanteres, auch argumentativ härter herausforderndes Parkett.

9 In einem Brief an René Char vom 27. Februar 1951 etwa berichtet Camus »eine lange, schwere Geburt ... und mir scheint, das Kind ist recht hässlich. Diese Mühen sind sehr kräftezehrend.« Neun Tage später heißt es gegenüber seiner Frau Francine: »Wenn dieses Buch gelungen wäre, hätte es auf seine Weise über dieser Gegenwart stehen, eine fruchtbare Periode ankündigen können ... Aber ich bezweifle stark, dass es mir gelungen ist. Ich glaube nicht mehr, dass ich Genie habe.« Todd, a.a.O., S. 579f.

10 Camus weiß selber, dass er mit der Wahl Lautréamonts zum Zeugen einer pervertierten ästhetischen Revolte, die im Grunde ihrer Absichten banal sein soll, den Zeitgeist provoziert. Aber er setzt noch eines drauf, wenn er vor der Veröffentlichung des »Homme révolté« in der Zeitschrift »Les Cahiers du Sud« ausgerechnet das Kapitel über Lautréamont vorabdrucken lässt, was alsbald zum handfesteren Streit um die Deutungshoheit über den Poeten ausarten wird.

11 Im Deutschen erhält die Beschreibung der Transformation gleichsam epigrammatische Schärfe. »... alles ist Materie in dieser Welt, und sterben heißt nur, zum Urstoff zurückzukehren. Das Sein ist der Stein. Die einzigartige Wollust, von der Epikur spricht, besteht vor allem in der Abwesenheit von Schmerz; das ist das Glück der Steine.« – Albert Camus: Der Mensch in der Revolte. Aus dem Französischen von Justus Streller, bearbeitet von Georges Schlocker unter Mitarbeit von François Bondy. Reinbek bei Hamburg 2009, S. 41. – Im Französischen klingt der Gedanke weniger griffig. »L'être, c'est la pierre.« Oder: Die Abwesenheit von Schmerz sei »le bonheur des pierres«. Albert Camus: Œuvres complètes III. Paris 2008, S. 85. – Man wird hinzufügen dürfen, dass diese »naturphilosophische« Erlösungslehre bei Camus selber durchaus Sympathie, ja Zustimmung findet.

12 Der betrogene Christus, der nur ein Unschuldiger mehr ist, der gewaltsamen Tod erleidet, ist so wahrgenommen seit der Aufklärung und in der Perspektive einer Kritik der Vernunft, die der trinitarischen Gottheit keinen Kredit mehr gibt, sie im Gegenteil aufteilt in den Vater, der den Sohn – schließlich auch nach dessen eigenem Zuruf – verlassen hat, und den Sohn, der nicht mehr göttliche Natur beanspruchen darf. – Camus führt hier weiter, was die Diplomarbeit über christliche Metaphysik und Neoplatonismus an die Grenze gebracht hat, die mit Augustinus' Theologie definiert ist.

13 Die Sade-Renaissance setzt in den zwanziger Jahren des 20. Jahrhunderts im Zeichen des Surrealismus als eine Lehre von Entgren-

zung und Verschwendung ein, deren maßgeblicher Theoretiker bald Georges Bataille wird. Auch André Breton steht Sades Gedankengut damals nahe. Der Erfolg dieser Renaissance beruht im Wesentlichen darauf, dass sie Sade und andere Gewaltverbrecher aus ihren realen Wirklichkeiten entfernt und in einen theologisch-ästhetischen »Diskurs« entführt, der die intellektuelle Selbsterfahrung seiner Bewunderer animiert. Dass Camus mit solcher Rezeption nichts anzufangen weiß, kann nicht erstaunen. Zu Bataille siehe: Bernd Mattheus: Georges Bataille. Eine Thanatographie. 3 Bände. München 1984. – Camus' Verhältnis zu Bataille war distanziert. Immerhin fand im besetzten Paris einmal ein Theaterabend statt, bei dem Michel Leiris ein Stück Picassos (»Wie man Wünsche beim Schwanz packt«) bei sich zu Hause vorlesen ließ. Camus leitete die Aufführung, unter den Gästen befanden sich auch Georges Bataille, Picasso, Braque, Jean-Louis Barrault, Simone de Beauvoir und Sartre. – Dazu: Lottman, a.a.O., S. 254.

14 Die schwarze Romantik kristallisiert sowohl in Frankreich – insbesondere mit Baudelaire, Rimbaud und Lautréamont – wie auch in England – mit William Blake, John Martin und Thomas De Quincey – als Bewegung des Widerstands gegen die neu gegründete Herrschaft von Vernunft und Kalkül. Sie greift auf Miltons »Satanismus« zurück, auf Füsslis Nachtmahr-Visionen und natürlich auf Goya. Im Surrealismus findet sie einen Erben, der freilich Assoziation und Aleatorik so weit treibt, dass aus der metaphysisch-seelischen Beunruhigung insbesondere im Milieu der Schriftsteller ein Sport der Provokateure wird.

15 Den einzigen authentischen Beitrag zur literarischen Wahrnehmung und Philosophie des »Bösen« mit Methoden surrealistischer Verrätselung aus deutscher Hand legt Ernst Jünger mit seinem Buch »Das Abenteuerliche Herz. Aufzeichnungen bei Tag und Nacht« von 1929 vor. – Dazu: Martin Meyer: Ernst Jünger. München 1990, S. 112ff.

16 Für Camus stellt sich das Problem, wie das Böse in die Welt kam, seit seinen intellektuellen Anfängen. Im »Homme révolté« erhält es eine Mediatisierung durch Dostojewskis letzten Roman »Die Brüder Karamasow«. Iwan Karamasow geht freilich nicht so weit, Gott zu leugnen. Aber er lehnt eine Schöpfung ab, in der es Gott zulässt, dass Unschuldige leiden müssen, und gibt sein »Eintrittsbillett« zurück. Den durch Christus gestifteten Ausweg aus dem Dilemma der Theodizee lehnt er – anders als sein Bruder Aljoscha – ab. – Camus' Essay über den revoltierenden Menschen wendet so ins Grundsätzliche – und in die Wirkungsgeschichte –, was »La Peste« literarisch als theologischen Disput zwischen Rieux und Paneloux entfaltet hat.

17 Die Formel »Alles ist erlaubt« findet sich in einer frühen Variante in

Dostojewskis Roman »Die Brüder Karamasow«. Smerdjakow, der illegitime Stiefbruder Iwan Karamasows, sagt diesem: »Wenn es Gott, den unendlichen, nicht gibt, dann auch keine Tugend, dann ist ›alles erlaubt‹.« – Fjodor Dostojewski: Die Brüder Karamasow. In der Neuübersetzung von Swetlana Geier. Frankfurt 2007, S. 1006f. – Die politisch-aktivistische Übernahme der Formel unter moralisierender Umdeutung ins Positive findet sich dann in Parolen der Tscheka, der russisch-revolutionären politischen Polizei, mit der vorgeschobenen Handlungsbevollmächtigung: »Uns ist alles erlaubt.« – Vgl. dazu: Hermann Lübbe: Modernisierung und Folgelasten. Trends kultureller und politischer Evolution. Berlin 1997, S. 145.

18 Dostojewskis Parabel vom Großinquisitor, der für die Kirche auch weltliche Macht beansprucht und sich von Christi Opfer am Kreuz nicht beeindrucken lässt, zeigt ihre Wirkungsgeschichte bis zu dem russisch-französischen Hegel-Deuter Alexandre Kojève, dessen Theorie vom »Ende der Geschichte« – und zwar im Zeichen von Stalins Weltherrschaftsprätention – in den dreißiger und vierziger Jahren des 20. Jahrhunderts in Paris intensiv diskutiert wird. – Vgl. dazu: Dominique Auffret: Alexandre Kojève. La philosophie, l'État, la fin de l'Histoire. Paris 1990. – Sowie: Martin Meyer: Ende der Geschichte? München 1993, S. 81ff.

19 Stirner wurde in Frankreich insbesondere nach 1900 intensiver rezipiert, nachdem schon im 19. Jahrhundert Übersetzungen aus seinem Hauptwerk »Der Einzige und sein Eigentum« (»L'Unique et sa propriété«) zugänglich gemacht worden waren. Seit den fünfziger Jahren des 20. Jahrhunderts kam die Vermutung auf, dass Stirners Lehre einer radikalen Ich-Zugewandtheit auch die Genese des französischen Existentialismus beeinflusste. Unbestritten ist, dass Stirner, der seinerseits französische Denker und Dichter wie Proudhon, Fourier, Sue oder Saint-Simon rezipiert hatte, von Sartre, Simone de Beauvoir, Georges Bataille, Marcel Duchamp und Michel Foucault – und eben auch von Camus – studiert wurde. – Dazu: Henri Arvon: Aux sources de l'existentialisme: Max Stirner. Paris 1954. Es ist offensichtlich, dass der Ideenhistoriker Arvon (1914–1992), Professor an der Pariser Université X, durch das Erscheinen von Camus' »Homme révolté« zu seiner Studie angeregt wurde.

20 Dazu ausführlich etwa: Clemens Pornschlegel und Martin Stingelin (Hsg.): Nietzsche und Frankreich. Berlin 2009, zumal S. 105ff.

21 Vgl. Anmerkung 13. – Bataille veröffentlichte 1944, anlässlich des 100. Geburtstags von Nietzsche, zwei Bücher zum Thema, was um so riskanter war, als damals und unter deutscher Besatzung kaum ein Franzose für den deutschen Meisterdenker eintrat. Sartre ächtete Bataille denn auch als einen »Mystiker«. Mit seinen Nietzsche-Inter-

pretationen inspirierte Bataille erst die nächste Generation französischer Philosophen, diese allerdings nachhaltig: Michel Foucault, Philippe Sollers und besonders Jacques Derrida. – Seit den fünfziger Jahren pflegte Bataille auch freundschaftlichen Umgang mit dem Dichter René Char, der seinerseits zu Camus' engsten Vertrauten zählte. – Siehe etwa in deutscher Übertragung: Georges Bataille: Nietzsche und der Wille zur Chance. Übersetzt und mit einem Nachwort von Gerd Bergfleth. Berlin 2005.

22 Solche Deutung des Surrealismus als einer Bewegung, die kurz nach ihrer Inauguration rasch sowohl Malerei wie auch Dichtung und Philosophie über Frankreich hinaus beeinflusste, war noch in den frühen fünfziger Jahren des 20. Jahrhunderts, also dreißig Jahre danach, ein Verstoß gegen das inzwischen kanonisierte Erbe. Sowohl die Ahnen wie Rimbaud, Verlaine oder Lautréamont und natürlich Baudelaire wie auch die Gründerväter – Aragon, Breton, Apollinaire, Soupault – genossen inzwischen quer durch die Lager bereits den Respekt von »Klassikern«.

23 Der Disput um Bedeutung und Ehre Lautréamonts begann am 12. Oktober 1951 durch einen Artikel von André Breton in der Zeitschrift »Arts« als Replik auf den Vorabdruck von Camus' Angriff auf Lautréamont im »Homme révolté«. Er zog sich – mit Gegenreden Camus' – über mehrere Wochen hin, wobei im Verlauf des Streits der Poet in den Hintergrund rückte und die Revolte selbst das Hauptthema abzugeben begann. – Vgl. Albert Camus: Œuvres complètes III, a.a.O., S. 392ff. – Dazu auch Todd, a.a.O., S. 599ff.

24 Rimbaud war noch weitaus mehr als Lautréamont eine Autorität im intellektuellen Milieu Frankreichs seit den zwanziger Jahren geworden, was durch die Apologie der Surrealisten wesentlich befördert wurde. Er fand aber auch die beständige Zuwendung Valérys, der für »Mystisches« schließlich keinerlei Neigungen mehr hegte. Rimbaud schreibe – so Valéry in einem Brief an Gide – stets »au-dessus« des Lesers; ein Lob, das Valéry natürlich auch für sich selber beanspruchte. – Die Rimbaud-Verehrung querte auch Landesgrenzen: Noch 1972, kurz vor seinem Tod, verfasste Heidegger, eingewiesen von seinem Freund René Char, einen Aufsatz des Titels »Rimbaud vivant«, in dem er Rimbauds Kritik an der mechanisierten Moderne als Vorläuferschaft zu seinem eigenen Auftrag betrachtete. – Martin Heidegger: Gesamtausgabe Band 13, Frankfurt 1983.

25 Albert Camus: Die Pest, a.a.O., S. 438ff. – So endet der Schmuggler und Schieber Cottard – ein Kollaborateur des Bösen – als Amokläufer, der von der Polizei zur Strecke gebracht wird. »Cottard war hingefallen. Man sah noch, wie der Polizist dem auf der Erde liegenden Häufchen mit voller Wucht einen Fußtritt gab.«

26 Die Freundschaft zwischen Camus und dem Lyriker René Char beginnt in den späteren vierziger Jahren. Der äußere Anlass ist Chars Gedichtzyklus »Hypnos«, den Camus als Herausgeber der Reihe »Espoir« bei Gallimard dort und gegen anfängliche Skepsis von Gaston Gallimard im Oktober 1945 publizieren lässt. Bald danach – und mit dem Eröffnungsdatum des 1. März 1946 – hebt ein Briefwechsel an, der die emotionale und intellektuelle Nähe der beiden Schriftsteller eindringlich dokumentiert und bis zu Camus' Tod fortgesetzt wird, auch wenn die Intensität später deshalb abnimmt, weil Camus immer häufiger in der Provence sich aufhält, wo Char in L'Isle-sur-la-Sorgue ein Haus besitzt. – Siehe: Albert Camus, René Char: Correspondance 1946–1959. Paris 2007.

27 Roland Barthes ist in seinen Anfängen allerdings noch durchaus bekennend einer marxistischen Gesellschaftstheorie verpflichtet, bevor er seine eigene und originelle Mixtur aus Strukturalismus, Poststrukturalismus und Semiologie entwickelt. Sein erstes Werk, »Le point zéro de l'écriture« (1954), trägt noch deutlich den Gedanken Sartres über die gesellschaftlichen Aufgaben der Literatur Rechnung, was sich eben auch in Barthes' Aperçus zu Camus' »La Peste« aus demselben Zeitraum niederschlägt. – Dazu: Jean Calvet: Roland Barthes. Une biographie. Paris 1990.

28 Siehe dazu: François Furet: La Révolution française. Paris 2007. Sowie: François Furet und Mona Ozouf: Dictionnaire critique de la Révolution française. 5 Bände. Paris 2007. – Man kann sagen, dass Furet – lange nach Camus' Tod – einer der ersten Historiker war, der die Ereignisse und Geisteslagen rund um »1789« nicht mehr mit dem (marxistischen) Instrumentarium von Zwangsläufigkeit und Notwendigkeit zu lesen begann. Siehe dazu auch: Todd, a.a.O., S. 594f.

29 Siehe dazu: G.W.F. Hegel: Vorlesungen über die Philosophie der Geschichte. Werke, Band IX. Hamburg 1956. »Es herrschen nun die abstracten Principien – der *Freiheit*, und wie sie im subjektiven Willen ist – der *Tugend*. Diese Tugend hat jetzt zu regieren gegen die Vielen, welche mit ihrer Verdorbenheit und mit ihren alten Interessen, oder auch durch die Exzesse der Freiheit und der Leidenschaften der Tugend untreu sind. Die Tugend ist hier ein einfaches Princip und unterscheidet nur solche, die in der Gesinnung sind, und solche, die es nicht sind ... Es herrschen jetzt die *Tugend* und der *Schrecken*; denn die subjective Tugend, die bloß von der Gesinnung aus regiert, bringt die fürchterlichste Tyrannei mit sich. Sie übt ihre Macht ohne gerichtliche Formen, und ihre Strafe ist ebenso nur einfach – der Tod.« A.a.O., S. 539.

30 Über die durch Alexandre Kojève in Paris angestoßene Hegel-Rezeption und ihre »Verlängerung« in apologetische Begleitung des Stali-

nismus ausführlich: Dominique Auffret, a.a.O. – Sowie, insbesondere unter Gesichtspunkten einer Philosophie der Geschichte zur Ermächtigung für Weltpolitik: Martin Meyer: Ende der Geschichte?, a.a.O. – Camus kannte indessen insbesondere die Einführung des Hegel-Übersetzers Jean Hyppolite. Ders.: Introduction à la philosophie de l'histoire de Hegel. Paris 1948. – Camus scheut sich nicht, Hegel zu lesen, statt ihn nur über Darstellungen sich anzueignen. Vgl. Todd, a.a.O., S. 548f.

31 Dazu aufschlussreich: Valentine Rothe: Der russische Anarchismus und die Rätebewegung 1905. Eine geschichtswissenschaftliche und geschichtsdidaktische Untersuchung. Frankfurt 1978. – Sowie aus der Sicht eines frühen Sympathisanten: Max Nettlau: Geschichte der Anarchie. 7 Bände. 1925ff.

32 Iwan Platonowitsch Kaljajew wurde am 6. Juli 1877 in Warschau geboren und am 23. Mai 1905 in Schlüsselburg hingerichtet. Der Sohn eines russischen Polizeiinspektors trat der Sozialdemokratischen Arbeiterpartei Russlands bei, studierte an der Universität Lemberg und geriet danach in den Kreis russischer Anarcho-Terroristen. Als Attentäter und Mörder des Großfürsten Sergei Alexandrowitsch Romanow wurde er zu einer Symbolfigur des Widerstands gegen den Zarismus.

33 Camus greift das Schicksal rund um Iwan Kaljajew mit einiger historischer Sorgfalt auf. – Albert Camus: Les Justes. Paris 1950. – Deutsch: Die Gerechten. Reinbek bei Hamburg 2009.

34 Der sogenannte Schigalewismus leitet sich von der Romanfigur des Schigalew her, der in Dostojewskis »Die Dämonen« als Intellektueller auftritt und einen autoritären Sozialismus verkündet: zehn Prozent Elitemenschen herrschen über neunzig Prozent Untermenschen.

35 Karl R. Popper: Die offene Gesellschaft und ihre Feinde. Das Buch erschien im Original – »The Open Society and Its Enemies« – erstmals 1945. Es zerfällt in zwei Teile, in der deutschen Übersetzung: 1. Der Zauber Platons. 2. Falsche Propheten: Hegel, Marx und die Folgen. – In Frankreich kam die einflussreiche Schrift zu keiner nennenswerten Rezeption, was sich auch damit erklären lässt, dass auch der Liberalismus seit seiner Entstehung im Lande des Etatismus, sei er von links oder von rechts her legitimiert, einen schweren und isolierten Stand hat.

36 Hierzu das knappe, aber aufschlussreiche Buch von Wolf Lepenies: Auguste Comte. Die Macht der Zeichen. München 2010. – Lepenies entfaltet unter anderem auch, wie der vermeintlich ausgekühlte Meisterdenker des Positivismus einen Kult um sich und seine Lehre begünstigte, der schließlich nur in Brasilien ein gewisses Echo fand.

37 Auf die knappste Formel brachte Ernst Bloch in seiner Schrift »Das Prinzip Hoffnung«, verfasst zwischen 1938 und 1947 im amerikanischen Exil, den Gedanken, dass die Bolschewisten zu realisieren begännen, dass die jüdisch-utopischen Visionen einer neuen Menschheit im Zeichen Moskaus dortselbst nunmehr am besten aufgehoben seien. Moskau sei das Neue Jerusalem – oder prägnanter: »Ubi Lenin ibi Jerusalem.«

38 Raymond Aron ist kein begeisterter Leser des »Homme révolté«, obwohl er vier Jahre nach dessen Publikation seinerseits ein Buch schreiben wird, das dessen Thematik in wichtigen Punkten aufnimmt. Es geht um die Verführung der Intellektuellen durch die Macht. Das Werk des suggestiven, auf Marx anspielenden Titels »L'Opium des intellectuels« erscheint 1955 in Paris und untersucht sowohl die politischen Mythen wie die Hypostasen der Geschichtsphilosophie. – Aron wirft Camus, aber auch Sartre vor, sie verstünden, insbesondere aus mangelnder Kenntnis der Texte, zu wenig von Marx. In einer ersten Reaktion kritisiert er Camus' großen Essay als unübersichtlichen Bau einzelner und überdies schlecht zusammengefügter Studien. Später urteilt er positiver über Camus' Kritik an der Vorstellung von einem Endzweck der Geschichte, die er ohnehin teilt. – Dazu auch: Todd, a.a.O., S. 617f.

39 Gustave le Bon, der 1895 das wirkungsmächtige, bis auf Ortega y Gasset hin gedankenbildende Buch »Psychologie des foules« vorlegte, sah – aus konservativ-rechtsgerichteter Perspektivik – im Revolutionsjahr von 1789 die Urszene einer Herausformung der Menschheit zu Massen. Es ist nicht auszumachen, in welchem Maß Camus diesen frühen Theoretiker der Volks- und Massenbewegungen, der auch von Sigmund Freud und Max Weber rezipiert wurde, gelesen hat.

40 Früh wurde – insbesondere von Sartre – vorgebracht, der Roman »Der Fremde« sei auch von einem »amerikanischen« Erzählstil kurzer Sätze und lakonischer Aussagen beeinflusst. Sartre bringt Hemingway bei, ohne solches »Vorbild« einfach widerspruchslos zu beglaubigen. – Jean-Paul Sartre: Explication de »L'Étranger«. In: Situations I, Paris 1978, S. 105.

41 Camus' Bewunderung für Proust macht sich öfter bemerkbar. Obwohl einmal – doch wiederum respektvoll – die »schreckliche Monotonie« der »Suche nach der verlorenen Zeit« apostrophiert wird, sind die Belobigungen offenkundig. Proust gibt sich – auch und gerade in der Überwindung seiner physischen Hinfälligkeiten – als Sisyphos am Text zu erkennen. So heißt es beispielsweise im Tagebuch aus der Zeit vom Herbst 1942: »Nach Proust ahmt die Natur nicht die Kunst nach. Vielmehr lehrt der große Künstler uns, in der Natur zu erkennen, was sein Werk auf einmalige Weise aus ihr herauszulösen ver-

stand … *Die Suche nach der verlorenen Zeit* ist ein heroisches und männliches Werk 1) wegen der Beständigkeit des schöpferischen Willens; 2) wegen der Anstrengung, die es von einem Kranken fordert.« (T I, 227)

42 Dazu auch: Todd, a.a.O., S. 526ff.

43 Vgl. dazu den Eintrag im Tagebuch vom Juni 1947: »Nemesis – Göttin des Maßes. Ein jeder, der das Maß überschreitet, wird erbarmungslos vernichtet.« (T I, 358) Was die Göttin vorgibt und so als Lebens- und Daseinsregel empfiehlt, ahndet sie im Fall der Transgression ohne Mitleid. – Das Thema, das späteren Arbeiten vorbehalten wäre, findet keine Ausführung mehr.

44 Noch kann damals kaum einer wissen, dass das Stück über die russischen Terroristen sich wesentlich den Einsichten verdankt, die aus der Arbeit am »Homme révolté« resultieren. Die historische Vorlage hält sich an Begebenheiten im Umkreis der Sozialrevolutionären Partei vom Februar 1905. Camus lässt sich insbesondere von dem in Belgien geborenen Berufsaktivisten und ehemaligen Elektriker Nicolas Lazarevitch über den russischen Anarcho-Terrorismus informieren. Vgl. dazu: Todd, a.a.O., S. 504f.

45 Die prägnante Formel stammt von Helmuth Lethen: Verhaltenslehren der Kälte. Lebensversuche zwischen den Kriegen. Frankfurt 1994. – Lethen untersucht allerdings das »kalte Denken« insbesondere deutscher Schriftsteller und Philosophen wie Ernst Jünger und Gottfried Benn in der Epoche totaler Mobilmachung zwischen den beiden Weltkriegen. – Dass Berufsrevolutionäre wie Trotzki den frühen Jünger nicht unbeeindruckt ließen, ist bei Jünger selber gut dokumentiert. Vgl. dazu auch: Martin Meyer: Ernst Jünger. München 1990.

46 Olivier Todd berichtet die Anekdote, die ihrerseits Jean Grenier in seinen »Carnets« unter dem Datum des 7. März 1952 notiert, dass der Schweizer Romanist und seit 1950 Herausgeber der Zeitschrift »Esprit« Albert Béguin gegenüber Camus sein Bedauern darüber ausgesprochen habe, es finde der »Homme révolté« Anklang bei der Rechten. – Im »Figaro« erfährt der Essay eine positive Kritik durch Jean Guéhenno, ebenso in »France-Observateur« durch Claude Bourdet. Doch Camus weiß, dass die Lackmusprobe erst bestanden sein wird, wenn Sartres Zeitschrift »Les Temps modernes« darauf eingegangen sein wird. – Siehe: Todd, a.a.O., S. 600ff.

47 Dazu trägt Olivier Todd ausführlich Material zusammen. Vgl. Todd, a.a.O., S. 458ff. – Anlässlich eines Abends bei Boris Vian attackiert Camus Merleau-Ponty: erstens habe er ein Buch Arthur Koestlers parodiert, zweitens rechtfertige er damit die Moskauer Schauprozesse.

48 Dazu: Tony Judt: Past imperfect. French intellectuals, 1944–1956. New York 2011.

49 Simone de Beauvoir: La Cérémonie des Adieux. Paris 1981. – Das Buch ist in erster Linie ein Zeugnis des Abschieds von Sartre, dem langjährigen Gefährten.

50 Zur Rekonstruktion der Kontroverse mit sämtlichen – ins Englische übersetzten – Dokumenten siehe: Sartre and Camus. A Historic Confrontation. Edited and translated by David A. Sprintzen and Adrian van den Hoven. New York 2004.

51 Zitiert bei Todd, a.a.O., S. 619f.

52 Erstmals wird dieser zweite Brief 1965 unter dem Titel »Défense de l'Homme révolté« zugänglich gemacht. – Albert Camus, Œuvres complètes III, a.a.O., S. 366ff.

53 Vgl. dazu: Sartre and Camus, a.a.O.

54 Im Original: »Mon cher Camus, Notre amitié n'était pas facile mais je la regretterai.« – Jean-Paul Sartre: Réponse à Albert Camus. In: ders.: Situations, IV. Portraits. Paris 1973, S. 90ff.

55 Dazu: Judt, a.a.O., insbesondere S. 154ff.

56 Dazu: Tony Judt: The Burden of Responsibility. Blum, Camus, Aron, and the French Twentieth Century. Chicago 1998. Dazu und in diesem Kontext über Camus: »One of the things he had come to dislike the most about Parisian intellectuals was their conviction that they had something to say about everything, and that everything could be reduced to the kind of thing they liked to say.« S. 121.

IV.

Kommentator im Zeitgeschehen

1 Mit nüchternem Blick und ohne falschen Respekt vor Sartre und den Seinen skizziert Tony Judt die Hintergründe, aber auch die Motive und Resultate von Camus' Engagement für Zeitgeschichte und Politik. In Judts Optik, die durchaus nachvollziehbar ist, wird Camus als »reluctant moralist« bezeichnet, der diese Rolle nicht von Anfang an gesucht oder gar für sich beansprucht hat. Sogar heißt es, er sei im Grunde genommen ein »unpolitischer Mensch« gewesen – worüber man freilich auch anderer Meinung sein kann. Judt thematisiert besonders prägnant Camus' Verhältnis zu den französischen Mitläufern unter der deutschen Besatzung. Vgl.: Tony Judt: The Reluctant Moralist. Albert Camus and the discomforts of ambivalence. In: ders.: The Burden of Responsibility. Blum, Camus, Aron, and the French Twentieth Century. Chicago 1998, S. 87ff.

2 Sowohl Olivier Todd wie Herbert R. Lottman schildern ausführlich die frühen Schritte der gesellschaftlichen und intellektuellen Soziali-

sation vor dem Hintergrund eines Familienlebens in Armut und unter mancherlei Entbehrung. In Lottmans Biographie steht das 5. Kapitel unter dem Zeichen »Erwachen« – neben dem Onkel Gustave Acault, einem ehemaligen Anarchisten und Besitzer einer Metzgerei in Algier, war es vor allem der Schriftsteller und Philosoph Jean Grenier, der Camus' Lehrjahre prägte. – Herbert R. Lottman: Camus. Eine Biographie. Hamburg 1986, S. 58ff.

3   Unter dem Einfluss Jean Greniers tritt Camus im Herbst 1935 der Kommunistischen Partei Algeriens bei, die damals wenig mehr als hundert Aktivisten zählt und, anders als im Mutterland, mit deutlichem Argwohn des Hauptteils der Bevölkerung zu rechnen hat. Wenig später gründet Camus mit ein paar Gleichgesinnten das »Théâtre du Travail«, eine Truppe von Schauspielern und Dramaturgen. Seine erste Bearbeitung ist André Malraux' Erzählung »Le Temps du mépris« (»Die Zeit der Verachtung«, 1935) gewidmet, das zweite Stück wird von verschiedenen Beteiligten verfasst und thematisiert unter dem Titel »Révolte dans les Asturies« einen Aufstand von Bergmännern in der spanischen Provinz Asturien vom Oktober 1934. – Lottman, a.a.O., S. 96f.

4   Camus versieht die Stelle des Hilfswetterwarts am Institut de météorologie d'Alger vom November 1937 bis zum Oktober 1938. »Unter der Aufsicht Paul Sletzers verrichtet der weißbekittelte Assistent gewissenhaft seine Arbeit. Er spielt nicht den unter Wert Verkauften, als er in die Klimaforschung eingeführt wird. Interessiert bearbeitet er die über einen Zeitraum von zwanzig Jahren an 350 Wetterstationen erfassten Werte. Der Philosoph und Schriftsteller schreibt sie auf Karteikarten, ordnet Luftdruckwerte ein, berechnet Summen und Mittelwerte.« Olivier Todd: Albert Camus. Ein Leben. Deutsch von Doris Heinemann. Reinbek bei Hamburg 1999, S. 170.

5   Die journalistische Arbeit verteilt sich insbesondere auf die Zeitungen oder Zeitschriften »Sud«, »Alger-Étudiant«, »Alger républicain« und »Le Soir républicain«. Für ästhetische Arbeiten ist »Le Salon de Lecture« von »Alger républicain« das passende Gefäß. – In der vierbändigen Edition der »Pléiade« sind die Zeugnisse aus der Frühzeit genau erfasst und entsprechend kommentiert. – Albert Camus: Œuvres complètes I. Paris 2006, S. 511ff.

6   Zu Camus' Algerien-Engagement siehe: Todd, a.a.O., S. 660ff. – Todd hält nicht zu Unrecht fest, dass sich Camus niemals sehr weit von den Perspektiven entfernen wird, wie er sie 1937 und 1938 wahrnehmen konnte. – Dazu auch: Judt: The Reluctant Moralist, a.a.O., S. 97ff. Dort weist Judt auch darauf hin, dass Camus zeit seines Lebens ein Grundgefühl des Exilierten besaß, weshalb Algerien für ihn so eminente »Heimat«-Bedeutung hatte und der letzte, unvollendete Ro-

man »Le Premier Homme« diese Rückkehr literarisch zurückgewinnen sollte.

7 Der Dichter und Widerstandskämpfer René Leynaud, geboren 1910 in Lyon, zählt seit den späten dreißiger Jahren zu einem engen Vertrauten, dem Camus auch Einsicht gewährt in die Gedankenwelt von »Caligula« und »Le Mythe de Sisyphe«. Seit Anfang 1942 leitet er die regionale Sektion der Widerstandsgruppe »Combat« in Lyon. Er wird nach der Verhaftung durch die Gestapo am 13. Juni 1944 in Villeneuve hingerichtet. 1947 gibt Camus einen Band »Poésies posthumes« des Freundes heraus und versieht ihn mit einem Vorwort. – Dazu auch: Todd, a.a.O., S. 358f.

8 Die Metapher des gespannten Bogens wird Camus in den letzten Sätzen des »Homme révolté« umformen zum Bild für die Tätigkeit eines Menschen, der so aus den Zwängen der Geschichte heraustritt und sich des Lebens versichert. »Der Bogen krümmt sich, das Holz stöhnt. Ist die höchste Spannung erreicht, wird ein durchdringender Pfeil abschnellen, das härteste und freieste Geschoss.« – Albert Camus: Der Mensch in der Revolte. Reinbek bei Hamburg 2009, S. 345.

9 Im Jahr 1948 engagiert sich Camus auf Seiten des damals frisch gegründeten »Rassemblement démocratique révolutionaire« (RDR), einer Bewegung linker Politiker und Intellektueller, die unter anderem auch ein Gegengewicht zu de Gaulles »RPF« bilden soll. Dieser »Zusammenschluss freier Menschen« versucht zu Beginn des Kalten Kriegs einen Weg zwischen den Blöcken. Am 13. Dezember 1948 findet in der Pariser Salle Pleyel eine Versammlung zur Zukunft Europas und zur Weltlage statt. Bekannte Autoren aus dem In- und Ausland treten auf. Camus zeichnet als Referent ein düsteres Bild der Lage. Sartre appelliert an den Geist Europas mit dem Ziel einer »Vereinigung der europäischen Massen«. Bald danach geht Camus auf Distanz zum Sartre-Kreis, da er dessen Distanz gegenüber dem Sowjetkommunismus vermisst. – Vgl. Todd, a.a.O., S. 493ff.

10 Der Schriftsteller Étienne Pivert de Senancourt (1770–1846) präsentierte seinen Roman »Oberman« 1804. Deutlich autobiographisch inspiriert, erzählt er die Geschichte eines zwischen Gesellschaft und Natur hin- und hergerissenen jungen Mannes, der seine Seelenlagen in rund neunzig Briefen verschiedenen Adressaten mitteilt und dabei die klassisch »romantischen« Themen aufwirft: Liebe und Einsamkeit, das Sein und das Nichts, stumme Ewigkeit und kurzes Daseinsglück. – Dass Camus ausgerechnet diesen Zeugen bemüht, mag zunächst überraschen. Doch die Affinität zur Romantik Stendhals oder Delacroix' ist im Verlauf des Tagebuchs gut belegt.

11 Vom Juni 1947 bis zum Juni 1959 verkauft der Verlag Gallimard in der »Collection blanche« 256 000 Exemplare. Im Jahr des Erscheinens

werden von Juli bis September 52 000 Exemplare abgesetzt, und Camus erhält parallel dazu den »Prix des Critiques«. – Vgl. Todd, a.a.O., S. 480.

12 Am 19. Januar 1945 wird der Schriftsteller Robert Brasillach wegen Kollaboration mit dem Feind zum Tod verurteilt. Viele Intellektuelle, Künstler und Autoren unterzeichnen ein Gnadengesuch an de Gaulle: Arthur Honegger, Paul Valéry, Paul Claudel, Jean Cocteau, François Mauriac und andere. Die Gruppe versucht, auch Camus zur Unterzeichnung zu bewegen. Nach anfänglicher Verweigerung lässt sich Camus schließlich umstimmen, nicht ohne Marcel Aymé erklärt zu haben, was ihn an Brasillach und dem Verhalten der Rechten übel aufgestoßen ist. Camus' Hauptargument für eine Begnadigung ist seine Ablehnung der Todesstrafe. Doch de Gaulle zeigt sich unbeeindruckt: Am 3. Februar wird Brasillach im Gefängnis von Fresnes erschossen.

13 Die Ansprache trägt den Titel »Défense de l'Intelligence« und war von der »Amitié française« organisiert worden. – Albert Camus: Œuvres complètes II. Paris 2006, S. 423ff.

14 Albert Camus: La Crise de l'Homme. In: ders.: Œeuvres complètes II. Paris 2006, S. 737ff. – Die Nordamerika-Reise war vom französischen Außenministerium organisiert worden. Eine englische Übersetzung des Vortrags erschien bereits im Heft XIV-XV der Zeitschrift »Twice a Year«. Ferner übernahm Camus Teile des Texts für eine Rede vom 1. Dezember 1946 vor dem Dominikanerkonvent am Boulevard de Latour-Maubourg in Paris. Das Thema von Nihilismus und Historizismus rangiert prominent. Als Ausweg sieht Camus die Revolte gegen den Krieg, den Mord und den Terror. – Schon früher legt er in einer Notiz, die sich in seinem Nachlass erhalten hat, Gedanken fest. »Krise des Menschen. Oder darf man an den Menschen glauben? … Auch glauben, dass er zu Bewundernswertem fähig ist. Das ist jedoch nicht möglich, weder in absolutem Materialismus noch in absolutem Spiritualismus.« – Todd, a.a.O., S. 402.

15 »Humanisme et terreur« (1947) war Merleau-Pontys polemische Antwort auf Arthur Koestlers Roman »Darkness at Noon« (»Sonnenfinsternis«), in welchem die von Stalin verordneten Moskauer Schauprozesse des Jahres 1937 kritisch und für die Weltöffentlichkeit zum ersten Mal drastisch einsehbar verhandelt worden waren. Merleau-Pontys »dialektische« Replik unterstellte, dass es nicht darum gehen könne, diese Vorgänge aus liberaler Perspektive abzulehnen, denn sie seien verstehbar nur im Blick auf eine »revolutionäre Gewalt«, die letztlich dazu diene, das gerechte Zusammenleben unter Menschen herzustellen. Anders gesagt: Der Zweck heiligt die Mittel.

16 Damaligen Ohren unüberhörbar ist die Anspielung auf Sartres frühe

Erzählung »Le Mur« aus dem Jahr 1937: Drei Kameraden erwarten in einer eiseskalten Gefängniszelle der spanischen Falangisten die Exekution. Die Ausweglosigkeit der Situation – mit dem Symbol der Erschießungsmauer – nimmt jenen »Ekel« vorweg, der sich bald danach in dem größeren Roman »La Nausée« als sowohl physischer wie metaphysischer Reflex auf die Bedeutungslosigkeit der Welt zu Worte melden wird.

17 Die Frage »Marxismus oder Sozialismus?« grundiert seit den zwanziger und dreißiger Jahren die Dispute unter Intellektuellen nicht nur in Frankreich, sondern quer durch Europa. In Frankreich wird sie, wie anderswo auch, vor allem auch eine Herausforderung an die Innenpolitik. – Dazu: Tony Judt: The Burden of Responsibility, a.a.O. – Judt gibt unter der Kapitelüberschrift »The Prophet Spurned« ein eindringliches Porträt Léon Blums und des »Price of Compromise«, den dieser eingegangen ist.

18 Am schärfsten hat diese Ideologie unter Berufung auf die Menschheit und deren Heil Carl Schmitt analysiert in seiner Schrift »Der Begriff des Politischen« (erste Ausgabe 1927). Wer sich mit der Unterscheidung von Freund und Feind auf die Menschheit beruft, wie dies der Marxismus und zumal dann politisch und militärisch militant der Sowjetkommunismus tut, ächtet mit gutem Gewissen alle, die nicht dieser Erlösungsdoktrin folgen, als Feinde der Menschheit.

19 Camus' Wahrnehmung der Akzeleration der Geschichte unter den Bedingungen wissenschaftlich-technischer, aber auch politischer Revolutionen nimmt Theorien vorweg, wie sie Reinhart Koselleck seit den siebziger Jahren entwickelt hat. Paradigmatisch hierzu etwa der Aufsatz »Zeitverkürzung und Beschleunigung. Eine Studie zur Säkularisation«. In: Reinhart Koselleck: Zeitschichten. Studien zur Historik. Frankfurt 2000.

20 Emmanuel d'Astier de La Vigerie (1900–1969) war Dichter, Journalist und Offizier. Anfänglich der Rechten rund um die »Action française« zugehörig, wandte er sich seit dem Aufstieg des Nationalsozialismus und dem spanischen Bürgerkrieg der Linken zu. Später beschäftigte ihn de Gaulle in verschiedenen Funktionen in seiner Exilregierung. D'Astier engagierte sich im Widerstand. Nach der Befreiung gab er die Tageszeitung »Libération« heraus, zeigte Sympathien für die kommunistische Partei, wandte sich aber nach dem Ungarn-Aufstand von 1956 von der Partei und ihren Doktrinen ab.

21 Sergei G. Netschajew (1847–1882) zählt zu den frühen Ideologen des Nihilismus und der russischen Revolution. Er pflegte Kontakte zu Bakunin, versuchte diesen dann zu erpressen, war beteiligt an der Ermordung eines Gesinnungsgenossen der Gruppe »Volksrache«, floh darauf in die Schweiz, wurde dort verraten und an Russland ausgelie-

fert und starb in der Peter-und-Paul-Festung in St. Petersburg. Bekannt geworden ist seine Kampfschrift »Revolutionärer Katechismus« von 1869.

22 Jean Paulhan und François Mauriac, beide im Widerstand engagiert, plädieren danach wenn nicht für Verständnis, so doch für eine gewisse Großherzigkeit im Umgang mit den Kollaborateuren. Mauriacs publizistisches Organ ist »Le Figaro«, wo er auch und schon im September 1944 davor warnt, dass die Vierte Republik bei rigoroser Verfolgung der Nazi-Mitläufer »in die Fußstapfen der Gestapo treten« könnte. Camus repliziert in »Combat« − zum damaligen Zeitpunkt noch eher unversöhnlich, indem er etwa unterstellt, Mauriac präsentiere lediglich die Alternative zwischen »Gottesliebe und Menschenhass«, wo es doch auch um Gerechtigkeit im Sinne der Opfer der Besatzung und ihrer Kollaborateure gehe. − Siehe: Todd, a.a.O., S. 404ff.

23 Die »Réponse à Gabriel Marcel« des Titels »Pourquoi L'Espagne?« zählt zu den letzten Artikeln für »Combat«. Sie nimmt Bezug auf Marcels Artikel vom 11. November 1948 in den »Nouvelles littéraires«, wo Marcel sich kritisch über »L'État de siège« geäußert hat. − Marcel hat erstmals Bekanntschaft geschlossen mit Arbeiten Camus', als ihm Jean Grenier 1942 das Manuskript des »Mythos des Sisyphos« unterbreitet.

24 Julien Green: Œuvres complètes IV. Bibliothèque de la Pléiade, Paris 1988, S. 950. − Siehe auch Anmerkung 14. − Ansonsten nehmen sich weder Camus noch Green gegenseitig wahr, obwohl es an intellektuellen Berührungspunkten − Schuld, Erlösung, die Geworfenheit ins Dasein, das Böse in der Welt − nicht gefehlt hätte.

25 »Gabriel Marcel kann sich nicht als Demokraten bezeichnen und gleichzeitig das Verbot von Sartres Stück einfordern. Eine solche Einstellung ist für alle Beteiligten ermüdend. Gabriel Marcel will nämlich absolute Werte verteidigen, wie etwa das Schamgefühl und die göttliche Wahrheit des Menschen, während es darum geht, die paar vorläufigen Werte zu bewahren, die ihm gestatten werden, eines Tages und völlig unbehelligt für diese absoluten Werte weiterzukämpfen.« − Albert Camus: Fragen der Zeit. Deutsch von Guido G. Meister. Reinbek bei Hamburg 1997, S. 68. − Es kann sich nur um Sartres Stück »Les mains sales« (»Die schmutzigen Hände«) von 1948 handeln.

26 Was für Marcel Proust die »mémoire involontaire« war − ein plötzliches Innewerden vergangener Erlebnisse gegen die verschließenden Umstellungen der Gegenwart −, wurden wenig später für Virginia Woolf die »moments of being«: Augenblicke »reiner« Erfahrung im Medium einer bisher nicht gekannten Realität. Bei Proust wie bei Woolf besitzt dieser Einbruch der Epiphanie in die Alltäglichkeit

durchaus mystische Qualität, auch wenn die Zielbestimmung »Gott« längst aufgegeben ist. Ähnliches schildert Camus im Umgang mit dem naturalen Sein. – Vgl. dazu: Virginia Woolf: Moments of Being. A collection of autobiographical writing. Edited by Jeanne Schulkind. London 1985.

27 »Non, je ne suis pas existentialiste.« – Der bekannte Ausspruch erfolgte anlässlich eines Interviews vom 15. November 1945 in der Zeitschrift »Les Nouvelles littéraires«, in welchem Camus auch darauf hinweist, dass der Essay »Der Mythos des Sisyphos« ausdrücklich gegen Philosophen verfasst worden sei, die sich als Existentialisten bezeichneten. – Schon damals eine vom damaligen Publikum sofort leicht zu erkennende Spitze gegen Sartre. – Albert Camus: Œuvres complètes II. Paris 2006, S. 655ff.

28 Tatsächlich handelt es sich bei dem Buch – eher: dem Manifest – um eine Kooperation. Unter dem Generaltitel »Réflexions sur la peine capitale« schreiben Camus und Koestler ihre Essays. Derjenige von Camus ist betitelt »Réflexions sur la guillotine«, jener von Koestler »Réflexions sur la potence« (übersetzt aus dem Englischen »Reflexions on hanging«). Ergänzt wird das Buch durch eine Einführung von Jean Bloch-Michel unter dem Titel »La peine de mort en France«. Das Buch erscheint erstmals 1957 im Verlag Calmann-Lévy in Paris.

29 Vgl. hierzu: Michel Foucault: Überwachen und Strafen. Die Geburt des Gefängnisses. Frankfurt 1976. – Das Original erschien 1975 unter dem Titel »Surveiller et punir«.

30 Bereits in den Anfängen als Journalist und Reporter für »Algér républicain« berichtet Camus auch von Gerichtsprozessen und geht hierbei weit über die ursprünglich gesetzte Aufgabe hinaus, indem er seinerseits zu erkennen gibt, wie Schuld und Sühne einzuordnen und zu verteilen wären. – Dazu: Todd, a.a.O., S. 194ff.

31 Dazu: Albert Camus: Œuvres complètes IV, a.a.O., S. 1382.

32 Vgl. dazu: Bernhard Schmid: Das koloniale Algerien. Münster 2006.

33 »L'Express« erscheint erstmals am 16. Mai 1953 und seit dem 13. Oktober 1955 als Tageszeitung. Die Herausgeber, Jean-Jacques Servan-Schreiber und Françoise Giroud, werben Camus als freien Mitarbeiter an. Zwischen dem 14. Mai 1955 und dem 2. Februar 1956 verfasst Camus 35 Artikel. Das Hauptanliegen bildet Algerien, doch Servan-Schreiber sieht es bald anders. – Dazu: Todd, a.a.O., S. 654ff.

34 Mohamed El Aziz Kessouz (1903–1965) war Jurist, Journalist, Parlamentarier und Kämpfer für die Unabhängigkeit Algeriens, allerdings – wie Camus – im Zeichen einer friedlichen Koexistenz zwischen der eingeborenen Bevölkerung und den Franzosen der Kolonisation. Seit 1943 trat er für eine laizistisch fundierte Republik

Algerien ein, wobei er dieses Projekt mit einer Reihe von Zeitungen und Zeitschriften wie etwa »L'Entente franco-musulmane« unterstützte.

35 Olivier Todd schildert diesen dramatischen Auftritt ausführlich. Bereits am 27. Januar hält ein Komitee von Intellektuellen gegen die Fortsetzung des Algerienkriegs in der Pariser »Mutualité« eine Versammlung ab, bei der Sartre für die sofortige Unabhängigkeit des Landes und für den Kampf an der Seite des algerischen Volks eintritt. – Todd, a.a.O., S. 671ff.

36 Vgl. dazu ausführlich: Jean Lacouture: De Gaulle. III volumes. Paris 1984ff.

37 Vgl. dazu: Annie Cohen-Solal: Sartre, a.a.O., S. 508ff.

38 Dmitri Trofimowitsch Schepilow (1905–1995) war seit 1955 Mitglied des Zentralkomitees der KPdSU und von 1956 bis 1957 Außenminister der Sowjetunion. – Im Westen verkörperte er als damaliger Vertrauter Chruschtschows einerseits die neue Ära der Entspannungspolitik, andererseits auch und weiterhin den Anspruch auf Export der kommunistischen Orthodoxie. So galt er als maßgeblich mitverantwortlich für die Niederdrückung des Ungarn-Aufstands und war für Camus die Gallionsfigur der Repression.

39 Dazu: Raymond Aron: L'Opium des intellectuels. Paris 1955.

40 Tony Judt hat die Gemeinsamkeiten, aber auch die Differenzen und Abweichungen zwischen Camus und Sartre vor dem Hintergrund ihres Engagements auf Seiten von Politik und Zeitgeschehen in stimmigen Porträts der Protagonisten knapp, aber stringent zusammengefasst. – Tony Judt: The Burden of Responsibility, a.a.O.

41 Vgl. dazu ausführlich: Correspondance Albert Camus, Jean Grenier, 1932–1960. Paris 1981.

V.
Spiegelbild im Tagebuch

1 Zur Genese, Absicht und Struktur der »Carnets« oder »Cahiers« informiert die vierbändige Ausgabe in der »Bibliothèque de la Pléiade« ausführlich. Wichtig ist zu sehen, dass diese kaum je die Bedingungen eines »journal intime« erfüllen. Das Hauptanliegen ist literarisch-philosophischer Natur – einerseits im Sinne eines Arbeitsfelds für die kreativen Projekte, andererseits im Sinne eines Echoraums für Lektüre-Erfahrungen und eigene Gedanken und Assoziationen. Nach Camus' Tod begann seine Witwe, Francine Camus, eine Edition: 1962 erschien der erste von drei Bänden in der Collection »Blanche« von Gallimard. In der vierbändigen Ausgabe der »Œuvres complè-

tes« sind die Tagebücher auf die Bände II und IV verteilt und – wo immer möglich und sinnvoll – auch für einzelne Passagen kommentiert. – Zur Einführung siehe: Albert Camus: Œuvres complètes II. Bibliothèque de la Pléiade. Paris 2006, S. 1379ff.

2 Vgl. dazu extensiv: Martin Meyer: Tagebuch und spätes Leid. Über Thomas Mann. München 1999. – Es handelt sich hierbei um die erste und bisher einzige analytische Darstellung des Werkkomplexes sämtlicher Tagebücher Thomas Manns.

3 Das Theaterstück um das Schicksal asturischer Grubenarbeiter, die sich gegen ihre Herren erheben, rückt zum ersten Mal das Thema der Revolte in den Fokus, dessen theoretische Implikationen freilich bereits in der Diplomarbeit über christliche Metaphysik und Neoplatonismus zu erfassen waren. Insofern vollzieht sich hier, zeitlich eng benachbart, der Überschritt von der philosophischen Analyse mit metaphysischer Verankerung zur ästhetischen Praxis vor der Folie der Zeitgeschichte.

4 Simone Hié, geboren am 10. September 1914, ist zunächst und im Alter von sechzehn Jahren die Verlobte von Camus' Freund Max-Pol Fouchet. Sie hat sich an der Universität Algier eingeschrieben, pflegt literarische Ambitionen und ist morphiumabhängig. Sie stammt aus der Bourgeoisie von Algier, hat diverse Liaisons und pflegt einen kapriziösen Lebensstil. Camus begegnet Simone 1932, am 16. Juni 1934 erfolgt die Heirat. Nach stürmischen Jahren der Untreue bricht Camus im Sommer 1936 unmittelbar nach einer längeren Reise durch Osteuropa und Österreich mit Simone, von der er allerdings erst im Herbst 1940 geschieden wird.

5 Francine Faure (gestorben 1979) entstammt einer bürgerlichen Familie aus Oran, hat Mathematik und Musik studiert, ist eine begabte Pianistin und Bach-Spezialistin und lehrt Mathematik. Camus begegnet ihr erstmals im Spätsommer 1937 in Algier; rasch sind die beiden ein Paar. Zur Heirat kommt es kurz nach der Scheidung von Simone Hié am 3. Dezember 1940 in Lyon. Der Ehe entstammen die Zwillinge Catherine und Jean.

6 Camus liest Malraux intensiv seit den frühen dreißiger Jahren. Jean Grenier, sein Professor an der Universität Algier, fördert diese Lektüre, zumal er mit André Malraux persönlich bekannt ist. Zwei Bücher beschäftigen bald auch den jugendlichen Literaturkritiker Camus, der diese in einem kritischen Essay zur Darstellung bringen will: »Les Îles« (1933) von Grenier, ein Essay, der um die Anziehung des Nichts kreist, und Malraux' »La Condition humaine« (1933). – Dazu: Olivier Todd: Albert Camus. Ein Leben. Deutsch von Doris Heinemann. Reinbek bei Hamburg 1999, S. 62ff. – Acht Jahre später, im Frühling 1941, wird sich Malraux deutlich für eine Veröffentlichung

des »Fremden« sowie des »Mythos des Sisyphos« bei Gallimard aussprechen. – Dazu: Todd, a.a.O., S. 300ff.

7 Kultur als Ausdruck von Geist, Seele, Empfinden, Zivilisation als Äußerung von Organisation, Technik und Politik – mit dieser Unterscheidung Spenglers kann Camus durchaus etwas anfangen. Spenglers Bestseller »Der Untergang des Abendlandes« (1918, 1922) liegt zwischen 1931 und 1933 auch auf Französisch vor (bei den Éditions Gallimard). Schon 1925 können sich die Franzosen über den deutschen Geschichtsphilosophen informieren: durch die Monographie von André Fauconnet: Oswald Spengler, le prophète du déclin de l'Occident. – Das Thema Spengler zieht sich als eines der diskreten Leitmotive durch die Tagebücher, wo immer Camus über geschichtliche Entwicklungen und den Gegensatz zwischen Ost und West reflektiert.

8 »Unterwegs nach Paris: das Fieber, das in den Schläfen pocht, das eigenartige und plötzlich von Welt und Menschen Verlassensein. Gegen seinen Körper kämpfen. Auf meiner Bank im Wind, von innen her leer und ausgehöhlt, dachte ich die ganze Zeit an K. Mansfield, an diese lange rührende und schmerzliche Geschichte eines langen Kampfes mit der Krankheit.« (T I, 47f.) – Olivier Todd berichtet, dass sich schon der Zwanzigjährige bei seinen Versuchen in Literatur von der Dichterin angesprochen fühlte, namentlich von deren Tagebüchern und Briefen. – Todd, a.a.O., S. 71.

9 Meursaults Unschuld wird erstmals in voller Deutlichkeit Sartre in seiner »Explication de L'Étranger« hervorheben. Im Juli 1944 wird sich auch der junge Roland Barthes des Romans annehmen, als er in der Zeitschrift »Existences« eine »Réflexion sur le style de ›L'Étranger‹« publiziert und daneben auch die Sprache sowie die Zeitformen des Texts untersucht. – Roland Barthes: Œvres complètes I. Livres, Textes, Entretiens 1942–1961. Paris 2002.

10 Während dieser Zeit erweist sich Camus offenbar als genauer Leser von Julien Greens Tagebüchern. Nachdem er Greens Wahrspruch zitiert hat, dass man den Tod nicht fürchten müsse und ihm anders ohnehin zu viel Ehre erweise, notiert er gleich anschließend: »Green et son Journal. Les rêves racontés m'ennuient toujours.« (II, 894) – Tatsächlich findet sich in Camus' eigenen Tagebüchern kaum eine Traum-Schilderung, und das Genre des literarisierten Traums ist seine Sache ebenfalls nicht – mag sein, dass sich auch damit und indirekt die Abwehr des Surrealismus und seiner Vorläufer bekundet.

11 Zum Thema Camus und die Frauen trägt Olivier Todd, anders als sein erster Biograph Herbert R. Lottman, viel Material zusammen, ohne daraus allerdings eine »Psychoanalyse« mit Blick auf das Mutter-Sohn-Verhältnis abzuleiten. Es bleibt bei der Registratur, gelegentlich treten kurze Schilderungen der Vorgehensweise des Verfüh-

rers hinzu. – Camus selbst gibt sich in den Tagebüchern verschlossen, was die Fakten einzelner Affären betrifft. Mehr findet sich zum Grundsätzlichen von Begehren und Liebe, wobei das Lob der Keuschheit – die er in der Regel nur aus mangelnder Gelegenheit praktiziert – überwiegt. Sie ist nun Bedingung ungestörten Arbeitens. – Todd, a.a.O., S. 341f.

12 Dieses Sujet entwickelt Camus ausführlicher in der Textsammlung »L'Été«, die erstmals 1954 erscheint. Der sechsteilige Text »Le Minotaure ou la Halte d'Oran« geht freilich bereits auf das Jahr 1939 zurück. – Albert Camus: Œuvres complètes III. Paris 2008, S. 567ff.

13 Eine sehr frühe Affinität zu Baudelaire schildert Todd. Anfangs der dreißiger Jahre deklamierten Camus und sein Freund Claude de Fréminville mit verteilten Rollen Baudelaires Prosagedicht »L'Étranger« aus der Sammlung »Le Spleen de Paris«. – Dieser Fremde, gefragt, wen er liebe, antwortet, er liebe die »ziehenden Wolken«. So hätte auch Meursault replizieren mögen. Camus' späteres Verhältnis zu Baudelaire entwickelt sich eher in die Richtung der Indifferenz. In dem Essay über den »Homme révolté« taucht der Dichter der »Fleurs du Mal« als Rebell einer schwarzen Romantik und natürlich auch als Vorläufer des Surrealismus auf; weder für die eine noch für den anderen hat Camus, der »Bürger« des Mittelmeers, bekanntlich Affinitäten.

14 Als Reflex auf die Französische Revolution und ihre laizistisch-egalitaristische Gesellschaftsordnung entstand im ersten Drittel des 19. Jahrhunderts der sogenannte »Renouveau catholique«, der damals von Chateaubriand angeführt wurde. Er erlangte wieder Bedeutung im frühen 20. Jahrhundert und im Milieu konservativer Kreise rund um die Action française. Aber auch Charles Péguy und Paul Claudel traten – aus anderen ideologischen Überlegungen – für einen revitalisierten Katholizismus ein.

15 Vgl. dazu: Todd, a.a.O., S. 294ff. – Malraux, der schon Einsicht in das Manuskript gewonnen hat, teilt Pascal Pia brieflich mit, was ihn an dem Roman überzeugt und was zu verbessern wäre. Camus nimmt die Kritik positiv auf und überarbeitet einige Stellen in Malraux' Sinn.

16 Nachdem Malraux auch den Essay »Der Mythos des Sisyphos« gelesen hat, reagiert er ebenfalls zustimmend. Er ist der erste Leser, der den Nexus zwischen dem Essay und dem Roman vom Fremden vollumfänglich versteht. »Dieses Buch erklärt seinen Roman voll und ganz – und relativiert meine Detailkritik beträchtlich.« – Camus wäre mit solcher Koppelung freilich weniger einverstanden gewesen: Er wehrt sich, zumal seit Sartres »Explication«, dagegen, dass die »reine« Literatur in ihrer Bedeutungsvielfalt nur verstanden werden

könnte, wenn seine Schrift über das Absurde herangezogen würde. – Todd, a.a.O., S. 304f., dort auch über Jean Paulhans Eintreten für die beiden Bücher.

17 Siehe dazu Camus' Kapitel über Kafka in »Le Mythe de Sisyphe« des Titels »L'Espoir et l'Absurde dans l'œuvre de Franz Kafka«, das sich aus Gründen der Zensur noch nicht in der Erstausgabe vom Oktober 1942 findet. Camus lässt es zuerst separat im Sommer 1943 in der Untergrundzeitschrift »L'Arbalète« in Lyon erscheinen. Ferner ist eine Tagebuch-Notiz von 1942 zu erwähnen, in der Camus für Kafka grundsätzlich den mehrfachen Schriftsinn einfordert, was auch für den »Étranger« Geltung besäße. »Kafkas ganze Kunst besteht darin, den Leser zu zwingen, nochmals zu lesen. Seine Lösungen – oder seine fehlenden Lösungen – suggerieren Erklärungen, die aber nicht klar hervortreten und, um als begründet zu erscheinen, von uns fordern, die Geschichte nochmals unter einem neuen Blickwinkel zu lesen. Zuweilen ist eine doppelte oder dreifache Deutung möglich, so dass es notwendig ist, das Buch zwei- oder dreimal zu lesen. Aber es wäre verfehlt, bei Kafka jedes Detail deuten zu wollen. Ein Symbol ist immer allgemein, und der Künstler stellt es in groben Umrissen dar. Es gibt keine wörtliche Übertragung. Nur die großen Linien werden vermittelt. Und im übrigen muss der Anteil des Zufalls berücksichtigt werden, der bei jedem Schaffenden groß ist.« (T I, 238f.)

18 Gleichzeitig mit dem »Fremden« erscheint im Juni 1942 bei Gallimard auch die französische Übersetzung in gebundener Ausgabe von Joyce' »Ulysses«. – Camus' Joyce-Kenntnisse sind nicht sicher verbürgt. Es wäre auch verwunderlich, wenn sich der irische Sprachvirtuose und der französische Lakoniker auf größerer gemeinsamer Ebene hätte treffen können.

19 Siehe dazu Anmerkung 17. – Ähnlich argumentiert Camus auch gegen Roland Barthes' Versuche, den »Fremden« und »La Peste« allzu politisch und damit auch kritisch auslegen zu wollen. – Siehe: Louis-Jean Calvet: Roland Barthes. Paris 1990, S. 71f., 96f., 107f., 151–154.

20 Man mag darin einen verhüllten Kommentar zu Sartres großem Romanprojekt »Les Chemins de la liberté« sehen, dessen erster Band »L'Âge de raison« zu diesem Zeitpunkt die Öffentlichkeit erreicht hat. – Sartre unternimmt eine Erhellung des Existentialismus unter den Bedingungen zeitgeschichtlicher Katastrophen im Sinne einer Entwicklungsgeschichte. Sartres Freiheitsbegriff ist enger gefasst als derjenige von Camus: Gegebenes und Geschaffenes müssen zunächst hingenommen werden. Freiheit ist die Möglichkeit der Wahl, sich diesem gegenüber so oder anders zu verhalten, woraus im Ineinander von Geschichte und Existenz die Chancen einer Veränderung sich eröffnen.

21 Patricia Blake ist zwanzig Jahre alt, als sie Camus in New York kennenlernt. Sie studiert Geschichte und Literatur am Smith College. Nach Camus' Rückkehr sendet er ihr seine Bücher und stellt ihr ein Abonnement für »Les Temps modernes« aus. Die Beziehung verläuft später freundschaftlich mit Korrespondenz und gelegentlichen Besuchen Patricias in Paris. Als Patricia, die sich als Osteuropa-Historikerin profilieren wird, eine Ehe mit dem Komponisten Nicolas Nabokov eingeht, lebt sie eine Zeitlang dortselbst. – Während Herbert R. Lottman in seiner Biographie das Thema der leidenschaftlichen Affäre diskret umgeht, bringt Olivier Todd deutliche Hinweise bei. – Todd, a.a.O., S. 444ff.

22 1947 erscheint in der Zeitschrift »Formes et couleurs« der kurze Essay »Pluies de New York«. Er schildert mit Sympathie und zugleich mit einer Prise Argwohn die Metropole als Monument der Moderne, aber auch der Freiheit. – Albert Camus, Œuvres complètes II, a.a.O., S. 690ff.

23 Das eindringlichste Zeugnis dieser Freundschaft, die im Herbst 1946 gegründet wird, ist der Briefwechsel, den die beiden bis zu Camus' Tod 1960 pflegen. Camus hat Chars Gedichtsammlung »Les Feuillets d'Hypnos«, die als »Aufzeichnungen aus dem Maquis« zwischen 1943 und 1944 entstanden ist, 1946 bei Gallimard veröffentlicht. Char, ehemals Kommunist, dann Kämpfer im Widerstand, ist inzwischen zu einem Sachwalter der Freiheit im Zeitalter der Zwänge geworden – ein »stiller Felsblock hienieden, von einem dunklen Unstern herabgefallen«, wie Camus in seinem Tagebuch notiert. – Vgl. ausführlich: Todd, a.a.O., S. 526ff.

24 Das Ergebnis solcher Beobachtungen und Meditationen ist der schöne Essay »La Mer au plus près« mit dem Untertitel »Journal de Bord«. Erstmals im Januar 1954 in der Zeitschrift »La Nouvelle Revue Française« publiziert, nimmt ihn Camus als letztes Stück der Textsammlung »L'Été« auf, die gleichfalls 1954 erscheint.

25 Zur Comte-Rezeption in Brasilien: Wolf Lepenies: Auguste Comte. Die Macht der Zeichen. München 2010.

26 Ein Echo dieser Depressionen findet sich bald darauf – literarisch umgestaltet – in der Erzählung »La Chute« (»Der Fall«) von 1956, wo der Berichterstatter Jean-Baptiste Clamence, der selbsternannte »Buß-Richter«, ähnliche Symptome berichtet.

27 Siehe: Albert Camus: Œuvres complètes IV. Paris 2008, S. 1035f.

28 Die Tagebücher Eugène Delacroix', die den Zeitraum von 1822 bis 1863 abdecken, zählen für Camus in den späten vierziger und frühen fünfziger Jahren zu den wichtigen Quellen der Inspiration. Im Februar 1950 beispielsweise exzerpiert der Leser zahlreiche Stellen, die unschwer auch als Spiegelungen eigener Befindlichkeiten und Gedanken zu deuten sind. Paradigmatisch etwa: »Delacroix. ›In der

Musik wie ohne Zweifel in jeder anderen Kunst verschwindet alles übrige, sobald der Stil, die Eigenart, mit einem Wort, der Ernst hervortritt.‹« (T I, 447; »wie ohne Zweifel in jeder anderen Kunst« ist unterstrichen.) – Oder: »Was die Revolutionen an Denkmälern und Kunstwerken vernichtet haben – in seinen Einzelheiten, sagt Delacroix, ist es furchtbar.« (T I, a.a.O.)

29 Bei »L'artiste et son temps« handelt es sich um einen Text mit fünf Fragen und fünf Antworten. Camus fügt hinzu, dass es sich um Fragen handle, die ihm vom Radio oder von der ausländischen Presse gestellt worden seien; vermutlich hat er diese Fragen selber ausformuliert. – Das Stück erscheint erstmals im Oktober 1953 in der Sammlung »Actuelles II«. – Als Camus am 14. Dezember 1957 in Uppsala einen Vortrag hält, steht dieser unter derselben Überschrift und übernimmt wesentliche Gedanken der Urfassung. – Albert Camus: Œuvres complètes III, a.a.O., S. 451f., S. 1303.

30 Halb ironisch, halb traurig ist – im Umkreis der Pläne für den »Ersten Menschen« – der folgende Ausruf zu verstehen: »O Vater! Ich war wie irr auf der Suche nach diesem Vater gewesen, den ich nicht hatte, und nun entdeckte ich, was ich immer gehabt hatte, meine Mutter und ihr Schweigen.« (T II, 116) – Das »ganze Thema« des Romans bestehe darin, eine zweifache Geburt zu bestehen: die erste hin zum Mann aufgrund eigener Wahrheit und Moral, dann die zweite – »härtere« – als Geburt unter und für die anderen. – Albert Camus: Œuvres complètes IV, a.a.O., S. 1177. (Dieser Passus bleibt in der deutschen Ausgabe der Tagebücher unübersetzt.)

31 Der Filmregisseur Robert Bresson beauftragt Camus, eine Adaptation der »Princesse de Clèves« von Madame de La Fayette für das Kino zu schreiben. Nach einem Monat gibt Camus auf. Camus berichtet René Char in einem Brief vom 25. Mai über dieses Projekt der Kompensation seiner Schreibstörungen. – Albert Camus, René Char: Correspondance 1946–1959. Paris 2007, S. 121.

32 Siehe hierzu den poetischen Text »Retour à Tipasa«, der erstmals in der Sammlung »L'Été« von 1954 erscheint. – Albert Camus: Œuvres complètes III, a.a.O., S. 608ff.

33 Seine letzte Liebe dieser Art gilt der jungen Mi, über die selbst Olivier Todd kaum etwas zu verlauten weiß. Nach dem Kauf des Hauses in Lourmarin durchstreift er mit Mi oder mit Char die Dörfer und Berge der Vaucluse. – Todd, a.a.O., S. 794. – Todd nennt für diesen Zeitraum vier Frauen, die Camus' Leben begleiten und prägen: seine Angetraute, Francine, die Schauspielerin Maria Casarès, die junge Schauspielerin Catherine Sellers und eben Mi. – A.a.O., S. 795.

34 Albert Camus: Œuvres complètes IV, a.a.O., S. 1216f. – Der Brief ist adressiert an einen gewissen Claude Ravard, der Camus einige Fra-

gen zur Politik gestellt hat und offenbar einer linken Gesinnung unterliegt, die nicht oder kaum wahrhaben will, wie der Stalinismus in
den von ihm kontrollierten Ländern des Ostens eingreift. – Thomas
Mann meldet seinem Tagebuch damals eine ähnlich beschwichti-
gende Lesart des Einmarschs der Sowjets in Ost-Berlin.
35 Der Preis kommt nicht völlig überraschend. Gleichwohl ist Camus
fassungslos, als ihm die Nachricht am 16. Oktober 1957 überbracht
wird, während er mit Patricia Blake in einem Pariser Restaurant zu
Mittag isst. Mehrmals wiederholt er Patricia gegenüber, Malraux
hätte den Preis erhalten sollen. – Todd, a.a.O., S. 743.

VI.
Verlorene Zukunft – späte Prosa

1 Herbert R. Lottman schildert bisher am genauesten, was sich damals
auf der Nationale 6 und unmittelbar danach abspielte oder abgespielt
haben musste. Er erwähnt auch den Kommentar eines Garagisten,
der über den verunfallten Facel Vega HK 500 schon zuvor und nach
einer behobenen Reparatur gemeint habe:»Dieser Wagen ist ein
Sarg.« – Herbert R. Lottman: Albert Camus. Eine Biographie. Hamburg 1986, S. 563ff., S. 576.
2 »La Chute« wird am 16. Mai 1956 ausgeliefert. Die erste Auflage von
16 500 Exemplaren ist rasch verkauft. Bis und mit November desselben Jahres werden 126 000 Exemplare abgesetzt. Der anfängliche Erfolg ist nur mit jenem vergleichbar, den»La Peste« hatte. Freund und
Feind sind überrascht, dass der Schriftsteller eine seinem bisherigen
Œuvre scheinbar diametral entgegengesetzte Erzählung schreiben
konnte. – Vgl.: Olivier Todd: Albert Camus. Reinbek bei Hamburg
1999, S. 690f.
3 Das Tagebuch verzeichnet diesen Besuch mit Eindrücken einer sowohl in sich ruhenden wie abweisenden Landschaft.»Oran. Bucht
von Mers-el-Kébir hinter dem Gärtchen mit den roten Geranien und
den Fresien. Das Wetter ist nur zur Hälfte schön: Wolken und Sonne.
Ausgeglichenes Land. Ein großes Stück Himmel genügt, um in allzu
gespannte Herzen Ruhe einkehren zu lassen … Eine Landschaft
kann großartig sein, ohne groß zu sein. Sie kann die Größe sogar um
Haaresbreite verfehlen. So verfehlt die Bucht von Algier die Größe
durch ein Übermaß an Schönheit. Mers-el-Kébir hingegen, von
Santa-Cruz aus gesehen, gibt das Maß der Größe. Großartig und ohne
Zärtlichkeit.« (T I, 117)
4 Camus' Arbeit am Mythos ist aufklärerisch insofern, als sie die Kraft
der Mythen aus ihrer Ursprungs-»Erzählung« löst und fruchtbar

macht im Sinne von Leitfiguren zur Deutung sowohl individueller wie kollektiver Erfahrung unter den Bedingungen der Neuzeit. Der Dichter hat hier den Vorteil gegenüber dem Philosophen, indem er die »Bilder« zwar hinterfragt, doch zugleich in ihrer Unableitbarkeit gelten lässt. – Vgl. dazu: Hans Blumenberg: Arbeit am Mythos. Frankfurt 1979.

5   Camus' Verhältnis zu dem am 31. Juli 1944 bei einem Flugzeugabsturz ums Leben gekommenen Schriftsteller und Piloten Antoine de Saint-Exupéry ist nirgends ausführlicher dokumentiert. Auch das Tagebuch Camus' gibt darüber keine Aufschlüsse. – Von der Sache her wären Parallelen durchaus denkbar. Vgl. dazu: Pierre Henri Simon: L'homme en procès. Malraux. Sartre. Camus. Saint-Exupéry. Neuchâtel 1949.

6   Camus hat sich im Oktober 1954 während einiger Tage in den Niederlanden aufgehalten und dabei auch Amsterdam besucht. Das Tagebuch berichtet nur kurz von einem offenbar eher trüben und feuchten Milieu, das sich allerdings ebendeshalb bestens für die Erzählung um Jean-Baptiste Clamence eignet. »Es regnet tagelang … Amsterdam allzeit nass; und hier in Den Haag, oben auf den Fahrrädern mit den hochragenden Lenkstangen sitzend, machen sie wie Trauerschwäne die Runde um den kalten Vijver, zwischen lebenden Aalen des Fischmarkts und den wunderbaren Schmucksachen der hässlichen Auslagen, von der gleichen Farbe wie die überall am Boden klebenden dürren Blätter, und die geräucherten Heringe, die lange durch die Meere aus Altgold gezogen sind … Holland, sanftes Holland, wo man die Geduld zu sterben lernt.« (T II, 152)

7   In der französischen Originalausgabe heißt dieser Held Jean-Baptiste Clamence. – Aus nicht wirklich einsichtigen Gründen wird er in der deutschen Übersetzung in Johannes Clamans umgetauft.

8   Der Titel »La Chute« (»Der Fall«) findet sich erst kurz vor der Drucklegung der Erzählung. Vorher hat Camus etwa erwogen: »Le Cri« (»Der Schrei«) oder »Le Jugement dernier« (»Das Jüngste Gericht«) oder »Un héros de notre temps« (»Ein Held unserer Zeit«) oder gar »Le Bon Apôtre«. – Die religiösen Allusionen sind unüberhörbar, hätten indessen dem Text die gewünschte Vieldeutigkeit genommen.

9   Der Zyniker Clamans flicht auch ein undeklariertes Zitat von Vigny abgewandelt ein, als er von einem Mann erzählt, der sich im Fluss ertränkt, weil er das Vergessen gesucht hat. »Man glaubt zu sterben, um seine Frau zu strafen, und dabei gibt man ihr die Freiheit zurück.« (Fa, 87) – Camus seinerseits zitiert Vigny auf der Überfahrt nach Südamerika, als er über die Freiheit des Mannes und seine familiären Pflichten sinniert. Im Tagebuch heißt es hierzu: »Zwischendurch Arbeit, Schwimmbad, Sonne… und de Vigny. Ich finde vieles, was sich

mit meiner geistigen Verfassung deckt. Und immerhin dies: ›Wenn der Selbstmord zulässig ist, dann in einer jener Situationen, in denen ein Mensch im Kreise seiner Familie zuviel ist und in der sein Tod all denen, die sein Leben außer Fassung bringt, den Frieden wiedergeben würde.‹« (RT, 52)

10 Fußball und Theater: Das kann, ja muss man referentiell verstehen: Seit früher Jugend begeistert sich Camus für den Fußball, und wenig später eröffnet ihm das Theater eine weitere Arena ungetrübten Vergnügens ohne jenen Wettbewerb unter Intellektuellen, der ihm seit seiner Zeit in Paris das Leben oft schwer, mitunter unerträglich macht.

11 Die Parabel über den Großinquisitor, der Christus im Gefängnis besucht, beeindruckt Camus seit seiner Lektüre von Dostojewski nachhaltig, weil in ihr das Problem der Erlösung sowohl innerweltlich wie auch transzendent angesprochen ist. Sie findet ihre diskursiv-theoretische Ergründung am ausführlichsten im »Homme révolté«.

12 Vgl. dazu schon die Dispute in »La Peste« über das Böse in der Welt, mögliche Erlösung und außerweltliches Heil zwischen dem Père Paneloux und dem Doktor Rieux.

13 Die Tafel »Die gerechten Richter« aus dem Tafelwerk des Genter Altars der Brüder van Eyk wurde am 11. April 1934 zusammen mit einer weiteren (»Johannes der Täufer«) gestohlen. Während letztere bald danach zurückgegeben wurde, bleibt erstere bis heute verschollen. Camus' Beitrag zur Kunstgeschichte vor dem Hintergrund des Kunstraubs darf ironisch gelesen werden: Ausgerechnet der selbsternannte »Buß-Richter« hat sich des Bilds der »Gerechten Richter« bemächtigt, wobei sein Vorname wiederum auf den Heiligen gleichen Namens passt, der kurzzeitig ebenfalls verschwunden ist.

14 Olivier Todd geht in seiner Camus-Biographie weit, wenn er die Story sowie den Charakter des Bekennenden auf Camus' Leben sowie auf den Kreis seiner Gegner um Sartre appliziert. Er erkennt darüber hinaus sogar Spuren, die bis auf Mersaults »kindliche Unschuld« zurückweisen. »Clamans ist ein vielfach gebrochenes Bild Camus', verfolgt von Schuldgefühlen und Lüge, Falschheit oder Zynismus, wider Willen dem eigenen Zauber verfallend.« – Todd, a.a.O., S. 692f. – In Camus' Tagebüchern findet sich nichts, was solche allzu forcierte Lesart beglaubigen könnte. Sogar bestreitet Camus in Interviews, dass er Clamans sei. – Todd, a.a.O., S. 695.

15 Während Simone de Beauvoir der Ansicht ist, dass Camus' »Beichte« schärfer hätte sein können, wenn er nicht von Ressentiments gegenüber ihrem Zirkel geplagt worden wäre, lobt Sartre »La Chute« als Camus' bisher bestes Buch, ohne dass er dies freilich der Öffentlichkeit hätte kundtun mögen. – Todd, a.a.O., S. 692.

16 Gottfried Benns Erzählung »Der Ptolemäer« von 1949 greift den Ni-

hilismusverdacht auf und gestaltet die Lagen des Zeitgeists nach dem deutschen Untergang als Spiel- und Projektionsflächen eines müde gewordenen Ichs, dessen Brotberuf ein Salon für Schönheitspflege bedient, während daneben und darüber viel Muße bleibt, über Leere, Heuchelei und Dekadenz der Epoche nachzudenken. Nachdem Thomas Mann die »Berliner Novelle 1947«, wie es im Untertitel heißt, gelesen hat, ist er empört über so viel Zynismus. – Vgl. dazu: Martin Meyer: Tagebuch und spätes Leid. Über Thomas Mann. München 1999.

17 Die Reise nach Schweden – nach Stockholm und nach Uppsala – ist für Camus kein Triumphzug. Die Preisverleihung findet statt im Ambiente einer starken Depression mit Schreibhemmungen, Erstickungsanfällen, klaustrophobischer Panik und wiederkehrend heftig aufbrechenden Ängsten. Das Tagebuch der Zeit vom 1. Oktober bis zum 31. Dezember 1957 verzeichnet nur sieben Notate; keines spiegelt die Ereignisse in Schweden. – Dazu: Todd, a.a.O., S. 743ff.

18 Camus scheint kein extensiver Leser Ortegas gewesen zu sein. Sicherlich hat er dessen Bestseller »Der Aufstand der Massen« (1930) zur Kenntnis genommen: Das Werk lag seit 1937 auch in einer französischen Übersetzung des Titels »La révolte des masses« vor. Themenverwandtschaft mit dem »Homme révolté« ist auch insofern gegeben, als Ortega auf den Spuren Gustave le Bons zumal die politische Rolle der Massen untersucht und diese mit jener der aufkommenden Volksdiktaturen verklammert.

19 Am 12. Dezember 1957, zwei Tage nach der offiziellen Zeremonie, findet an der Universität Stockholm eine Diskussion statt. Dabei kommt es zu einem Zwischenfall, als ein jüngerer Algerier auf das Podium stürmt und Camus schreiend vorwirft, er habe seit drei Jahren nichts für Algerien unternommen. Camus verteidigt sich, fordert – wie stets – Gerechtigkeit nach allen Seiten, verurteilt auch den Terrorismus der Befreiungsfront und fügt hinzu: »Ich glaube an die Gerechtigkeit, aber bevor ich die Gerechtigkeit verteidige, werde ich meine Mutter verteidigen.« – Dieser Satz wird von der französischen Presse rasch aufgegriffen und führt abermals zu Kontroversen und Kritik. – Todd, a.a.O., S. 753f.

20 Zur Philologie der Erzählungen von »L'Exil et le Royaume« siehe: Albert Camus: Œuvres complètes IV. Paris 2008, S. 1343ff. – Ursprünglich sollte auch »La Chute« in den Zyklus aufgenommen werden, sprengte dann aber schon vom Umfang her die Dimensionen. – Unklar muss bleiben, ob die Sammlung schon dem Themenkreis von »Némesis«, der griechischen Göttin des Maßes, zugedacht war, nachdem die Zyklen des »Absurden« und der »Revolte« abgeschlossen waren.

21 Dieser »Renegat«, so ist unschwer zu erkennen, folgt dem Typus und den Intentionen nach gewissen Modellen literarisch-philosophischer Ausprägung, wie sie die schwarze Romantik und Sade und schließlich die Surrealisten gezeichnet haben: sich masochistisch-lustvoll zum Bösen zu bekennen und alles »Heilige« mit blasphemischer Energie zu verleumden.

22 Siehe: Albert Camus: Œuvres complètes IV, a.a.O., S. 1346ff.

23 Zu den letzten Enttäuschungen in dieser Causa zählt die Audienz von Anfang März 1958 bei Präsident de Gaulle. Länger hat Camus gemeint, de Gaulle engagiere sich auf Seiten einer Kompromisslösung für Algerien. Nun muss er erkennen, dass auch die Regierung davon Abstand nimmt. Die Tagebuch-Notiz vom 5. März berichtet über das Gespräch nur kurz und so, als hätte ein eher surrealer Dialog stattgefunden. – Siehe auch: Todd, a.a.O., S. 767f.

24 Vgl. dazu den schönen, von Catherine Camus, der Tochter des Schriftstellers, besorgten Bildband des Titels »Albert Camus. Solitaire et solidaire«, Paris 2009.

25 Albert Camus: Œuvres complètes IV, a.a.O., S. 1022ff., 1041ff. – Das Tanz-Ereignis wird ausdrücklich mit einem Zwischentitel vom übrigen Lauftext abgesetzt: »Une macumba, au Brésil«.

26 Siehe dazu ausführlich: Albert Camus: Œuvres complètes IV. Paris 2008, S. 1509–1548. – Schon kurz nach Camus' Tod am 4. Januar 1960 beginnt die Arbeit an der Entzifferung und Transkription des Manuskripts. Im April 1994 kommt es endlich zur Erstpublikation, der sofort großer Erfolg im In- und Ausland beschieden ist. Im Kommentar der Ausgabe der »Pléiade« heißt es, »Le Premier Homme«»... constitue une voie d'entrée royale dans l'univers de Camus«. – A.a.O., S. 1509.

27 Vgl. dazu die Anmerkung 24 im Apparat der Ausgabe der »Pléiade«: Albert Camus: Œuvres complètes IV, a.a.O., S. 1542.

28 Für die Namensgebung ist noch manches unbereinigt. Ein Beispiel: Zu Beginn heißt Cormerys Mutter mit Vornamen Lucie, was die weibliche Form des Vornamens von Camus' Vater – Lucien – darstellt. Gegen Ende des ersten Teils des Romans aber und fortan heißt sie – wie Camus' Mutter – Catherine.

29 Vgl. das Faksimile der Nachricht vom Tode Lucien Camus' in: Catherine Camus: Albert Camus. Solitaire et Solidaire, a.a.O., S. 16.

30 Die Motive »schlafen« und »in die Kindheit zurückkehren« erinnern natürlich an den Anfang von Prousts »Recherche«, wo sich der Ich-Erzähler daran erinnert, dass er als Kind früh schlafen gegangen sei.

31 Zu Camus' Mutter vgl.: Todd, a.a.O., S. 14ff., S. 19ff.

32 Das Sujet der Hinrichtung, der der Vater frühmorgens beiwohnt, findet sich, dem Kontext angepasst, bereits sowohl in dem Roman von

der Pest wie auch in dem Essay über die Todesstrafe. – Hier nun hat es seine Ursprungsverortung gewonnen, wie es dem Sohn als eine der wenigen Begebenheiten aus dem Leben des ungekannten Vaters berichtet worden ist.

33 Camus' älterer Bruder Lucien spielt weder in »Le Premier Homme« noch in Camus' weiterem Leben eine wesentliche Rolle. Dies muss schon insofern seltsam anmuten, als Camus seine fortwährende Anhänglichkeit zur und Verehrung der Mutter ausgiebig bekundet hat.

34 Étienne Sintès arbeitet in einer Böttcherei und bringt seinem Neffen das Schwimmen und weitere körperliche Ertüchtigungen bei. – Die Werkstatt findet sich wieder in der Erzählung »Die Stummen« des späten Zyklus »L'Exil et le Royaume«. Vgl. dazu: Todd, a.a.O., S. 21ff.

35 Der Romancier und Essayist Roland Dorgelès (1885–1973) publizierte 1919 den Kriegsroman »Les croix de bois«, ein Werk, das ihn rasch berühmt machte und sogar in Rivalität zu Proust bei der Vergabe des Prix Goncourt treten ließ.

36 Camus ist zeit seines Lebens kein analytisch ausgewiesener Musikkenner. Sein bevorzugter Komponist ist und bleibt Mozart, dem er mit dem Essay »Remerciement à Mozart« am 2. Februar 1956 seinen Abschiedsartikel in der Zeitschrift »L'Express« widmet. »Don Giovanni« ist ihm das unüberbietbare Chef d'œuvre der Musik. Mit Wagner kann er nichts anfangen, Tschaikowsky ist ihm eher mittelmäßig. – Zur atonalen Musik notiert Camus 1954 ins Tagebuch: »Musique atonale, musique pour les voix, pour la voix fiévreuse de l'homme moderne.« – Albert Camus, Œuvres complètes IV, a.a.O., S. 1186.

37 Hier findet sich die letzte Fassung des Motivs der Frau, die einem plötzlich fremd wird. Erstmals tritt es auf als Erfahrung des Absurden in dem Sisyphos-Essay, sodann findet es sich in »La Peste« bei der Wiederbegegnung zwischen Rambert und seiner Frau. Schließlich ist es auch im Tagebuch festgehalten.

38 Zum möglichen Fortgang des Romans, der damit nach dem Vorbild von Tolstois »Krieg und Frieden« ein ausgreifender Epochenschicksalsroman geworden wäre, vgl: Albert Camus: Œuvres complètes IV, a.a.O., S. 1517. – Am 31. Dezember 1959 schreibt Camus Catherine Sellers, solange »ce livre monstrueux« nicht abgeschlossen sei, finde er keinen Frieden. Vier Tage später ist er tot. – A.a.O.

39 Das Claudel-Motto erstaunt insofern, als Camus alles andere als ein ungebrochener Claudel-Bewunderer ist. 1950 heißt es im Tagebuch: »Claudel. Ce vieillard avide se ruant à la Table Sainte pour y bâfrer des honneurs … Misère!« Und wenig später lakonisch: »Claudel. Esprit vulgaire.« – Albert Camus, a.a.O., S. 1089, 1094.

Werkregister